D1694282

Série : Corse - Anthologies

La Corse et ses Bandits

Anthologie
Le XIXᵉ siècle

Textes présentés par

Gabriel Xavier Culioli

GABRIEL XAVIER CULIOLI

le banditisme en Corse
un terme à géométrie variable…

L'historien Braudel écrivait que le banditisme est « un des termes les moins bien définis qui soient [1] ». La difficulté provient de ce qu'il a des significations précises mais multiples et que cette signification diffère selon la situation que l'on occupe dans la société. Le bandit est l'ennemi de l'ordre en place. Il est littéralement le banni, celui qui est exclu de la société. Aux yeux de l'élite et de l'administration, le terme a donc la même signification que la proscription ou l'état de fugitif. En 1826, un rapport de l'autorité militaire en Corse définit le bandit « comme un homme qui répond à une sommation en prenant le maquis [2] ». L'explication est évidemment trop rapide car elle ne dit rien des raisons de la fuite. Déjà lors de la conquête de la Corse avant même 1769, les Français stigmatisaient les bandits corses rebelles à leur roi et le célèbre Zampaglinu de Bocognonu, partisan paoliste, fut décrété bandit par les Génois, les Français, puis par l'Angleterre. Ce sont les conquérants français qui inventèrent le terme de « makis » pour désigner cet ailleurs végétal dans lequel disparaissaient les persécutés. Mais, à cette époque, existait une grande variété de bandits : bandits d'honneur tombés en « disgrâce » après une vendetta, bandits pillards et révoltés politiques. Les genres pouvaient se mêler. Lorsque les Français formèrent des bataillons de Corses pour combattre les nationaux de Pasquale Paoli, ils firent appel aux bagnards de Toulon où croupissaient justement des bandits condamnés par la justice militaire. Pasquale Paoli lui-même désigna les hommes du parti pro-français ou encore ses anciens amis matristes du nom de bandits.

C'est dire que le bandit est tour à tour l'ennemi et l'ami de chacun. Dans la tradition culturelle corse, le « bandit d'honneur » est opposé au « bandit percepteur-racketteur » ou parcittori. Dans les textes qui sont présentés dans ces volumes, on trouvera ces distinctions sans qu'il soit réellement possible de classer scientifiquement chaque hors-la-loi dans telle ou telle catégorie. Zampaglinu fut indubitablement un patriote corse et un partisan. Gallocchju fut un bandit d'honneur mais aussi un brigand. Romanetti laisse un souvenir mitigé. Ghjuvan Simoni Ettori, qui opère dans la région de Petreto-Bicchisano au début de ce siècle, refuse de se joindre à la bande de Bartoli et lui conseille de quitter son territoire par ces mots : « Nous ne sommes pas de la même race de bandits [3]. » Les maquisards antifascistes de 1942-1943 se désignèrent eux-mêmes bandits d'honneur, comme en témoigne le titre éponyme de leur hymne.

Comment juger des actes commis il y a près de deux siècles dans une Corse plongée depuis cinq cents ans dans une violence constante ? Entre 1821 et 1846, deux cents homicides sont commis chaque année dans cette île tragique. Pourtant, dans ce climat de haine et de sang, une minorité de bandits parvint à éviter toute dérive délinquante. Mais ce ne fut réellement qu'une minorité qui, la plupart du temps, choisit après quelques années de s'exiler pour les Amériques, faute de pouvoir dignement subsister.

La conquête sanglante de la Corse par la France puis son intégration ratée au moment de la révolution industrielle ont indubitablement favorisé le banditisme. D'une manière très immédiate, on remarque qu'en règle générale les conflits avec la gendarmerie n'étaient pas perçus par la population comme un combat du bien contre le mal mais comme une réalité tragique autrement plus complexe. Une complainte populaire, un lamentu, chantée après la mort du bandit Gallocchju tué en 1835 établit une distinction entre ses actions « honorables » et ses actions « infamantes ». Le meurtre de gendarmes et de voltigeurs appartient à la première catégorie, celles de pauvres paysans, des hommes du peuple, à la seconde [4].

Néanmoins, en Corse, il est difficile de séparer le général du particulier. Dès après le règne de Napoléon III, de nombreuses familles corses ont des parents, des enfants dans l'administration française, et plus particulièrement dans l'armée. Déjà au début du siècle dernier, les Corses désireux de détruire leurs ennemis s'engageaient dans le corps des voltigeurs sans que la vox populi trouvât à y redire « moralement ». On ne peut donc affirmer ex abrupto que tout affrontement avec l'armée, c'est-à-dire le bras séculier de l'État, provoquait la joie dans le cœur des Corses sans que cela les empêchât de s'engager en masse dans ladite armée. Les hauts faits d'armes des bandits sont chantés en Corse comme dans toutes les campagnes où un pouvoir central cherche à s'implanter. Le gendarme est l'étranger au sens littéral du terme, même si on fait appel à lui. Le bandit appartient à la communauté, même quand il est haï. Voilà pour les grandes lignes, car on notera, à l'instar de Pierre Bonardi, que la plupart des bandits furent tués par des Corses civils ou voltigeurs.

Plusieurs paramètres sont nécessaires pour mesurer le sentiment de la population insulaire vis-à-vis du banditisme : le premier est la terreur provoquée par les hors-la-loi et le sentiment d'impunité qui semble les entourer. La loi appartient au cercle de l'impalpable et de l'abstraction. Le bandit est proche et concret. On ne saurait aussi oublier le poids de la marginalité corse, autant historique, économique que culturelle. C'est toujours la haine qui a vaincu le bandit en provoquant chez des individus terrorisés un courage qu'ils ne soupçonnaient même pas. Or, la haine arrive lorsque le bandit a dépassé les limites fixées de manière implicite par la culture indigène : horreur des actes commis sur la population, transgression des territoires imaginaires ou réels, lassitude d'un climat de tension qui rend impossible toute évolution de la société.

La lutte contre le banditisme crée son propre contrepoison. L'État ne parvenant pas à assumer la tâche de protection qu'il prétend devoir aux citoyens, les plus marginaux se dressent contre le bandit. Car celui-ci est un homme qui, à un moment de sa vie, est tombé en disgrâce, pour reprendre l'expression consacrée. Lorsqu'on étudie les archives de gendarmerie, on comprend que le bandit, dans les sociétés méditerranéennes, n'est pas forcément l'homme le plus cruel ou le plus courageux. C'est souvent celui qui n'a pas eu de chance. Tel villageois ne s'est pas rendu à l'appel de l'armée et, sans même le savoir, est recherché. Tel autre a été provoqué par un membre d'une famille opposée et a dû répondre aux terribles impératifs de l'honneur. En tuant le bandit, on devient souvent soi-même un bandit, sauf si on a agi avec la protection de l'uniforme des voltigeurs. Les excès d'une telle pratique mèneront d'ailleurs à la dissolution de ce corps d'une efficacité redoutable, mais dont les pratiques sont contraires à la morale et à la loi.

Les travaux de Stephen Wilson sont extrêmement précieux. Ils donnent de la société corse une image en négatif mais une image réelle. Il a mis en exergue le bandit qui, loin d'être un banni, est l'expression de sa communauté. Il n'est pas toujours le berger inculte mais souvent fils de bonne famille. Il a choisi ou peut-être a-t-il été choisi par les siens pour accomplir un meurtre dans le cadre d'une vendetta. Il n'est pas simplement un meurtrier. Il n'est pas simplement une victime du destin. Il est aussi le bras armé de l'honneur familial et, d'une certaine façon, il s'est sacrifié. Voilà donc une idée reçue qui est battue en brèche : celle qui voudrait que le bandit soit nécessairement un pauvre hère marginalisé par les bouleversements de la société, parmi lesquels l'instauration d'une société bourgeoise. Le banditisme est autant le signe de mutations inachevées qu'un trait culturel récurrent toujours violent.

des rebelles lettrés à la tête des bandes

De nombreux bandits qui ont marqué les débuts du XIXᵉ siècle sont lettrés, comme en témoignent leurs prétentions à instaurer des zones « libérées », à l'instar de celle autoproclamée par Tiodoru Poli dans sa Constitution d'Aïtone. Il est d'ailleurs le seul bandit à figurer dans le Larousse. C'est que Pierre Larousse, communard, tint à ce que cet homme qu'il prenait pour un révolté entrât ainsi dans l'histoire. Il le définit ainsi : « Bandit et carbonaro né à Guagno en 1797, mort en 1827. Il était de bonne famille et se préparait à accomplir le service militaire quand une injustice l'excite à la révolte. Il tua le brigadier dont il avait à se plaindre et prit le maquis. » À lire les lettres de Tiodoru, on conçoit la stupéfaction des observateurs français qui assimilaient les bandits à de sombres brutes à peine sorties de l'âge de pierre. L'homme savait s'exprimer et son statut extraordinaire lui permettait de tenir la dragée haute aux autorités. Il écrivait en toscan et ne connaissait vraisemblablement pas la langue française. Son contemporain, à la réputation aussi terrible que la sienne, Gallocchju, avait fréquenté le petit séminaire en Toscane. Ghjuvan' Cameddu Nicolaï, plus tardif, fréquenta sans dépareiller le beau monde ajaccien avant d'être tué en 1892. On a d'ailleurs souvent observé que les bandits appartenaient aussi bien aux couches de propriétaires, de notables, de fonctionnaires qu'à celles des agriculteurs ou des bergers. On y trouve même un ancien procureur...

La famille de Tiodoru Poli était l'une des plus riches et des plus honorables de la région. Peverone, le rival de Gallocchju, était un poète. Antonu Forcioli et Ghjuliu Agostini, devenus bandits au cours de la vendetta d'Arbellara en 1840, connurent tous deux une bonne éducation. Francesco Bastianesi d'Ucciani appartenait à une honorable famille relativement aisée. Il avait été officier de santé avant de tomber dans le banditisme au début des années 1840.

Mais, aux côtés de ces « nantis » ou contre eux, se trouvaient, comme dans toutes les contrées méditerranéennes, des défavorisés, de pauvres hères qui retrouvaient dans les bandes un système hiérarchisé qu'ils recherchaient après l'avoir fui. Faure note que, dans les années 1820, la bande de Tiodoru Poli se composait en grande partie de muletiers, de paysans sans grandes ressources. Encore faudrait-il savoir si ces hommes étaient devenus bandits à la suite d'un acte individuel ou à cause des conséquences d'une vendetta transversale. Souvent encore, des hommes suivaient au maquis leur « patron », comme ils l'auraient fait dans n'importe quelle autre guerre, légale ou pas, mais toujours légitime à leurs yeux.

classes sociales et bandits

Le phénomène particulier du banditisme corse ne peut être compris qu'en disséquant la formation sociale dans cette île. La géologie et le relief de la Corse ont déterminé des couches sociales indigènes peu distinctes les unes des autres, du moins selon les critères en vigueur dans la proche Toscane ou en Provence. Les riches ne sont jamais très riches et les pauvres ne sont pas si éloignés que ça de leurs bourgeois, au moins par la fortune. Cette sorte de nivellement par le bas existe en Corse depuis le Moyen Âge. Ceux qu'on appelle alors des seigneurs sont des hommes qui ont fortifié une demeure, se sont entourés de quelques dizaines d'individus et ont soumis à leur propre loi les villages environnants. Le relief de l'Île, le caractère paludéen des côtes n'autorisent pas une accumulation de richesses suffisantes pour permettre la formation d'une classe féodale, voire même un embryon de bourgeoisie indigène. La société corse a du mal à se former durablement. L'agro-pastoralisme et la transhumance ne facilitent pas l'implantation de colons sédentaires.

Pisans, Génois et affiliés du Saint-Siège ont, durant des siècles, connu d'immenses difficultés à pénétrer cette île au relief escarpé, où les familles de bergers peuvent en imposer à des lignées aristocratiques. La Corse est une montagne plutôt qu'une société maritime, il ne faut pas l'oublier. Or, sur le pourtour méditerranéen, l'enrichissement tenait au commerce ou à la capacité de produire des denrées alimentaires. En Corse, peu de colons parvinrent à accumuler une quelconque richesse, et le plus étonnant en Corse reste encore l'obstination des Génois puis des Français à vouloir transformer cette terre en une colonie prospère, alors que tous les conquérants avaient déjà échoué dans cette entreprise. Peu de formation sociale, une segmentation horizontale... en conséquence, l'une des manières de gouverner des colonisateurs fut en Corse la division des indigènes et la recherche d'alliances locales destinées à affaiblir l'adversaire potentiel. Ce climat de violence empêchait l'accumulation d'un capital primitif qui eût permis l'éclosion d'une élite quelconque.

« Les Corses méritent tous la corde », affirmaient les Génois, qui ajoutaient : « Mais ils savent mourir. » Les Français héritèrent de ces préjugés. Il faut cependant souligner à la décharge des uns et des autres que les Corses étaient eux-mêmes convaincus du bien-fondé de cette vision des choses : « À Bocognano, confiait Napoléon en parlant de sa propre famille, on pouvait pendre le premier venu, on était sûr qu'il l'avait mérité. » Cette anomie sociale, cette capacité du néant à avaler l'histoire, se retrouve dans l'absence de ruines antiques. Les paysans, sitôt un puissant à terre, s'empressaient d'utiliser les pierres à leurs propres fins. Ainsi la Corse finissait-elle par être toujours gagnante de ses vainqueurs éphémères. La Corse a connu des dizaines d'invasions, de révoltes et de changement de régime. Elle a supporté des dizaines de répressions dont certaines comptent parmi les plus féroces de l'histoire méditerranéenne. Ses villages furent ruinés par les guerres intestines, les razzias de Barbaresques, ses familles minées par la haine et la mort. Et pourtant la Corse a survécu jusqu'au troisième millénaire, souvent par le bandit et grâce à lui, qui a incarné l'envers de la Grande Histoire.

Pour celui qui habite la Palais vert, c'est-à-dire le maquis, il n'est nul besoin de château et encore moins de vestiges. Paradoxalement, la mémoire orale et populaire forme un somptueux catafalque.

Le bandit n'est que la résultante de mille contradictions jamais assumées, jamais assouvies.

Lorsque la francisation aura gagné les villages les plus enclavés, lorsque l'ouverture des routes aura permis l'ouverture des esprits ainsi que la pénétration des forces de répression, le banditisme périclitera. Des milliers de jeunes Corses, membres des familles les plus puissantes, cesseront de s'impliquer directement dans les vendette et donc dans le banditisme. Alors le banditisme perdra sa vocation de résistance transversale et deviendra de plus en plus une affaire de malheureux. C'est au milieu du XIXᵉ siècle que date ce grand tournant, qui est aussi le signe d'une implantation durable des lois françaises. Est-ce un hasard si le Second Empire, symbole des retrouvailles entre la Corse mythique et mythifiée et la France bourgeoise, permet la quasi-élimination du banditisme, sinon de la violence, et l'accession au pouvoir d'un petit neveu de Napoléon Bonaparte ?

Dès lors, les clans font réellement allégeance à Paris, ou plutôt à la puissance impériale. Les notables corses, en tant que couche sociale, décident de tirer le maximum de profit de la situation en devenant la courroie de transmission de l'administration continentale. Le banditisme devient une gêne pour ces caciques dont l'État exige qu'ils mettent un terme à ce désordre majeur.

L'introduction du suffrage universel sous la Seconde République avait déjà été le prétexte de meurtres par dizaines. Il n'était pas une micro-région qui ne donnât pas naissance à deux clans qui s'affrontaient pour une mairie. Dans Un siècle de banditisme en Corse, Xavier Versini cite le Journal de la Corse du 4 septembre 1848 : « À Pietracorbara, un homme a été tué ; à Campitello, trois ont été blessés. À Calacuccia, les partisans des deux candidats en sont venu aux mains. On s'est battu pendant quatre heures

consécutives; il y a eu un mort et trois blessés. À Vesco-
vato, les partis qui divisent le canton depuis longtemps ont
profité de l'élection départementale pour s'attaquer réciproquement et il y a eu deux hommes tués. À Piedicroce, la
gendarmerie s'opposant à ce que la foule envahît la salle, un
gendarme a été mortellement blessé, mais il a eu assez de
force pour tuer un des assaillants et en blesser un autre. »
Toujours selon Xavier Versini, le même journal indique que
« les élections ont dû être refaites dans cent dix communes
et dans neuf cantons. » Le régime impérial donna un coup
de frein à cette anarchie et, tout en maintenant le suffrage
universel, il confia à l'autorité la désignation des maires et
des adjoints. L'agitation se réduisit mais les consultations
électorales occasionnèrent encore de graves désordres et, le
10 avril 1861, le procureur général confiait au garde des
Sceaux que la suspension du droit de vote lui paraissait une
mesure nécessaire « pour que la civilisation de la Corse
n'éprouve ni déviation ni temps d'arrêt ».

Le Second Empire, cependant, freine les élans délin-
quants parce qu'il n'est plus complètement la démocratie.
Après le désastre de Sedan, la République rétablit le suffrage universel intégral et autorise le port d'arme. Le nouveau régime, pour s'implanter dans cette île conservatrice
par essence, doit utiliser les moyens traditionnels: recons-
truire le clanisme, rétablir le jeu des partis, jour sur la peur,
la fraude électorale et les prébendes. Le banditisme reprend
en force, et avec lui son cortège criminel. Ce nouvel essor
de la délinquance disparaîtra presque avec la Première
Guerre mondiale et la trouée sanglante qu'elle produit dans
la population corse. Quelques bandits comme Romanetti
profitent cependant de la situation, tout comme certains
bourgeois insulaires, pour « se faire du lard » sur cette population d'enfants, de femmes et de vieillards qui s'épuisent

dans les champs à tirer l'araire. Romanetti vend de la viande et des vivres au marché noir qu'il fournit à des marchands insulaires sans scrupule. Le banditisme se montre alors sous son vrai visage : la caricature hideuse du clanisme, lui-même caricature du vieux système du clientélisme romain.

Les bandits de l'entre-deux-guerres appartiennent presque toujours aux classes inférieures de la société corse. Dans une île dont le nombre de bacheliers est quatre fois supérieur à la moyenne française [5], Romanetti est issu d'une famille de petits propriétaires sans éducation. Bartoli n'a pas dépassé l'école primaire. Spada, enfin, est devenu bandit après avoir échoué à entrer dans les douanes.

Ainsi le banditisme n'est-il en Corse que le signe double d'un archaïsme et d'une révolte latente contre un appareil d'État vécu parfois comme complice, parfois comme oppressant. Un constat en tout cas s'impose : le banditisme et le crime n'ont jamais été en Corse des tremplins sociaux pour les plus pauvres et une manière de préserver un équilibre précaire pour certains possédants, comme cela a existé dans la Sicile mafieuse. Cette tentation s'est heurtée à l'anomie sociale et à des mécanismes nivelant. De ce fait, les organisations politiques secrètes insulaires ne se sont jamais transformées en organisations criminelles. En Sicile, l'occupation normande et l'existence de grandes plaines à blé avaient favorisé l'émergence d'une féodalité sans pour autant permettre celle d'une véritable bourgeoisie nationale. En Corse, rien de tout cela. La société insulaire est passée sans transition d'un semblant de clientélisme romain à une société prémoderne.

C'est pourquoi, épousant ces structures transversales, voire horizontales, les phénomènes de vendetta ou du banditisme ont été l'expression de cet inachèvement autant qu'ils l'ont entretenu. Les pauvres ont tué des riches sans qu'il faille y chercher une quelconque revanche sociale, mais plutôt la force de la segmentarisation familiale et clanique. Le pauvre tue le riche comme membre du clan opposé et non pas comme possédant. Les frères Multedo qui appartiennent à la bande de Tiodoru Poli sont certes de pauvres bergers de Calcatoggio, mais ils combattent la dynastie des Pozzo di Borgo et la famille du juge de paix du canton de Sari d'Orcino sans aucun complexe. Les Antona de Frasseto ont pour ennemis les membres de la riche lignée des Franceschi. Comment expliquer la permanence de cette transversalité sinon par l'incontournable insularité et le caractère montagnard de la société indigène ? La référence immédiate de chaque Corse est plus sa vallée et sa fratrie que la patrie ou le peuple au sens moderne du terme. Les relations interindividuelles revêtent une telle complexité et répondent à des intérêts tellement locaux et tellement immédiats qu'il est souvent impossible, dans l'histoire de la Corse, de démêler l'héroïque du mesquin et le patriotisme du processus purement familial.

L'invidia et a gjhelusia, l'envie et la jalousie, ont été deux des moteurs de la société corse. La conscience nationale, toujours en gestation, a certainement joué un rôle considérable. Mais on ne saurait négliger l'importance des sentiments négatifs dans un espace aussi restreint que celui de l'archipel des Corses, pour paraphraser une belle formule de Paul Silvani.

Ici, on observe l'autre pour lui ressembler en espérant le neutraliser à défaut de parvenir à le dépasser. On compare les misérables fortunes, on les désire. L'orgueil, quand ce n'est pas la prétention, pousse les individus à secrètement se penser autrement que ce qu'ils sont réellement. En Sardaigne et en Calabre, comme dans toutes les sociétés antiques, il était légitime de s'enrichir par la conquête du bien d'autrui. Celui qui parvenait à dérober un troupeau de moutons à un propriétaire pouvait se prévaloir de le posséder, fût-il le plus riche du lieu. C'est la différence entre des sociétés basées sur l'enrichissement par le travail et celles qui adaptent un système de valeurs — l'héroïsme, la capacité à tout jouer sur un coup de tête, le courage guerrier... — qui permettent l'appropriation de l'enrichissement d'autrui.

Quand la bourgeoisie exigeait que le travail et l'investissement dans le long terme soient les sources de la fortune, certaines sociétés perpétuaient des idéaux antiques qui, eux, ne s'embarrassaient pas d'une morale de façade. Au contraire, dans les sociétés méditerranéennes, l'art du sophisme restait-il déterminant. Est grand le vainqueur. Et s'il a dû utiliser la ruse, sa magnificence n'en est que renforcée. La métis, cette qualité première attribuée à Ulysse, permettait à l'homme qui la possédait de survivre dans n'importe quelles conditions et de gruger jusqu'aux dieux. Le banditisme corse s'est constamment situé dans cet entrelacs de valeurs souvent contradictoires, passant d'un champ moral à l'autre.

destin individuel ou fatalité

La constance du banditisme dans l'histoire de la Corse est indéniable. Peut-être faudrait-il un jour oser rapprocher la violence du nationalisme moderne de celle exprimée par le banditisme à certains moments précis de l'histoire corse. Je pense notamment à la période de la Restauration et de la guerre dite des Contumaces. Existe-t-il beaucoup de différences entre l'attitude des clandestins (particulièrement ceux qui ont tué le préfet Erignac) et celle de Tiodoru Poli ? On retrouve dans les convulsions des FLNC le même mélange d'héroïsme individuel, de glissements vers la criminalité de droit commun, de révolte construite autour de l'in-exemplarité de l'État. Les différents FLNC n'ont-ils pas été hantés par cette idée qui revient sans cesse dans la bouche des bandits d'autrefois : la justice est toujours rendue par les puissants au profit des puissants. Mieux vaut donc être soi-même puissant et, faute de naître ainsi, il faut le devenir.

Le moteur de toute clandestinité est toujours la conquête du pouvoir, d'un certain pouvoir. Et ce pouvoir-là n'est jamais le pouvoir des gouvernants. Le bandit est et reste un homme de l'ombre, de la nuit. Il règne dans une dimension qui n'est pas celle de la représentation démocratique, celle de la notabilité. D'où cette course sans fin, sinon la mort vers une respectabilité ou au moins une reconnaissance sociale. Il veille jalousement sur les siens pour se préserver, mais aussi parce qu'il a besoin de cette approbation.

Dès que la francisation a vraiment pris en Corse, c'est-à-dire avec le Second Empire, devenir un bandit fut parfois une manière de paraître. Nicolai puis Romanetti se sont produits sur le cours Napoléon à Ajaccio. Les Bellacoscia ne dédaignaient pas de recevoir les grands d'Europe dans leur maquis de la Pentica. Les préfets ont dialogué avec les bandits. Ils se sont souvent vantés à Paris de les connaître.

Mérimée avait rendu la vendetta présentable en amoindrissant son caractère insupportable, enfermant et suicidaire. La presse a permis au banditisme de sortir de sa cage et de communiquer. On reste stupéfié par le désir et le besoin des bandits modernes à s'exprimer, à écrire aux autorités préfectorales. Ils veulent être entendus. Parfois même, ils se prennent de querelle avec un autre bandit dont la notoriété fait de l'ombre à la leur. Cela pourrait être ridicule. C'est presque toujours sinistre car ces individus terrorisent de pauvres gens et, parfois, les tuent avec la complicité silencieuse des autorités.

être destinal ou produit d'un système ?

Le mythe populaire mais aussi le fatalisme méditerranéen voudraient que le bandit soit une victime du destin, un être tombé en disgrâce. En 1820, Tiodoru Poli devient bandit après le meurtre d'un gendarme qui voulait l'arrêter parce qu'il refusait d'être enrôlé. Il aurait pu ne pas être en situation de tuer, mais cela ne s'est pas passé ainsi. C'est la fatalité, l'Anankè de la Grèce antique.

Quelques personnages – peu nombreux il est vrai — avouent être devenus bandits pour le plaisir de la renommée et la jouissance d'un pouvoir jusque-là inconnu. Bracciamozzo, est, selon Gregorius, « grisé par la célébrité du valeureux bandit Massoni, et se met en tête de jouer le même rôle et de s'attirer ainsi l'admiration de la Corse entière. Aussi décide-t-il de tuer un homme… et il devient bandit ». Selon Marcaggi, en 1850, Francescu Raffini, âgé de seize ans, aide un bandit renommé, Alessandru Padovani, à dresser une embuscade à Giovanni Peretti de Sari-d'Orcino. « Aucune raison valable n'explique l'hostilité qui oppose Peretti à Raffini, et seule l'étroite collaboration de ce dernier avec Padovani et surtout son désir avoué… de devenir bandit peuvent faire comprendre son geste. » « Marcaggi avance l'hypothèse que ces bandits-là sont des malades mentaux éprouvant une attirance pathologique pour la violence. C'est peut-être vrai, mais le fait que la société corse offre à ces hommes un rôle légitime nous semble être l'explication la plus intéressante », écrit Stephen Wilson. Légitimité de la vendetta… Légitimité d'une justice rendue sans délégation et sans tergiversation. Le banditisme n'est plus alors seulement le produit de la fatalité mais bien celui d'un système, ou plutôt d'un contre-pouvoir culturel, bien que les périodes durant lesquelles les vendette furent les plus nombreuses correspondent à la recrudescence du banditisme. Poussant plus loin le raisonnement, Stephen Wilson avance que « l'exemple corse renforce aussi le point de vue exprimé par un certain nombre d'auteurs en réponse à Hosbawm [6] ; lorsque le banditisme prend une dimension politique, il représente moins une révolte et une quête de liberté et de justice contre les riches et les puissants que l'expression de rivalités opposant les élites locales lors de l'intégration à un état moderne. Le banditisme s'extrait alors du système de la vengeance et de l'honneur pour devenir le signe d'une crise sociale très grave [7] ».

Ainsi donc les bandits, à l'exception notable de Tiodoru Poli, n'ont jamais mis en avant de préoccupation politique consciente. Pour reprendre la formule de Stephen Wilson, ils considèrent leur situation de manière passive. Ils l'expriment donc à travers deux notions intimement liées : la « disgrâce » et la « destinée », ou la « fatalité ». Dans sa complainte, Colombani se traite de « pauvre disgracié » (pòvaru disgraziatu). En 1824, Natali Gasparini déclare dans une lettre ouverte : « Mon destin veut que je sois un criminel et que je m'écarte du droit chemin. » Un siècle plus tard, André Spada déclarera à son frère : « Nous n'avons pas choisi de devenir des bandits ; c'est la fatalité qui nous y a poussés. »

Cependant, réduire la manière dont le bandit se perçoit réellement revient à le résumer aux paroles des complaintes qui nous sont parvenues. C'est tout simplement oublier que ces chants furent toujours composés par d'autres que les bandits et post mortem. Ils ne reflètent donc qu'une vision héroïsée et embellie du paria traqué et non celle du prédateur. Par un jeu de miroir classique, les bandits se prirent souvent à cette magnification et embellirent les raisons de leur violence, jouant de cette image ambiguë avec un mélange de prétention et de véritable naïveté, dopée dès la fin du XIXᵉ siècle par l'irruption de la communication médiatique.

un homme seul

Les tartarinades répandues par quelques bandits entre les deux guerres occultent souvent le fait qu'un bandit doit déployer, pour survivre, une intelligence ou plutôt une ruse peu commune. Il évolue en marge d'un système fait par le collectif et pour lui. Il agit contre l'État et souvent contre d'autres intérêts familiaux. Il doit donc s'appuyer sur des structures qui ne le tolèrent qu'à la condition que soit préservé un subtil équilibre qui neutralise tant les ennemis indigènes que l'ennemi de la puissance tutélaire. Le bandit est un homme seul qui doit en permanence donner l'impression d'être soutenu par un grand nombre. Or, en Corse, un homme seul est un homme sans importance, qu'il soit bandit ou chef de clan. Et, dans des conditions extrêmes, un homme seul ne peut survivre. Chaque histoire de bandit démontre que celui-ci est tué dès qu'il est lâché par ses proches. C'est d'ailleurs la raison pour laquelle la gendarmerie du Second Empire multiplia les arrestations parmi les proches des bandits, les rendant ainsi impopulaires et misérables.

Le bandit s'isole parfois à cause de la sauvagerie de ses actes. Il est peu à peu lâché par les siens. Il est très vite détruit grâce au système même qui l'avait créé. Car il faut insister sur ce point précis : la plupart des bandits furent tués par d'autres bandits, par des traîtres ou simplement par des braves gens qui n'en pouvaient plus du racket et des menaces.

25

La mort du bandit survient quand celui-ci transgresse des règles non écrites qui l'attachent à la communauté.

Souvent le bandit corse a paru s'affranchir de ces lois non écrites qui normalisent la société insulaire et créent des tabous réels ou imaginaires liés au viol, au vol ou à la terreur. Les bandits agressent souvent les femmes par désir sexuel ou par envie de salir une famille.

Pourtant, les méfaits commis par les bandits échappent le plus souvent à une rationalisation décryptée a posteriori par les ethnologues ou les historiens. La règle du non-droit règne dans ce monde où tout est permis puisque n'existe plus aucune sanction, si ce n'est la mort brutale qui, dans la Corse d'autrefois, constituait souvent le lot commun de chaque homme.

Terreur et transgression accompagnent la plupart des bandits au cours de la chute.

Serafini et Massoni, au milieu du XIXᵉ siècle, et Castelli, dans les premières années du XXᵉ siècle, enfreignent tous les trois les règles du meurtre par vengeance en choisissant comme victimes des parents, des personnes âgées, des femmes et des enfants [8]. Le 6 mai 1912, le bandit Francescu Maria Castelli tire sur Marie Castelli dont le père a déposé dans un procès contre lui. La jeune fille, âgée de dix-huit ans, tombe blessée à l'abdomen. Elle n'est aidée que de Mathilde Castelli, treize ans, qui tente de la secourir. Les autres habitants de Carchetu se cachent, de crainte de déplaire aux bandits. Lorsque les gendarmes arrivent, Marie Castelli est morte. Le bandit menace alors toute personne qui fournirait le bois pour le cercueil de la défunte, qui sera enterrée dans un simple linceul [9].

Ghjuvanu Battistu Tramoni, dit Bricu, devenu bandit en 1892, après avoir tué le père d'une jeune fille qui le refusait pour gendre, devient une sorte de fou furieux. Il abat tous ceux dont il prétend qu'ils ont manqué à son honneur. En 1901, il assassine à Mela, non loin de Porti Vechju, le petit-fils de l'un de ses ennemis. L'enfant a sept ans. Il finira abattu par les familles de ceux dont il avait ôté la vie. En tuant ainsi les plus faibles, le bandit veut inspirer la terreur. Car cette terreur est nécessaire à sa survie. Elle lui garantit d'abord le silence. Elle est ensuite la possible ouverture vers les compromissions claniques. On fait appel à un bandit qui est redouté, certainement pas à celui qui inspire la pitié.

Déjà, en 1828, un journal rapporte que Francescu Ghjuvanni Guidicelli de Serra-di-Fiumorbo avait « échappé à une arrestation pendant sept ans grâce à la terreur qu'il inspire aux villageois ». La gendarmerie déclare au sujet de Ghjacumu Bonelli en 1893 que « personne n'a osé lui résister d'une façon ou d'une autre, ou communiquer le moindre renseignement nous permettant d'engager une action contre lui ». On trouve des cas similaires relevés par la gendarmerie dans le Fiumorbo au milieu des années 1890 et dans la Casinca en 1910-1911 [10].

Cela se traduit souvent par une chute dans la folie, dans l'aliénation dans tous les sens du terme, quand le bandit devient étranger à tout ce qu'il fut à et à tout ce qu'il prétend être. Beaucoup de Corses sont des êtres grégaires qui puisent leur énergie dans le groupe et dans les profondeurs de la terre. Celui qui devient bandit se transforme en cavalier des crêtes. Il évolue dans un monde hanté par les nuages et les illusions. Plus il est traqué, plus il grimpe vers le sommet des montagnes, plus il s'enferme dans une prison immatérielle mais ô combien réelle. Il s'éloigne de son environnement où l'attendent ses ennemis et les gendarmes. Son esprit divague. Il se crée des mirages qui obscurcissent son jugement.

27

Il est toujours gagné par la mégalomanie. C'est d'ailleurs cette folie qui lui donne sa grandeur. Dans un monde où l'individu n'existe souvent qu'en référence au groupe, il devient l'Homme par excellence. Il possède le véritable pouvoir, celui de l'unicité, celui de l'être qui, après avoir été victime du destin, choisit de l'affronter jusqu'à la mort. Il n'est plus corse parmi les siens mais un Corse en soi, pour soi, contre la Corse, tout contre elle.

Plusieurs bandits, peu avant leur chute, se sont crus investis d'une mission divine. Ceux du XIXᵉ siècle parcouraient le maquis couverts d'amulettes. Spada parut à son procès la croix envahissant sa poitrine. Le bandit montre alors un mélange paradoxal de remords et de dureté. Il est la vie et il est la mort. Car il sait que chaque jour qui passe peut être le dernier.

L'étude menée par Wilson sur un échantillon de cinquante bandits, pris au hasard dans une période qui va de 1850 à 1930, nous montre que plus de la moitié d'entre eux ont moins de trente ans au moment de leur entrée dans la carrière de bandit, de leur capture ou de leur mort. L'âge normal pour devenir bandit ne dépasse pas vingt-cinq ans. Cette statistique montre aussi que le banditisme ne touche pas les adultes plus âgés ; les cas de vieillards bandits sont très rares [11]. Comment interpréter cette jeunesse du banditisme, sinon par l'énonciation de banalités sur l'impulsivité de la jeunesse et l'énergie nécessaire à la survie d'un homme traqué dans la montagne ?

le soutien de la famille
et les réalités géographiques

Il nous faut revenir sur les soutiens locaux nécessaires au banditisme. Selon Stephen Wilson, certains liens de parenté ont une signification particulière pour les bandits. Les plus évidents sont les liens fraternels. On compte au moins seize paires de frères bandits entre les années 1820 et 1920. Les liens entre oncle et neveu sont également très étroits. Pierre Giovanni, par exemple, reçoit le soutien très actif de trois oncles, et François Caviglioli est rejoint dans le maquis par deux neveux en 1930-1931.

Les bandits servent les intérêts de leurs familles. Dans une complainte adressée à son mari, la femme de Tiodoru déclare que, grâce à lui, elle n'a manqué « Ni de viande ni de pain — Ni de chaussons, ni de bas fins — Ni de boucles d'oreilles, ni de colliers — Ni de mouchoirs de... coton — Ni de mousseline, ni d'indienne ». En 1885, deux parentes de Ceccu Mattei se lamentent après sa mort : « Plus de jambons — Ni de sacs de farine ».

Preuve de l'exceptionnel soutien dont les bandits bénéficient de la part de leurs proches, ils tiennent le maquis des années durant. Selon Wilson, qui corrobore pour partie les renseignements de Robiquet, en 1822-1823, quarante et un fugitifs, soit 11 % de tous les bandits recensés par la gendarmerie, sont restés dans le maquis pendant plus de vingt ans (sept plus de vingt-cinq ans et un pendant trente-deux ans) ; quatre-vingt-deux, soit 22 %, y sont restés entre dix et dix-neuf ans. Ainsi un tiers de ces bandits ont passé plus de dix ans dans le maquis ou en exil. Entre 1828 et 1930, vingt-cinq bandits sont restés en fuite pendant dix ans ou plus, deux pendant trente ans ans et deux autres plus de quarante ans. Les bandits corses ont donc passé en moyenne dix à quinze années au maquis. Une large proportion d'entre eux finit par se rendre par lassitude, ou plus simplement parce que leurs guides ont été capturés ou du fait du décès de leurs plus fidèles soutiens.

La nécessité de cette proximité délimite le territoire des bandits. Ils n'opèrent en général que dans des zones où ils sont certains de connaître l'habitant et le relief. Camillu Ornano vit et se cache dans les cantons de Zicavo et de Santa-Maria-Sicchè de 1815 à 1829. Dans les années vingt, Bartoli sévit dans les alentours de Zicavo et de Palneca, Romanetti puis André Spada dans la Cinarca.

La géographie du banditisme tracée par Stephen Wilson nous apprend que toutes les micro-régions corses ont produit des bandits. Toutes les communes ont été touchées. Le travail extrêmement minutieux de Stephen Wilson n'empêche pas quelques carences. Ainsi oublie-t-il, pour ce qui concerne la période de 1815 à 1830, les régions de Corte et de Venaco alors que les sources militaires notent l'activité souvent sauvage de nombreuses bandes. Bocognano et Bastelica abritent traditionnellement des bandits que semble ignorer Wilson. Pour la seconde période, la carte établie par Wilson semble indiquer que la Balagne (Calenzana, Calvi, Île-Rousse) fut épargnée par le banditisme. Ce qui est faux puisque de célèbres bandits s'y livrèrent une guerre sans merci. Mais il est vrai que les bandits furent souvent répertoriés dans leur micro-région d'origine, à savoir le Niolu ou le Cortenais. À l'inverse, le Cap corse forme un ensemble géographique plutôt épargné par le banditisme. Cette région extrêmement isolée fut peuplée dès le XVIe siècle par des familles génoises qui se distinguèrent de tout temps du reste de la Corse. Pro-françaises et donc antipaolines, elles prospérèrent dans trois domaines économiques : la vigne, la pêche et le commerce. Ce furent d'ailleurs les seuls Corses à volontairement s'expatrier pour s'implanter en Asie, en Afrique et en Amérique latine. Ces activités tournées vers l'extérieur et la production empêchèrent peut-être les Cap Corsins de « donner » un grand nombre de bandits. Peut-être est-ce aussi là l'explication de l'inexistence des *vendette* (à l'exclusion de la zone de Luri où vivaient des familles de bergers).

des chefs de bande tyranniques

Les bandes les plus importantes sont dirigées par un seul homme qui exerce son pouvoir de manière tyrannique. Tiodoru Poli a, sur sa troupe, une autorité absolue et sur « ses » bandits un droit de vie et de mort. Il se fait élire chef par cent cinquante contumaces et signe le 1ᵉʳ février 1823 une Constitution politique dans la forêt d'Aïtone qui rappelle, dans ses termes, ses origines carbonare mais aussi la nostalgie de l'indépendance. On le sacre alors roi des Bandits et roi de la Montagne. Faure témoigne de ce qu'en 1859 la réputation de Tiodoru en Corse n'est égalée ou dépassée que par celles de Sampiero, Paoli et Napoléon, et sa « renommée » reste vivace encore en 1928. Edmond About en fera son « roi des montagnes [12] ».

Un siècle plus tard, Romanetti impose sa volonté à des sicaires obéissants. Il rackette les bergers en jouant les intermédiaires avec la firme Roquefort. Mais tous ces chefs disparaissent, trahis par les leurs. C'est là d'ailleurs l'un des paradoxes du banditisme corse que de perdurer grâce à son incapacité à savoir se fédérer. La tentative de Tiodoru Poli de rassembler les contumaces en une petite armée se heurte rapidement au caractère irrémédiablement individualiste et mégalomaniaque de chaque bandit. Le respect de la hiérarchie dans les bandes n'est que la projection momentanée de ce que José Gil appelle l'équilibre des désirs « de liberté et de terreur » qui ont hanté la société corse depuis la nuit des temps. En définitive, le banditisme et la clandestinité ne sont que les ombres portées de cette Corse qui se cherche sans jamais se trouver, sinon à l'extérieur d'elle-même lorsque tombent les masques et que s'évanouit le regard des autres, qu'ils soient ceux des siens ou ceux des « extérieurs ».

Les crimes et délits commis par les bandits varient du meurtre (le plus fréquent) jusqu'à l'extorsion de fonds avec menaces. On trouve souvent des viols presque jamais suivis de plaintes. Les bandits du XIXe siècle, lorsqu'ils veulent durer, épousent donc les formes de délinquance traditionnelle et arrachent à leurs congénères ceux qu'ils ne peuvent obtenir par la complicité. La tradition du racket, appelée pizzu en Sicile, existe depuis des siècles en Corse et perdure jusqu'à nos jours. Chacun doit payer son écot au bandit, quel que soit son degré de fortune. Le paysan pauvre ne donnera qu'un peu de charcuterie tandis que le notable versera une somme d'argent. Tiodoru exige de vingt à trois cents francs des curés ou des propriétaires. « Dans la province de Vico — Tous payent un tribut — Prêtres… et bergers — Doyens, curés et avares — Riches, juges de paix — Substituts et secrétaires [13]. »

Nous ouvrirons ici une parenthèse pour souligner combien le bandit, n'ayant aucune notion de la hiérarchie sociale, terrorise aussi les possédants. Le 27 mai 1816, un conseiller à la cour est attaqué près d'Ajaccio. Le 28 septembre 1820, un juge d'instruction de la cité impériale est tué pour s'être « intéressé » à une affaire de Bastelica. Le 4 mai 1832, le procureur du roi de Sartène est assassiné par un contumax [14]. Les ecclésiastiques payent un lourd tribut à la lutte contre le banditisme bien que, dans pareils cas, il faille distinguer la double nature du prêtre. Homme d'Église, il est censé prêcher la paix. Corse, membre d'un clan, il est souvent celui qui souffle sur les braises des inimitiés pour le plus grand profit des siens. L'abbé Vignali, aumônier de Napoléon à Sainte-Hélène, s'est retiré dans son village en Corse, à Bisinchi, après la mort de l'Empereur. Il aide son père à devenir maire et demande une enquête sur la gestion communale du prédécesseur, Jean-Baptiste Canacci. La Gazette des Tribunaux datée du 30 mars 1839 nous apprend que, le 14 juin 1836, l'homme de Dieu a le malheur de se présenter devant sa fenêtre ouverte. Un coup de feu part de la maison d'en face. L'abbé Vignali meurt de suite. Le 24 août 1838, l'abbé Susini est abattu dans son église alors qu'il célèbre la messe. Une étude des vendette montre par ailleurs que les fauteurs de violence sont bien souvent les fils cadets des familles aisées. On se tue beaucoup plus par intérêt que par honneur gratuit. En conséquence, des notables ont des frères ou des fils au maquis. Petru-Paulu Durazzo, conseiller à la cour et président du conseil général, se porte candidat en 1822 au poste de président de la cour de justice criminelle. Son fils et son propre neveu sont poursuivis pour meurtre. En 1847, le président de la cour d'assises protège son frère condamné pour meurtre.

Les bandits Antona de Frasseto « ont l'habitude d'extorquer de l'argent aux habitants du canton et d'ailleurs, exerçent leur autorité par la force ». En février 1847, Guelfu Panzini, citoyen de Loreto, est averti « par un avis placardé sur l'église », qu'il doit verser deux mille francs au bandit Ghjuvan Antò Arrii sous peine de périr. « Des amis interviennent et le bandit n'exige plus que deux cents francs. » Mais Panzini refuse encore. Arrii le menace à nouveau et, comme rien n'y fait, il assure que, si sa victime ne consent pas à donner la somme exigée, il abusera de sa sœur. Panzini cédera cent francs. En 1848, un bandit décide de mettre la ville de Bunifaziu en coupe réglée. Il écrit donc aux habitants et affiche sa lettre à l'entrée de la cité fortifiée. Il aura, si l'on ose dire, gain de cause.

Cette rage de l'extorsion se trouve renforcée avec l'essor du tourisme et du thermalisme. Les bandits n'hésitent plus alors à prendre d'assaut les hôtels. En 1886, l'hôtel de Bellevue, à Ajaccio, reçoit la visite d'une bande de trois malandrins qui demandent trois mille francs. Plus près de nous, en 1931, Joseph Bartoli se rend au grand hôtel Continental, aujourd'hui résidence de l'assemblée régionale, et s'en va avec vingt mille francs. À la même époque, François Caviglioli agit pareillement avec les patrons de l'hôtel Miramar, de Tiuccia, et ceux des bains de Guagno [15].

Les statistiques criminelles de la Corse au cours du XIXᵉ siècle laissent apparaître un déficit pour ce qui concerne les vols (à peine un quart des délits en 1830 alors que la moyenne continentale est de 70 %). Selon Paul Bourde, le vol est considéré comme une activité honteuse de la part d'un bandit, mais pas le racket. Il est honorable de réclamer de l'argent et de l'obtenir sous la contrainte. Car le journaliste écrit en 1887 que « la plupart des propriétaires versent de l'argent aux bandits mais s'en cachent de peur des représailles ». Les victimes récalcitrantes sont parfois assiégées dans leurs demeures, comme le père Pinelli de Soccia. En 1886, l'ancien préfet de police Pietri, issue d'une grande famille de sgiò et chef de clan, doit quitter sa résidence de Sartène pour Ajaccio. En 1895, le maire de Ventiseri, riche propriétaire, quitte son village pour éviter de payer une « rançon » [16]. En effet, ils ont à craindre d'être tués ou enlevés. Les bandits Borghello et Cipriani réclament cent francs au maire Colonna de Balogna en 1827. Parce qu'ils refusent de payer, les bandits enlèvent son fils et son cousin. Ils ne les relâcheront qu'après que leur victime a promis le versement de six cents francs, maigre somme si on la compare à celle versée à Agostinu Stefanini. Celui-ci enlève le maire de Sari-d'Ornano en 1841 et ne le relâche qu'après une quarantaine de jours. La famille de la victime lui apporté quatre mille francs. Six ans plus tard, Matteo Tavero, commerçant de Sartène, est détenu par les bandits Ghjuvan' Antò Arrighi et Ignazio Giacomoni. Six mille francs seront nécessaires pour que l'homme retrouve sa liberté [17].

Si le banditisme de grand chemin ne touche que rarement les touristes, il s'en prend à toutes les catégories sociales, jusqu'à ces pauvres entre les pauvres que sont les travailleurs immigrés italiens.

Les prêtres sont rançonnés, les commerçants aussi, mais également les instituteurs. Dans les années 1890, les bandits du Fiumorbo soutirent de l'argent et diverses marchandises « aux bergers, aux paysans et aux petits propriétaires » de la région. Le collecteur d'impôts de Prunelli donne comme raison principale de son échec dans sa tâche en 1806 « la pauvreté extrême des malheureux habitants » de la région après trois années d'extorsions et de pillages par les bandits [18].

Ghjacumu Bonelli rançonne non seulement les entrepreneurs de travaux publics de sa région mais aussi les constructeurs du trinnichellu, le petit chemin de fer qui relie Ajaccio à Bastia. En 1895, on rapporte que Giovanni lève une sorte d'impôt sur tous les habitants de la région où il sévit, tandis que les gens des cantons de Prunelli, Ghisoni, Porto-Vecchio et Moita payent régulièrement un tribut à « deux gangs de bandits conduits par Achilli et Bartoli [19] ». Un lamentu cite « Ces bandits levant des impôts — À l'entrée des ponts — Sur les routes et dans les abris de bergers [20] ».

André Spada, l'un des derniers bandits de l'entre-deux guerres, emploie un langage plus moderne : « Nous agissons presque en qualité de compagnie d'assurances. En échange d'une somme d'argent convenue, nous nous engageons à protéger des commerçants, des hôteliers et des hommes d'affaires. » Spada, Romanetti et bien d'autres ont d'ailleurs compris combien leur sont utiles les petits bandits. Ceux-ci en effet terrorisent la population qui, ensuite, pour se protéger, fait appel aux bandits plus puissants. Selon les archives de police, Spada comptera essentiellement sur l'argent versé par l'administration des postes, soit mille francs par mois. Lorsque le nouveau directeur du service refusera ce racket en 1930, Spada et son frère tueront le conducteur du fourgon et les deux gendarmes d'escorte. Par la suite, le nouveau directeur versera directement au bandit les sommes demandées, n'hésitant pas à prélever lui-même son écot [21].

la Corse entre silence et cris

La réputation des bandits se dégrade rapidement au sein d'une population qui vit sans cesse prise entre la terreur du gendarme et celle du parcittori. Selon l'historien Ange Rovère, le banditisme mercenaire, décrit par les écrivains comme la dégradation moderne du banditisme d'honneur, aurait sévi en tous temps, notamment en période de transition historique marquée par des agitations sociales et économiques. Le banditisme crapuleux surgit quand les mutations de l'extérieur imposent des changements brutaux à la société corse. Alors les moins adaptables des Corses refusent les changements nécessaires qui affectent la vie quotidienne et les relations transversales familiales et clientélistes. À la moindre occasion, ils deviennent bandits.

Leur existence place la société corse devant un dilemme douloureux. Ces hommes appartiennent indéniablement à leur culture. Mais ils sont aussi des bourreaux. De l'extérieur, la Corse paraît frappée d'un mutisme approbateur. Génois et Français se sont plaints à l'envi de ce silence à travers lequel victimes et bourreaux semblent ne faire qu'un. En fait, ce n'est encore là qu'une apparence souvent favorisée par les méthodes extraordinairement brutales utilisées par les colonisateurs pour subjuguer le peuple corse. L'apparence exigeait que l'on ne donnât pas un autre Corse à des étrangers. Ce n'était qu'une apparence. Car, en toutes époques, il fut des Corses qui prirent parti pour le colonisateur. Les « colonnes infernales » formées par les Français avant même la victoire de Ponte Novu en 1769 bénéficièrent non seulement de soldats corses, d'éclaireurs insulaires, mais aussi, le jeu d'alliances familiales oblige, d'un réseau d'indicateurs d'une redoutable efficacité, démontrant si besoin en était la véracité d'un proverbe insulaire qui affirme que « seul le Corse saisit le Corse ». La légion corse d'Arcambal s'intégra au Royal Corse et forma en août 1772 avec le régiment de Buttafoco le régiment provincial de sinistre réputation.

Un haut fonctionnaire de l'époque, Boisset, exprima crûment la pensée répressive française : « Pour essayer de tirer quelque chose des Corses, je n'en crois rien à moins qu'ils n'aient de la vendetta les uns contre les autres. » Les chefs de clan collaborèrent pour la plupart, tentant de retirer de l'occupation française des avantages propres à les maintenir dans leur situation politique et sociale. Afin d'œuvrer vite et bien, le gouvernement français promulgua plusieurs édits particulièrement répressifs. Le 24 juin 1770, il fut décidé que « la justice ordinaire exigeant des formalités trop longues, Nous, en vertu des pouvoirs à nous donnés par Sa

Majesté, déclarons par ces présents que, dans la marche que nous allons faire contre les bandits, ceux qui seront pris seront pendus à l'heure même au premier arbre et sans aucune forme de procès ». La délation fut encouragée le 12 mai 1771 par le truchement de primes et de faveurs accordés aux indicateurs. Enfin, il fut établi une responsabilité collective pour tous les membres d'une famille abritant un bandit.

En 1797, un rapport militaire dénonçait la difficulté à « trouver un bon républicain. Ici on ne dénonce jamais personne [22] ». Sous la férule du général Buonaparte, les cachots de l'Île ne peuvent plus contenir les prévenus amenés par la troupe, d'autant que le général s'appuie sur ceux de son clan opposé à celui des Pozzo-di-Borgo qui, après avoir soutenu le vieux Pasquale Paoli, est dévolu aux Anglais. En janvier 1798, une révolte éclate dans le nord de la Corse. Les conjurés portent en guise de signe distinctif une petite croix, una crucetta. La répression terrible qui s'ensuit est restée dans la mémoire populaire comme a francisata, la « francisation ». Le grand poète Salvatore Viale note alors que « l'Île est gouvernée en colonie, c'est-à-dire sans constitution politique, en quelque sorte sans lois ; on y envoie du Continent, comme par punition, des hommes sans aucun mérite avec des titres de magistrats et d'administrateurs ». Quant aux avocats, ils sont tenus de plaider dans une langue étrangère qu'ils ne dominent pas, le français, au grand dommage de leurs clients.

Deux ans plus tard, nouveau soulèvement contre lequel Buonaparte lance huit mille hommes qui usent du pillage, de la torture et du meurtre pour pacifier cette « province rebelle ». La loi du 7 janvier 1801 entérine le régime d'exception appliqué en Corse. Les garanties légales sont suspendues, le jury dissous et les tribunaux départementaux remplacés par un tribunal criminel dont sont exclus les Corses. Il prononce des sentences sans appel. Le décret du 12 janvier 1803 institutionnalise le pouvoir du général Morand, nommé gouverneur de l'Île par le Premier Consul.

Lui aussi trouve que les Corses au service de la France n'en font pas assez. En 1808, il fait fusiller le commandant Sabini qui a voulu éviter une effusion de sang dans le Fium' Orbu. Le silence complice du juge de paix local, Laurelli, lui avait déplu : fusillé ainsi que huit autres de ses concitoyens. Cent cinquante paysans sont déportés au bagne d'Embrun. La plupart meurent au bout de quelques mois. Un quart de siècle après, un observateur, Renucci, notera que « les historiens ont beau se récrier sur les actes tyranniques du gouvernement génois envers la Corse, en des siècles moins civilisés. Je pense que ceux-ci, qui ont été perpétrés dans cette île, au siècle dit de la civilisation, par un général de la nation la plus affinée du monde, sont assurément plus révoltants ». Le commandant en chef Cervoni écrit de Marseille au Corse Salicetti, ministre de la police française à Naples : « Réjouissez-vous, mon cher compatriote, le général Morand fait le bonheur de la Corse : on y fusille au moins un homme par jour. » À Bastelica, parce que les soldats n'ont pas reçu les vivres qu'ils exigeaient, les magistrats municipaux sont pris en otage. Seule une partie de la bourgeoisie insulaire, celle appartenant clan des Buonaparte, c'est-à-dire celui de Saliceti, arrive à plus ou moins se concilier les bonnes grâces du féroce gouverneur Morand. En 1809, ce dernier, serviteur d'un État qu'il révère au-delà de toute humanité, s'en prend pourtant à des membres de cette bourgeoisie liée politiquement aux Buonaparte. Quelques jours plus tard, Napoléon le rappelle « pour conduite abusive et tyrannique [23] ».

L'Île achève de se consumer après quarante années de conquête. Néanmoins, cette période pose à l'historien le problème des sources. Les documents administratifs royaux, républicains puis impériaux traitent tous les révoltés de « bandits ». Il est impossible de dissocier le révolté poursuivi pour ses idées des parcittori. Certains de ces derniers se vendent aux Français afin de mieux piller les biens de leurs concitoyens. Mais ils ont l'uniforme français ou au moins la protection des nouveaux maîtres de l'Île.

La royauté restaurée, la guerre des clans repart de plus belle mais avec des pouvoirs inversés. Les familles royalistes s'imposent au détriment des républicaines et napoléoniennes. Le policier Constant expose sans détour sa solution au problème corse : « Ce ne sera qu'avec des échafauds et des déportations qu'on pourra travailler à pacifier, à civiliser [24]. »

Dans les villages et les montagnes, le gendarme est considéré avec méfiance. Lorsqu'un meurtre endeuille une famille, les victimes préfèrent leur propre justice à celle, défaillante, d'un État qu'elles ne reconnaissent pas pour leur. « La justice t'absout, moi je te condamne », dit un dicton. Dans quelques cas bien rares, on prévient les juges mais de manière à ce qu'on ne puisse être accusé de « balancer ». Ainsi, en 1813, un jeune poète, Alessandro Petrignani, est assassiné entre Pianello et Zuani dans d'horribles conditions. Avant de mourir, la victime lance à ses bourreaux : « Vous pouvez me tuer ; ma mort n'aura aucun témoin, ni votre lâcheté ; mais je suis sûr que les oiseaux du ciel eux-mêmes vous dénonceront. » Or, caché dans le maquis, une femme a suivi la scène. Épouvantée, elle se confesse à un curé mais refuse de témoigner devant un tribunal. Le prêtre compose alors une complainte anonyme qui décrit par le menu le meurtre, permettant ainsi l'arrestation et l'exécution des coupables. Malgré quelques résultats, la gendarmerie se heurte inévitablement à une loi du silence alourdie par une simple incompréhension linguistique [25].

Les autorités se souviennent fort à propos du Royal Corse et, après avoir proposé aux bandits une « paix des braves », décrètent le 23 décembre 1822 la formation d'un corps de voltigeurs. L'engagement est libre et la solde confortable. Ce sont des centaines de Corses qui postulent aux places offertes. Il est souligné que « la plupart des communes étant partagées entre deux partis, l'un et l'autre protègent les criminels selon son intérêt et ses affections et, dès l'instant où la gendarmerie ne partage pas leurs sympathies, elle est en butte à une foule de dénonciateurs ».

En 1850, après une « guerre des polices », la gendarmerie obtient la suppression du corps des voltigeurs qui lui fait concurrence et l'application de l'article 248 du Code pénal qui punit les receleurs. Désormais, les parents des bandits sont emprisonnés pour complicité. Afin de briser la loi du silence, le préfet Thuillier lance une adresse aux notables du conseil général : « La vérité vous est connue, vous aurez le courage de la dire, vous romprez un silence inexplicable et funeste [26]. »

Faure note cependant qu'« à la sympathie populaire pour les bandits s'ajoute la tolérance des élites et du gouvernement ». En 1872, le préfet se plaint de ce que les fonctionnaires locaux « tolèrent » les bandits dans leurs villages, bien que Bourde affirme le contraire en 1887.

lorsque le silence devient appel

Il arrive pourtant que la population exprime sa lassitude en faisant appel aux autorités pour la protéger contre les bandits. Il est difficile ici de départager ceux qui s'adressent

41

aux autorités par vengeance personnelle ou par civisme. En 1882, le maire et le conseil municipal de Loreto-di-Tallano, dans une lettre adressée au préfet, déplorent que « la loi, l'ordre et la tranquillité du village soient menacés par les bandits locaux ». Ils demandent à bénéficier de la protection des gendarmes. Une lettre écrite en 1895 par un habitant de San-Gavino-di-Fium' orbu demande au préfet de ne pas retirer les gendarmes de peur que le village ne soit attaqué par des bandits et que ses habitants ne soient assassinés ou forcés à partir. À la fin de 1895, le procureur rapporte que « face à l'audace sans précédent des bandits, les habitants de tous les quartiers exigent que des mesures exceptionnelles soient prises. La presse locale qui d'habitude tend à minimiser les excès du banditisme réclame maintenant l'intervention des autorités ».

Néanmoins, ce genre de requête se fait en général discrètement, et l'on comprend pourquoi. Une lettre anonyme en 1911 demande au procureur de protéger « le groupe des citoyens honnêtes et paisibles » de la Casinca, et en particulier de Venzolasca, contre les menaces, l'intimidation et les déprédations des bandits locaux. Selon le procureur général, cette lettre vient en fait du maire Moracchini de Venzolasca, dont la vie, dit-il, serait en danger si son anonymat n'était pas préservé [27].

Certains villageois se réjouissent ouvertement de la mort des bandits abattus par les gendarmes quand ils ne les abattent pas eux-mêmes. Lorsque le bandit Stefanini, surnommé Tortu, est abattu en 1816 près de Vicu, la police déclare : « Bien qu'il fût originaire de Vicu, la mort de cet individu n'a provoqué aucun remous dans la région ; au contraire, tout le monde est satisfait d'être débarrassé d'un homme qui ne cessait de voler et de menacer. » Une même joie est relevée par les autorités à la mort de Tiodoru en

1827. Il est écrit dans le journal local que la « destruction » de Borghellu en 1829 « a été accueillie avec joie dans notre département, en particulier dans les cantons de Vico, Salice et Soccia, là où le bandit gâchait la vie de tous ». Selon la lamentation chantée à la mort de Gallocchju, les gens d'Altiani « sont heureux » d'apprendre la nouvelle « et organisent des festivités ». En 1842, un échotier décrit la liesse qui accompagne la mort de Giacomolo Griggi, abattu par des voltigeurs : « L'horreur que ce bandit inspirait à la population tout entière est telle que, sitôt répandue la nouvelle de sa mort, des célébrations et des démonstrations de joie ont lieu partout où il a sévi ; plusieurs conseillers municipaux se réunissent et réclament une récompense pour les membres des forces armées qui ont fait preuve de tant de bravoure et de ténacité ». En 1844, Giorgi, surnommé Scarbinu, originaire de Venzulasca, est abattu à Biguglia. « L'horreur qu'il inspirait aux villageois est telle qu'on a refusé de l'enterrer chez lui, souligne un journaliste. Son corps a simplement été placé dans une fosse peu profonde et recouvert de terre, rapidement attaqué par les oiseaux de proie [28]. »

Stephen Wilson souligne que « dans certains cas, il s'agit moins d'une coopération de la population avec les autorités que de l'union de deux forces poursuivant le même objectif. Quelques exemples se rapprochent du phénomène observé dans les sagas islandaises où l'on mène des actions contre l'ojafadarmadr, personnalité autoritaire et violente que l'on est parfois obligé de tuer pour le bien de la communauté [29] ». Selon Bourde, les morts de bandits officiellement attribuées aux gendarmes seraient souvent le fait d'autres Corses. Une telle substitution sert les intérêts de la gendarmerie, taxée d'efficacité, et celle des paysans, protégés par cette version de la réalité. Ainsi Petru Giovanni, bandit d'une particulière férocité, est invité en 1899 par des bergers qui feignent la soumission. Ils le saoulent puis le tuent avant de prévenir la gendarmerie.

D'une manière générale, les bandits qui sont tués, c'est-à-dire la quasi totalité d'entre eux, sont détruits directement ou indirectement grâce aux indiscrétions de leurs concitoyens. Ainsi Romanetti en 1926, Bartoli en 1931 [30]. De 1816 à 1899, sur dix-huit bandits recensés par Stephen Wilson, deux tiers sont arrêtés ou tués sur leur terre natale et seulement un tiers loin de chez eux. Certains, tels des animaux blessés, cherchent à retrouver leur région d'origine lorsqu'ils sentent la fin approcher.

le clanisme, matrice du banditisme

Dans le dernier quart du XIXᵉ siècle, Bourde, journaliste du Temps, écrit : « La Corse n'a aucune confiance dans ses tribunaux, ce qui est un état moral d'une gravité sur laquelle il est inutile d'insister. » Le nombre des homicides et tentatives d'homicides ne cesse d'augmenter, signe indubitable d'un grand désarroi social et psychologique. Pour reprendre les propos d'un parlementaire, la Corse connaît « cette vie de haine, d'arbitraire, d'illégalités, les injustices dont une moitié de la population opprime l'autre [31] ». En 1887, six cents hommes ont pris le maquis. La loi du silence alors est celle d'un mutisme causé par la peur d'une administration aux ordres du clan dominant. Le journaliste Émile Dosquet, dit Saint Elme, qui dénonce en Corse l'administration, est roué de coups jusqu'à la mort. Son principal agresseur, reconnu et jugé, est condamné à trois mois de prison qu'il ne purge pas. Antoine Leandri, journaliste lui aussi, prend le maquis après des mois de persécutions administratives. Dans un manifeste, il affirme : « Lorsque la loi ne sert plus qu'à l'assouvissement des haines personnelles et politiques, lorsque la justice n'est plus qu'un instrument d'oppression, le fusil devient l'ultima ratio de l'honnête homme [32]. »

En 1886, l'indemnisation de terres traversées par le chemin de fer donne lieu à un nouveau scandale. Les propriétaires qui votent pour Arène touchent dix fois plus d'argent que ceux qui affirment des opinions contraires. Par tradition familiale ou par intérêt, des bandits offrent leurs services au clan dominant, à des propriétaires, voire aux autorités.

Ghjuvan' Cameddu Nicolaï, bandit de grande renommée dans l'extrême sud de l'Île, vend sa force de « persuasion » aux riches propriétaires du Sartenais et pratique le racket à l'occasion. Les autorités le tolèrent, même si les gendarmes le recherchent. On le voit en grande tenue plastronner sur le port d'Ajaccio au bras d'une touriste anglo-saxonne. Romanetti, Bartoli, Spada et bien d'autres se lient à des hommes politiques et les aident moyennant une efficace protection. Ils leur apportent des voix et terrorisent les opposants. Cette complicité objective du banditisme et des pouvoirs locaux se double d'une attitude louvoyante des plus hautes autorités. Les préfets ne dédaignent pas s'entretenir avec des bandits. Durant la première moitié du XIXᵉ siècle, le préfet Jourdan du Var alterna les politiques répressives avec celle de l'acoquinage.

Castelli d'Orezza est fréquemment sollicité par des hommes politiques qui requièrent son aide « électorale ». Le bandit Antoine Bonelli, dit Bellacoscia, ami du député Emmanuel Arène, est visité dans son refuge par des personnalités aussi diverses que Gambetta, Edmond About, le ministre Lockroy, le préfet Dauzon et Haussmann. Trois fois condamné à mort, il est jugé en 1892 après un demi-siècle passé au maquis. Le jury l'acquitte après quelques minutes de délibération. Deux mille personnes l'attendent au sortir de l'audience et lui font escorte jusqu'à la prison, où il rentre pour la levée d'écrou au milieu des applaudissements dans une apothéose. Assigné à résidence à Marseille, il exige de revenir dans son village où il finit sa vie « comme un bon bourgeois ». Le clan donne d'ailleurs l'exemple en utilisant les bandits mais aussi ses propres hommes de main. Dans le centre de l'Île, les blancs c'est-à-dire les républicains, forment des « escadrons volants » dont l'un des plus réputés, parce que d'une redoutable efficacité, est sans conteste celui dirigé par un Giaccobi surnommé Formose. Fort d'une quarantaine d'individus dotés de chevaux, il se rend là où des électeurs risquent de basculer en faveur du clan adverse. Sa seule présence suffit alors à ramener les brebis égarées dans le droit chemin, quand il n'ordonne pas à ses hommes de bourrer les urnes.

Un préfet écrit en 1872 que « les gens recherchent l'amitié d'un bandit, le reçoivent à leur table et, lorsqu'il est dans le maquis, lui procurent des vêtements, des vivres et de la poudre ; il est en effet pour eux un moyen d'exercer une influence et d'acquérir un certain statut social. Ainsi sera-t-il aidé si jamais il comparaît devant le tribunal ; s'il est condamné, on sollicitera sa grâce. Tout cela prouve qu'on possède des relations puissantes et du « crédit social ». Au début du siècle, ajoute-t-il, « les bandits ont été effectivement à la solde de familles importantes qui les récompensent en argent comptant ou les protègent ouvertement ». Cela était déjà exact lorsque Mérimée avait connu la Corse durant la guerre des contumaces. Colomba, son héroïne, entretenait dans la réalité une complicité active avec les bandits de sa région.

En 1886, Bourde confirme ce sentiment : « "Il a un bandit à son service" est une expression corse très révélatrice. Puisque la loi est sans effet et que la justice est bafouée, le bandit les remplace. Vous nourrissez et protégez un bandit, il met son fusil à votre disposition. Il s'agit d'un échange de services [33]. » Pour reprendre l'expression de José Gil, la violence comme le bandit sont des régulateurs sociaux. Bourde a enquêté à la fin du XIXe siècle sur des bergers de Sartène qui ont « embauché des bandits » pour combattre une société continentale qui leur ferme des terres. Alors, la société a à son tour fait appel à d'autres bandits, mais plus puissants. À cette époque, une commission d'enquête conclut que « la persistance de ce phénomène résulte du fait que tous les bandits trouvent l'aide et la protection dont ils ont besoin auprès des chefs de village et de leurs maîtres ; le soutien et la protection qu'ils reçoivent les placent au-dessus des lois [34] ».

« Les bandits ont souvent des protecteurs ou des patrons influents. Le maire de Bastelica raconte en 1824 qu'après avoir quitté son village de La Rocca, Natale Gasparini s'est mis sous la protection de la famille Follacci de Propriano, de l'ancien sous-préfet Bartoli de Sartène et du capitaine Casabianca d'Arbellara [35]. » Selon Marcaggi, à la fin des années 1840, « les bergers et les gros propriétaires » d'Evisa recherchent ouvertement l'amitié de Massoni. Lorsque celui-ci part pour le Niolo, « les riches propriétaires de Calacuccia, Albertacce et Lozzi se disputent l'honneur de l'inviter à leur table et le courtisent afin de gagner son amitié [36] ».

On ne peut comprendre un tel mélange des genres sans prendre en compte la mentalité méditerranéenne, pour laquelle le pouvoir se situe au-dessus de toutes les morales. Le système clanique, toujours partisan, toujours injuste, favorise les inimitiés et la fraude électorale. Aussi la période des élections est-elle favorable à l'essor du banditisme. Perdre, c'est également perdre la face au sens premier du terme. On se sent donc prêt à toutes les extrémités pour conserver ce pouvoir.

Voici ce qu'écrivent des électeurs à propos d'élections tenues en 1836 à La Porta : « Il n'a été rien ménagé, rien respecté. L'avidité et la crainte ont été tour à tour exploitées. La réforme a été promise aux pères et proches parents de jeunes soldats désignés pour former le contingent de ces cantons. La grâce et un adoucissement de peine aux criminels déjà jugés ; l'immunité aux inculpés et des places aux votants et solliciteurs. Des mesures de destitution ont été notifiées à ceux qui, fidèles à leurs sympathies et à leur parole, osaient refuser leurs suffrages. Tous ces faits seront justifiés au besoin par une enquête administrative ou judiciaire. Toutes ces menées n'ayant produit qu'un résultat incomplet, on a recouru à un moyen plus prompt et expéditif. Des cartes électorales ont été supprimées, l'entrée du collège défendue aux électeurs qui n'en étaient point pourvus. Le collège d'ailleurs était présidé par l'adjoint à la mairie de Porta, qui ne figure pas sur sa liste, tandis que le maire y figure, et ce pour se procurer un suffrage de plus. Mais, pour pousser l'oubli des convenances et de la légalité jusqu'au bout, on s'était promis de faire voter le fils d'un notaire en lieu et place de son père décédé, ainsi que plusieurs électeurs de circonscriptions étrangères. » (Protestation des « soussignés électeurs opposants aux opérations de l'assemblée électorale de Porta [37] »)

En 1848, le commissaire général du gouvernement provisoire de la République en Corse, le sieur Pozzo di Borgo, écrit sans humour dans un rapport du 26 avril 1848 : « Les opérations électorales ont été conduites à Ajaccio avec beaucoup de régularité, mais non sans fraude [38]. » José Gil décrit un système de brimades utilisé en 1882 par le clan républicain au détriment des noirs bonapartistes : « On convoque un Corse habitant à des lieues du siège du canton, pour tel jour, à telle heure ; il s'y rend après des heures de marche, pour s'entendre dire par un huissier que le rendez-vous est ajourné ; le même manège se répète jusqu'à ce que, de guerre lasse, le Corse ne vienne plus. Mais ce jour-là le juge est présent et le condamne à contumace. »

Dans un tel état de corruption, ou plutôt de délabrement institutionnel, il est aisé de comprendre la place accordée au bandit quand bien même celui-ci pratique la terreur. Stephen Wilson donne des exemples de notables bénéficiant des services de bandits en échange de leur protection. D'autres agissent pour le compte de propriétaires de forêts ou de troupeaux. La plupart du temps, les bandits réputés jouent les tueurs à gages pour le compte des élus conservateurs, étant entendu que tout élu qui détient le pouvoir et nonobstant sa couleur politique mérite un tel qualificatif.

Parfois, ils ont du retard sur la politique française. Le député ajaccien Emmanuel Arène obtiendra le soutien de Manetta, bandit de Palneca et habile procédurier en matière de fraudes électorales. « Depuis que le suffrage universel joue un rôle si important dans nos institutions politiques, déclare le même préfet, les bandits sont devenus des agents électoraux [39]. » À Sari d'Orcino, en 1841, le maire est élu grâce au bandit Stefanini, leur cousin. Ce dernier deviendra même maire en 1848. D'après Paul Bourde, les conseillers municipaux de Lozzi seront choisis en 1880 pendant une durée de sept ans par deux bandits locaux. La politique dans la Cinarca sera dominée depuis le début du XXe siècle jusqu'en 1931 par l'omnipotent Romanetti. Les indestructibles Bartoli joueront de leur influence déterminante à Palneca entre les deux guerres [40].

« Les bandits interviennent lors des élections départementales et générales. Par exemple, Benedetti participe aux

élections sénatoriales de 1885 et informe le conseil municipal de Lugo-di-Nazza qu'il appuie la candidature d'un certain délégué au collège électoral. Les élections départementales de 1895 sont contestées dans le canton de Vezzani par
le Dr Carlotti de Bastia, qui y possède des terres, et par le
sénateur Fazinola. Les deux candidats adverses ont été ai-
dés, semble-t-il, par des bandits. En effet, ceux-ci ont
conseillé au Dr Carlotti, par l'intermédiaire de sa sœur, de
ne pas se mêler des affaires de Vezzani, tandis que peu
après un autre groupe de bandits a enlevé le sénateur et demandé une rançon », souligne Stephen Wilson. Le bandit
Bartoli est couvert d'or par Paul Lederlin, candidat aux
élections sénatoriales de 1930. Le milliardaire Coty agit de
même. Jules Leca est élu sénateur en 1931 grâce à Spada [41].

Le banditisme semble bien avoir duré plus à cause du
laxisme des autorités locales et nationales qu'à cause de la
complicité populaire. Il faut tenir compte du fait qu'en
Corse la mollesse d'un préfet signifiait au petit peuple que
le bandit était protégé, que cela soit vrai ou non, et une telle
interprétation avait bien entendu des conséquences sur l'attitude de ladite population envers les forces de répression.

La gendarmerie profite parfois, elle aussi, de l'action de
bandits. Ainsi Félix Micaelli, sur demande de l'officier
commandant du Fium' Orbu, livre-t-il en 1913 aux autorités
un assassin et tente de capturer un hors-la-loi originaire il
est vrai d'une autre région : la Casinca. Ainsi la loi du silence est récupérée par des intermédiaires légaux ou illé-
gaux. Contradictoire dans ses effets, elle protège, pendant la
guerre de 1914-1918, des déserteurs réfugiés dans les montagnes de l'Alta Rocca. Dans le Fium' Orbu, c'est encore
Micaelli qui aide les forces de l'ordre à retrouver les malheureux insoumis. « Affaire de patriotisme », expliquera-t-
il pour se justifier. La confusion est alors à son comble. Le

bandit est un justicier qui aide la gendarmerie. Pour les Corses, l'État français pèse moins qu'un individu bien armé [42].

les moyens et la fin

Quoi que prétende la légende du banditisme, il a toujours existé en Corse des individus prêts à vendre leurs congénères pour de l'argent ou par vengeance. La délation est dans ce territoire exigu une réalité indéniable. Et quand la lettre anonyme ne suffit, il existe la rumeur porteuse de vérités comme de mensonges. Un jour peut-être les archives révéleront l'ampleur prise par les lettres anonymes durant les périodes difficiles, marquées par les luttes intestines ou les occupations venues de l'extérieur. Les colonisateurs ont très vite compris qu'avec des honneurs, des primes et une répression intelligente on parvenait à faire tomber les bandits les plus rusés.

Par répression intelligente, il faut comprendre une répression sélective qui s'en prend aux oreilles, aux yeux et à l'estomac du bandit, c'est-à-dire à son réseau de renseignements et de ravitaillement, en un mot comme en mille à sa parenté et à ses alliés. Au début de la domination française, cette tactique a été appliquée avec brutalité. Elle caractérisera l'action gouvernementale contre le banditisme pendant toute la période [43]. Quelquefois, certaines personnes sont simplement détenues, d'autres sont inculpées de recel de malfaiteur, surtout à partir de 1854 lorsque le recel sera devenu un délit de justice.

En 1850, on arrête et on emprisonne de nombreux parents de Massoni à Marignana et le bandit sera contraint de quitter la région. En 1851, on arrête des personnes soupçonnées d'être ses complices en Balagne. Il sera à nouveau obligé de fuir vers le Niolo [44]. Déjà, en 1820, les autorités avaient usé de ce moyen pour mettre un terme à la vendetta qui opposait les Agostini aux Filippi dans le Fium' Orbu. Un détachement spécial de la gendarmerie avait été envoyé aux trousses des bandits. Les autorités avaient fait dresser la guillotine sur la place du village de Prunelli. En définitive, les gendarmes arrêtèrent quelques parents des Agostini qui crurent bon d'attaquer la gendarmerie. Celle-ci envoya aussitôt au cachot vingt et un nouveaux parents des bandits. De surcroît, la troupe s'installa dans le village aux frais des deux partis. Les bandits finirent par cesser toute activité.

Pour Stephen Wilson, « les autorités se servent souvent des ennemis d'un bandit pour le capturer ou le tuer. D'après Malaspina en 1876, écrit-il, c'est là un des principaux motifs de la disparition du banditisme ». Le succès des voltigeurs, ajoute-t-il, vient de ce que « chacun d'eux a de bonnes raisons de poursuivre une vengeance contre un bandit ou un autre ». Bartolo Martinetti d'Olmeto, « l'ennemi des bandits Francesco Gabrielli et Petro Poli [de Ciamannacce], tente de les faire arrêter et juger [45] ». Lorsque les frères Nicolai de Campi deviennent bandits à la fin des années 1820, leurs ennemis les Morelli et les Antonmarchi de Tox « s'enrôlent volontairement dans le corps des voltigeurs pour mieux les traquer [46] ».

Quand le poisson est bien isolé, les autorités offrent des primes substantielles à qui donnera les renseignements nécessaires pour la mise à mort. En 1845, le conseil général demande « que le département soit autorisé à s'imposer extraordinairement pendant les années 1847, 1848 et 1849 trois centimes additionnels au principal des quatre contributions directes dont le produit serait mis à la disposition du préfet pour rendre plus active et plus efficace la poursuite des malfaiteurs ». Le conseil d'arrondissement d'Ajaccio reprenait cette demande l'année suivante et exigeait l'octroi d'une somme idoine pour les dépenses de police : « L'argent doit être le mobile le plus puissant pour la destruction des bandits ; qu'une récompense soit publiquement promise et accordée à ceux qui livreront à la justice les accusés de crimes et il est permis d'espérer que la tranquillité et la sécurité publique ne tarderont pas à revenir dans le pays. » Un fonds secret important est mis à la disposition des autorités corses par les différents gouvernements [47]. Des récompenses sont offertes et payées par les autorités satisfaites des résultats obtenus. Les responsables de la capture et de la mort des bandits Antona en 1846 reçoivent une prime des gendarmes, et l'on offre une récompense de dix mille francs en 1851 pour la capture et la mort des frères Massoni et d'Arrighi, quelques mois avant qu'ils ne soient « trahis » et tués. Lucien Stefanini est livré pour sept cents francs, Antoine Ciavaldini, auteur de douze assassinats, vaut un peu plus cher : mille francs. Les frères Massoni valent trois mille francs en 1851. Le 6 mars 1851, le préfet écrit à son ministre : « Nous n'avons qu'une arme, la corruption. C'est par l'argent seul qu'on peut en ce moment combattre les bandits. » L'augmentation exponentielle des dépenses de la police secrète, donnée par Xavier Versini [48], donne un aperçu du succès rencontré par la corruption : 1848 : 2 730 F ; 1849 : 5 944,05 F ; 1850 : 12 793 F ; 1851 : 14 575,20 F ; 1852 : 22 167 F ; 1853 : 38 837 F

À partir de cette date, le nombre de bandits ayant considérablement chuté, les sommes nécessaires sont également moindres. En effet, entre 1846 et 1850, la justice a eu à traiter cent quarante-six cas d'homicides volontaires par an. On compte de cinq à six cents bandits dans les montagnes corses. En 1851, le chiffre a déjà baissé de moitié. De 1851 à 1855, le nombre d'homicides moyen par an est de vingt-sept.

En 1874, l'armée et la police réclament, dit-on, dix mille francs afin de rétribuer l'aide apportée par des villageois. Paris et le conseil départemental accordent les fonds (dont le montant est probablement inférieur à la somme nécessaire). On offre des primes élevées pour la capture de bandits célèbres à condition qu'ils soient pris vivants. En 1875, lorsqu'un certain Casimir réclame la récompense de quatre mille francs offerte pour la capture du bandit Fiaschetto, il ne reçoit que mille francs, ce dernier étant mort. Le gouvernement central semble avoir moins réussi dans cette politique que ses représentants locaux, car il supprime les fonds une fois « le problème » résolu et ne les renouvelle qu'à la suite de demandes répétées. Néanmoins, dans les années 1880, des sommes de trois à cinq mille francs par mois et, au milieu des années 1890, de vingt à quarante mille francs par an sont accordées [49].

Il arrive aussi qu'on persuade les associés des bandits de les trahir. Les crédits alloués à cette intention sont un élément important dans la politique du gouvernement au XIXe siècle, si bien que les bandits vivent en permanence dans la crainte d'être trahis. Les lamenti évoquent cette éventualité ; ceux que l'on chante à la mort des bandits témoignent souvent de l'efficacité de la trahison [50]. Les bandits réagissent d'ailleurs violemment contre ceux qu'ils soupçonnent de traîtrise, ceux qui font la spia. Tiodoru tue des éclaireurs qu'il juge déloyaux et tranche les oreilles de trois bûcherons italiens qui ont renseigné les autorités. En 1849, Massoni assassine un berger pour la même raison [51]. Un bandit du Fium' Orbu tuera l'un de ses ennemis en 1909 après lui avoir crevé les yeux et lui avoir arraché les oreilles pour fait de trahison. Il arrive que les primes offertes ne trouvent pas preneur [52]. Néanmoins, on constate que la plupart des bandits, jusqu'aux plus célèbres comme Gallocchju et Tiodoru, sont capturés ou tués à la suite d'une dénonciation. En 1893, alors que Ghjacumu Bonelli est en fuite depuis quarante ans, la gendarmerie rapporte que l'un de ses éclaireurs, « dont la fidélité a été jusqu'ici inébranlable, a été profondément blessé dans son orgueil » et se trouve prêt à trahir le bandit en échange des quatre mille francs offerts par les autorités. Un autre rapport mentionne que plusieurs bergers, outre l'argent, « demandent à être immédiatement envoyés sur le Continent ou en Algérie afin d'échapper aux représailles de la famille de Bellacoscia ». L'année suivante, le bandit sera capturé [53].

Au fur et à mesure que l'État français s'affirme en Corse, aussi bien économiquement que d'une manière répressive, le banditisme perd de sa légitimité. Ses ennemis n'hésitent plus à se ranger du côté de la gendarmerie pour détruire « l'homme de la malédiction ». Après 1870, les bandits se font plus souvent capturer ou tuer par la gendarmerie, signe qu'ils ont cessé d'être les symboles d'une certaine résistance populaire. Entre 1873 et 1900, quatre-vingt-huit bandits sont capturés ou tués. Douze (13,6 %) se rendent, quarante-sept (53,4 %) sont arrêtés et vingt-neuf (33 %) sont abattus [54].

lutte entre bandits

Nous l'avons vu plus haut, les bandits sont souvent issus de vendetta et, par voie de conséquence, les vendetta sont souvent conduites par des bandits. À Bastelica, dans les années 1820 et 1830, on compte des bandits dans les deux camps : Natali Gasparini devient bandit en 1820 après avoir été accusé du meurtre du juge Colonna ; il sera rejoint dans le maquis par son frère Pasquale à la suite d'un autre meurtre. Dans l'autre camp, Ghjuvan Battistu Scapola devient bandit en 1830 et reste en fuite jusqu'en 1846. Au même moment, les bandits Ribetti de Casevecchie participent à une vendetta sanglante avec les Nicoloni. Don Luigiu Ricciardi de Pero-Casevecchie, qui a la réputation d'être « le bandit le plus redoutable » de Corse à sa mort en 1832, a été lui aussi entraîné dans une vendetta ; les Taddei seront les victimes de presque tous ses crimes [55]. Au début des années 1840, Francescu Bastianesi d'Ucciani prend part à une vendetta terrible avec les Calzaroni au cours de laquelle il commettra la plupart des crimes qui le feront condamner en 1849. Les liens entre la vendetta et le banditisme sont ici évidents. Des bandits ont joué un rôle important dans la vendetta de Venzolasca au milieu du siècle, de même que dans le conflit qui a secoué toute la Casinca en 1910-1912. Francescu Maria Castelli de Carcheto devient bandit en 1906 après le meurtre d'un cousin. Il se rend et on l'envoie purger une courte peine de prison sur le Continent ; il revient en Corse déterminé à se venger de tous les témoins à charge de son procès, et à exercer des représailles pour réparer un affront subi par son frère vingt ans plus tôt [56].

Dans certains cas, les vendette dirigées par les bandits deviennent des guerres entre bandes. Lorsque le jeune frère de Gallocchju est assassiné par les Negroni en 1833, le bandit rentre d'exil pour tuer un des Negroni. Ghjuliu Negroni, surnommé Peverone, devient alors bandit à son tour et engage contre Gallocchju une « guerre » qui durera plusieurs années. À la mort de ce dernier, tué par les gendarmes, Peverone se rend aussitôt aux autorités après tractations.

Ces rivalités entre bandits prennent quelques rares fois l'apparence d'une guerre entre parcittori et bandits dits d'honneur. Mais tous les moyens sont bons pour l'emporter.

En 1842, le bandit Stefanini a quitté la Sardaigne pour revenir en Corse, accompagné de Santo Quastana. À l'insu de celui-ci, Stefanini force le maire de Sari à lui remettre une rançon de quatre mille francs. Lorsque Quastana apprend la conduite « déloyale » de son associé, il l'abandonne, aide l'armée à le pourchasser et s'assure que l'argent de la rançon est restitué. Telle est la légende, tout au moins telle qu'elle est arrivée jusqu'à nous.

Dans la réalité, les bandes se disputent le plus souvent des territoires à l'instar de bêtes féroces. Comme dans toutes les sociétés méditerranéennes, l'orgueil joue un rôle prédominant. Le bandit d'une région supporte difficilement d'être relégué au second rôle par la rumeur publique. On se reportera à ce sujet aux annexes placées en fin du second volume afin de lire l'échange de lettres entre trois bandits au cours l'année 1931. En 1850-1851, Massoni descend en Balagne avec sa bande. Le bandit Serafino, déjà implanté dans la région, s'oppose à cette intrusion car l'influence de son rival affaiblit incontestablement la sienne. Pour le coup, les gros propriétaires d'oliviers et de vignobles qu'il rackette évoquent la possibilité de changer de protecteur. À la suite de ces mouvements, les fonctionnaires eux-mêmes commencent à réagir. Massoni, plus rustique dans sa manière d'ordonner, parvient à mieux se faire craindre. Il a bientôt la haute main sur la magistrature et les mairies. Le bandit Serafino prend alors contact avec la gendarmerie afin d'éliminer son ennemi. Ses espions donnent des renseignements aux autorités qui en manquaient singulièrement. Il a pour principal intermédiaire son frère qui est gendarme. Lorsque Massoni assassine un homme de religion, Serafino profite de l'indignation pour accentuer son aide aux autorités. Il prend langue avec des familles en inimitié notoire avec Massoni. Il multiplie les embuscades et cherche à le faire empoisonner par des bergers. En 1851, il forme une alliance avec les bandits Durilli de Marignana, toujours engagés dans leur vendetta contre Massoni [57].

Beaucoup de bandits sont tués par d'autres que les représentants des forces de l'ordre. C'est d'ailleurs là une loi physique du monde interlope. On finit toujours par trouver plus fort que soi. Si l'on met de côté les quelques bandits qui ont réussi à fuir en Sardaigne et n'ont plus fait parler d'eux, il ne reste plus guère que les Bellocoscia pour être morts dans leur lit. Tous les autres sont assassinés par des membres de familles en inimitié ou par d'autres bandits. On ne saurait évidemment négliger ceux tués par les gendarmes. Mais on ne sait plus très bien qui a utilisé qui, des gendarmes ou des ennemis du bandit.

les équilibres brisés

Le Journal de la Corse des années 1819 à 1821, cité par Xavier Versini, révèle par ailleurs les problèmes interministériels puis les difficultés diplomatiques que créèrent les attitudes différentes pour éradiquer le banditisme en Corse. François Sarocchi, quatorze fois condamné à la peine capitale, obtient le 22 mars 1824 un faux vrai passeport pour l'Italie au nom de Sirotti Antoine François. Incohérentes, les autorités françaises ont accepté en 1819 un pacte officieux, passé avec les autorités de Turin, afin de se remettre réciproquement les malfaiteurs qui passent d'un territoire à l'autre. Sarrocchi est donc expulsé en mars 1824 vers la France. De là, il revient en Corse où il est de nouveau arrêté en août. De tels couacs sont fréquents. « Sous le ministère du duc Decazes, le préfet fut autorisé à faciliter l'expatriation des bandits dont on ne pouvait se débarrasser par des moyens légaux. Le garde des Sceaux, prévoyant le danger de cette mesure, prescrivit aux officiers du ministère public de rester étrangers à l'exécution des instructions du ministre de l'Intérieur, qui, étant purement administratives, ne pouvaient avoir aucune influence sur les actes judiciaires.

« M. de Peyronnet, son successeur, crut devoir adopter une attitude différente. Il en informa le ministre de la Guerre qui notifia cette décision au préfet. Le 27 novembre 1822, ce magistrat fait remettre à Antoine Ceccaldi, condamné à mort par contumace, un passeport à destination de l'Italie, au nom de Vincent Padovani. Se jugeant couvert par ce document, Ceccaldi prend son temps et, le 31 décembre, il tombe entre les mains des gendarmes, qui n'avaient aucune connaissance des facilités que l'administration accordait aux bandits. Conduit à Bastia, il est incarcéré sur l'ordre du procureur général qui ignorait également la nouvelle position de la Chancellerie.

« Sans égard pour les décisions de l'autorité judiciaire, le préfet requiert alors les gendarmes qui pénètrent dans la maison d'arrêt, enlèvent Ceccaldi et le transportent à bord d'un bâtiment qui met à la voile vers Livourne [58]. »

Sans trop bousculer l'histoire, on notera la récurrence des comportements étatiques en rapprochant ces actions de celle de l'État français lorsqu'il fit enlever en 1999 des militants nationalistes corses vivant au Nicaragua... Comment ne pas évoquer les « hésitations » des préfets royaux et celles des préfets de la République, confrontés les uns au banditisme, les autres au nationalisme clandestin ?

L'État français a été bâti comme une puissance qui ne pouvait accepter de contre-pouvoirs religieux, politiques ou sociaux. L'histoire de la France est en partie celle de l'élimination systématique des contestations. Cathares, Lombards, templiers, protestants puis catholiques... l'unité de la France s'est faite contre le fédéralisme. Le corporatisme puis le syndicalisme se sont imposés au prix de luttes souvent sauvages exemptes des médiations que l'on connaît dans les pays nordiques et protestants. Une étude des répressions françaises laisse pourtant apparaître une faiblesse structurelle de l'État fort lorsqu'il est confronté à des résistances de longue durée. Il sait réprimer sur quelques jours ou quelques semaines et briser des phénomènes de courte durée, mais il se brise sur les différences culturelles ou sociales légitimées par une réalité populaire. Assimilationniste mais certainement pas intégrationiste, il avale et digère mais n'incorpore pas. Il brise les micro-pouvoirs qui pourraient lui servir de médiateurs. On rétorquera que le clanisme est un contre-exemple. Or le clanisme n'est justement pas porteur des particularismes corses. Il s'adapte pour durer. En période de francisation, il est devenu plus français que le pouvoir français. Et lorsqu'il s'opposait à Paris, il a pris la forme d'une société secrète clandestine. Le banditisme n'est en définitive que la résultante de tous ces facteurs antimédiateurs.

C'est pourquoi en période de crise le banditisme est devenu à lui tout seul une manière de clan. À partir de la Troisième République, les bandits deviennent des intermédiaires des hommes politiques. Ainsi, comme on le lira dans les textes qui suivent, François Coty, milliardaire et propriétaire du Figaro, obtient une rencontre avec le bandit Nonce Romanetti avant une élection. Ce dernier lui promet de ne pas faire voter contre lui [59]. Joseph Bartoli prend langue avec des hommes de droite. Landry, chef du clan radical, obtient les faveurs de certains bandits et rencontre la haine d'autres.

La campagne militaire lancée en novembre 1931 contre les bandits corses, après l'assassinat de deux gendarmes, s'inscrit dans un contexte particulier. La crise économique mondiale se rapproche de la France. L'écart entre les pauvres et les riches grandit sur fond de spéculation financière et de manœuvres politiciennes. L'État contesté se doit de réagir. D'autant que la presse interviewe les bandits à tour de bras. En janvier, Détective, de Pierre Lazareff, a pubié un reportage à sensation signé Henri Danjou après la parution d'autres reportages dans Paris Soir et le Journal. Le lecteur continental y a trouvé ce qui est censé le fasciner en Corse depuis Mérimée : le banditisme, la violence, le caractère. Quelques hors-la-loi interrogés répondent avec complaisance à des questions sans nuance. L'un d'entre eux, Spada, a même été contacté par Pathé-Journal afin de réaliser un film sur sa vie [60]. « Depuis deux ans déjà, le gouvernement par la voix du ministre de la Guerre et du ministre de l'Intérieur, se penche sur la question de l'insécurité en Corse. Le système des primes apparaît inefficace au préfet Séguin qui signale que la situation est devenue intolérable. Aucun résultat probant n'a été obtenu dans les derniers mois... Non seulement les bandits sont encore en vie, mais leur activité n'a fait que croître. L'heure paraît venue d'employer la manière forte. La population, qui n'a d'ailleurs rien fait pour secouer le joug du banditisme, commence à critiquer vivement, et pas tout à fait sans raison, la carence des pouvoirs publics, car il faut bien reconnaître que le parquet ne s'est guère montré énergique, et que la gendarmerie a fait preuve de faiblesses, pour ne pas dire plus [61]. »

Autres temps, même discours. Dans certaines micro-régions enclavées de la Corse, le banditisme constitue la force de référence. En milieu de siècle, Serafinu Battini, originaire d'Ota, et son compagnon Dominichellu Padovani « règnent en despotes sur la population paisible et laborieuse de Balagne, décrit J-B. Marcaggi. Le pouvoir occulte [de Serafino] est immense ; il fait pression sur les services

publics, intervient auprès des tribunaux et règle les diffé-
rends entre propriétaires et paysans. Un seul mot de lui,
griffonné sur un bout de papier, suffit à briser toutes les résistances et à affaiblir la résolution la plus ferme. On accède
avec empressement à ses moindres désirs et même à ses ca-
prices. Aux tribunaux de Calvi et de Bastia, il recommande
des prisonniers à la clémence des juges, qui se montrent in-
dulgents de peur de provoquer son hostilité ». « On aperçoit
souvent Serafini dans les cafés de l'Île-Rousse, où sa maîtresse tient une épicerie. Parmi ses clients, on compte des
notables et des fonctionnaires désireux de rentrer dans les
bonnes grâces du bandit », souligne Stephen Wilson. Dans
les années 1870, le préfet soulignait déjà dans un rapport
que Fiaschetto et Germani « font la loi » dans toute la Cas-
tagniccia, et Casanova dans la région d'Evisa. Au milieu
des années 1890, les bandits dominent le Sartenais, tandis
que le Fium' Orbu et les régions environnantes sont « complètement à la merci » des bandes menées par Colombani,
Achilli et Bartoli. Le service public est interrompu dans
cette micro-région durant deux ans pour cause de banditisme. Les bandits font alors régner une terreur sans nom.
Ils réquisitionnent les biens des paysans, volent ce qui les
intéresse, violent les femmes qu'ils désirent et, enfin, harcè-
lent la gendarmerie. Dans le Fium' Orbu et dans les cantons
de Vezzani et Santa-Maria-Sicche ce sont eux qui en 1905
collectent l'impôt [62]. La même situation prévaut entre les
deux guerres dans les régions de la Cinarca et de Palneca.

En 1823, Pasquale Gambini et Gallocchju bénéficient
d'un sauf-conduit pour quitter l'Île. Le second rejoindra
lord Byron dans sa lutte pour l'indépendance grecque [63].
Avec une grande constance, les autorités locales cherchent
à éviter les « problèmes ». Parfois, un préfet ferme les yeux
lorsqu'un bandit rejoint la Sardaigne alors qu'il eût été fa-

cile de bloquer le port de Bunifaziu. À Longo-Sardo, ces bandits acquièrent des terres et créent une colonie. Napoléon III interdira ces exils dorés mais on continuera de négocier la « paix des braves [64] ». À la fin du siècle, les bandits les plus astucieux se rendent en échange de peines légères.

l'administration
entre complaisance et répression

L'attitude étatique a varié au cours du XIXᵉ et au début du XXᵉ siècle. Parfois même, des campagnes de gendarmes sont lancées au prix de lourdes pertes tandis que certains fonctionnaires ou certains représentants de la force publique pactisent avec les bandits. Les fonctionnaires continentaux envoyés en Corse ne s'y sentent pas bien. Ils sont souvent là par sanction. Dans Colomba, le préfet lance ce cri de désespoir : « Quel pays ! Quand donc reviendrai-je en France ? » Ils ne comprennent d'ailleurs pas grand-chose aux affaires de Corse. Pour Napoléon, dont les propos sont rapportés par le général Bertrand auteur des Cahiers de Sainte-Hélène, « les juges français ne sauraient suffire [en Corse]. Les Français sont trop francs, trop simples pour les Corses qui sont plus adroits et plus rusés ». Rapidement, donc, les Continentaux s'écartent ou sont écartés, et les affaires locales se décident entre potentats locaux au gré des intérêts des uns et des autres, mais certainement pas d'une morale étatique. L'État demande seulement que les problèmes de la Corse ne débordent pas les frontières terrestres de l'Île. Les bandits peuvent pulluler dans les montagnes à la condition qu'ils ne tuent pas trop de gendarmes et, surtout, qu'ils ne deviennent pas le sujet de prédilection de ce nouveau contre-pouvoir redoutable qui grandit, la presse.

La Corse avance durant ces décennies de banditisme par pulsions désordonnées. Parfois, des hommes s'opposent aux bandits avec une violence égale à la leur mais, en règle générale, on baisse la tête et on subit. Lorsque, par exemple, entre les deux guerres, Romanetti convie tous les maires du canton de Sari-d'Orcino au mariage de sa fille illégitime, il n'en est pas un pour refuser. La violence toute proche du bandit est donc plus redoutable que celle plus lointaine du préfet. Pour vendre du papier ou parfois par simple lâcheté, la presse publie in extenso les communiqués des bandits, favorisant ainsi leur célébrité. De son côté, l'État accorde des situations à des hommes qui, de source policière, sont liés aux bandits tandis qu'il retire tout pouvoir à d'honnêtes citoyens. C'est qu'à cet instant le bandit a su jouer sur les bons ressorts claniques. Un maire, qui « vaut » un nombre donné de voix aux élections, a fait pression sur un député qui s'est adressé à un ministre, lequel désire qu'on parle de lui en bien ou tout au moins pas en mal.

en guise de conclusion provisoire

La Corse est en état de violence depuis des millénaires. Toutes les sources historiques l'attestent. Il ne fut pas une décennie qui ne connut son cortège de morts et d'emprisonnés, de familles perdantes et d'exilés. Les raisons en sont multiples, notamment géographiques et sociologiques. Tout a été tenté pour éradiquer les formes diverses de violence dont le banditisme est la plus permanente : répression, conciliation, etc. Rien n'y a fait. Les colonnes infernales françaises ont rasé des villages, déporté des populations entières. Le banditisme a perduré.

La violence est toujours présente dans l'Île au commencement du troisième millénaire. Sauf à désespérer de l'humanité, il faut bien chercher les raisons de ce lent suicide. L'explication facile et presque puérile est d'accuser une fraction des Corses, les nationalistes en l'occurrence, alors qu'ils ne sont que l'expression d'un malaise généralisé. La violence est en Corse un mode d'expression : il faudra bien accepter cette terrible réalité pour mieux la dépasser.

Les textes que nous reproduisons ici sont parmi les meilleurs de l'entre-deux guerres. Ils témoignent d'une véritable problématique au sein même de la société corse. Dès lors que le lecteur parviendra à oublier les passages complaisants, il plongera dans cette Corse qui n'en finit pas d'abandonner les archaïsmes sans jamais réussir à aborder les rivages de la vraie modernité. Les dénonciations par la presse d'une prétendue omertà ne traduisent pas le désarroi de cette population insulaire qui ne parvient pas à choisir entre un pouvoir versatile et la tyrannie des bandits. Les silences de la Corse sont des appels à une démocratie assumée par la population corse elle-même. Parvenir à les entendre, c'est déjà mettre un terme à ce mal qui ronge d'abord et avant tout la Corse elle-même.

---

1. Braudel (1972).
2. Culioli (1990).
3. Marcaggi (1932).
4. Idem.
5. Mémorial des Corses (1981).
6. Hosbawm (1972). Par ailleurs, Stephen Wilson signale que Lewin Linda (1979), dans The Oligarchical Limitations of Social Banditry in Brazil : The Case of the « Good Thief » Antonio Silvino, a étudié les relations entre banditisme et société. Il est exact que notamment le cas des Cangoceiros se rapproche de celui des bandits des années 1820.
7. Wilson (1988).
8. Marcaggi (1932).
9. Marcaggi (1932).

10. Journal du département de la Corse, 4 décembre 1828.

11. Wilson (1988).

12. Edmond About jouera un rôle non négligeable pour ce qui concerne la Corse, puisqu'il sera le mentor littéraire d'Emmanuel Arsène, député d'Ajaccio lors de la Seconde République et grand ami de certains bandits comme Bellacoscia.

13. Lamentu di Tiodoru (Complainte de Théodore), cité par Tommaseo (1841).

14. Robiquet (1835).

15. Bourde (1887), Marcaggi (1932), Bazal (1973).

16. Bourde (1887); rapport au préfet, 22 juin 1822 (ADCS I.M. 228).

17. Robiquet (1835).

18. Benson (1825), Bourde (1887).

19. Faure (1858), Versini (1979), Bourde (1887).

20. Ortoli (1887).

21. Marcaggi (1932).

22. Marchetti (1980).

23. Marchetti (1980).

24. Le Mémorial des Corses (1980).

25. Versini (1964).

26. Marcaggi (1932), lettres au préfet, 9 mai 1882 (AN F712849).

27. Rapport de la gendarmerie de Vico du 5 novembre 1816 (ADCS 4.M.102); Versini (1979).

28. Wilson (1988).

29. Marcaggi (1932).

30. Bourde (1887).

31. Le Mémorial des Corses (1980).

32. Versini (1964).

335. Bourde (1887), rapport du préfet du 23 décembre 1872 (AN F712849).

34. Wilson (1988).

35. Marcaggi (1932).

36. Gil (1984).

37. Gil (1984).

38. Rapport du préfet du 23 décembre 1872 (AN F712849).

39. Marcaggi (1932), Privat (1936).

40. Voir « Le banditisme en Corse », in la Presse du 26 septembre 1879; Marcaggi (1932), Bourde (1887), Privat (1936), Villat (1936).

41. Pour cette partie, voir le Complexe corse.

42. Marcaggi (1932).

43. Marchetti (1980).

44. Wilson (1988).

45. Guerrini-Graziani (1987).

46. Versini (1964).

47. Idem.

48. Rapport au ministre de l'Intérieur du 26 avril 1882 (AN F7 12849).

49. Bourde (1887), Bazal (1973), Colucci (1933).

50. Faure (1858).

51. Gregorius (1885).

52. Faure (1858), rapports de gendarmerie du 17 août 1893 (ADCS I.M.230).

53. Bourde (1936) et différents rapports (AN F712849).

54. Rapport de la gendarmerie daté du 21 avril 1820 (ADCS I.M.228), Robiquet (1835).

55. Marcaggi (1932).

56. Guerrini-Graziani (1987).

57. Le Moniteur universel, 24 mai 1826.

58. Marcaggi (1932).

59. Cancillieri (1986).

60. Culioli (1990).

61. Marcaggi (1932), rapport au préfet du 30 octobre 1874 (AN F712849), le Petit Bastiais du 10 mars 1895, le président du Conseil au préfet, 26 octobre 1907 (ADCS I.M.230)

62. Faure (1858), Guerrini-Graziani (1987).

63. Gaz. Trib. du 2 juin 1841, Faure (1858).

64. Marchetti (1980).

LORENZI DE BRADI

Vendetta

(1933)

I

la fille du Lucquois

Pour monter jusqu'aux ruines de la Chiaja, en Corse, on quitte, à Portigliolo, la grande route, et l'on suit une sente qui débouche au pied d'un ancien four à briques. Caillouteuse, elle se perd, par endroits, sous les maquis. L'air marin, pendant que l'on chemine péniblement, vous souffle dans le dos, agite les myrtes, les lentisques, les arbousiers, les cistes, hérisse les mousses des rocs qui émergent çà et là. On se retourne, de temps à autre, pour reprendre haleine, et l'on ne peut s'empêcher de regarder longuement le rivage, le golfe de Valinco, les collines qui le bordent en face, les roches chaotiques s'échelonnant du côté de Campomoro, la plaine de Tavaria, à droite, que séparent de la petite ville de Propriano des coteaux descendant jusqu'au cap Laoroso dont le grand frère, là-bas, le cap di Muro, dresse des éperons de granit dans la lumière brasillante. Puis, le regard s'éprend de la fuite paisible de la rivière qui, sinueuse, à travers la plaine, entre les roseaux, les maïs et les blés, élargit son embouchure à Portigliolo, où trois maisons désertes semblent écouter le vent dans les eucalyptus qui les ombragent.

Voici les ruines enfin, à l'ombre des oliviers. Elles ont la couleur de la rouille. Des escarpements nus, gris, ravinés, dentelés sur la ligne du ciel, dominent ces pauvres maisons écroulées à moitié, d'où retombent des enchevêtrements de lianes et de ronces. Les herbes, les fleurs sauvages, les frondaisons y sont plus prospères. La vigueur hirsute de la nature y fait rage, envahit tout, éclate. La nature prend sa revanche et ses sèves sont vengeresses là où l'homme a détruit son œuvre pour bâtir sa demeure.

D'abord, la maison qui fut l'humble église. La porte s'ouvre vers la mer ; une floraison impétueuse bouche le cadre, ébréché comme un vase antique abandonné. Entre les murs rongés, que tapissent, par endroits, des fougères menues, figuiers et sauvageons mêlent leurs branches qu'enlacent en désordre des ronces vigoureuses. À deux pas, celle qui paraît avoir été la maison principale est aussi dévastée que l'église, aussi envahie de feuillages inextricables, qui dégagent une odeur tenace de vieille glèbe et de feuilles velues. De côté et d'autre de la porte, deux pierres plates, aux creux moussus, sortent du mur. Tout près, un four disparaît sous les broussailles. C'était le four banal. La plupart de ces maisons furent élevées sur les rocs. L'une d'elles, notamment, celle que les pâtres appellent la Tour, se dresse encore sur un rocher énorme qui, d'un côté, lui sert de terrasse où, l'été, les moissonneurs des environs, midi venu, prennent le frais. De là, le regard plonge dans la plaine et s'étend sur le golfe, vers l'infini, là-bas, où le ciel est le mur éternel. À gauche, au-delà de la pointe de Portigliolo, le promontoire de Campomoro s'avance, coiffé de sa tour séculaire, vestige des guerres génoises, et fait presque face au cap di Muro qui cache le golfe d'Ajaccio que gardent, à l'entrée, les îles Sanguinaires.

La Chiaja était autrefois un village prospère que couronnait une immense forêt. Les uns disent qu'il fut détruit par les boulets anglais; d'autres affirment qu'il fut abandonné par ses habitants inconstants qui lui préférèrent le site de Tivolaggio où l'on peut voir, aujourd'hui, un tout petit village, haut perché, harcelé par les vents, et dont l'horizon donne le vertige.

C'est à la Chiaja que naquit Poli, un dimanche à pointe d'aube. Il eut une enfance turbulente. Il se battait souvent avec son rival, le petit Gambini. Ils se détestaient. Chacun avait une bande; mais celle de Gambini, moins disciplinée, moins bien organisée, avait toujours le dessous. Elles se rencontraient de préférence sur la plage, dans la plaine, le long de la rivière, où les combattants se baignaient après la bataille. Les parents finirent par s'émouvoir de ces luttes où leurs enfants échangeaient des horions, qui, dans l'ardeur du combat, pouvaient devenir funestes. Et les deux bandes furent dispersées. Les chefs seuls restèrent en présence. Ils ne désarmèrent point. Poli, plus agile, plus musclé, venait toujours à bout de Gambini qui s'acharnait à vouloir vaincre son adversaire.

À mesure qu'ils grandissaient, leur haine s'apaisait.

Poli, encore adolescent, perdit ses parents. Il changea. Une douleur farouche, contenue, lui faisait rechercher la solitude. Il vivait avec son oncle Petru qui, le soir venu, devant l'âtre, aimait à lire les vieux conteurs italiens et les chroniqueurs corses: Filippini, Giovani della Grossa. Poli les lisait aussi, mais avec plus de passion.

Les lectures dramatiques et la poésie mystique le transformaient.

Gambini avait quitté le village pour apprendre à Sartène le métier de cordonnier. Poli n'avait que du mépris pour une telle besogne. Il était laboureur, un fervent de la terre et de ses fruits. L'hiver il labourait, ensemençait. Il se levait bien avant le chant du coq. Dans la nuit noire, il cherchait ses bœufs, parmi les maquis, où ils ruminaient. Il les attelait à l'aube ; et, jusqu'aux premières ombres du soir, il peinait, courbé sur l'antique charrue, creusée dans un tronc de chêne, stimulant les bœufs, indolents sous le joug qu'ils portaient comme un carcan. Au printemps, il sarclait son champ. L'été, il moissonnait. Entre temps, il cultivait sa vigne et son jardin.

Il était devenu souple, d'une force à toute épreuve. Il avait des yeux vifs, des mains velues. Son audace n'avait pas de bornes. Sobre, il se laissait rarement entraîner à la buvette. Il parlait peu. Il portait parfois la mélancolie comme un masque. On n'avait à lui reprocher que son extrême susceptibilité.

On le disait épris de Madeleine Corradini dont le regard bleu étincelait, la nuit venue, comme une pierre mystérieuse, pendant qu'elle écoutait, accroupie sur son seuil, des chants plaintifs ou passionnés. Ses cheveux noirs bondissaient sur ses épaules, défaits par le fagot ou par la cruche. Elle avait la flexibilité des lianes, qui, le long des torrents, retombent des arbres, et elle était la plus belle et la plus brune. Elle rêvait devant les nuances du golfe, devant les lignes capricieuses des collines qui fuient vers le cap di Muro. On l'appelait l'étrangère ou la fille du Lucquois. Son père, un Italien de Lucques, venu jeune en Corse, avait épousé une Andriani, de la Chiaja. Il possédait un clos, une vigne, un petit jardin, qu'il faisait prospérer à force de travail et de soins. De bonne heure, Madeleine avait perdu sa mère. Elle était tour à tour familière et hautaine. Parfois, debout, de profil, sur le pas de sa porte, on l'eût prise pour une statue. Elle guettait les colporteurs et leur achetait des rubans, des étoffes éclatantes. Elle ne voyait que les couleurs dans la vie. Quand le jour se levait, morose, avec des escarpements d'ombre à l'horizon, elle s'enfermait près du foyer où elle ne se lassait pas de regarder les flammes crépitantes. Pour elle le soleil était tout, le soleil et l'éclat de la mer. Elle portait des robes couleur de coquelicot. Son sourire éclatait comme une flamme. Elle adorait l'été. On la voyait, plongée dans les blés rutilants, coiffée d'un large chapeau de paille, tandis que sa faucille scintillait et grinçait à travers les tiges qui, rebelles, pendant les grandes journées torrides, coupaient comme du verre. La Corradini ! Ses bras nus éblouissaient dans la lumière. Il fallait la regarder au milieu des pampres, en pleine magnificence, embaumant les raisins, les fruits qu'elle faisait sécher sur les claies. À l'ombre des maisons, alors que l'air vibrait au loin comme la bouche d'un four ardent, elle tressait des corbeilles avec des tiges de myrtes et de lentisques, assouplies d'abord dans l'eau. Sous les figuiers, elle teillait le lin, roui dans la rivière ; et la broie faisait un bruit de grosse claquette. Le repos venait avec le soir. Elle s'abandonnait à des silences qui étaient des joies voilées. Du banc de pierre, devant la porte, on découvrait l'infini de la mer, où Madeleine voyait, non sans une douce mélancolie, disparaître le soleil. Elle contemplait les longs crépuscules qui frissonnaient sur les collines, sur le golfe, dans la plaine, parmi les saules et les roseaux de la rivière. On soupait sur le banc. La bonne soupe odorante, où trempait le pain d'orge, fumait dans les vases en terre. L'air du déclin était épicé d'odeurs marines. Puis, la nuit s'étendait comme l'empire des divinateurs, des magiciens, des incantatrices, où flottait une lune indolente, et l'on entendait les vagues mourir sur le sable et la brise bruire dans les maquis. Parfois, un lamento lointain, s'élevant d'une cabane isolée, un cri d'oiseau nocturne, la note dolente et continue du hibou, déchiraient la sérénité des veillées bleues, sous la lune. Madeleine ne pouvait se détacher de cette solitude et son âme errait dans l'infini de la nuit...

Aimait-elle Poli? Ils sarclaient et moissonnaient ensemble. Le jeune homme, sous un vieux lentisque en parasol, disait, aux heures de repos, les aventures qu'il avait lues et retenues. L'hiver, il allait, le soir, chez Madeleine où se réunissaient les jeunes gens et même quelques vieillards, fumant d'antiques pipes, et toujours heureux d'écouter Poli qui contait avec verve et passion, d'autant plus que la jeune fille l'écoutait attentivement.

Madeleine se trouvait seule, un soir, à la fontaine, sous un grand chêne dressé là, comme un vieux burgrave. D'un roc moussu coulait l'eau qui courait parmi les herbes. Plus bas, il y avait un poirier sauvage, un sureau, un figuier dont les petites figues noires faisaient les délices des gamins, et, plus loin, des myrtes et des oliviers.

Elle avait mis sa cruche sous la source.

Poli parut, portant le fusil sur le bras et la besace en bandoulière. Il revenait de la rivière où, le long de la berge, il avait à coups de fusil tué de gros poissons. Il les montra à Madeleine.

— Es-tu seule?

— Oui. Mes compagnes sont venues bien avant moi...

Elle se leva. Poli lui posa sa cruche sur la tête. Çà et là, les cheveux de Madeleine ruisselaient. Il la suivait. La hanche était haute et le buste ondulait. Elle se retourna soudain.

— Gambini a demandé ma main.

— Gambini?

Elle le sentit frémir.

— Il est arrivé de Sartène ce matin. Mon père l'a très bien accueilli.

— Je l'avais presque oublié! murmura-t-il.

Elle continua:

— Il gagne beaucoup d'argent. Il serait heureux de m'avoir pour compagne... Mon père paraissait content...

Il éclata:

— Et toi? Et toi?...

Une ombre accablait son visage devenu farouche. Une volonté aiguë embrasa ses yeux.

— Et toi?... répétait-il... Et toi?...

— Moi? je n'ai rien dit...

En marchant derrière elle il brisait violemment des branches. Il contenait sa colère, et son pas frappait fort sur les pierres du sentier.

II

la première balle

Le lendemain, c'était un dimanche. L'été embrasait l'air et les choses. Le petit village était plein d'allégresse. Les femmes étaient parées. Les hommes jouaient aux cartes sur la place.

Poli, levé de bonne heure, s'était assis mélancoliquement sur son seuil.

Gambini passa. Il avait l'air heureux.

— Bonjour, dit-il.

Poli lui répondit à peine ; mais il le suivit des yeux. Il le vit s'arrêter devant la porte de Madeleine, qu'il appela. Elle parut. Son visage brillait. Poli sentit soudain son regard sur lui, en lui...

Il alla s'accouder à la fenêtre. Toute la plaine vibrait. Çà et là, la rivière avait des scintillements. Des frémissements de feu couraient dans l'espace.

Que serait sa destinée ?... De bonne heure, la mort avait éteint son foyer. Puis l'amour était venu. Il en souffrait. Était-ce l'incertain, la torture, au fond de l'inconnu ? Il souffrait, lui qui était vigoureux, clair, franc, courageux, tranchant comme une lame. Il ignorait les détours. Que serait sa destinée ?... Il s'était attaché à Madeleine. Hélas ! ne semblait-elle pas lui préférer l'être souple et sinueux qu'était Gambini ? Autrefois, il l'eût assommé ; maintenant, il le méprisait trop pour le frapper.

Il entendait des voix joyeuses, les sons d'un accordéon. Ces réjouissances lui devenaient insupportables... Il voulait le soleil, la solitude. Une odeur de myrtes, de lentisques le tenta soudain. Il sortit, il s'éloigna du village, sans se retourner. Il allait dans la sente qui descendait vers la mer. Que serait sa destinée ?... Les yeux de Madeleine le poursuivraient-ils toujours ? Une force barbare, par moments, éclatait dans son être, comme une flamme.

Il s'assit près d'une source, à l'ombre des arbousiers. L'eau chantait avec monotonie. Il allait se baisser pour boire, lorsque la tête plate d'une couleuvre apparut. Elle se déroula, vive, fourbe, et se perdit dans un fouillis d'herbes qui frissonnèrent, comme sous une épouvante.

La source avait repris sa sérénité, sa limpidité, son allégresse indolente et elle souriait sous les sveltes arbousiers qui, dans l'air, s'élevaient comme des trophées.

— Est-ce l'image de l'amour ? murmura-t-il.

Et, sans avoir bu, il remonta, plus mélancolique, vers le village.

L'après-midi, il sortit avec l'oncle Petru sur la place où les uns jouaient aux cartes, les autres allaient et venaient en fumant. Plusieurs dormaient, allongés à l'ombre. Madeleine était accoudée à sa fenêtre. Il n'y avait pas un souffle.

Poli se tenait debout près d'un groupe de joueurs ; il pensait à la couleuvre de la source.

Il entendit, soudain, le rire de Madeleine et ne put s'empêcher de se retourner : elle riait avec Gambini.

Alors, il entra dans la buvette. Sur des planches, contre le mur enfumé, quelques bouteilles s'alignaient. Dans un coin, des verres à côté d'un vase plein d'eau, des paquets de cigares. Une serviette était pendue à un clou. Autour de quatre tables graisseuses, sur des escabeaux, quelques paysans, assis nonchalamment, buvaient du vin et des sirops. À côté du patron, un Italien jouait de l'accordéon. Des mouches bourdonnaient.

Poli s'assit en face d'un berger de la plaine, dont le visage jaune révélait les ravages du paludisme. Il commanda de l'eau-de-vie, et il se mit à boire lentement. Il voulut jouer, il perdit. Il prit un second verre. Il s'échauffait, il frappait du poing sur la table, et, finalement, jeta les cartes contre le mur. Le berger les ramassa.

Pourquoi Poli jouait-il, buvait-il, lui d'habitude si sobre ? La nouvelle se répandit sur la place. Des curieux firent cercle autour des deux joueurs. L'oncle Petru, qui n'en croyait ni ses yeux ni ses oreilles, voulut entraîner son neveu, mais en vain. L'alcool incendiait son âme et ses yeux.

Quand il eut perdu tout son argent, il se leva. Apercevant un escabeau près de la porte, il le lança dehors. Le patron lui fit des remontrances. Il prit mal la chose et, se baissant, il en jeta d'autres. Puis, les tables suivirent... On n'osait pas l'en empêcher, on redoutait sa force.

Le patron était allé chercher le gendarme Allegrini qui arriva en toute hâte, au moment où Les bouteilles allaient rejoindre les tables et les escabeaux. Il appréhenda Poli qui, soudain apaisé, se laissa conduire.

Au violon, il tomba dans un accablement profond. Il s'endormit. Quand il se réveilla, il pensa qu'il était déshonoré. Le violon était pour les ivrognes de Lucques et non pour lui, Poli! Il se souvint que le gendarme Allegrini l'avait arrêté pour avoir jeté quelques escabeaux dehors. La punition était vraiment excessive. Il était étendu par terre. Il s'assit sur son séant. Quelle honte! Avoir été emmené comme un ivrogne invétéré. Comment n'avait-il pas assommé le gendarme? « À ma sortie, se disait-il, je ne verrai que des visages ironiques, surtout celui de Gambini. » Ah! qu'il avait dû rire! Et Madeleine? Il voyait, là, dans le noir, son sourire où il y avait de la pitié, du mépris peut-être! Maudit Allegrini! Il se vengerait. En lui, se levait une haine aiguë. Il entendait les plaisanteries: « Boit-on frais au violon? Y as-tu fait un bon somme? » Il quitterait le village! Il se leva, se secoua. Le jour se montrait aux barreaux d'une fenêtre étroite. Dehors, des voix s'éloignaient... Le délivrerait-on bientôt? La pièce était une cage sombre. Il se sentait de taille à enfoncer la porte.

On venait. La clé tourna deux fois. Le brigadier parut.

— Eh bien! Poli, êtes-vous plus raisonnable aujourd'hui?

— Vous le voyez, je suis calme et très étonné de me trouver ici.

— Dans ce cas, allez et ne péchez plus.

Gambini fut la première personne qu'il aperçut.

— Hier, je t'ai plaint, commença-t-il…

Poli l'arrêta net comme fouetté :

— Va-t'en ! lui cria-t-il, va-t'en ! ou, par le Christ, je te tordrai le cou.

Gambini s'en alla.

Poli devint taciturne. À pointe d'aube, il partait pour ne revenir qu'à la nuit tombante. On avait rentré les céréales. Les pampres, les vergers embaumaient. Souvent, avant le lever de la lune, il prenait le sentier de sa vigne, où il passait la nuit dans une petite cabane. Le jour, il s'allongeait parmi les tiges d'anis qui parfumaient l'air brûlant.

Un soir, il s'était trouvé tout à coup devant Madeleine.

— Tu me fuis ? lui reprocha-t-elle.

— Non, je travaille.

Il la crut ironique, il passa. Il portait un aiguillon en lui. La nuit, il se réveillait en sursaut, comme si on l'enchaînait au fond du violon. Cette idée le poursuivait sans cesse. Cela devenait, par moments, intolérable.

Il avait un fond tenace de barbarie. Il contenait une violence toujours prête à éclater. Il n'était point superstitieux. Il ne croyait pas aux fantômes, aux aventures de l'inconnu ; mais il croyait aux douleurs de l'enfer, aux félicités du Ciel. Il s'attendrissait près d'une fleur, d'une bestiole, d'une source ; il aimait à s'égarer dans le silence des solitudes. Cependant, il n'avait point d'allégresse.

Un matin, il descendit vers la rivière. Il avait pris son fusil. Bientôt il quitta la sente caillouteuse, les maquis, et il se trouva au milieu des herbes et des fleurs de la plaine. Par endroits, ses pieds enfonçaient dans la terre grasse.

Il écarta les roseaux à travers lesquels la rivière étincelait, çà et là, dans le soleil. L'ombre des feuillages frissonnait dans l'eau, comme une draperie moirée.

Il se mit à l'affût, debout, le fusil prêt. Ses yeux fouillaient l'onde. Une lueur phosphorescente brilla, près de la berge. Un coup bref, un peu de fumée, la balle s'éteignit dans les profondeurs. Le poisson, touché, flotta. Poli déposa son fusil, se déchaussa, releva son pantalon, entra dans l'eau. Comme il revenait avec un gros muge argenté, il aperçut sur la rive le vieux Marcu, qui lui cria

— Bonne prise !

Poli sauta sur la rive, les jambes ruisselantes, et jeta le poisson dans l'herbe où il se débattit les nageoires palpitantes. Marcu dit brusquement :

— On est mieux ici qu'au violon, n'est-ce pas ?

— Oui... Oui...

Il s'efforçait de sourire. Voilà, cela le poursuivrait partout, toujours. Le vieux n'avait pas voulu l'offenser, il le savait. Le soleil était trouble et les herbes paraissaient danser. Évoquerait-il donc sans cesse le violon, l'ivrogne qu'on y enferme, un jour de fête ? L'agonie de ce poisson était fastidieuse. Il se baissa, prit la tête entre ses dents et la fit craquer ; son regard était aigu. Une dernière fois les nageoires remuèrent.

Poli remonta vers le village. Il rencontra, dans le sentier, Saveria, la bergère, qui allait au bois. Elle se mit à rire en l'apercevant.

— Je te croyais encore au violon...

Il essaya de plaisanter :

— Bah ! on en sort, comme tu vois.

— Conte-moi ça...

— Je suis pressé, une autre fois.

Et il se hâta, il se hâtait comme sous un aiguillon. Il entendit des pas : il se jeta derrière un buisson. C'était la vieille Catalina, curieuse et bavarde, qui n'eût pas manqué de le railler.

Il passa le reste de la journée dans sa vigne.

Quand il revint au village, la lune se levait au-dessus de la forêt.

Poli vit, au bout de la place, près de la fenêtre de l'auberge, le gendarme Allegrini, qui prenait son repas du soir. Il apparaissait dans la lumière tremblotante de la lampe, accrochée au mur. Il mangeait sa soupe, avec sérénité, dans la fraîcheur veloutée de cette nuit d'été. Un moment, Poli suivit le mouvement de la cuiller... La place était déserte...

Il visa soudain et le malheureux gendarme reçut à la place d'une cuillerée une balle qui le tua net.

III

cerné

L'oncle Petru se réveilla en sursaut. On frappait au volet. Il se leva vivement, ouvrit la fenêtre. La nuit était noire. Il se pencha.

C'était Poli. Il alla ouvrir la porte. Ils étaient tous deux en pleine obscurité.

— Je viens vous embrasser, dit-il, avant de prendre tout à fait le maquis. je viens chercher aussi mon poignard, mon pistolet et ma cartouchière.

— Personne ne s'attendait à un pareil coup ! fit Petru.

Les grenouilles coassaient au bord de la fontaine.

— Et ta besace ?

— Elle me sera utile, en effet.

Il la remplit de pain d'orge. Puis il la passa en sautoir.

— Me voici prêt. Il faut que je sois loin d'ici, avant l'aube.

— Où vas-tu ?

— Le sais-je ! Là où l'on peut se cacher le plus facilement, pour le moment...

— Tu connais bien le berger Santori ?

— Oui.

— Va le trouver. C'est un malin. Il connaît des lieux sûrs. Mais, à ta place, je me réfugierais en Sardaigne. À la brune, j'ai vu dans la baie de Portigliolo la barque de Kargà, le Napolitain. C'est un ami. Il te débarquera sur un point des côtes sardes... Veux-tu de l'argent ?

— Merci, je reste dans le maquis. J'ai des projets.

Il disparut dans la nuit, par une sente qui le conduisit au torrent d'Abrà, qu'il remonta à travers des broussailles et des ronces que dominaient, çà et là, des peupliers.

Il parvint ainsi sur une colline. Il s'orienta. Il prit à gauche et se trouva plongé dans les maquis. À peine si sa tête émergeait. Il y avait des frémissements dans les profondeurs. Il faillit glisser sur la carapace d'une tortue, et, plus loin, sur les piquants d'un hérisson. De-ci de-là, un arbousier, un lentisque, un chêne se dressaient dans le noir.

De temps à autre, il s'arrêtait pour écouter... Rien, si ce n'était le souffle de la nuit parmi les feuilles, et, là-bas, la longue plainte de la mer.

Le berger Santori vivait dans une très vieille maison abandonnée, entourée de rocs et de maquis, au haut d'un coteau. Elle avait appartenu, autrefois, au temps des invasions génoises, à Giovano della Santa-Croce, un gentilhomme qui s'était réfugié en Italie, à cause d'une inimitié tenace. Nue et bistre, elle portait les marques du temps. Elle fleurait les vents qui l'ébranlaient, les pluies qui ruisselaient sur ses pierres, entre lesquelles poussaient des touffes d'herbe.

De loin, elle apparaissait comme un roc plus énorme que les autres.

Santori ne possédait que quelques chèvres qui revenaient le soir, à l'appel du berger. Deux chiens, presque sauvages, les gardaient pendant la nuit. On les entendait souvent hurler au vent ou à la lune.

Au crépuscule, ce matin-là, Santori délivra ses chèvres. Les deux chiens les suivaient. Il s'accroupit ensuite sur un roc, regardant devant lui...

Quelqu'un, qu'il distinguait à peine, montait péniblement au milieu des broussailles. À la fin, il reconnut Poli. Il se dressa sur la pierre. Il avait les pieds nus, couleur de souche. Il était vêtu de gros drap en poil de chèvre ; ses pectoraux étaient velus et son visage rude comme du granit.

— Prends à droite, lui cria-t-il... Quel bon vent t'amène ?

Lorsqu'il fut arrivé sur la hauteur, Poli dit

— J'ai faim. Donne-moi du lait.

Le berger en remplit une écuelle. Le jeune homme y trempa du pain d'orge et mangea.

— Les gendarmes viennent-ils par ici ? demanda-t-il.

— Jamais... Aurais-tu ?...

— J'ai tué l'un d'eux : Allegrini.

— Mauvaise affaire... Ma maison est sûre ; mais plus sûre une caverne que seul je connais et qui n'est pas loin d'ici.

— Oh ! je ne compte pas me cacher longtemps. Je ne suis pas un bandit de caverne. La caverne est encore la prison. Qu'y ferais-je, désœuvré ? Mon temps se passerait à regarder le ciel, l'horizon, toujours les mêmes choses, à écouter les bruits du vent, des sources, des torrents, les cris des bêtes, à attendre le pâtre qui porte les provisions... Non ! Je veux mener une vie active, je veux lutter contre la gendarmerie.

— Seul ?

— Peut-être !

Le berger regardait, très surpris, ce petit homme qui se proposait d'engager un duel terrible.

— Un contre mille ! S'écria-t-il.

Pendant quelques semaines, Poli se tint coi, à tel point qu'on le crut en Sardaigne. Il se révéla soudain par un manifeste contre les gendarmes. Ils étaient, disait-il, un fléau dans l'île de Corse. Il fallait les détruire. Lui, Poli, le ferait ; il se sentait capable d'accomplir la besogne tout seul, si on ne voulait pas l'aider.

Il engagea la lutte ; elle devint, parfois, gigantesque. Il rechercha les rencontres. Son intrépidité, secondée par un sang-froid sans défaillance, trouvait des coups de génie. Il allait jusqu'à provoquer directement les gendarmes, leur envoyait des défis. Ils se gardaient bien d'être aux rendez-vous fixés. Ils avaient appris à connaître son courage et sa force. On ne comptait plus ses victimes. D'aucuns disaient qu'il était sorcier, qu'une magie le protégeait. Les brigades s'unissaient pour l'encercler : il s'échappait toujours !

L'île, frémissante, enthousiaste, assistait au duel. Poli était une manière de héros. Quand il paraissait dans un village, c'était une fête. On le portait en triomphe. Le jour, on lui jetait des fleurs, des branches de myrte ; la nuit, on allumait des torches et on l'escortait ; les uns dansaient, les autres chantaient en chœur ; les enfants sautaient, criaient. Les femmes agitaient des foulards éclatants. On égorgeait des moutons sur la pierre, on chauffait les fours, on dressait des arcs de triomphe avec des branches de myrte et d'arbousier. On allait vers lui comme vers un vainqueur et tous voulaient toucher son fusil, sa cartouchière, son poignard ou ses pistolets, comme on touche des reliques. C'était le bandit héros !

Une nuit, Poli, qui retournait de temps à autre dans la maison de Santori, s'y reposait. Il dormait paisiblement, enveloppé de son pelone (sorte de caban brun), les pieds au feu. Le berger, qui veillait, soufflait les tisons avec un bout de roseau. Dehors, l'air était glacial. Les ruisseaux, changés en torrents, grondaient à travers le vent qui roulait les longs gémissements des grandes vagues lointaines. Par moments, les chiens hurlaient tandis que les chèvres frileuses bêlaient plaintivement.

Soudain, Santori dressa l'oreille ; maintenant, les chiens aboyaient furieusement, comme à l'approche d'un étranger. Que se passait-il ? Il entrouvrit la porte, fit entendre un sifflement spécial. Les chiens se turent, puis se jetèrent, frémissants, entre ses jambes, comme pour le protéger. Il les apaisa, il réveilla Poli.

Tous deux, l'oreille tendue, écoutèrent. On tâtonnait parmi les broussailles de la colline…

— Les gendarmes… murmura le berger.

Le vent s'engouffrait dans la maison qui tremblait. Les chiens étaient inquiets de plus en plus.

Poli dit :

— Ils sont certainement nombreux.

Il se débarrassa de son caban et le tendit au berger :

— Roule-le. Au moment où je sortirai, lance-le avec force dans la nuit, le plus loin possible, et déchaîne les chiens… Je te laisse mon fusil qui m'encombrerait.

Il souleva la trappe de la cave dont la porte s'ouvrait sur une sente ; le bandit en connaissait les moindres détours que couvraient, çà et là, des branches entrelacées.

— Sois prudent, lui recommanda le berger.

Il descendit. Dehors, il se glissa dans la sente, comme une couleuvre. Au même moment, Santori lança le pelone, et les deux chiens, en aboyant, se jetèrent dans les maquis, y faisant un bruit d'enfer. Alors, des coups partirent de tous les côtés, au hasard. Poli rampait, sans bruit, prêt à bondir. Il se hâtait…

Il s'arrêta net ; on parlait à voix basse. Il retint son haleine.

— Il est sorti, gare ! À qui le tour ? À moi peut-être !

— Quelle folie de vouloir, s'emparer de Satan !

— S'il vient par ici, je me terre et me tais.

— Moi aussi.

— Si nous voulions l'empêcher de passer, il nous tuerait.

Alors, comme une ombre, Poli surgit

— Silence, et je vous laisserai la vie.

Ils se détournèrent, il passa.

IV
le campement

À cette époque, la Corse gardait les vestiges d'un héroïsme qui avait été plein d'éclat. Les vieillards se souvenaient avec orgueil d'avoir combattu contre les Génois pour l'indépendance de leur île, puis contre les Français, d'abord à Borgo, qui fut une victoire, ensuite à Ponte Novo, défaite. Les jeunes, en les écoutant autour des foyers, exaltaient les temps où la Corse, tenace, barbare, faisait retentir ses forêts, ses maquis et ses vallons de cris victorieux. Fougueux enfants de ce génie sauvage que rien, à travers les siècles, n'avait pu abattre, et qui avait épouvanté aussi bien les Romains que les Génois, on les voyait errer, nostalgiques et graves, n'aimant que leurs rocs, leurs myrtes, leur stylet et leurs troupeaux.

Ceux qui tombaient dans le banditisme étaient nombreux. Le vrai bandit corse répugnait au brigandage. Il n'était point sanguinaire. Il avait des ennemis contre lesquels il se gardait et qu'il cherchait à atteindre. La vendetta était un duel sans merci. Certaines maisons, bâties en forteresses, gardaient leurs portes et leurs fenêtres éternellement fermées. On raconte que Filippini, le chroniqueur corse, que poursuivait une de ces inimitiés, transmise de père en fils, avait fait élever un mur très haut, autour du petit jardin où il écrivait, sous un oranger, l'histoire de son pays. Pascal Paoli, lui-même, pour échapper à l'œil vigilant de ses ennemis, dut s'enfermer longtemps dans une maison que l'on montre encore à Corte.

Les seigneurs, ayant à craindre des adversaires, se faisaient précéder, quand ils voyageaient, par une bande de partisans qui battaient les maquis dans tous les sens. Ils venaient ensuite, au milieu d'une escorte, armés jusqu'aux dents. Le laboureur labourait, le fusil en bandoulière, et le berger surveillait son troupeau, l'arme prête à la moindre alerte. Les femmes elles-mêmes faisaient le coup de feu.

Les bandits corses alors ne rançonnaient ni ne volaient. Ils égorgeaient leurs ennemis plutôt que de leur voler une figue. Ils faisaient la chasse aux malandrins, aux rançonneurs. Par groupes, ils campaient dans les forêts, qui, à cette époque, couvraient cent quarante mille hectares. Immenses, aux ombrages inexplorés, elles figuraient la puissance hautaine et primitive de cette île. Ce n'étaient déjà plus les masses millénaires qui envahissaient les rivages, au temps où venaient se briser contre les arbres les mâts des vaisseaux phéniciens. Les châtaigniers, les chênes, les pins, les mélèzes semblaient des monuments éternels.

La forêt de Cagna était la plus fréquentée par les bandits. Du haut d'une montagne, une ébauche de géant, l'Homme de Cagna, comme on appelle encore cette forme de granit colossale, semble défier, par-dessus la masse des arbres, une autre ébauche aussi formidable, aussi majestueuse, et surplombant la mer, celle d'un fauve accroupi : le lion de Rocapina.

Une nuit, dans cette forêt, quelques bandits étaient allongés, couverts de leurs manteaux ; d'autres, assis autour des brasiers dont les reflets dansaient parmi les feuilles, faisaient rôtir des quartiers de mouton. Ils apparaissaient, vivantes broussailles sous ces toits de verdure en perpétuel frémissement comme la mer. Leurs voix hautes, leurs rires sonnaient ; leurs gestes attisaient les foyers. Ils plongeaient leurs poignards dans la viande fumante, qu'ils mordaient ensuite à la manière des fauves. Ils buvaient aux gourdes. C'était la vie de la Genèse. Ils vivaient intensément, aussi libres que les bêtes, dédaignant les autres hommes, au milieu de ces choses violentes dont ils prenaient l'arôme et l'aspect.

Ils avaient un dieu : Poli. Ils ne le connaissaient pas, car il ne s'était jamais montré à eux. Le jour où il avait paru sur la scène du maquis, il avait accaparé la gendarmerie à lui tout seul, Il allait d'un bout de l'île à l'autre, du cap Corse à la pointe du Sprono, tombant à l'improviste sur les gendarmes, rôdant autour des villages, des cités, et disparaissant aussi vite qu'il s'était montré. Il était infatigable. Aujourd'hui, il était dans l'est, y semait des cadavres ; une semaine après, on le rencontrait à l'ouest.

La superstition s'en mêla. Elle le grandit. On disait, dans les villages, qu'il avait le pouvoir de se transformer en chat, en chien, en mouflon même, et qu'il pouvait ainsi déjouer toutes les entreprises de la police.

Les gendarmes étaient mornes, découragés, obsédés par le bandit merveilleux qu'ils ne pouvaient s'empêcher d'admirer.

À la fin, on se décida à envoyer la troupe contre Poli.

Il eut alors un geste qui dressa l'île entière pour l'acclamer. Il fit savoir partout qu'il cessait momentanément la lutte, non par peur des soldats (il avait donné trop de preuves de bravoure !), mais par respect pour l'armée, gardienne de la grande patrie française.

Depuis, on n'avait plus entendu parler de lui. S'était-il terré ou avait-il quitté les rivages corses ?

Et, pendant les longues veillées, dans cette clairière qu'ils avaient choisie pour campement, les bandits s'entretenaient des prouesses fabuleuses de Poli.

Soudain, quelqu'un se dressa devant eux. Tous aussitôt l'entourèrent, menaçants

— Qui es-tu ?

L'homme dit tranquillement

— Je suis le bandit Poli.

— Toi, Poli ?

Ils étaient tous surpris de le voir si petit.

— Toi, Poli ? répétaient-ils, incrédules.

Alors, vivement, il prit par les épaules Piconi, un géant, et, sans effort, il le jeta par-dessus les flammes d'un foyer. Puis, avisant une branche qu'éclairait un reflet, il la coupa d'un coup de pistolet... Ce furent des cris d'enthousiasme et cent bras le soulevèrent, lui formant un pavois.

— Vive Poli !

Ils le voulurent pour chef suprême.

— Quelle vigueur ! faisait Piconi.

— Mange, bois !...

On lui apportait des quartiers de viande, des gourdes pleines de vin. Il but, mais il repoussa la viande.

— Es-tu traqué ? Nous mourrons tous à tes côtés.

— C'est moi qui les traque, dit Poli. Ils sont à bout de forces. Ils font donner les soldats. Aussi me suis-je retiré de la lutte, je ne veux pas me battre contre l'armée. Non pas que j'aie peur ! Je sais des gorges où l'on peut tenir tête à des régiments entiers. Je connais des cavernes inaccessibles. Le moindre buisson me cache. Je rampe et je bondis. Mon bras pousse et fait rouler des rocs, déracine des chênes... Non, je ne redoute que Dieu !

Dès le lendemain, il établit des lois :

1. Poli a droit de vie et de mort sur tous.

2. Le bandit qui vole sera désarmé, honni, chassé.

3. Tout outrage à une femme sera puni de mort.

4. Celui qui tue un innocent sera fusillé.

5. La guillotine étant indigne d'un bandit d'honneur, le blessé qui ne peut être emporté sera achevé par ses camarades.

6. La République des bandits est fondée. Que Dieu la protège et la guide !

Poli écrivit à la Corse entière ceci :

« Nous avons formé une République basée sur l'ordre, la discipline et les vertus. Chez nous, la justice n'est pas vaine et nos lois ne sont pas des lois de parade. Nous les appliquons sans défaillance. L'île est désormais sous ma protection. »

Le bandit régna en maître. C'était le souverain de la Corse.

« Nous sommes des soldats libres, disait-il, prêts à défendre les foyers corses jusqu'à la mort ».

V

à l'ombre du châtaignier

Dans la forêt de Cagna, Poli habitait le tronc du plus vieux des châtaigniers. Ce tronc était vaste, penché comme la tour de Pise, et l'une de ses excavations s'ouvrait, profonde et spacieuse. Tout autour, ses énormes racines sortaient de terre. Comme une antique demeure, Poli aimait son arbre, qui berçait sa solitude et son sommeil. Et les bandits le vénéraient comme un temple, puisqu'il abritait leur chef redoutable.

Une après-midi, couché au pied du châtaignier, les yeux perdus dans le feuillage, qui bruissait indolemment, le bandit songeait à la belle, énigmatique Madeleine Corradini. Quand il évoquait celle qui enchantait sa nature indomptable, il s'élevait au-dessus des réalités tragiques et il se trouvait seul avec son souvenir.

Cent fois il avait pris le chemin de la Chiaja et toujours il était revenu sur ses pas. À quoi bon ! Ne lui préférait-elle pas le cordonnier Gambini ? Un cordonnier ! En vain essayait-il de se détacher d'elle. Il se lançait à corps perdu dans les aventures périlleuses. Il traversait la Corse à la tête de ses bandits, envoyant des défis aux gendarmes et les invitant à une bataille rangée. Toujours, au milieu des dangers, l'image de Madeleine lui revenait, obsédante. Chaque jour, il recevait des offrandes. Des bergères, belles comme des arbouses pourprées, lui donnaient des fleurs. Partout, dans les villages et les cités, on ne parlait que de lui, on voulait le voir, le connaître. Une Anglaise, célèbre par son faste et sa beauté, fit le voyage de Corse pour rencontrer Poli.

Elle lui fit don d'un stylet à manche d'or. On dit que le crépuscule la surprit dans la forêt qui s'illumina soudain de cent torches. « C'est alors, racontait-elle plus tard, que Poli m'apparut dans toute sa souveraineté barbare ! »

Mais le bandit ne pensait qu'à Madeleine. Oh ! il pouvait, s'il le voulait, l'enlever, la traîner comme une gloire à travers ses luttes. Non ! son cœur l'avait placée trop haut.

C'était l'été. L'air, loin des arbres, était un souffle d'incendie. Dans les champs, les gens moissonnaient. Lui aussi, il avait moissonné, puis poussé les bœufs, attelés à une grosse pierre ronde, à travers les gerbes qui s'entassaient sur l'aire. Regrettait-il ces grandes journées de labeur, ? Il ne regrettait que Madeleine, dont le regard reflétait la mer et dont la chevelure embaumait les feuillages des torrents sauvages. Son génie de sang et de combat ne se révoltait pas contre cette faiblesse. La Corradini était Circé. Il avait la nostalgie de son sourire, de son regard, de son rire, son long rire où se mêlaient la voix des sources vives et le chant des oiseaux. Il la voyait, maintenant, comme une statue. Il restait sous son châtaignier, le cerveau enflammé, le cœur battant… Les ombrages profonds murmuraient, le vieil arbre avait des tressaillements, et la forêt n'était plus qu'un jardin seigneurial, abandonné depuis des siècles.

— Dors-tu, Poli ?

Piconi était devant lui, fumant une longue pipe de bruyère qu'il avait creusée lui-même, avec son couteau. Sa barbe boisait son visage. Il était d'un dévouement sans faiblesse, brave et bon molosse, toujours attentif à satisfaire son maître…

— Une femme veut te voir.

— Quelle femme ?

Il se leva vivement.

— Elle n'a pas voulu me dire son nom. Méfie-toi !...

— Pourquoi ?

— Elle est peut-être envoyée par nos ennemis... Tu sais que je t'ai vu en rêve assassiné par une femme soudoyée...

Poli se mit à rire :

— Où est-elle ?

— Je l'ai laissée entre deux sentinelles...

— Fais-la venir, il faut bien que je la voie.

Piconi s'éloigna.

Était-ce Madeleine ? Il demeurait debout, impatient. Il attendait, cherchant à percer l'ombre des arbres...

Elle venait sous les branches enchevêtrées. C'était bien Madeleine. Piconi la suivait... Il n'osait bouger, craignant de la voir s'évanouir. Etait-elle un fantôme, cette créature humaine, si lumineuse, qui lui souriait sous les feuilles ?

Il appela :

— Madeleine...

Elle était près de lui.

— Je suis venue, dit-elle, lasse de t'attendre ; je suis venue vers ton amour, s'il est encore en toi...

Mais il doutait.

— Comment puis-je te croire !... Que fait Gambini ?

— Le sais-je !

Elle le regardait fièrement.

— Souviens-toi, dit-il...

— Je me souviens de ta naïveté, ô héros ! Ai-je songé à Gambini !... C'était un jeu. Gambini n'est rien. Tu fus l'épervier qui fuit à la vue d'un lambeau d'étoffe noire au bout d'une branche.

Alors, il murmura doucement :

— Au pied de cet arbre mon âme t'appelait...

— Pourquoi n'es-tu pas revenu ?

Il lui prit les mains. Il la trouvait plus belle encore et il n'était plus que tendresse infinie...

— Tu connais mon destin ; c'est une tragédie continue. Je suis voué toute la vie à une lutte sans merci, où je succomberai peut-être ! Comment puis-je t'enchaîner à un pareil sort !

— Tu me connais mal.

— Mais tu ne peux rester avec moi ! Tu ne peux rester parmi nos périls ! Regarde : ce tronc d'arbre est mon logis. Ici, ce soir ; demain ? je ne sais pas. Je t'aime comme personne ne saurait aimer. Va, tu seras toujours ma douce force.

Il l'enveloppait de toute son âme fervente. Elle étincelait comme l'été sur la mer. Elle dit :

— Je ne m'en irai pas.

Elle plongeait longuement en lui son regard bleu, et il défaillait comme la forêt dans la brise nouvelle. Il songeait tumultueusement à des choses extraordinaires.

— Non, je ne puis te garder. Rentre au village. J'irai souvent te voir, et, pour cela, je vaincrai les pires obstacles.

Le soleil incendiait les feuillages, et l'on entendait des meuglements lointains. Des voix s'élevèrent. Les bandits campaient à deux pas.

— Viens, dit-il, je vais te présenter à mes compagnons.

Les uns étaient couchés à l'ombre, les autres jouaient ou fumaient.

— Voici mes frères d'armes !

Et se tournant vers Madeleine :

— Voici ma fiancée !

Les bandits se levèrent tous en poussant des cris d'allégresse et déchargèrent leurs fusils...

VI
l'absolution

Long, sec, noueux, sachant à peine lire et écrire, mais doué d'une mémoire tenace, ayant enfin appris avec son prédécesseur, qui les lui avait soufflés mot à mot, pendant des semaines, messe, vêpres, bréviaire et tout le reste, l'abbé Santi, curé de la Chiaja, qui estropiait le latin sans le moindre remords, passait pour un savant parmi ses ouailles.

Ce jour-là, enfermé dans sa chambre, il allait et venait, ânonnant son bréviaire dont il répétait les mêmes phrases depuis trente ans.

— Ô Missé ! Ô Missé !…

Sa femme de ménage frappait à la porte. On l'appelait familièrement Missé.

— Qu'est-ce qu'il y a ? dit-il.

— Poli vous attend sous l'orme de l'église.

— J'y vais, j'y vais…

Il prit son bâton, son chapeau, et, à grands pas, à l'aise dans sa soutane, çà et là rapiécée, il se hâta.

Sous l'orme, Poli s'impatientait.

— Vous savez que je suis toujours pressé, dit-il à l'abbé Santi.

Ils se serrèrent la main.

— As-tu vu Madeleine ?

— Oui, nous avons déjeuné ensemble.

— Les gendarmes savent-ils que tu es ici ?

— Je ne me suis pas caché, ils ont dû me voir.

Missé sortit une clef de sa poche, ouvrit l'église, passa devant le bandit, puis referma la porte à double tour.

Au pied d'un confessionnal, vermoulu presque, il voulut le faire mettre à genoux.

— Eh ! s'écria le bandit, je n'ai pas l'habitude de rester ainsi.

Il prit une chaise et s'assit.

Missé se résigna.

— Dis-moi tous tes péchés.

— Vous les dire tous ? J'ai négligé d'en prendre note…

— Voyons, combien as-tu tué de gendarmes ?

— Je suis embarrassé… Un grand nombre. J'espère bien l'augmenter si Dieu le permet.

Il riait sous cape.

— Tu blasphèmes, Poli !

— Nullement ! je veux dire que Dieu me conservera mon courage et ma force. Ma cause est juste. Le temps presse, absolvez-moi.

— Le puis-je ? C'est que ton cas est vraiment spécial. Encore si je connaissais le nombre de tes crimes !

— Est-ce bien nécessaire ?

Missé prit un air indigné. Puis il s'attendrit.

— Je t'ai vu naître. Je t'ai appris à prier. Je ne puis oublier que je te préférais aux autres enfants à cause, sans doute, de ta fierté et de ton courage. Tu venais souvent chez moi. Te souviens-tu des friandises que je te donnais ? Mon âne en a vu de belles avec toi, quand tu l'enfourchais pour le faire boire… Tant de souvenirs paisibles et gais ! Et maintenant tu as tué, tu tues…

— J'ai tué, il est vrai, plus qu'à mon tour ; mais je n'ai jamais commis le crime pour le crime. L'homme doit être libre. Il me plaît de m'enivrer, de vagabonder, de me défendre, de me faire justice… Suis-je un voleur ? Non ! je respecte le bien du voisin, je protège l'enfant. Alors, lorsque quelqu'un veut à tout prix m'enfermer entre quatre murs pour toute la vie ou me faire couper le cou, je m'en débarrasse. Je mérite l'absolution autant que le brigadier, votre voisin, ou le procureur du roi.

— Comme tu y vas ! Voyons, fais un effort. Combien de crimes as-tu commis ? Huit… Dix ?…

— Vous vous moquez !

— Vingt ?

— Plus que ça.

— Quarante ?

— Davantage.

— Le double ?

— Ça ne serait pas beaucoup, doublez, doublez sans cesse.

Et il riait toujours en dessous.

— Tu m'épouvantes !… Je ne puis vraiment pas t'absoudre. Le cas est d'une gravité sans précédent. Il faut que j'en écrive à Monseigneur qui, lui-même, se verra obligé d'en référer au pape…

— Vous oubliez que je me marie après-demain !

— Tu retarderas ton mariage…

— C'est impossible ! Il me faut l'absolution sur l'heure… Non que j'y tienne ! Si vous pouvez me marier sans elle, j'en serai enchanté.

— L'absolution est nécessaire…

Le bandit se leva, furieux.

— Il me la faut ou…

— Calme-toi…

— Vous n'êtes pas obligé de faire connaître tous mes crimes à vos supérieurs !

Il simulait la colère.

— Et ma conscience ?

— Peuh ! cela ne me regarde pas ! Allons, il faut en finir…

— Mais je ne puis pas…

— Il faut que vous puissiez !

Le curé se taisait. Alors Poli le menaça :

— Si vous vous obstinez à ne pas m'absoudre, dans une heure, au plus tard, je vous fais enlever par mes hommes et jamais l'on n'entendra parler de vous !

— Oh ! fit l'abbé, tu me fais violence ! Eh bien ! je t'absous... autant que tu le mérites. Mais j'ai peur que le châtiment divin ne tarde guère.

Le bandit se mit à rire.

— Au revoir ! 0 Missé, au revoir ! Soyez exact après-demain...

Et il sortit.

VII

la noce du bandit

Le surlendemain, de bonne heure, le village était en fête.

On avait dressé un arc de triomphe avec des branches de myrte sur la petite place, un autre en face de la maison de Corradini, un troisième devant l'église.

— Et les gendarmes ? fit quelqu'un.

— Ils se sont terrés. Ils font semblant d'ignorer l'événement.

— Ils sont partis depuis hier... Ils sont à la recherche des braconniers...

On riait. Les lazzis contre la maréchaussée continuaient.

— La Corradini est plus belle encore, ce matin.

— Heureux Poli ! Toute la Corse a les yeux sur lui, l'acclame, et il va épouser la plus jolie fille du monde...

Une vieille dit :

— Tout cela finira mal.

Elle passait pour être sorcière.

— Vous êtes l'Ombre, ô Zia ! Taisez-vous ! Soyons tout à la joie, aujourd'hui. Vivent les myrtes d'hyménée !

— Le vieux Corradini a le meilleur vin du village, et, depuis trois jours et trois nuits, le four n'a cessé de cuire d'excellentes tourtes au broccio, des gâteaux parfumés, et la poêle aux beignets ne désemplit pas...

— Il y en a pour tout le village...

La vieille sorcière demeurait sombre, enveloppée de noir. Certains la regardaient en dessous.

— Hier, on a tué deux bœufs, dix moutons... Dans la nuit, on a apporté trois sangliers, des lièvres, des perdrix... Tout cela provient du camp des bandits.

— Un des sangliers était énorme. Je l'ai vu à la lueur des torches, étendu sur le dos, les pattes en l'air. On dit que c'est ce géant de Piconi qui l'a tué. Ce fut une lutte qui aurait pu être périlleuse pour l'homme. Piconi, embusqué au pied d'un roc, blessa légèrement la bête, qui se retourna contre lui ; mais le géant, sans reculer d'un pouce, l'étourdit d'un violent coup de botte à la tête, puis lui planta son long poignard dans la gorge. Il put l'égorger à son aise.

— Quelle ripaille, mes frères !

— Vive Poli !

Un vieillard, qui fumait sa pipe, dit :

— Ce Poli est un hardi gaillard !

Il avait été à Austerlitz, et il ajouta :

— C'est vraiment dommage qu'il se soit perdu dans les maquis. Napoléon eût fait grand cas d'une telle énergie !

Un berger huma l'air :

— Cela sent bon.

— Derrière la maison de Corradini, dans le clos, un sanglier embroché cuit. La broche est un pal que tournent deux pâtres robustes.

Les gens allaient et venaient sur la place et causaient entre eux.

— On dit merveilles du châle de la mariée, racontait une jeune femme qui portait un bébé sur son bras.

— C'est un cadeau de Poli ; il l'a rapporté de Bastia.

— Voici Missé.

L'abbé Santi parut sur le seuil de sa porte, que surmontait une petite croix en bois.

— Il a l'air soucieux.

— On le serait à moins.

— D'habitude il montre un visage jovial.

— Marier un bandit, cela ne lui sourit guère. Et quel bandit !

— Il craint sans doute une intervention brusque des gendarmes dans son église.

— Le sang coulerait au pied de l'autel.

— Brrr... Noces tragiques ! Ça me donne le frisson.

— L'a-t-il absous ?

— On le dit... Quand on a le couteau sur la gorge, on fait comme l'on peut !

— Il est vrai que l'abbé Santi est un brave homme. Il réconcilierait les saints et les diables, si on le lui permettait.

— Et puis, au fond, il a gardé un faible pour Poli qu'il a baptisé.

— D'ailleurs, Poli ne fait que se défendre, et il ferait beau voir qu'un Corse lui en fît reproche.

— C'est égal, l'absoudre !

— Qu'aurais-tu fait, à la place de l'abbé Santi ?

— Je serais mort, mais je n'aurais pas cédé.

Quelques-uns approuvèrent, d'autres se mirent à rire.

— En attendant, dit l'un, tu te prépares à bien manger, à bien boire.

Missé s'avançait, rasé de frais, tenant à la main des clés. Il avait mis sa belle soutane et son chapeau neuf. On le salua.

Il s'adressa à un gamin :

— Ô Sté, as-tu bien balayé l'église, hier ?

Sté était un enfant de chœur déluré qui servait la messe, pieds nus et chemise au vent.

— L'église est limpide comme l'eau de la fontaine, ô Missé.

— À la bonne heure ! Et les fleurs ?

— J'ai cueilli des cyclamens sous les oliviers, des roses sauvages dans les maquis, où j'ai coupé aussi des branches de myrtes. J'en ai garni les vases du maître-autel.

La sorcière demanda une prise à l'abbé Santi, qui lui tendit sa tabatière en corne. Elle y plongea deux doigts secs, jaunis, puis aspira bruyamment le tabac en pinçant ensuite ses narines à plusieurs reprises.

Sté suivit Missé qui, sans se hâter, se dirigeait vers l'église, en faisant sonner ses clés.

— Gambini !

Le cordonnier se retourna. Il portait le chapeau sur l'oreille et mâchait une feuille de menthe.

— Bonjour, dit-il, je me lève.

— Es-tu bien dispos ?

— Très dispos.

Il aperçut le meunier.

— As-tu apporté ton violon ? lui demanda-t-il

— Il est en sûreté chez Corradini.

— Nous danserons alors.

Gambini s'éloigna en sifflotant. Il entra dans la buvette.

— Il essaie d'être gai.

— Est-il vraiment amoureux de Madeleine ?

— On le pense. Il l'était et il doit l'être encore ; mais il se garde bien d'en souffler mot.

— Le lion n'est pas loin.

On vit paraître le berger Sartoni ; on ne l'avait pas entendu venir. Ses pieds nus avaient la couleur des souches. Il portait une veste en drap de chèvre que les femmes, l'été, tissent à l'ombre des maisons. Il était broussailleux et sentait la bête qui gîte au fond du maquis. Il se glissait comme une couleuvre et son œil était sûr...

— Quelles nouvelles, Sartoni ?

— Je crois que nous sommes bien gardés.

On se rapprocha vivement du berger.

— Que dis-tu ?... Gardés ?... Et par qui ?...

Sartoni souriait à demi. Il se tourna du côté de la maison de Corradini, porte et fenêtres ouvertes, d'où s'élevaient des voix hautes et joyeuses. Le dos de Poli barrait l'une de ces fenêtres, étroites comme des meurtrières.

— Chut ! fit le berger.

— Sont-ils nombreux ?

— Je ne les ai pas comptés. En revenant de la rivière, j'ai vu trois silhouettes qui s'effacèrent comme des ombres quand elles m'aperçurent... Je reconnus l'une d'elles. Qui ne reconnaîtrait Piconi ?

— Tais-toi, imprudent !

Petru, l'oncle de Poli, traversait la place.

On jouait de l'accordéon dans la buvette.

— C'est Kargà, le pêcheur napolitain.

Quelques enfants se mirent à danser. On ne vit plus le dos de Poli. Des gens sortirent précipitamment de la maison Corradini. Puis, Madeleine parut sur le seuil, suivie de son père, de Poli, de l'oncle Petru et d'autres parents. Un mouchoir blanc lui couvrait la tête, dessinait l'ovale du visage et se nouait sous le menton. Un châle de cachemire l'enveloppait toute et se terminait en pointe, par-derrière, sur la robe bleue... Elle apparut si belle que tous se turent soudain et admirèrent cette femme qui semblait traîner derrière elle, comme un esclave enivré, le plus redoutable des bandits que la Corse eût jamais vu... Son visage brun, tanné, éclatait. Il était botté jusqu'aux genoux. Une cartouchière le ceinturait. On avait l'impression qu'il cachait des armes. Vite, son œil parcourut la foule, la scruta, soupçonneux... Mais le lion avait, ce jour-là, le regard le plus doux. Il regrettait sans doute, maintenant, les douceurs d'une pauvre maison de village ou d'une cabane...

Ils allèrent d'abord à la mairie. C'était une salle basse, au fond du village. On s'y entassa. Les murs étaient nus, noircis à la fumée. Aux poutres noires, lustrées, des lambeaux de suie flottaient. Il n'y avait qu'une fenêtre, s'ouvrant comme un trou sur le bleu, derrière le maire, qui, tout petit, solennel, important, était un peu comique avec sa tête branlante, ses yeux pointus. Il sortit des lunettes d'un vieil étui crasseux et se mit à lire sur une feuille de papier jauni où les mouches s'étaient promenées. Il lisait en italien une grosse écriture tremblée. Son petit discours, ensuite, fut fleuri. Il vanta les vertus de Madeleine, le courage du bandit. Et l'on signa. Le vieux Corradini, l'oncle Petru, Madeleine et les témoins firent des croix de travers.

Poli signa largement, hardiment, tenant la plume d'oie comme un poignard.

Il se redressa, dégageant une volonté, magnétique. On sentait qu'à ce moment tous ces gens qui le regardaient seraient allés à la mort à ses côtés.

Et le cortège prit le chemin de l'église. Le vieux Corradini donnait le bras à sa fille, le bandit à Rosa, la sœur de Petru, qui tremblotait un peu.

Cinq minutes après, la place demeura déserte.

Gambini sortit de la buvette, où, devant un verre de vin, Kargà s'attardait, l'accordéon sur ses genoux. Il vit Zia accroupie sur une pierre. Le soleil d'automne la chauffait. Les maisons étaient pleines d'allégresse, surtout celle de Corradini. De l'église, les chants montaient. Il y avait dans l'air des parfums d'herbes sauvages, des arômes de mets succulents.

— Hé ! Hé ! faisait Zia en regardant de côté Gambini… Hé ! hé ! N'es-tu point de la fête ?…

Sa voix chevrotante, aiguë, arrêta le cordonnier.

— Si, si fit-il, importuné.

— Tu ne vas pas à l'église ?… La Corradini est magnifique…

Dans la buvette Kargà pestait et lançait des jurons.

Zia levait sur Gambini des yeux troubles de malaise.

— Tu l'aimais, tu l'aimes encore…

Il tressaillit.

— Que dites-vous ?

— Hé, hé !… Je te dis que la Corradini est un astre…

Dans un coin, un porc se vautrait, grognant et labourant la terre avec son groin.

Gambini était nerveux. Le soleil brûlait ses mains, ses yeux, ses lèvres. Il se sentait très triste. Et cette vieille qui l'importunait ! Il arracha des feuilles de myrte et se mit à les mâcher.

— Hé ! hé !… Il faut se consoler. Les belles filles ne manquent pas. Il y en a dans la plaine, il y en a dans les cabanes. Que dis-tu de Margarita, la fille de Rosa ?… Que dis-tu de Teresina, la bergère de Ranfonu ? Et celle de Misticcia ? J'ai vu dans leurs yeux des lueurs pour toi, pour toi qui sais ciseler les jolies bottines... Mais il est vrai que la Corradini... Ah ! la Corradini, la Corradini !... C'est une flamme et c'est une rose... Je te plains, petit Gambini !

— Zia, vous radotez !

— Hé ! hé !... Je radote, je radote... Mais je vois ton cœur. Tu es triste, tu es jaloux. Aujourd'hui, si tu pouvais, tu mettrais le feu au village... L'incendie est en toi, je vois bien cela. Au déclin de la vie, on sait beaucoup de choses. Je suis très vieille, ma main tremblote, mais mon esprit ne tremblote pas... Hé ! hé !... J'ai de l'affection pour toi. Ta mère est ma cousine. J'ai failli me marier avec ton père... Hé ! hé !... Tu as le cœur tenace. Tu fais bien. Souvent, vois-tu, les belles, qui sont seules, s'enivrent en respirant une violette. Hé ! hé !... Sois gai, crois-moi. Chasse l'ombre de tes yeux. Entre à l'église, souris à tous et festoie avec allégresse... Va, va !...

Soudain, des cris d'enfants s'élevèrent :

— Oh ! Le fou !... Oh ! Le fou !...

Ils couraient derrière un homme qui sautait tantôt sur une jambe, tantôt sur l'autre, en gesticulant. Il était dépenaillé, pieds nus. Un mouchoir à carreaux, noué derrière la tête, lui servait de chapeau, et ses cheveux étaient longs et en désordre. Il sautait en ouvrant une grande bouche : « Ding ! dong !... » Il imitait les cloches... « Ding ! dong !... »

— Oh ! Le fou !... Oh ! Le fou !...

Il s'arrêta, essoufflé, devant le cordonnier et la vieille Zia. Les enfants l'entourèrent. Les uns lui tiraient la veste, les autres lui donnaient des coups de poing dans le dos.

— D'où viens-tu, Ceco ?

On le voyait souvent à la Chiaja. Il parcourait toute la Corse à pied et il était connu partout.

— Je viens de la plaine. J'ai dormi toute la nuit sur la berge. J'ai faim.

— Aujourd'hui, tout le monde mange...

— Où ?

— Chez Corradini le Lucquois.

— « Ding ! dong ! » J'ai vu des ombres en revenant de la plaine... « Dong ! ding ! » J'ai vu des ombres...

Un gamin lui tendit un caillou

— Tiens, mange, en attendant...

— J'ai vu des ombres, des ombres... Dong !...

— Que dit-il ?

— Il est énigmatique.

— Quelles ombres ?

— Petites, grandes, de-ci de-là... Des ombres qui se cachaient.

— Le pauvre Ceco délire.

— Eviva ! Eviva !...

Les gens sortaient pêle-mêle de l'église : « Eviva ! Eviva ! » Aussitôt, les enfants coururent vers la noce, suivis de Ceco qui criait : « Les ombres, les ombres. Ding !... Dong !... »

Madeleine s'appuyait sur le bras de Poli. Ils s'avançaient au milieu d'une allégresse tumultueuse.

Alors, sur les seuils, aux fenêtres, des femmes, des jeunes filles parurent avec des paniers pleins de blé, de bonbons, de gâteaux, qu'elles jetaient à la volée, comme on en sème sur les pas des mariés, autour desquels les enfants se livraient des batailles, par terre, pour les ramasser.

— Eviva ! Eviva !

Ils passaient sous les arcs de triomphe, comme des héros.

Gambini s'était mêlé aux autres. La vieille Zia n'avait pas bougé. Le pêcheur napolitain faisait chanter son accordéon.

Précédant le cortège, en tête, le fou sautait, les bras levés, la tête en arrière... « Des ombres, des ombres... » Un porc prit peur, et, la tête folle, il vint donner contre les jambes du fou qui faillit tomber à la renverse.

— Aux noces !... Aux noces ! chantaient les enfants.

Madeleine ne pouvait s'empêcher de rire en regardant le fou qui gesticulait si drôlement.

Soudain, un appel retentit :

— Poli !

Piconi parut, haletant, l'œil angoissé. Il dominait la foule, inquiète subitement.

— Les gendarmes !

Poli jeta son manteau.

— Je te suis. Attends-moi, dit-il à Madeleine qui avait pâli. Je reviendrai bientôt.

Mais elle s'accrocha à son bras.

— Reste !

Des voix s'élevèrent.

— Reste ! Reste ! Nous te défendrons contre les trouble-fête...

— Non ! cria-t-il impérieusement avec ce ton de commandement âpre, mordant, qui faisait trembler les plus résolus. Vous allez m'attendre paisiblement. Viens, Piconi !

Des coups de fusil partirent. Les deux bandits se mirent à courir. Ils disparurent.

— Ah ! les noces, les noces tragiques !...

La Corradini, debout, au milieu de la foule, qui la rassurait, n'osait faire un pas. Elle était toujours pâle et son cœur battait fort. Gambini la regardait avec des flammes dans les yeux. Un espoir infâme lui troublait la tête.

Là-bas, Poli, derrière lequel Piconi traversait ou plutôt trouait les ronces, les buissons, sautait par-dessus les rocs, bondissant comme un fauve... Les coups de fusil redoublaient.

Et, tout à coup, un cri formidable s'éleva:

« Poli!... Poli! Voici Poli!... » Les bandits, qui gardaient le village, abrités derrière les rocs, les troncs des arbres, acclamaient l'apparition de leur chef, sentant croître, quand il était là, leur courage jusqu'à la démence. La fusillade alors fut celle d'une bataille acharnée, avec des silences courts d'abîme, pendant lesquels s'élevait le mugissement de la mer démontée.

Les gendarmes, qui étaient venus en grand nombre du côté de la plaine, s'étaient heurtés au cercle des bandits. Leur chef leur avait crié:

« Il faut passer!... » Et ils essayaient.

— Le diable lui-même ne passerait pas!

Les gendarmes, tirant presque au hasard, accroupis ou couchés, cherchant des abris, souhaitaient presque la mort de leur chef, qui s'acharnait imprudemment contre un rempart de fer. Aux cris de « vive Poli! » une débandade eut lieu.

— Arrêtez! Arrêtez!...

— Non! nous nous faisons tuer vainement!

— Arrêtez!...

— Non! Nos balles s'aplatissent contre les rocs.

Ils fuyaient vers la rivière, vers la plaine, ils fuyaient tous, éperdument. Ils fuyaient, leur fusil à la main, haletants, rouges, égarés. Les balles sifflaient... Mais leur chef était resté. C'était un Corse têtu, brave comme le feu. Il tomba soudain, le front troué.

Les bandits ne tiraient plus maintenant.

— Embouche le colombo, Piconi!

Par trois fois, le géant tira d'une conque marine un son long, rauque, triste, un mugissement de ruminant en détresse.

Peu à peu, les bandits se groupaient. Ils se comptèrent. Tous étaient là.

— Allons manger ! leur cria Poli.

— Ils peuvent revenir…

— Je crois qu'ils n'en ont pas envie, aujourd'hui.

— Il serait plus prudent de placer des sentinelles.

Quelques-uns s'offrirent.

C'était une grande journée de soleil tellement intense que l'ombre oblique des maisons paraissait stagner. C'était aussi la journée de la joie. Elle coulait comme le vin ; elle rougeoyait comme les brasiers où l'on rôtissait des sangliers, des moutons ; elle chantait le long des tonneaux, calés entre des pierres sur la place. On tournait les robinets et l'on remplissait les bouteilles. On buvait, on déchirait les viandes fumantes à belles dents. « Eviva ! Eviva ! » Quelques-uns, déjà repus, s'allongeaient, face au soleil. D'autres chantaient. On mangeait, dehors, sur les degrés des escaliers, dans les maisons trop étroites. C'était l'enivrement sans frein, la ripaille après la bataille. Les femmes portaient les plats : « À moi !… À moi ! »

— Mieux vaut le métier de bandit que celui de gendarme !

Le fou, non loin, dévorait comme une bête avide.

— Et tes ombres ? lui cria le berger Sartoni.

— Le vent des balles les a dispersées.

Les chiens se disputaient les os qu'on leur jetait. Les maisons résonnaient. Des chants soudain s'élevaient, se prolongeaient sur un ton plaintif et nasillard à travers cette allégresse énorme, mais sans bouffonnerie ; un peu de tragédie y demeurait.

Piconi parut, béat. Il était rouge comme un tison dans la nuit. Ses yeux brasillaient. Son ventre paraissait plus rond. Pesamment, il descendit l'escalier. Sur la place, son ombre s'allongea, couvrit le fou qui riait, la bouche pleine.

— Allons, dit le géant à ses camarades, il faut remplacer les sentinelles.

Plusieurs s'arrachèrent au festin. Et la fête continua jusqu'au soir. Peu à peu, elle s'éteignit dans la nuit...

La lune se leva au-dessus des cimes de la forêt. Alors, des ombres se détachèrent des maisons, se groupèrent ; puis, en ordre, elles prirent le chemin des arbres... Piconi, remplaçant Poli, les guidait.

La nuit sur le village est sereine. Le murmure de la mer passe. dans les feuillages des chênes et des oliviers. La lune est angélique. Un coup de sifflet traverse le sommeil des choses et des gens. Une fenêtre s'ouvre. Poli paraît.

— Déjà... murmure-t-il.

Vers l'Orient, le ciel pâlit à peine. Son regard va vers la forêt. Là, Piconi veille. C'est lui qui vient de siffler. Il craint pour son maître les embûches du jour. Le bandit s'accoude...

Madeleine dort. La quitter déjà ? Partira-t-il sans la réveiller ?... Et sa contemplation se prolonge...

Un nouveau coup de sifflet plus impérieux... Alors, il se décide, il enjambe la fenêtre, saute et va rejoindre ses hommes.

VIII
le colporteur

La nuit tombait sur la plaine de Tavaria et sur les collines qui l'entourent. Le vent de la mer bruissait dans les saules et les roseaux qui bordaient la rivière. Çà et là, un bœuf, un cheval. Le silence assoupissait les choses qui prenaient un aspect mystérieux.

Un colporteur, sa caisse sur le dos, marchait hâtivement dans le sentier, entre les blés et les maïs. Il était très barbu. Il avait enfoncé son large chapeau jusqu'aux yeux. Il était petit, trapu, vigoureux. On sentait que son fardeau ne pesait pas plus qu'un fétu de paille sur ses épaules.

Il vit venir un berger qui lui dit

— Vends-tu des guimbardes ?

Le colporteur déposa sa caisse, l'ouvrit.

— Choisis.

Le berger en essaya une entre ses dents.

— Je te l'achète… combien ?

— Deux sous.

— Je n'ai pas de monnaie…

— Tu me les donneras une autre fois, demain, quand je repasserai par ici… Je vais à la Chiaja.

— J'en reviens… C'est un village bien gardé !

— Comment ?

— Il est cerné par les gendarmes.

— Et pourquoi ?

— À cause de Poli.

— Je comprends… On suppose qu'il va revenir, et on veut le prendre comme dans une souricière.

— C'est cela… Mais ce sont gens naïfs ! Poli a plusieurs tours dans son sac… Oh ! je ne suis pas en peine de lui !…

— Je suis content, les gendarmes sont en général de bons clients, dit le colporteur, en soulevant sa caisse qu'il jeta sur ses épaules comme un sac de paille...

En chantonnant, il prit la sente qui montait vers le village. Tantôt il sifflait, tantôt il chantait, à tue-tête une romance en s'arrêtant de temps à autre pour crier : « Bancarota ! bancarota !... Colporteur ! colporteur !... »

Cependant, la nuit était tout à fait tombée. Le ciel était pur et les étoiles regardaient curieusement les abîmes terrestres tandis que les deux cornes de la lune étaient plus aiguës qu'une aiguille. Là-haut, le colporteur voyait quelques fenêtres éclairées du village. Il avait hâte d'y arriver. Plus haut, la masse de la forêt offrait vraiment, à cette heure, l'aspect d'une région où les Mystères s'assemblaient avec les Destins.

Comme il entrait au village, le colporteur sentit soudain sur son front le canon d'un fusil.

— Bancarota ! À votre service... dit-il.

Et il fit sonner sa caisse, en souriant étrange, ment

— Tu peux passer.

Quelques pas plus loin, il fut de nouveau arrêté :

— Halte-là !

— Bancarota ! À votre service...

— Passe.

En traversant la place de l'Église, il faillit donner contre trois gendarmes.

— Bancarota ! Bancarota !...

Il poussa son cri joyeusement.

— Tu arrives bien tard, observa l'un d'eux, les gens vont se coucher.

— Bah ! fit le colporteur d'une voix très rauque, j'attendrai patiemment le lever du soleil. Je vais chercher un gîte en attendant... Je ne connais personne, ici.

— L'auberge est à l'autre bout du village.

— Merci.

Le colporteur hâta le pas. Les portes se fermaient. Les vitres s'éteignaient. Il évita des gens qui s'entretenaient de leurs récoltes. Il passa derrière une porcherie, entra dans un jardin, le traversa ; il tendit l'oreille : c'était le souffle de la nuit dans les roseaux. À deux pas, la maison de Madeleine, bâtie sur un grand rocher, vers l'est, dominait à pic une vigne.

Le vieux Corradini prenait le frais sur son seuil. Le colporteur lui demanda l'hospitalité et, sans attendre une réponse, il entra. La vieille lampe de fer brûlait, accrochée à la cheminée.

— Me reconnaissez-vous ? fit-il allégrement.

— Poli ! imprudent !

— Bah ! ils m'ont laissé passer. Et Madeleine ?

— Elle est chez la voisine. Je ne lui dirai pas que c'est toi.

Il alla l'appeler.

Quand elle parut, le colporteur était assis sur sa caisse. Il la regardait en silence. La beauté de cette femme, où la vie avait réalisé les splendeurs des marbres et des feuillages, éclatait dans cette maison basse, enfumée, à peine éclairée d'une petite lampe antique.

— Voici un colporteur, dit le vieux Corradini, qui a de belles choses à vendre.

— J'ai des aiguilles, du fil, des bas, des foulards, des étoffes.

Et il poussa la caisse sous la lampe, l'ouvrit, étala sa marchandise. Et comme il restait à genoux, leurs yeux se rencontrèrent.

— Poli ! s'écria-t-elle. Mais le village est plein de gendarmes !

Elle lui sauta au cou.

— Ne suis-je pas en sûreté, ici ?

— On se méfie. L'autre nuit, des gendarmes sont venus.

— Eh bien ! qu'ils viennent !

— Nous te cacherons à la moindre alerte.

Le vieux Corradini indiqua la place d'une cachette qui s'ouvrait dans le mur au moyen d'un ressort.

— Moi, rentrer là-dedans ? Merci. Je suis déguisé. Leurs sentinelles m'ont dévisagé et ne m'ont pas reconnu. Et puis ? Je suis de taille à me défendre. Ils ne le savent que trop ! Ils n'oseront jamais m'attaquer en face !

Son regard ardent de vainqueur audacieux enveloppait Madeleine. Il apparaissait formidable. Il se retourna. La lune voilait les vitres de sa flamme endormie. Il alla ouvrir la fenêtre qui donnait sur la vigne.

— Quelle hauteur ? demanda-t-il.

— Quatre mètres, environ.

— C'est peu. Je saute de plus haut… J'ai soif.

Madeleine lui porta la cruche. Il but à longs traits.

— J'ai longtemps marché. J'ai traversé des villages où j'ai vendu des couteaux, des guimbardes, du fil. Quel bonheur quand j'aperçus notre plaine ! Je me sentais près de toi, Madeleine… Le berger de Misticia ne m'a pas reconnu. Je lui ai donné une guimbarde.

Il restait debout, près de la table.

— Ah ! ma vie errante, loin de toi, Madeleine !

— J'irai avec toi.

— Non, je ne serais plus maître de moi, et il faut que je sois le souverain de tous ces hommes qui me sont fidèles. Par eux je deviendrai le chef de l'île. Les villes et les villages m'obéiront. Je serai le seigneur, entends-tu, de toute la glèbe corse et tu seras reine. Le peuple corse sera libre, grand et fort. Napoléon est prisonnier. L'Anglais convoite notre pays. Ah! triste vautour, je te plumerai et te laisserai agonisant parmi nos rocs si tu t'y aventures! Nos rivages seront inaccessibles. La terre corse est riche. Les céréales, l'huile, le bétail abondent. Nous aurons des vaisseaux; ils iront vers les trésors de l'Orient. Nous exploiterons nos mines, nous rétablirons les fours des Étrusques et des Romains. Nous ouvrirons les entrailles de notre île qui regorgent de fer, de cuivre. Il y a des carrières de chaux, le long de la mer. Nos soldats seront les premiers du monde. Les Corses l'ont bien prouvé à travers des siècles d'invasions…

Il parlait haut, avec des gestes vifs et brefs, et son visage tourné vers Madeleine s'embrasait. Le génie possédait, illuminait cet être de broussailles et de granit. Était-ce bien le jeune homme que Madeleine avait connu, taciturne, inquiet parfois, ne sortant de sa solitude que pour faire éclater la force de ses bras? Il parlait maintenant comme les héros, pareil, lui semblait-il, à ces hommes qui ont guidé l'humanité dans des voies sublimes ou tragiques.

Soudain on frappa: deux coups impérieux.

— Qui est là!

— Gendarmes!

Le vieux Corradini dit vivement à Poli:

— Cache-toi.

— Non, je reste. Je ne serai pas reconnu… D'ailleurs, j'ai mon plan, ouvrez!

Un brigadier entra, accompagné de deux gendarmes.

Poli, penché sur la table, y étalait des foulards, des étoffes…

— En voici une de couleur fraîche, agréable et qui fera bon usage, disait-il à Madeleine.

— Un colporteur à cette heure-ci! fit le brigadier.

— J'ai des pipes.

— Merci. D'où viens-tu ?

— De Sartène.

— Es-tu Corse ?

— Je suis de Lucques.

Il l'examinait des pieds à la tête. Poli éprouvait un malaise. Il se contenait à grand-peine. Il trouvait très insolent ce brigadier !

— Depuis combien de temps exerces-tu le métier de colporteur ?

Il haussa les épaules.

— Depuis mon adolescence, et je ne me suis pas enrichi. À peine si je joins les deux bouts. Ma vie est bien misérable. Toujours par monts et par vaux ! Les chemins ne sont pas sûrs. Je vais d'un bout de la Corse à l'autre. Le printemps dernier, j'ai été dévalisé dans un sentier du Niolo. Ils étaient trois.

Le brigadier le considérait de plus en plus... Ce regard, ce torse vigoureux, ce corps ramassé qui, sous la blouse, tremblait, tendu comme un ressort, prêt à bondir ? Il se rapprocha de la table pour voir les étoffes... Il tressaillit soudain. Le pouce droit du colporteur portait une cicatrice. Poli en avait une au même endroit. Était-ce lui ?... Malgré sa bravoure, il se troubla, et sa main tremblait un peu en maniant les étoffes...

Le bandit comprit que le gendarme le soupçonnait. Il n'en fut nullement ému. Son sang-froid ne l'abandonnait jamais. La fenêtre était demeurée ouverte... Il souleva brusquement la table et la jeta contre le brigadier et les gendarmes qui tombèrent à la renverse. Puis, il courut vers la fenêtre, l'enjamba, et disparut.

IX

le récit

— Imprudent ! Imprudent !… disait Piconi. Les arbres frémissaient dans le souffle du matin. Poli mangeait et buvait.

— Quel saut, mon brave ! je fus content de sentir encore mes jambes, une fois à terre. Je me mis ensuite à bondir à travers la vigne, je sautai un mur et je me trouvai en pleines broussailles… Derrière, le long des maisons, des cris retentissaient.

On tira. Les balles s'égarèrent dans la nuit. Je ne pus m'empêcher de rire… Et je galopais comme un cheval. Pan ! pan ! « Bonsoir, mes amis, bonsoir !… » Le tour était joué. Je pris par le maquis de Misticcia, que redoutent les renards, et j'étais hors d'atteinte, quand je me glissai dans le sentier, vers la mer, du côté des rochers de Calamoretta. J'étais sûr que les gendarmes couraient après moi, vers la plaine…

— Imprudent ! Imprudent !… ne cessait de répéter Piconi. Cette femme te perdra…

— Tais-toi, tu blasphèmes !

À Calamoretta, en sûreté, au fond d'une grotte, j'attendis l'aube. Je vis paraître une barque. Elle s'approcha des rochers. Je la reconnus.

— Hé ! Kargà, hélai-je.

Le Napolitain hésita.

— Approche, j'ai besoin de ta barque. Tu vas me déposer sur l'autre rive de Taravo.

Il voulut s'éloigner.

— Je te tue net, misérable esclave ! lui criai-je en sortant mon pistolet.

— Je viens, je viens…

Il aborda, et je sautai dans l'embarcation.

— Canaille, tu ne me reconnais donc pas ?... Poli !...

Alors il se jeta presque à mes pieds, me faisant mille excuses.

— Ma vie est à toi. Je t'avais pris pour un Lucquois malfaiteur.

La voile fut hissée et je débarquai sans difficultés sur la plage de Porto-Pollo. J'ai marché toute la journée. J'ai bu du lait dans une cabane. J'étais heureux d'être seul, sans fusil, cheminant librement sous le soleil. Vers le soir, je rencontrai des bergers qui parlaient de moi avec enthousiasme. Bien entendu, je ne fus pas de leur avis. Si tu avais vu leur fureur. Ils m'ont jeté des pierres. J'ai passé la nuit dans une cabane, une pauvre cabane où je n'ai dormi que d'un œil. Non loin de là, j'ai détourné un torrent pour y prendre des anguilles. Je l'ai détourné avec une mauvaise pelle qui se trouvait parmi les herbes. Les anguilles étaient grasses, savoureuses. Je me suis amusé à voir leurs sursauts d'agonie sur la braise rouge.

— Que d'imprudences ! Je ne te reconnais plus... Est-ce la Corradini qui te tourne la tête de la sorte ?...

— Il est vrai que je suis amoureux... Mais j'avais confiance en mon déguisement... Dans l'après-midi, j'ai tué un aigle avec le fusil d'un pâtre, qui m'offrit du pain d'orge et du fromage. L'oiseau était immense. J'éprouvais du vertige à le voir immobile dans l'espace qu'il semblait dédaigner. Il tomba comme un aérolithe sur un buisson qu'il couvrit. Son envergure mesurait trois mètres environ. Le pâtre était content ; mais j'étais triste, je me reprochais mon geste, inutile vraiment.

Au crépuscule, je découvris une maisonnette sur un tertre ombragé d'un chêne. De la lumière filtrait à travers les volets. Je frappai à la porte, en vain. Je fus intrigué.

Alors, je m'aperçus que la maisonnette était surmontée d'une croix de fer. C'était une chapelle. Plus loin, la nuit étant tout à fait venue, je résolus de ne pas éviter un village rocailleux, accroché au flanc d'un coteau. Une ou deux lumières seulement perçaient cette masse sombre. J'entendis aboyer des chiens. La fontaine coulait à l'entrée, sous des figuiers. Une femme y remplissait un vaisseau en bois. Je lui demandai l'hospitalité.

— Volontiers, fit-elle. D'où venez-vous ?

— Je suis colporteur, d'origine livournaise. Je me trouve dans une grande désolation. Hier, des malfaiteurs m'ont pris ma caisse après m'avoir battu. Ils étaient quatre. Je suppose qu'ils font partie de la bande à Poli.

— Je vous plains, brave homme. Mais n'accusez pas les hommes de Poli. Ils ne volent pas. Ils luttent contre leurs ennemis. L'honnêteté est l'honneur pour eux. Ils acceptent si on leur donne, mais ils ne prennent jamais avec violence.

J'étais ravi, mon bon Piconi. J'allais chez des amis. La maison était à l'entrée. Les enfants dormaient. L'homme, accroupi devant le foyer, au milieu de la salle enfumée, faisait rôtir sous la cendre des châtaignes. Elles étaient succulentes, arrosées d'un petit vin clair de coteau. Je dormis d'un bon sommeil, sans inquiétude. Je quittai ces braves gens au lever du soleil. Vers midi, je fus assailli par des chiens. Je me réfugiai sur un rocher. Un pâtre vint me délivrer.

— J'aurais pu tuer tes maudites bêtes, dis-je.

— Mes chiens sont dressés ainsi. Malheur à l'étranger qui s'aventure ici ! Venez vous reposer dans ma chaumière, elle est derrière ce bosquet.

Je le suivis. Le bosquet était délicieux avec son calme et ses arbres. La chaumière était misérable. Devant la porte une marmaille piaillait au milieu des poules, des cochons.

On me donna du lait caillé d'une fraîcheur parfumée. Là, je fus pris de mélancolie. J'avais devant moi, au loin, sur une colline, un village pareil à la Chiaja. C'étaient les mêmes oliviers, les mêmes vergers, les mêmes maisons, le même campanile. Comme la Chiaja il était couronné d'une forêt. J'ai cherché des yeux la maison de Madeleine, j'ai cherché mon bonheur, la volupté de mon âme. Hélas!... Je m'en allai brusquement. Comme le soleil se couchait, je fis la rencontre de deux gendarmes avec lesquels j'échangeai le salut des passants. Je m'étais composé un visage très triste. L'un d'eux le remarqua.

— Qu'avez-vous? me dit-il.

— On m'a volé.

— En quel endroit?

— Il n'y a pas une heure, à trois kilomètres environ d'ici. Je suis colporteur. Je portais ma caisse sur mes épaules, quand une voix sortant d'un buisson me cria de m'arrêter. En même temps je vis surgir un grand diable d'homme, armé de pied en cap, qui me dit: « Dépose ta caisse et va-t'en! » J'eus beau me lamenter, supplier, m'arracher les cheveux, l'homme, une sorte de géant, fut inexorable. « Estime-toi heureux d'avoir la vie sauve, décampe! » Et je m'en allai et me voici maintenant, malheureux comme les pierres, avec seulement quelques gros sous dans la poche.

— C'était presque un géant, dites-vous?

— Oui, et très barbu.

— C'est bien lui, c'est ce Piconi, l'âme damnée de Poli. Il détrousse maintenant.

L'autre dit:

— Je me sens très fatigué. Asseyons-nous, là, au pied de cet arbousier.

Ils s'assirent, le fusil entre leurs jambes.

Je continuai tranquillement mon chemin. Ils avaient peur de te rencontrer, mon brave Piconi ! Pour vous rejoindre, j'ai voyagé ensuite toute la nuit, favorisé par un grand clair de lune.

— C'est égal ! tu aurais pu tomber dans quelque traquenard, conclut Piconi.

X
les bottes des gendarmes

Trois mois après, les bandits campaient dans la forêt d'Aïtone dont les ombrages ont des profondeurs d'abîmes. Le col de Vergio la sépare d'une autre, plus petite, la forêt de Valdoniello.

Les bandits n'avaient qu'à emporter leurs armes et leurs besaces. Ils étaient fêtés le long de la route. On faisait bombance, on organisait des bals en leur honneur. C'étaient des marches triomphales.

Le soleil se levait. Les feuilles brillaient. Les parfums étaient tellement frais, qu'ils semblaient s'exhaler des sources. On entendait de longs murmures au loin ; et quand ils se taisaient, les arbres gigantesques paraissaient enchantés.

Poli était heureux de vivre. Il disait à Piconi :

— Dans quelques jours, je retournerai à la Chiaja. Cette fois, je me transformerai en pêcheur napolitain. Je vendrai du poisson.

Soudain il s'écria :

— Mais tu perds l'orteil !

En effet, l'orteil droit de Piconi trouait le bout de la botte et se montrait, couleur de souche, comme la tête d'une tortue, hors de sa carapace.

— Nous sommes cinquante à le perdre !

— Cinquante ! Et tu ne soufflais mot !

— À la guerre comme à la guerre !

Poli demeurait rêveur. Puis il dit :

— Connais-tu un berger dans les environs ?

— Plusieurs même !

— Va m'en chercher un.

Poli rentra dans une sorte de cabane où il gîtait et il écrivit la lettre suivante :

À Monsieur le Capitaine de gendarmerie

Bastia

Monsieur le Capitaine,

Mes hommes ont besoin de bottes. Il m'en faut le plus tôt possible. J'estime que l'État est le meilleur fournisseur du monde. Je n'hésite pas à m'adresser à ses libéralités par votre intermédiaire. Vous me ferez donc parvenir, sans tarder, cent bottes. Je crois devoir vous prévenir qu'en cas de refus, j'irai les chercher moi-même.

Poli

P.-S. Je me trouve en ce moment dans la forêt d'Aïtone.

Un berger porta cette lettre singulière à Bastia. Aucune botte ne parvint.

Un soir, Poli rassembla ses hommes et leur dit :

— Préparez-vous ! Dans une heure nous partons pour Bastia où nous prendrons d'assaut la caserne de gendarmerie. Vous aurez des bottes. Nous marcherons par groupes de vingt-cinq à trois cents mètres de distance environ. Notre première halte sera Pontenovo.

Tous, en criant d'enthousiasme, entourèrent leur chef. Une ferveur fauve embrasait toutes ces faces embroussaillées, aux yeux farouches. Piconi trouvait l'entreprise folle, mais il n'osait rien dire.

Une heure après, les foyers éteints, les groupes s'étant formés, ils s'ébranlèrent, le fusil sur le bras, prêts à faire feu. Poli, suivi de Piconi, avait pris la tête. La lune flânait, ronde et souple, dans un ciel immobile. Une fraîcheur vive stimulait la marche des bandits, silencieux, attentifs, l'esprit et l'âme tendus vers la bataille. Les uns portaient la tête droite, les autres inclinée ; et tous exploraient le moindre buisson, l'horizon nocturne, interprétant tout frémissement, tout bruit. Parfois, ils parlaient à voix très basse. Les chiens des chaumières aboyaient longuement vers l'inconnu. L'inconnu enveloppait les choses, les hommes et les bêtes. À travers les feuillages, le souffle de la nuit semblait raconter des légendes, des aventures de superstition.

Tous ces rudes bandits, courageux comme les lames de la mer, que nul ne pouvait vaincre, appréhendaient cependant avec terreur les apparitions, les phantasmes, la théorie des fantômes rôdeurs traînant des cercueils, toutes les formes de la superstition populaire qui surgissent à travers les profondeurs nocturnes. Et le mystère les tenait comme un fil invisible, comme une pensée liée aux abîmes de la nuit. Ils allaient par des sentiers ombragés, caillouteux, vrais lits de torrent ; ils allaient par les champs, les coteaux, les collines, couverts de broussailles et de ronces, hérissés de rocs ; ils allaient, figurants inlassables, héroïques de la vie libre et sauvage. Tous avaient une douce religion pour les arbustes, les arbres et les pierres avec lesquels ils vivaient. Ils ne détruisaient jamais les ombrages, ils ne déracinaient jamais une pierre. L'un d'eux avait failli naguère tuer un berger qui abattait un chêne très vieux, à l'ombre duquel, souvent, il avait fait la sieste. Ils allaient dans cette nuit, claire et somptueuse, festonnée d'ombres légères, comme sous les voûtes d'un temple… Au loin, les torrents grondaient. Par moments, des bruits vagues, mystérieux, résonnaient dans l'inconnu. Certains hommes frissonnaient ;

les plus barbares sont, à travers les solitudes de la nature et de la nuit, les plus faciles à émouvoir.

Ils s'aperçurent soudain que l'ombre s'évanouissait avec la lenteur des parfums trop grisants. Les feuillages, se réveillaient. Et les pierres elles-mêmes, décombres fantastiques dans la nuit, semblaient prises par le frémissement universel de la vie qui reprenait son cours.

Les portes des chaumières s'ouvraient. Des clarines tintaient à travers le maquis où pointaient tout à coup des cornes de bœufs. Les troupeaux bêlaient sur les collines, dans les vallons. On entendait les cris des bergers. L'aube s'épanouissait. Çà et là, les vapeurs matinales découvraient, en s'élevant, ces villages antiques, entourés de pampres, d'oliviers, qui ont tous le même aspect primitif qu'accentue la cime du campanile.

— Pontenovo ! Pontenovo !

Ils criaient tous en brandissant leurs fusils. Ils dominaient le champ de bataille où les soldats de Paoli avaient été vaincus par ceux du comte de Vaux.

— Pontenovo ! Pontenovo !

Leurs pères s'étaient battus, là, dans ces champs, où maintenant paissaient tranquillement des troupeaux. Ils s'étaient battus comme des fauves, mais avaient dû, finalement, céder à la force, eux qui n'étaient que des laboureurs, des bergers, n'ayant pour toute nourriture qu'une poignée de châtaignes.

— Pontenovo ! Pontenovo !

Le Golo était la voix de la vieille tragédie. Des montagnes apparaissaient, couvertes d'une brume vague. Leurs cimes se détachaient nettement sur le ciel. Le silence était profond.

— Pontenovo ! Pontenovo !

Plus de luttes ! Elles avaient duré des siècles. Après tant d'autres, la puissante république de Gênes, agonisant parmi les rocs et les broussailles, avait vendu à la France l'île qu'elle ne pouvait vaincre. La France, maintenant victorieuse à Pontenovo, était la souveraine.

Les bandits allumèrent des feux. Ils évoquaient cette bataille, le Waterloo corse. À Pontenovo, comme à Waterloo, il y eut des traîtres. En silence, ils regardaient avec mélancolie ces champs où tombèrent sept cents Corses.

Poli allait de groupe en groupe. Il leur parlait avec cette assurance qui ne l'abandonnait jamais, les entretenant de leur nouvelle expédition : au cœur d'une ville prendre une caserne d'assaut ! Auraient-ils assez de courage, de volonté ? Dans ces gorges, par ces pentes, leurs ancêtres avaient lutté, sans faiblir, préférant la mort à la fuite... « Vous serez aussi braves que vos pères ! Toute la Corse apprendra notre victoire ou notre défaite... Demain soir, à la nuit tombante, nous serons aux portes de Bastia. »

Des cris triomphants répondaient aux paroles de Poli. La plupart des bandits sortaient leurs poignards et les croisaient... « Nous vaincrons ! Nous vaincrons ! Nous le jurons ! »

Une heure après, le colombo de Piconi résonna, donnant le signal du départ. Tous furent sur pied, passant leur besace en bandoulière, le fusil sous le bras.

Le lendemain, aux premières ombres de la nuit, les bandits s'arrêtèrent dans les environs de Bastia. Le libeccio, le plus sauvage des vents, soufflait en tempête. Ils attendaient, silencieux. Ils distinguaient à peine la masse de la vieille ville dont les lumières vacillaient comme des lucioles. La nuit semblait courir, échevelée, autour d'eux, au loin. Ils croyaient la voir passer comme une inlassable furie, épouvantée par les cris sans fin de la mer, du vent, de l'inconnu noir.

Poli disait :

— La nuit nous favorise. Les rues sont certainement désertes par un temps pareil ! Portes et volets clos. Nul ne nous gênera. Je prendrai cent hommes seulement avec moi ; les autres cerneront la ville.

Piconi hochait la tête :

— L'entreprise est folle !

Poli ricana :

— Si tu as peur, reste !

Piconi bondit :

— Moi, avoir peur ! Tu me connais mal. Je conseille la prudence. Et la prudence est plus utile que la témérité. Les gendarmes sont prévenus. Ils savent que tu n'es pas homme à les menacer vainement. Dans la crainte de nous voir paraître, ils ont demandé certainement du renfort. Je suis sûr qu'il y a, aujourd'hui, trois fois plus de gendarmes à la caserne que nous nous proposons d'assiéger.

— Qu'importe !

— Cent hommes, ce n'est pas assez ! Et la troupe ?

Poli allait et venait.

— La troupe ! La troupe !... Elle dort... Et puis tant pis pour les soldats de France s'ils se mêlent de nos affaires !...

— Elle est nombreuse...

Poli s'arrêta net, impatienté :

— Je le sais aussi bien que toi !... Où sont les porteurs de cognées ?

Ils parurent avec leurs cognées sur les épaules.

— Vous viendrez avec moi. Vous pensez bien que les portes ne seront pas ouvertes à deux battants.

Soudain, à travers le vent, ils entendirent un roulement de tambour.

— C'est la retraite, dit Piconi. Vous savez qu'après la retraite, on ne peut sortir sans lanterne.

— Il est temps de marcher sur Bastia, déclara Poli. Réponds au tambour par notre colombo, Piconi.

Et le colombo résonna comme au temps des luttes héroïques. La ville était dans les ténèbres. La caserne se trouvait, non loin du port, au bout d'une rue étroite, où trois hommes pouvaient à peine marcher de front. Une partie des bandits s'y engagea. Les autres gardaient la ville. Les pas sonnaient haut. Des volets s'ouvrirent, battirent au vent… Une lumière brilla, une tête se pencha, puis brusquement disparut, prise d'effroi sans doute. Plus loin, une lanterne rouge grinçait au-dessus d'une porte fermée. Elle s'ouvrit sur le passage des bandits. C'était une auberge. L'aubergiste s'écria :

— Sainte Vierge, que de monde ! Où allez-vous ?

Nul ne répondit, ne sembla le voir. Ils passaient, silencieux. La rue était pavée de cailloux, et plus d'un orteil s'ensanglantait. Le brave aubergiste s'empressa de refermer sa porte en se signant. « Des fantômes ! Des fantômes ! » disait-il. Le vent sifflait étrangement dans ces rues tortueuses, raboteuses, encaissées, y faisait grincer les vieilles choses. C'était une nuit diabolique.

Les premiers s'arrêtèrent. La caserne se dressait, close, impénétrable. Aussitôt un ordre à voix basse circula rapidement. Et, vivement, tous se plaquèrent contre le mur. Puis il y eut une minute de silence. En bas, la mer grondait. Le vent ne cessait de sonner sa fanfare désespérée. Tout à coup les cognées retentirent. Une rumeur croissante emplit la caserne. Des fenêtres s'ouvraient. On s'interrogeait. Les coups redoublaient, bientôt la porte fut éventrée. Alors, tous se détachèrent des murs, et, suivant Poli, avec des cris de victoire, ils se précipitèrent dans la caserne où couraient des lumières dans un effarement. « Les bandits ! Poli ! Les bandits ! Aux armes !… »

La voix de Poli s'éleva impérieuse :

— Rendez-vous !

Les gendarmes verrouillaient leurs portes. Contre elles, en dedans, ils poussaient des meubles.

— Aux cognées !

Elles s'abattirent contre les portes.

Ce fut un bruit de cataclysme.

Les femmes, les enfants, poussaient des cris lamentables.

— Ligotez-les, enlevez-leur les bottes ! Ne les tuez pas !

Une discipline, rapide, inflexible, liait tous ces bandits qui exécutaient les ordres de Poli promptement.

Des lanternes accrochées aux murs, çà et là, dans les corridors, se balançaient au vent qui s'engouffrait.

D'autres portes furent éventrées. Des femmes apparaissaient traînant des enfants qui pleuraient. Elles criaient : « Grâce ! » Les bandits les rassuraient. On n'en voulait qu'aux bottes de leurs maris.

— Les voici ! Les voici !

Elles allaient les chercher.

— Les voici ! allez-vous-en !

Dehors, on sortait aux nouvelles : « Ce bruit ? Ces cris ? » Que se passait-il chez les gendarmes ? Les rues s'animaient de curieux. Les uns disaient : c'est le feu. D'autres affirmaient que tout un étage s'était effondré, qu'il y avait un tas de morts. On était dans l'affolement. Puis, un nom redoutable courut : « Poli ! » Poli et ses hommes exterminaient les gendarmes ! Les uns rentrèrent prudemment. Plusieurs s'aventurèrent jusqu'à la porte de la caserne.

Maintenant, les bandits s'en allaient, en bon ordre, portant des bottes au bout de leurs fusils. Ils pressaient le pas.

La troupe pouvait accourir. Peu à peu, ils disparurent dans la nuit.

Comme les gens rentraient, le clairon sonna ; mais les bandits étaient déjà loin de la ville et leur colombo répondit longuement dans le lointain, sonnant son défi hautement à travers le vent.

XI

le rançonneur châtié

Presque tous les bandits de la Corse s'étaient joints à Poli. Cependant quelques-uns vivaient à part, ne songeant même pas à se garder. Ils avaient abandonné leurs cavernes, ils étaient revenus dans leurs maisons. La plupart étaient mariés. Ils avaient repris leur besogne aux champs. Les gendarmes, occupés par Poli, les avaient oubliés.

Un seul se distinguait par ses brigandages. Il s'appelait Cantinari. D'origine sarde, il était né à Sollacaro, beau village pittoresque, qui domine une grande vallée fertile, et d'où l'on voit au loin la plaine de Taravo et un coin du golfe de Valinco. Il s'en dégage un charme d'ombrages frais et de sérénité antique. On y voit une maison curieuse, très ancienne, qui s'élève comme une forteresse de vendetta avec des mâchicoulis et une porte de fer toute criblée de balles. C'était la demeure seigneuriale des Colonna d'Istria où, plus tard, devaient être reçus Alexandre Dumas père et Prosper Mérimée.

Ce Cantinari était le jardinier des Colonna d'Istria.

Un matin, il passa, pour rentrer plus tôt au village, par la vigne de Scalpanera. Celui-ci, presque un géant, avait très mauvais caractère et était jaloux de son bien.

Scalpanera vit Cantinari. Il lui cria :

— De quel droit passes-tu par là ?

129

— C'est que je suis pressé !
— Cela m'est égal ! Retourne !
— Moi, retourner ? Tu veux plaisanter...
— C'est très sérieux... Retourne.
— Je ne retournerai pas... Et, dorénavant, j'emprunterai ce passage...
— Nous verrons bien.

Le jardinier tint parole. Chaque jour, matin et soir, il traversait la vigne de Scalpanera, qui, finalement, le traduisit devant le tribunal. Cantinari fut condamné à payer deux cents francs à Scalpanera.

Non seulement le jardinier ne paya pas, mais il gagna le maquis en faisant avertir son adversaire qu'il eût à se garder. Scalpanera sourit de pitié. Ce Cantinari n'était qu'un gringalet !

Un soir, comme il revenait à Sollacaro par le sentier qui monte de la vallée, il reçut soudain une balle dans le bras gauche. Embusqué derrière un roc, le gringalet avait fait le coup. La blessure fut mal soignée, on dut couper le bras.

Six mois après, nouveau coup pendant que Scalpanera travaillait dans sa vigne. Cette fois, la balle atteignit la jambe gauche. Le vigneron se mit à pousser des hurlements. Des bergers accoururent. On fit une civière pour le transporter. Mais cela tourna aussi mal que pour le bras. Nouvelle amputation.

« Je lui destine trois balles, pas plus », avait déclaré Cantinari. Le village en émoi attendait la troisième. Elle ne tarda pas à venir, malgré les gendarmes et les précautions prises par Scalpanera qui disait : « Si seulement je pouvais le tenir une seconde, je le tuerais net d'un coup de poing ! »

Un matin, à l'aube, il poussa les volets de sa fenêtre, et se pencha... L'horizon était clair, la vallée au printemps renaissait... Soudain, un coup partit. Scalpanera poussa un cri, tomba à la renverse. Sa femme, ses enfants, les voisins le relevèrent. La balle ayant crevé l'œil gauche était sortie derrière l'oreille.

Scalpanera était tellement robuste qu'il n'en mourut pas. Mais il comprit qu'il ne pouvait demeurer à Sollacaro. Il vendit ses biens et s'en alla à Marseille où on lui avait trouvé une place de gardien.

Au maquis, Cantinari, qui s'était créé une réputation d'intrépidité, ne tarda pas à tourner au brigandage.

Il rançonna d'abord trois notables de son village. Puis il étendit ses méfaits à Olmeto, à Casalabriva, à Petreto-Bichisano, dans plusieurs villages. On croyait qu'il logeait dans une caverne sur la montagne où s'accrochent les maisons d'Olmeto. On raconte qu'il avait une longue-vue volée autrefois chez les Colonna d'Istria. Il pouvait ainsi explorer la vallée d'Olmeto, toute plantée d'oliviers, la plaine de Baraci, où l'on trouve les vestiges d'une cité romaine et où jaillit une eau sulfureuse. La vue s'étendait au loin sur le Valinco et le rivage de Campomoro. Alors, Propiano, l'ancien Porto-Piano, ne se composait que de quelques maisonnettes ou baraques.

Cantinari était redouté. Il avait essuyé quelques coups de feu. Aussi se tenait-il constamment sur ses gardes. Il se méfiait de tous, de toute chose, de lui-même aussi. Nul ne savait au juste où il dormait. Chaque nuit, il changeait de gîte. Il couchait là où l'on ne songeait pas à le chercher, souvent dans des endroits à découvert, jamais dans une cabane ou dans un endroit fermé. Il n'avait pas de chien, il était seul, toujours seul. Il n'avait pas besoin de guide. S'il lui arrivait de s'arrêter dans une cabane pour y demander du pain, y boire une écuelle de lait, il n'y séjournait pas long-temps. Il ne disait jamais son nom à ceux qui ne le connais-saient pas. On savait qu'il était bandit et on lui donnait fa-cilement ce qu'il désirait.

Une fois, il dit à un berger qui l'hébergeait:

— Tu dois avoir de l'or dans ton zucchinu...

Le zucchinu est une moitié de gourde que l'on pendait au mur, pleine de gros sel; certains y cachaient leurs pièces d'or.

— Que t'importe!

— Je le veux.

— Prends-le!

Le bandit se dirigea vers le zucchinu accroché près de la porte. Mais le berger décrocha vivement son fusil dont il appuya le canon au dos de Cantinari, en lui criant:

— Si tu prends mon or, je te tue!

Le bandit s'arrêta.

— Va-t'en! dit le berger, si tu regardes en arrière, je tire.

Cantinari comprit qu'il était à la merci de son hôte, et, sans tourner la tête, il s'éloigna à grands pas. Il se garda bien de revenir.

Cantinari avait laissé à Sollacaro une jeune fille dont il était épris. Était-elle perdue pour lui, maintenant? Il finit par se persuader qu'elle le suivrait au maquis. Elle s'appe-lait Ninetta, elle avait des yeux frais comme une source sau-vage. Il pensait à elle nuit et jour. Son renom lui donna de l'orgueil. Il se crut le maître des choses et des gens. De temps à autre, il s'aventurait, pendant la nuit, dans le village où il cherchait vainement à voir la jeune fille. Il la rencontra soudain, au soir tombant, comme elle ramassait du bois mort.

Ils étaient seuls.

Il lui dit :

— Suis-moi.

— Te suivre ? Mais tu es fou. Tu es un hors-la-loi. Comment puis-je vivre avec toi dans le maquis ! Et mes parents ?

— Que m'importe ! Je te tiens.

Elle voulut s'enfuir. Il la saisit. Elle eut beau se débattre, il la força à le suivre.

Durant des jours, il ne la quitta pas. Quand il était obligé de s'absenter pour aller aux provisions, il l'enfermait dans une vieille cabane dont il avait la clé.

Mais Ninetta était une parente de Poli par sa mère. Son père alla voir celui-ci dans la forêt de Cagna.

— Quel bon vent t'amène ? s'écria le bandit. Ma cousine est-elle morte ?

— Non, elle se porte bien, mais nous aurions préféré la mort à la détresse qui nous accable.

— Explique-moi cela.

Quand il eut terminé. son récit, Poli lui dit :

— Tu as bien fait de me parler. J'ignorais ce brigand qui nous déshonore. Je lui ferai rendre gorge. Il sera châtié comme il le mérite.

Le soleil se levait. C'était un matin de juin. Déjà la chaleur alanguissait les ombrages. L'horizon était pur et la mer était si bleue qu'on ne pouvait se lasser de la contempler. On entendait le chant d'un pâtre, un vieux chant corse, rude et liturgique. De temps à autre, tintait la clochette d'un bouc perdu dans le maquis. Un taureau, au loin, mugissait.

Cantinari montait par une sente escarpée, il montait vers la chaumière où il avait enfermé Ninetta toute la nuit. Il était allé se procurer du pain. Il portait sur ses épaules une besace pleine ; il ne cessait de regarder à droite, à gauche, se retournant subitement, prêt à faire feu au moindre bruit, à la moindre ombre.

La chaumière se trouvait entre un rocher et un figuier. Tout autour, des buissons de myrtes, de lentisques, de cistes. Il ouvrit la porte… Ninetta dormait encore.

— Le pâtre a-t-il apporté du lait ? demanda le bandit.

— Pas encore, dit-elle.

Cantinari sortit, mit son petit doigt en arc entre ses lèvres, et en fit sortir deux coups de sifflet éclatants.

En attendant le lait, ils s'assirent sur des pierres, dans la brise matinale, le dos tourné à la chaumière.

— Quelle belle journée ! fit-il.

— Elle serait bien plus belle si j'étais avec les miens, dans mon village, au lieu d'être ta prisonnière !

Il haussa les épaules.

— Toujours la même plainte ! Il est temps que tu comprennes que ton sort est lié au mien irrémédiablement !

— Je ne le sais que trop !

Ils se turent. Elle avait les larmes aux yeux. Et ce pâtre qui n'apportait pas le lait ! De nouveau Cantinari se mit à siffler à la manière d'un merle éperdu… Soudain il s'arrêta net… Il crut qu'un buisson, non loin, se mouvait comme une tortue. Était-il halluciné ? Il observa les autres buissons. Rien ne bougeait plus. Mais n'étaient-ils pas plus nombreux que d'ordinaire ? Il en fit l'observation à Ninetta qui dit :

— Je crois que tu perds la tête… Les buissons ne poussent pas dans une nuit…

— Tu as raison.

Mais il pensa qu'il avait oublié son fusil dans la chaumière. Il se leva pour aller le prendre. Un buisson lui barrait la route. Il se troubla ; deux yeux de chouette, semblait-il, y brillaient. Et comme il n'osait avancer, du myrte Poli surgit. D'autres buissons se dressèrent aussi. Six hommes entourèrent Cantinari.

— Tu es pris !

— Qui êtes-vous ?

— Je suis Poli.

— Ah !... Que me voulez-vous ?

— Te châtier !

— Depuis quand un bandit en juge-t-il un autre ?

— Depuis qu'il y a de vils rançonneurs, doublés de ravisseurs qui déshonorent le banditisme corse !

En un tournemain, il fut ligoté.

Ninetta s'écria :

— Ne lui faites pas de mal !

Poli la rassura. Puis, se tournant vers Cantinari :

— Où as-tu caché l'argent que tu as volé ?

— Je ne l'ai plus.

— Qu'en as-tu donc fait ?

— je l'ai dépensé.

Poli se mit à rire.

— Où l'as-tu dépensé ?... Dans la macchia ?... On ne me trompe pas aisément... Écoute, cet argent, tu dois le rendre... Tu le rendras de ta propre main.

Cantinari se tut.

— Eh bien ?

— Je ne l'ai plus, te dis-je.

— Tu t'obstines, soit. La restitution de l'argent volé t'aurait sauvé la vie. On voit que tu ignores nos lois. Tout bandit voleur est puni de mort !... Je te donne cinq minutes pour dire ta dernière prière.

Ce disant, il sortit son pistolet.

— Agenouille-toi.

Comme il restait debout, brusquement, d'une main posée sur l'épaule, Poli lui fit plier les genoux.

— Prie !

Ninetta intervint :

— Grâce... grâce !... Il rendra l'argent...

— Puisqu'il le faut... dit en se levant Cantinari... Je l'ai caché dans un trou creusé au fond de la caverne... Conduis-moi, je le déterrerai...

Ils allèrent d'abord à Sollacaro, où il y avait quatre rançonnés.

On vit ce spectacle : Cantinari, les mains attachées derrière le dos avec une corde dont Poli tenait le bout, marchait devant, suivi des bandits justiciers. Un de ceux-ci portait l'argent volé dans une besace en bandoulière.

Dès l'entrée du village, on criait :

— Le rançonneur ! Le rançonneur !...

Les hommes, les femmes, les enfants accouraient et tout le long ce n'étaient que cris hostiles.

Sur les routes, entre les villages, les bergers, les laboureurs, tous les passants, houspillaient à qui mieux mieux Cantinari qui, tête baissée, toute sa personne affaissée, était plus honteux qu'un chien en laisse.

À chaque rançonné, le brigand, dont on déliait les mains un moment, restituait à genoux l'argent qu'il lui avait pris de force.

Après Sollacaro, ce fut Olmeto, puis Casalabriva, Petreto-Bicchisano. On alla ainsi jusqu'à Olivese.

Dans chaque village, après le remboursement, Cantinari, attaché à un pieu, était exposé, pendant une heure, aux injures de ceux qu'il avait terrorisés et dépouillés.

Quand la besace fut vide, on revint à Sollacaro où, quelques jours après, Cantinari épousa Ninetta. Pendant la nuit, ils s'embarquèrent à Propriano sur une tartane sarde qui devait faire voile, à l'aube, pour la Sardaigne.

On n'entendit plus jamais parler du bandit rançonneur.

XII

Poli délivre Bonifacio de sa terreur

À cette époque, Bonifacio était terrorisé. Par qui ? On ne savait pas au juste.

Vous savez que cette petite ville, qui veille sur le détroit, où défilent les grands courriers qui cinglent vers l'Orient ou qui en reviennent, est encore aujourd'hui l'antique cité qu'elle fut il y a deux ou trois siècles. Elle est fermée à toute innovation. Elle a son pont-levis, ses remparts élevés sur de hautes roches calcaires qui semblent d'énormes tourbillons des premiers cataclysmes, pétrifiés par quelque malédiction céleste. Vous feriez le tour du monde sans rencontrer, à moins que ce ne soit à Gérone, en Espagne, ou dans quelque vieux bourg de l'ancienne Italie, les maisons et les rues de Bonifacio. Celles-ci sont si sinueuses, si étroites, si enchevêtrées, qu'on s'y perd parfois, malgré leur peu d'étendue. On a l'impression que les demeures ne tiennent plus que par un miracle d'équilibre ou par ces arcs-boutants qui, de-ci de-là, les relient les unes aux autres. Les rues sont des torrents ; les habitations, des roches trouées de fenêtres que protègent des jalousies closes. Il y a des madones dans les niches enrubannées et fleuries de fleurs artificielles ; quelques-unes sont constamment illuminées par des veilleuses entretenues par la piété des fidèles.

Cette cité, qui paraît exhumée du fond des âges les plus reculés, est, en effet, très dévote. On le serait à moins avec toutes ces églises, les unes plus anciennes que les autres, qui se dressent à chaque pas presque. On peut assurer, à la considérer, à la respirer, à respirer les relents des siècles qu'elle dégage, qu'elle ne fut jamais païenne. De tout temps, le Christ en fut le maître. Elle évoque quelque reposoir des Croisades. Comme on aimerait à y voir tout en haut, face à la mer, au-dessus des maisons, des chapelles et du port, un grand calvaire, les bras étendus vers l'infini ! Je suis étonné que les Templiers n'y aient pas songé. Ils y bâtirent cependant une église que l'on voit encore ainsi qu'un couvent où le lieutenant d'artillerie Bonaparte eut son logement, sans avoir toutefois la piété de ces chevaliers sans peur, dont l'héroïsme mystique était redouté des plus grands princes. Dans leur enceinte, aujourd'hui, on a installé des canons et le clairon y réveille, au point du jour, les dortoirs où le Malgache voisine avec le Breton.

Le dominicain, plus tard, remplaça le templier : après l'épée, l'éloquence. Celle-ci n'est-elle pas une arme plus puissante, une action plus pénétrante ?

Il y eut aussi la lumière franciscaine, comme la lueur de la luciole, dans l'herbe, au sein de la nuit. Saint François y débarqua, ainsi que le témoigne un pèlerinage aux portes de la ville. Désormais, le capucin régna dans l'île. Le couvent pauvre fut la richesse de l'esprit et la pauvreté fut glorifiée comme la route élue qui mène aux béatitudes éternelles. Le franciscain mendiant, rencontré dans un chemin rocailleux, un sac sur l'épaule, une fleur champêtre à la main, semble encore aujourd'hui porter sur son visage le rayon de Jésus errant au pays de Galilée.

Mais Bonifacio s'enorgueillit aussi d'une visite impériale, celle de Charles-Quint jeté par une tempête sur le rivage crayeux. On montre encore la maison où Cattaciolo le reçut. Quoique incognito, le malin Bonifacien le reconnut. On raconte là-bas qu'il aurait tué d'un coup de feu le cheval que l'Empereur avait monté pour parcourir les environs. « Nul après vous, Sire, se serait-il écrié, ne devait désormais s'en servir ! »

D'aucuns voudraient détruire cette légende. Peine perdue. La légende, quand elle est belle, est tenace et prend figure d'histoire vraie. J'irai plus loin. Le Destin ne devait-il pas conduire les pas de Charles-Quint dans l'île où naquit Christophe Colomb qui avait donné le Nouveau Monde à l'empire des Espagnes ? Car beaucoup d'historiens assurent que Christophe Colomb est né à Calvi, en Corse, et pas à Gênes. Mais cela, c'est une autre histoire.

À l'époque où se déroulent les faits que je raconte, Bonifacio, depuis bien des nuits, vivait dans une épouvante, dans une sorte de cauchemar. Sans être craintifs, les Bonifaciens aiment leur tranquillité, leur sérénité. Ce sont gens fort paisibles et policés. On les devine issus d'une vieille bourgeoisie, d'une aristocratie de marchands, apparentée à celle de Gênes. Les Bonifaciens, d'ailleurs, parlent toujours le dialecte génois. Les mœurs de l'antique république maritime y sont encore en honneur. Mais si les Bonifaciens aimaient la paix, ils devenaient belliqueux au besoin. Les Bonifaciennes secondaient le courage de leurs maris et de leurs frères. Ils le firent bien voir au roi d'Aragon, lorsque celui-ci, pensant s'en emparer sans coup férir, se heurta à un peuple de marchands transformés en fauves.

139

Malgré cette hérédité de vaillance, les gens de Bonifacio, même les plus intrépides, dès les premières ombres venues, s'enfermaient, à l'époque de notre récit, à double tour dans leurs maisons qu'ils inspectaient sans se lasser jusque dans leurs moindres recoins. On ne venait pas toutes les nuits ; mais une fois, deux fois par semaine, une troupe masquée, armée, faisait sauter la serrure d'une porte avec autant de facilité que l'on donne une chiquenaude. Elle pillait minutieusement avec une grande politesse. Elle ne visitait qu'une maison par nuit. Il n'y avait donc pas de police dans cette ville ! me direz-vous. Il y en avait, mais elle préférait se tenir coite, se verrouillant tout comme le bon voisin et ne désirant nullement affronter la lutte avec l'inconnu.

Aussi, les nuits bonifaciennes étaient-elles tragiques. On ne dormait que d'un œil à Bonifacio. Le jour, les gens, défaits, les traits tirés, les yeux pleins de sommeil, erraient ou travaillaient sans courage. Dès le lever du soleil, on s'abordait dans les rues, on s'interpellait d'une fenêtre à l'autre, pour demander des nouvelles de la nuit. Que s'était-il passé ? Et où ?

La ville était constamment inquiète, taraudée par un tourment. On allait davantage dans les églises. On implorait l'intervention divine. Si Dieu voulait, la ville serait bientôt délivrée de son singulier cauchemar. Cependant, on avait beau prier dans les sanctuaires, faire des processions par la ville, les terribles incursions nocturnes ne cessaient pas.

On songea bien à organiser des milices qui feraient des rondes pendant la nuit. Mais, après quelques tentatives, quelques discussions, l'accord n'ayant pas eu lieu, on abandonna ce projet malaisé. On ne saurait être assez prudent ! Ce n'était pas, après tout, l'affaire de paisibles citadins de veiller, à tour de rôle, en armes, et d'avoir des rencontres sanglantes avec des inconnus qui avaient donné des preuves d'une audace inouïe !

Las, enfin, de tant de terreur et de dégâts, les Bonifaciens finirent par secouer la respectable somnolence des « Magnifiques » de la ville, qui se réunirent un beau jour dans la sacristie de l'église des Templiers. Il y avait là aussi des moines, des prêtres. Et, pendant longtemps, chacun dit sa solution. Comme on n'arrivait pas à prendre une décision, un jeune abbé se leva et dit :

— Je crois que j'ai trouvé.

Tous se tournèrent de son côté. Il était sec comme un sarment de novembre, il parlait d'une voix haute pendant que ses yeux brillaient d'un éclat énergique.

— Parlez ! parlez !...

— C'est bien simple. Vous n'ignorez pas l'existence de Poli et de sa bande. Vous n'ignorez pas non plus son courage et son habileté. Il en a donné des preuves éclatantes. Aussi, ai-je pensé, avant de me rendre ici, que l'on pouvait faire appel à lui, dans le cas où vous n'auriez pas meilleur moyen à proposer.

Des voix éclatèrent aussitôt de tous côtés :

— Il a raison !

— Il faut faire appel à Poli !

— Comment n'y avons-nous pas songé plus tôt !

— Qui le connaît ?

— Où se trouve-t-il en ce moment ?

— Je le connais, dit tranquillement le jeune abbé, et je sais où il est actuellement ; si vous m'y autorisez, j'irai le voir, et je me fais fort de vous apporter son concours.

Le plus ancien des « Magnifiques », alors, se leva. Il était tremblotant et sa voix chevrotait. C'était le vieillard le plus considéré de la ville. Il se fit aussitôt un grand silence.

— Quoiqu'il me répugne de faire appel à un bandit, si chevaleresque soit-il, et de l'introduire volontairement dans notre cité, honorable entre toutes, la nécessité, bien impérieuse en l'occurrence, nous oblige à accepter la proposition faite par l'abbé. Nous convions celui-ci à s'acquitter au plus tôt de la mission que notre assemblée lui confie.

Les Bonifaciens pouvaient dormir enfin. Ils savaient maintenant que leurs maisons étaient gardées. Poli et quelques-uns de ses compagnons les plus résolus se trouvaient à Bonifacio.

Il avait, en effet, répondu à l'appel des Bonifaciens sans conditions. Pendant toute une journée, il s'était promené dans la ville pour en visiter les plus petits recoins, du pont-levis au Torrione qui domine les remparts, face à la Sardaigne. Il avait interrogé ceux qui avaient reçu la visite des brigands, au nombre de cinq tout au plus. Leur visage était couvert d'une cagoule. Ils parlaient peu, mais agissaient rapidement, bâillonnant ceux qui criaient. On remarqua que Poli s'était penché longtemps sur l'escalier du roi d'Aragon.

À la fin du jour, il dit à Piconi qui l'avait suivi pas à pas :

— As-tu une opinion ?

— Le Diable m'emporte si j'en ai une !... Et toi ?

— Je suis fixé.

— Ah !...

Ils revenaient vers la loggia de l'église Santa-Maria, où campaient leurs compagnons. Piconi voulut savoir :

— Explique-moi...

— C'est bien simple. Le pont-levis est fermé dès le cré-puscule. Les brigands viennent donc par la mer.

— As-tu pensé qu'ils pouvaient s'introduire pendant le jour comme de paisibles voyageurs ?

— Je me le suis demandé ; mais cela est impossible : au-cun étranger, ici, ne passe inaperçu.

— Et si c'étaient des Bonifaciens !

Poli se mit à rire.

— Tu en as de bonnes !

Piconi réfléchit un moment.

— Mais comment peuvent-ils venir par la mer, la route du port étant fermée par le pont-levis et les remparts étant si hauts ?

Poli ne répondit pas. Son compagnon eut beau l'inter-roger, il se tut.

La nuit était très noire. On sentait qu'elle roulait dans ses profondeurs de gros nuages qu'on ne voyait pas. Au-cune lueur. La lune se levait tard. Dans la ville, silencieuse comme un abîme, on entendait la rumeur de la mer.

— Écoute, dit soudain Poli à Piconi.

— Un bruit de rames.

— Comprends-tu maintenant ?

— Pas encore…

— Où nous trouvons-nous ?

— Près de l'escalier du roi d'Aragon…

— Conclus, voyons !

— Ah ! j'y suis… Mais comment peut-on par une telle nuit monter de tels degrés ? Il faudrait avoir des pieds de chèvre.

— Les Sardes en ont ! Mais plus un mot maintenant…

Il ajouta :

— Ils ne peuvent grimper que l'un après l'autre…

Piconi termina :

— Le premier qui se dresse devant nous sera saisi, bâillonné, ligoté…

— À la bonne heure !

L'attente parut lourde.

— À la moindre résistance, égorge !

— Ils seront tellement surpris qu'ils ne pourront se défendre.

Ils se parlaient à l'oreille, côte à côte.

Une ombre surgit. Soudain, une autre ombre s'abattit sur elle. Poli avait bondi. Notre homme fut bâillonné avec un mouchoir et ligoté avec une corde.

Puis les quatre autres eurent le même sort.

Poli se frotta les mains.

— Que te disais-je !

— Tu as du génie ! s'écria Piconi.

Ils appelèrent leurs compagnons qui étaient embusqués de-ci de-là.

— Allumez vos torches, cria Poli, et parcourez la ville, réveillez-la, en annonçant la bonne nouvelle…

On vit alors courir par les rues les bandits de Poli avec leurs torches, en criant :

— Ils sont pris ! Ils sont pris ! Réveillez-vous, braves Bonifaciens ! réjouissez-vous. Vive Poli !

Les gens ouvraient leurs fenêtres. Ils se penchaient :

— Est-ce bien vrai ?

Ils s'enhardirent peu à peu. Ils descendirent dans les rues, rejoignirent les bandits qui, bientôt, eurent derrière eux une escorte d'hommes, de femmes et d'enfants. Même les « Magnifiques » étaient sortis, ainsi que les prêtres et les moines.

— Vive Poli ! Vive Poli ! criaient-ils. Où sont-ils ?

— Suivez-nous ! Suivez-nous !

À la lueur des flambeaux, la foule aperçut les cinq Sardes qui l'avaient terrorisée, étendus aux pieds de Poli, comme des cadavres. Elle exultait, criait de joie ou de haine :

— À mort ! À mort !

Poli éleva la voix :

— C'est votre affaire. Ma mission est terminée. Je livre ces malandrins sardes au Grand Conseil des Magnifiques… Avant l'aube, je serai loin d'ici avec mes compagnons.

Des cris alors partirent de tous les côtés.

— Reste ! reste !…

— Nous voulons te récompenser !

— Nos boutiques et nos maisons te sont ouvertes…

— As-tu besoin de vêtements ?

— De chaussures ?

— De linge ?…

— Je n'ai besoin de rien. Je fais le bien pour le bien et j'aime à combattre le mal sans attendre de récompense. Je vous demande cependant, vous qui êtes gens très pieux, de ne pas nous oublier dans vos prières…

Alors, un Magnifique dit :

— Mais que ferons-nous de ces brigands ?

— Je vous conseille, répondit Poli, d'appeler les gendarmes qui seront très heureux de trouver besogne faite !

Et c'est ainsi que Poli délivra Bonifacio de sa grande terreur.

XIII
le galant cordonnier

Gambini, revenu au village, avait ouvert boutique sur la place. Du matin au soir, on le voyait courbé sur son établi. L'hiver, il travaillait, souvent une partie de la nuit, sous la

lampe à huile. Il faisait de gros souliers ferrés pour les bou-
viers et les bergers. De loin en loin, on lui commandait des
chaussures fines... Fier, il les exposait, une fois finies, sur
le seuil... « À qui sont-elles ? » demandait-on en passant.
La plupart du temps, elles étaient à Madeleine que l'on
continuait à appeler la belle Corradini. Elle avait un joli
pied et Gambini s'appliquait pour qu'elle fût contente. Et
elle l'était toujours. Il fallait le voir manier l'alêne, qu'il
passait de temps à autre dans ses cheveux; il fallait l'entendre ahaner, quand il tirait le ligneul, tandis que les veines
de ses bras, à moitié nus, se gonflaient comme des cordes.
Du fond du village, on entendait son marteau qui sonnait
sur la pierre plate et lisse où il martelait le cuir, trempé
d'abord dans un baquet plein d'eau. Après déjeuner, il flânait au soleil, la pipe aux dents. Il avait les manières de la
ville. Soigneusement peigné, la barbe soyeuse, les moustaches relevées, il était doux, poli, très serviable, menteur
sans le paraître. Son âme n'était qu'astuce. Sa bonne humeur ne se lassait jamais. Le soir, il jouait de la guitare et
chantait d'une voix séduisante. Les jeunes filles le dési-
raient pour mari; bien des femmes regrettaient d'être ma-
riées. Tout le village célébrait les qualités de Gambini.

Volontiers, il s'arrêtait devant la porte de Madeleine,
quand elle était assise sur son seuil. Il se montrait presque
toujours mélancolique près d'elle. Malgré les odeurs du
cuir, de la poix, de l'eau qui croupissait dans le baquet, il
dégageait le parfum subtil, pénétrant, de cette petite herbe
sauvage, odorante, rase et crépue, qui pousse entre les rochers, au bord de la mer; il en avait les poches pleines.
« Qu'as-tu ? » lui disait Madeleine, en le voyant triste. Et,
chaque fois, il soupirait : « Rien... Le passé me hante. Les
jours, où je pouvais espérer, me semblent bien loin. L'espoir est mort. C'est une douleur sourde qui se réveille en

moi, de temps à autre, et m'oppresse. » Elle disait alors :
« Marie-toi… Santina ne demanderait pas mieux ; elle est
belle et laborieuse. Maria aussi. Et tant d'autres !… Marie-
toi… » Il protestait : « Non, faisait-il, non ! je ne me marie-
rai point. J'avais fait un rêve… Me voici toujours dans
l'amère réalité, et me voici toujours brisé… Je suis dans le
cas de celui qui ne peut éteindre sa soif, au bord d'une rivière claire et murmurante. »

« Un si bon parti ! faisait de temps à autre le vieux Corradini, un si bon parti ! Ce Gambini gagne de l'argent gros
comme lui. Il va bâtir une maison. Il compte acheter la propriété de Nardi qui cherche à la vendre. Un si bon parti, je
l'avais bien deviné ! »

Les premières fois, Madeleine, impatientée, se levait et
rentrait dans la maison. Puis, peu à peu, l'insinuant Gambini aidant, elle écoutait le vieux Corradini : « Oui, oui, un
meilleur parti que le bandit ! » Sûrement, elle s'en repentait
maintenant. Elle était toute seule. Liée pour la vie à un
homme que guettait la guillotine !

Le vieux Corradini se trouvait à l'aise. Il travaillait encore, malgré son âge. Il économisait et il n'aimait pas les
aventuriers. Pour lui, Poli en était un ! Mais il le craignait et,
quand il paraissait à la maison, il lui faisait bonne figure.
Ah ! si sa fille avait été mariée à Gambini !

Madeleine s'ennuyait.

Poli venait rarement la voir. Le village était constamment sous la surveillance des gendarmes. Il apparaissait
brusquement, avec des odeurs de broussailles et de pierre
moussue, toujours déguisé, pendant la nuit. Souvent, un
coup de sifflet le rappelait. Alors, il s'en allait aussi brusquement qu'il s'était montré.

Elle s'ennuyait et elle était lasse. Avait-elle jamais aimé
Poli ? Elle se le demandait, surtout depuis que Gambini,

avec ses manières douces, son air rêveur, venait fréquemment s'asseoir près d'elle, la tenant, malgré elle, sous un charme qu'elle avait longtemps ignoré. Aimait-elle le bandit? C'était un être fauve, dont la vie respirait le sang, un être condamné à traverser, sans cesse, les plus dangereuses embûches ou à les éviter. Pourquoi était-elle allée à lui, dans cette forêt? Un coup de tête, comme disait le vieux Corradini. Elle avait l'imagination montée. On glorifiait partout les exploits de Poli. Les esprits les plus fougueux l'admiraient. C'était du délire autour d'elle. Elle avait été grisée. Et, pensant qu'il l'oubliait au milieu de ses luttes héroïques, elle avait voulu savoir et elle était partie vers la forêt... Être l'épouse de Poli! Voici qu'elle ne tenait plus autant à cette gloire, voici qu'une journée de soleil au milieu des blés, des pampres, des arbustes odoriférants, voici que les frissons d'une mer paresseuse, que l'horizon des collines par un soir d'automne, que les scintillements de la rivière, les ondulations de la plaine, voici qu'une aile qui fuit, une brise, une fleur même, la troublaient davantage que la présence ou le souvenir du formidable bandit qui, de plus en plus, s'effaçait de son âme.

Madeleine, accoudée à sa fenêtre, songeait, par une nuit tiède, embaumant les herbes sauvages. Les espaces, nacrés de lune, étaient singuliers.

N'avait-elle pas dit à Poli: « J'irai avec toi? » Elle l'aurait suivi à travers ses périls par devoir, uniquement. Son esprit avait éclairé son cœur depuis quelque temps. Elle n'aimait point le bandit. Aucune suavité ne l'attirait vers celui qui s'agitait dans une perpétuelle tragédie; elle aimait à cueillir les fleurettes parmi les herbes, le long des ruisseaux. Le maquis, pour elle, c'était l'odeur des myrtes, la couleur des arbouses fraîches, le bruissement des feuilles, le chant des oiseaux, et cette solitude grisante qui semble l'âme de

la terre et de la mer. Une mélodie était en elle. Près du bandit, son cœur se taisait, comme parmi des branches mortes.

Gambini s'attachait à ses pas. Elle ne pouvait se défendre de le voir avec plaisir. À la douceur d'un enfant, il
ajoutait la force d'un homme robuste. Quand il lui parlait,
sa voix chantait. Elle en était bercée. Chaque fois, elle se
sentait portée par des sirènes ensorceleuses. La fille des
foyers superstitieux, où brûlent les lampes mystiques, se
sentait emportée par un mystère inéluctable vers celui qui
avait été l'adversaire de Poli. Elle s'abandonnait davantage,
chaque jour, elle s'abandonnait comme une fleur à la dérive… Elle avait beau s'indigner, par moments, contre ses
rêveries, contre cette chose intérieure qui la gonflait de
brise et de parfums, cette chose qui était tout l'attrait de l'inconnu suave, cette chose intérieure était plus forte que sa
volonté. Elle trahissait Poli ! De plus en plus, elle désirait la
présence de Gambini. Elle désirait le rencontrer brusquement, le soir, dans le sentier de la fontaine. Elle écoutait sa
voix. À la fenêtre, elle se penchait pour mieux le voir.
Quand il venait vers elle, une joie la faisait défaillir
presque… Elle trahissait Poli ! Et parfois, dans un accès de
tristesse, elle souhaitait l'arrivée du bandit pour qu'il la dé-
livrât de cette force qui la prenait dans un réseau fatal…
« Je fuirai, se disait-elle, j'irai le rejoindre ; ici, je deviendrais parjure !… »

On venait. Elle se pencha, toute troublée.

— Bonsoir, dit Gambini, il est tard et tu ne dors pas.

Son cigare luisait comme un tison.

— Mes pas m'ont conduit sous ta fenêtre.

Elle se taisait.

— Madeleine, disait-il, en se hissant vers elle sur la pointe des pieds, Madeleine, comme la nuit est douce !

Elle n'était plus dans la réalité. La vie s'était transfigurée. Cette voix venait de loin.

— Mon âme est toute à toi.

L'homme apparaissait très grand, au pied du mur, dans la nuit sans souffle. Et soudain une envie de se laisser glisser par la fenêtre pour le rejoindre la prit. Elle fuirait avec lui. Ce ne fut qu'une bouffée de chaleur en elle.

Il murmurait :

— Ah ! comme tu es silencieuse ! Tes yeux brillent. La broussaille est profonde, à deux pas, et l'aube est encore bien loin.

Il semblait se hisser davantage, de plus en plus, jusqu'à toucher le bord de la fenêtre, jusqu'à l'atteindre. Alors, comme prise d'effroi, elle recula dans la maison sans lumière, et, au fond de la pièce, droite, les yeux fixes, elle écouta...

Gambini s'en alla... Et quand elle n'entendit plus son pas, son cœur se mit à trembler.

Madeleine se traînait. Deux forces la harcelaient. Par cette nuit de velours et de dentelles, elle descendait le sentier comme une vaincue, enivrée. Elle s'arrêtait, parfois, résolue à s'en retourner. « Où vas-tu ? » Cette voix la harcelait. « Où vas-tu ? » Mais la force délicieuse était victorieuse. Elle la poussait, la poussait dans le sentier, où la nuit semblait la précéder avec des scintillements, des nuances, des reflets, des murmures et des ombres charmeuses.

Elle s'assit sur une pierre. Il semblait qu'elle n'eût plus de volonté. « C'est l'heure, se disait-elle, où les essaims des mystères s'éparpillent parmi les choses… »

Une branche, là-bas, barrait le sentier comme un bras. « Retourne… retourne… » Elle écoutait le murmure des feuilles, le frémissement d'airain de la mer. Seule, la rivière, entre les herbes et les saules, se taisait, s'en allant, résignée, douce, éplorée par endroits, avec ses ombres et ses reflets, en offrande vers les grands remous de l'immensité. « Retourne, retourne… » Le bras s'abaissait, puis tendait une main mystérieuse et crochue. On marchait dans le champ voisin. Madeleine se leva… C'était un cheval.

Elle continua son chemin. Sous les feuilles, les oiseaux dormaient. Il y avait une grande sérénité sur les choses qu'elle troublait de sa silhouette indécise, inquiète. « Où vas-tu ? Où vas-tu ? » Une branche épineuse la griffa. « Je vais où va mon âme », répondait-elle à elle-même. Elle s'enhardissait et elle se hâtait.

Elle se trouvait au pied de ce roc où Gambini devait la rejoindre. S'il n'allait pas venir ?… Les mystères, dans l'attente, semblaient chuchoter autour d'elle, et, plus loin, répéter son nom dans une haleine longue et parfumée : « Madeleine… »

Des pas se hâtaient. Et Gambini surgit. Souple, il la rejoignit. Elle tremblait un peu. Ah ! que faisait-elle, là ? Pourquoi était-elle venue ? Et comme il voulait lui prendre le bras, elle se recula vivement :

— Je te fais donc peur, Madeleine ?

Sa voix chantante opéra comme un charme. Les feuillages sombres frissonnaient. Madeleine le regardait, maintenant muette, elle le regardait comme si la nuit avait enivré ses yeux de toute sa poésie… Mais elle se taisait :

elle aurait voulu qu'il fût plus près d'elle, et, cependant, contre la pierre, elle demeurait immobile.

— Alors, pourquoi es-tu venue ? Pourquoi ?... M'as-tu tendu un piège ?...

Elle bondit :

— Non ! non ! il n'y a pas de piège, ici, pour toi. Personne ne peut soupçonner où je suis, à cette heure, personne ! Je suis venue, mais je tremble. Me voici parjure. Ne suis-je pas méprisable ?...

Sa nature altière cria :

— Le piège n'est ici que pour moi. Je trahis mon foyer !

— T'ai-je forcée à venir ? dit-il doucement.

Elle se sentit faiblir. La révolte était passée. Il ajouta :

— Madeleine, si tu souffres, retourne...

Le cri d'un oiseau nocturne déchira le lointain. Puis, ce fut le silence des âmes et des choses. Gambini était le nouveau destin, le maître de cette femme, de la femme de Poli.

XIV

Mascaroni

Mascaroni, léger, charmant, rêveur éperdu, était le poète de la bande. Poli l'aimait et l'estimait ; car le jeune bandit lisait les grands poètes italiens, expliquait Virgile à l'ombre des myrtes. Son enfance avait été cultivée par un vieux prêtre qui partageait ses heures entre son bréviaire et la poésie latine. Il enseignait le latin au petit Mascaroni pour en faire un prêtre. L'enfant était étourdi. Il avait un penchant pour l'école buissonnière et les aventures. Il apprenait facilement ; mais son inattention, son air de songe faisaient le désespoir du bon curé qui, parfois, las de le morigéner, avait recours à la férule. Peine perdue ! Mascaroni, pendant des journées entières, errait dans les maquis. Là, il

152

écoutait les oiseaux, le vent, brisait des branches, explorait les cavernes, mangeait des baies de myrte, des arbouses, des prunes sauvages, des herbes acidulées, s'endormait au soleil en hiver, à l'ombre en été; et, toujours, il lisait la Jérusalem délivrée ou la Vita nuova dont les rythmes exaltaient sa jeune et brûlante imagination,

Il se faisait tirer l'oreille pour servir la messe. Bien souvent, en vain, la cloche tintait longuement ses appels. Pas de Mascaroni. De très bonne heure, avant le lever du soleil, il s'était glissé, comme une couleuvre hors de la maison, et il avait pris le sentier des pentes feuillues, des ombrages touffus. Il ne rentrait que le soir, sans crainte des taloches. Il rentrait, grisé, tout plein d'ivresses; dans la lueur du foyer, il se dressait et les strophes de Torquato Tasso chantaient sous l'humble chaume où elles s'éparpillaient comme des ailes mélodieuses. Ses parents, apaisés, charmés, l'écoutaient, bouche bée, éblouis presque.

Plus tard, il lut Sannazaro, Lucrèce et Tertullien. Il dédaigna, après les saveurs virgiliennes, la fade Arcadie du poète napolitain. Mais il crut sentir l'infini des choses à travers Lucrèce, et Tertullien le fit rêver comme une belle nuit profonde. « Jamais, disait le bon curé, il ne revêtira la soutane. » Mascaroni traduisait les élans et les rêveries de son esprit. Sa mère, la nuit, le voyait parfois se lever; et, sous la lampe de fer, accrochée au vieux mur enfumé, l'adolescent demeurait de longues minutes, courbé sur ses cahiers où il écrivait.

Quand Poli parut, Mascaroni, qui avait dix-huit ans, s'enfiévra. Les prouesses du bandit illustraient les veillées. Le jeune homme, le soir, allait de foyer en foyer, où il était toujours accueilli avec joie; car il savait beaucoup de choses et il savait les dire, les mettre à la portée de tous ces humbles. Il leur parlait des bêtes, des insectes, des fleurs, des arbustes. Ils comprenaient mieux les mouvements de l'espace, ils mêlaient la poésie aux travaux de la terre, et, après l'avoir écouté, ils peinaient avec plus d'ardeur et de sentiment. Mascaroni avait remplacé les histoires de fantômes par des récits sur les héros corses, grecs, romains. Alors ce contemplateur, ce philosophe, ce mystique, qui connaissait les délices de la pensée, s'élançait à travers l'action héroïque. Une volonté lumineuse le soulevait. On l'eût dit doué d'une force violente; et cela contrastait avec son joli visage, ses cheveux bruns bouclés sur la nuque et tout son être apparemment frêle.

Il aimait par-dessus tout son île. Il voulait la connaître, entièrement, la parcourir. L'air, les choses, les cimes, l'immensité! Il voulait tout embrasser: lacs volcaniques, forêts vierges, sommets où chatoient les neiges, régions rocheuses où les échos sonnent comme des fanfares perdues, vallons embaumés, escarpements, torrents, rivages, toute cette nature surgie, au milieu des cataclysmes, des profondeurs de la mer.

Il était du village de Salice, en plein Cruzzini, région abrupte et désolée, la plus pittoresque, la plus sauvage peut-être, de toute la Corse. Ses maisons évoquaient celles des Sarrasins. Souvent, l'hiver, elles dormaient sous la neige d'où s'élevait la fumée frileuse des cheminées. On y menait une vie sobre et robuste. L'eau des torrents grondait dans les nuits glaciales. Et certaines journées brillaient comme de l'argent vif.

Un matin, bien avait l'aube, Mascaroni, portant en bandoulière son fusil et une besace en peau de renard, dans laquelle il avait mis du pain d'orge, un Virgile, un Pétrarque et un Torquato Tasso, dit adieu à Salice, et prit un sentier montant, sinueux, escarpé, qui se glissait dans les maquis.

Il gravit le Tretore qui domine le pays de ses trois cimes. À l'aube, les choses parurent moins rudes. L'âme de Mascaroni s'ouvrait au jour levant. Il avait un refrain en tête. Bientôt, ce serait la liberté... Il allait vers Poli, il s'en allait loin de sa maison, il s'en allait comme un jeune oiseau, avec la même insouciance. C'était un matin d'été.

Le soleil parut.

Au sommet, Mascaroni fut ébloui. L'horizon immense était l'inconnu, le mystère. À ses pieds, la forêt de Mezzano descendait. À son frémissement se mêlait la rumeur lointaine du fleuve de Guagno qui coule dans une vallée de châtaigniers.

Mascaroni allait allégrement, sans lassitude, l'âme et l'esprit en éveil, heureux de vivre, d'être libre.

Orto ! Pour la première fois, il traversait ce village d'un pittoresque imprévu qu'accentue encore le voisinage des châtaigniers. Orto ! Cela veut dire jardin. Une jeune fille leva les yeux quand il passa, et ces yeux étaient plus frais que l'herbe des cimes. Il ne s'arrêta pas, bien qu'elle eût des cheveux lisses comme des fougères et noirs comme l'aile des corbeaux.

Ce plateau s'étendait avec ses prairies d'herbes rases, odoriférantes, où, çà et là, des cabanes apparaissaient comme des carapaces. La brise aromatique tempérait la force du soleil. Dans la terre, par endroits, le pied s'enfonçait, faisant jaillir une eau claire.

Mascaroni eut là comme la vision des éternités et des solitudes, où le ciel vous enveloppe et vous soulève. Le poète, troublé, avançait dans le silence, à travers ces prairies où s'enivrent des troupeaux de brebis et de chèvres. Il avançait, émerveillé, ayant oublié soudain, dans ce vertige d'air, de lumière, les rythmes des aèdes éternels. À droite, à gauche, des sommets et des sommets, des gouffres, des lignes lointaines, brutales sur le bleu violent, les architectures monstrueuses, fantastiques, d'une pierre ardente où s'aggloméraient toutes les fantaisies, les bizarreries de la matière. Il allait avec une âme neuve.

Peu à peu, ses yeux distinguèrent un bouquet de sapins. Ces arbres, isolés, sur un côté du plateau, semblaient garder des ruines. Puis, à mesure qu'il avançait, entre leurs troncs, apparaissait une surface noire, immobile comme une plaque de plomb. C'était de l'eau. Au-dessus, des oiseaux sombres, mélancoliques et lourds, tournaient lentement, tournaient sans fin, tournaient comme des damnés.

Mascaroni devina le lac de Creno qui figurait souvent aux veillées parmi les légendes les plus diaboliques. Il s'approcha presque avec crainte de ce lac qui rappelle un coin de la mer Morte et où la pierre qu'on jette ne forme pas de rides. L'éclat de la lumière rendait encore plus funèbre cette eau momifiée. Le lieu évoquait des drames de cratères, des fleuves de lave. Ah! toutes ces pentes ravinées, tourmentées, là avec des remparts, ici avec des précipices où sonnent des torrents, où naissent des rivières comme le Liamone, le Golo, le Tavignano, dont les lits furent creusés par la flamme lourde des laves formidables! Ah! tant de tragédies volcaniques en des époques inconnues! Les oiseaux ne cessaient de tourner sur le sommeil de l'eau qui se prolongeait depuis l'aube des temps, les oiseaux tournaient avec lenteur, énigmatiques, comme s'ils figuraient un symbole apocalyptique. Sur les bords de ce lac, les bergers avaient vu des serpents ailés et squameux, des bêtes inconnues, verdâtres, aux gueules rouges, et dont les yeux sortaient des orbites comme de gros cailloux noirs...

Mascaroni se détourna de ce coin d'Enfer, en songeant aux récits de Dante.

Il se trouva brusquement devant une chaumière. Sur la place, un porc dormait au soleil. Sur le seuil, une pauvre vieille filait sa quenouille. Il la salua. Une jeune femme parut.

— Je vais dans la forêt d'Aïtone, lui dit Mascaroni. Suis-je dans le bon chemin ?

— Oui, mais vous en êtes encore loin.

Mascaroni lui demanda du lait. Elle lui en apporta une écuelle qu'il but à longs traits.

— Pas loin d'ici, vous serez en plein désert de pierre. Au bout, s'étend la prairie de Campotile qui est plus parfumée que la nôtre. Ensuite, c'est une forêt de hêtres. Puis, le désert pierreux recommence.

Une heure après le poète s'arrêtait devant le désert de granit où des mousses grises semblaient calcinées. C'était pierreux, implacablement pierreux, d'une désolation de sable. Au loin, cela ressemblait à de la soudure éteinte. Le grand ciel bleu, maintenant, apparaissait, plus pur, plus bleu encore, et la lumière, devant les yeux de Mascaroni, vibrait comme la bouche d'un four que l'on chauffe. Il se disait que les déserts de sable devaient être plus monotones, plus angoissants, plus étouffants que cette immensité de pierre grise sur laquelle ses souliers sonnaient en troublant le silence mortel des espaces nus.

Il allongeait le pas. Il désirait le moelleux de l'herbe comme on désire une source sur un chemin brûlant. À la fin, tout au fond, il distingua une ligne verte et crépue. Et sans cesse, à droite, à gauche, des lignes monumentales, des sommets se détachant sur le bleu ou fuyant dans l'infini, des pentes à perte de vue, des vallées, des gorges avec leurs échappées flamboyantes. Il avait cette sensation qu'il était, sous le ciel, entre des précipices, sur le chemin de la fin de toutes choses. Il connaissait maintenant les abîmes du silence. Pas une aile ! L'azur était sans tache, limpide, limpide et chatoyant. Il s'arrêtait de temps à autre, pour écouter, pour regarder de tous ses yeux... C'était l'infini brasillant partout, l'infini des cimes éperdues, des gouffres, du mystère des premiers cataclysmes, et le grondement lointain des eaux sauvages...

Souvent, à l'ombre ou sous la lampe, en lisant les grands inspirés, il avait connu les transports les plus ardents, et il s'était dit que rien n'était au-dessus des rythmes et des couleurs de l'imagination ; mais, ici, les évocations, les visions du génie humain apparaissaient comme des oiseaux emportés par les souffles, à travers l'immensité.

Il était surtout sous l'empire du mystère. Il l'avait parfois invoqué, là-bas, dans son village, quand la nuit l'enveloppait de ses solitudes pendant que la tempête grondait au dehors ou que la lune éclairait les solennités des espaces paisibles. Le mystère se montrait à travers les livres. Il prenait des formes mystiques ou diaboliques, toujours imprécises, fuyantes. Mais, là, il le voyait. Il était en lui, il l'environnait. C'était son compagnon de route. Il l'illuminait. Car c'était le mystère qui animait cet éclat, cette magnificence, c'était lui qui rayonnait par les cimes, qui bruissait le long des étendues étranges où il allait, comme enivré, sans fatigue.

Un souffle lui apporta des senteurs. Il distinguait mieux la grande ligne verte. L'air devenait suave, et il se croyait un vagabond perdu des premiers âges. Vagabond ! Comme le Tasse errant, traînant sa misère, son orgueil et son génie, à travers l'Italie. Il connaissait par cœur ses strophes les plus harmonieuses, et, en les récitant, là, à haute voix, elles semblaient des images sans couleur. Même le vers d'airain de Dante ne sonnait pas dans cet air puissant, sous ce ciel de vertige, devant ce chaos de choses énormes.

Cependant, la lumière s'apaisait peu à peu. Le désert touchait, là-bas, à la prairie qui s'étendait, sans plis, apparaissant comme une eau moussue de vieux bassin abandonné. Au bord de la prairie, Mascaroni baisa l'herbe, couché à plat ventre, l'herbe fraîche et parfumée. Soudain l'eau jaillit sous ses pas. Un petit ruisseau se glissait comme une couleuvre sous les herbes et les fleurettes. Il se mit à genoux, se pencha, et il murmura le vers de Pétrarque :

Claires, fraîches et douces eaux…

Et il but, il but ardemment.

Vers le soir, il parvint à la forêt de hêtres. Elle était haute et silencieuse. Les cimes des arbres s'élevaient majestueusement dans la sérénité de l'air. Nulle part il n'avait contemplé de tels ombrages. Il était là comme au seuil d'un temple antique, dressant encore, malgré les siècles, ses colonnes et ses idoles.

À droite, il aperçut une cabane. On l'eût prise pour une grosse tortue, au bord de la forêt. Le berger parut sur le seuil. Mascaroni alla vers lui. Ils se serrèrent la main comme s'ils se connaissaient de longue date.

— Et où allez-vous ? lui dit le berger.

— Je vais dans la forêt d'Aitone. Poli m'y attend…

— Brave Poli ! fit le berger enthousiaste. Quel géant ! Heureux ceux qui peuvent vaincre ou mourir, commandés par lui !

Il appela sa femme.

— C'est un ami de Poli.

— Soyez le bienvenu sous notre chaume, dit-elle.

Sur une large pierre plate, la bergère fit brûler des branches mortes. À côté, les feuilles vertes semblaient souffrir dans cette haleine embrasée. À la fin, le feu s'éteignit. La femme balaya la cendre, les tisons. Sur la pierre, qui vibrait comme du fer rouge, elle jeta des morceaux de lard qui fondirent comme dans une poêle ; puis, aidée du berger, elle fit cuire des truites très fraîches, embaumées de thym.

Quel régal ! Il n'y avait pas de souffle. On respirait la forte odeur de la forêt. Là-bas, une cime grise piquait la lune, ronde et béate, dont la blancheur enveloppait la haute et sévère colonnade des hêtres. Des chauves-souris tournoyaient, molles et apeurées. Et, dans le lointain, au fond des gouffres, roulait la psalmodie farouche des torrents.

À l'aube, Mascaroni s'engagea dans la forêt. Entre les troncs, les herbes épaisses étaient chargées de rosée. Le thym embaumait ainsi que la menthe. L'ombre s'évanouissait lentement sous ces arbres dont quelques-uns semblaient se perdre dans le ciel.

Il allait droit devant lui, heureux, grisé. Il n'était pas loin du campement. Il y serait le soir. Par endroits, il y avait des vides. Le ciel avait des lueurs d'eau. Il enjambait des troncs qui pourrissaient, couverts de mousses, au milieu des herbes qui leur formaient un lit. Et d'étranges papillons volaient de-ci de-là...

Quand il se trouva à l'autre bout de la forêt, il eut devant lui un second désert de pierre. Le soleil était haut et dardait. La pierre paraissait plus nue et plus désolée sous la grande lumière brûlante et crue. Il marchait avec son ombre oblique sur la gauche. Il se hâtait, toujours droit devant lui, impatient d'arriver.

Une larve d'ombre palpitait devant ses pas. Il leva la tête. Très haut, dans l'air flamboyant, un aigle volait. À regarder son envergure majestueuse, en relief antique sur le ciel, Mascaroni avait le vertige. Longtemps, il fut fasciné par ce vol lent, large et souverain, dont la tache fuyait, de plus en plus effacée vers la gauche, sur ce désert gris, nu comme un ossement.

Le soir était proche. La forêt d'Aïtone enfin monta avec ses masses colossales, mystérieuses, que l'on écoutait comme une rumeur profonde de vagues lointaines. Mascaroni était le pèlerin arrivé au terme de son voyage pieux. Son cœur tremblait. Son esprit frissonnait. Comment serait-il accueilli? Où se trouvait le campement? Était-il au milieu, à droite ou à gauche?

Sur la lisière, prêt à s'enfoncer sous les ombrages qui se mêlaient, il ferma les yeux, fit le signe de croix et dit « À la grâce de Dieu! » Puis il prit à droite.

Il allait, le cœur battant. Ne s'égarait-il pas? Il marchait prudemment. Il pouvait recevoir soudain un coup de fusil tiré par une sentinelle trop ombrageuse.

Soudain une voix lui cria:

— Qui va là?

On le couchait en joue en même temps.

— Ami!

— Que demandes-tu?

— Je veux voir Poli.

— Pour quels motifs?

— Pour m'enrôler.

— Avance... Oh! un enfant!

— J'ai le cœur d'un homme, dit Mascaroni, et mon bras n'a jamais tremblé.

La sentinelle, qui dégageait une odeur de souche et d'humus, se découvrit tout à fait. C'était un bandit trapu, velu jusqu'aux yeux presque. Il regardait curieusement le nouveau venu.

— Notre métier est rude, dit-il.

— Je le sais.

— As-tu fait le coup de feu?

— Pas encore... Mais où se tient Poli?

Le bandit fit entendre une sorte de sifflement prolongé. Deux hommes parurent.

— Un conscrit ! leur dit-il.

— Suis-nous.

La nuit tombait sur la forêt. Tout en les suivant, Mascaroni évoquait des époques révolues. Son imagination s'émerveillait, excitée par ces vastes profondeurs de feuillages et de nuit.

Soudain une clairière s'ouvrit, non loin de lui. Les arbres se dressaient comme des colonnes. Çà et là, des foyers autour desquels rôdaient des ombres qui, par moments, apparaissaient géantes.

L'un des bandits dit à Mascaroni :

— Attends là.

Il regardait les foyers, les ombres, les remparts des feuillages où palpitaient des reflets. Il entendait des éclats de voix, des jurons. Un chant lent, dolent, se traînait dans la nuit, tantôt nasillard, aigu, tantôt rauque. Le refrain unissait des voix qui se heurtaient, se bousculaient comme dans une mêlée ; et c'était si barbare, si triste, que le jeune homme frissonnait des pieds à la tête !

Il vit s'avancer vers lui un géant. Piconi lui dit :

— Notre chef veut bien te recevoir. Suis-moi.

Quand ils se trouvèrent dans la clairière, des ombres vinrent vers Mascaroni

— Bravo, petit !

— On te verra à l'œuvre bientôt.

— As-tu faim ?

— Tiens, bois.

On lui tendit une gourde. Il but.

— Ça donne du cœur, hein !

Piconi le tira par la manche

— Dépêche-toi.

— Il est frêle.

— Il vient de la ville.

— Il a des boucles de bambin.

— Notre benjamin !

Mascaroni ne les écoutait plus. Il venait d'apercevoir, là-bas, un homme qui lisait, penché, entre deux torches plantées aux bouts d'une table. Il devina Poli.

— Est-ce lui ? demanda-t-il.

— C'est lui.

Il se sentit timide tout à coup. Que lui dirait-il ?

Poli leva la tête, ferma son livre. Son regard enveloppait le jeune homme.

— Comment t'appelles-tu ?

— Mascaroni.

— D'où viens-tu ?

— De Salice.

— C'est un village pittoresque. Je l'ai vu de loin. Et tu veux ?…

— Servir sous ta bannière.

— Bien. Les périls sont nombreux, le sais-tu ?

— Je le sais. Je les affronterai sans peur.

— Que portes-tu dans ton sac ?

Il le vida.

— Pétrarque ?… Virgile ?… Le Tasse ?… Tu lis Virgile ?

— Je le lis et le comprends.

— Tu es un savant. Où as-tu appris le latin ?…

— Au village, chez le curé qui voulait faire de moi un séminariste,

Poli se tourna vers Piconi

— Nous avons notre historien.

Il feuilleta Pétrarque :

163

— Quel poète ! Mais je préfère Dante... Et Virgile ? J'avoue ne l'avoir jamais lu. Tu me le liras. Quant à Torquato Tasso, c'est une vieille connaissance...

Il s'était levé pour se rapprocher de Mascaroni.

— Quelle idée de te faire bandit ! Tu as les mains d'une femme. Connais-tu nos lois ?

— Tout bon Corse les connaît.

— Es-tu fatigué ?

— Un peu.

— Eh bien, va dormir !

L'enfant, comme on l'appelait, sous des apparences frêles, cachait une énergie robuste. Et puis, il avait un cerveau. Il contait à merveille. Il parlait des bêtes, des plantes, des fleurs, des insectes, et sa science n'était jamais aride, car il y mettait la poésie de son âme, la chaleur de son esprit, l'emportement de sa nature. Le soir venu, à la lueur des foyers ou sous la lune comme suspendue au-dessus de la clairière, pendant que l'orgueilleuse forêt commençait sa cantilène nocturne, on entourait Mascaroni qui contait ou lisait. Tantôt c'était un passage de l'Enéide, tantôt des sonnets de Pétrarque. Celui-ci passionnait tous ces cœurs de fauve, à cause de ses chants d'amour.

À travers Pétrarque, Poli évoquait Madeleine ; il la voyait près de lui, il la sentait en lui, et, souvent, il répétait certains vers du poète sur un ton d'oraison...

Un jour, Mascaroni, qui s'était éloigné de la forêt, aperçut, un pied d'un roc, une bergère. Elle portait sa tête d'idole agreste avec mélancolie. Elle était la fille souple, éclatante, de toutes ces choses vierges et barbares.

Elle s'appelait Rosa. Elle gardait les chèvres, là-bas, parmi les arbousiers et les rocs. Ses pieds étaient nus. Ses cheveux étaient une couronne de ronces...

Mascaroni lui dit :

— Comme tu es belle !

Il resta longtemps près d'elle. Il revint le lendemain. Et, chaque jour, il la voyait. Elle était Laure ou Béatrice. La nuit, elle se levait pour regarder la forêt sous les étoiles ; elle écoutait la rumeur des ombrages où le moindre vent nocturne a des sonorités. Souvent elle chantait. Elle vivait avec les étoiles, les fleurs, les feuilles et les ailes. Elle tendait sa gorge au vent, aspirait avec volupté l'odeur de la pluie sur les feuilles et les herbes qui, mouillées, s'alourdissaient vers la terre. Et elle était pure, pure comme le bleu du ciel, comme l'onde qui bondit sur la roche moussue, pure comme la chaleur qui embrase les grandes journées d'été.

Une nuit, Poli se réveilla. Une voix montait, là-bas, sous les arbres, tellement émouvante que Poli se demandait s'il n'était pas sous un charme. Près de lui, Mascaroni dormait. Il le réveilla.

— Écoute...

La voix se rapprochait, troublante.

— On dirait la déesse de la forêt.

— Malheur sur nous ! On dit qu'elle possède l'ensorcellement des sirènes et ceux qui l'écoutent sont perdus.

— C'est la voix de Rosa, murmura Mascaroni.

Ils écoutaient. Le poète retenait son souffle presque. Les grands feuillages ne bougeaient pas, comme pour mieux entendre cette chanson d'amour. La nuit était l'esclave de cette voix.

Elle se tut. Tout parut dur, âpre. L'ombre était noire. Soudain, au bord de la clairière apparut Rosa, si belle dans le mystère des choses et des ombres qu'elle n'était plus la petite bergère, perdue dans sa solitude, rêvant sur le seuil de sa chaumière, mais une héroïne de la poésie antique.

— Cours la rejoindre, dit Poli, moi je vais dormir.

— C'est vraiment de la démence, disait Piconi, tu t'éloignes trop de la forêt, de nous. Fais attention, petit, tu vas te faire prendre.

— Tais-toi, Mentor ! lui cria Poli.

Piconi haussa les épaules et s'en alla.

— Je t'approuve, continua le chef, je connais les minutes folles qui traversent ta vie. Je t'envie d'être si près de Rosa. Pour rejoindre Madeleine, il me faut des jours et des nuits. Et ce n'est qu'une heure brève, une minute ! Chaque fois, je veux l'amener ; mais peut-elle demeurer ici, parmi nous ? Et puis le vieux Corradini n'en a pas pour longtemps. Quand il mourra, elle sera seule au village. Seule sans cesse comme sans cesse je serai l'errant. Il y a des moments, vois-tu, où je voudrais ne l'avoir jamais connue. Ah ! quelle étrange faiblesse en moi ! L'autre nuit, j'ai surpris son sommeil. Elle dormait profondément. Depuis le matin, je marchais. Son bras nu, beau comme une gerbe, pendait hors du lit. J'eus honte de mon extase. Pauvre de moi ! Mon énergie était moindre que la force d'un enfant. Je la réveillai doucement. Stupide, elle me regarda ; puis elle s'assit sur son séant. Elle me parut contrariée... « Tu m'as fait peur ! » Elle restait morne, sans un mouvement de joie, devant celui qui, pour la voir pendant une minute, venait de traverser mille dangers. Mascaroni, j'ai douté d'elle ! Et je me demande maintenant si elle n'est pas lasse de moi.

— Ton soupçon n'est pas fondé. Le réveil est souvent maussade. Je n'ignore pas ces mouvements de l'âme. Il faut les réprimer. Malheur à celui qui s'abandonne à leurs pièges !

XV
pris

Une après-midi, au fond de leur grotte, Rosa et Mascaroni somnolaient. Il faisait très chaud. On n'entendait que le bourdonnement des insectes. La forêt, au loin, était sans souffle, sous le ciel embrasé.

Soudain un bruit de branche réveilla Mascaroni. Cela lui parut d'abord suspect. Puis il se dit : « C'est Piconi qui vient me chercher. » Il secoua Rosa :

— Écoute…

— On vient, dit-elle… Méfie-toi…

Il prit son fusil et se glissa vers l'entrée… Il écarta les arbousiers. Il ne vit rien d'abord. Il s'avança :

— Piconi, est-ce toi ?

Un ricanement lui répondit. Et des gendarmes aussitôt se dressèrent de tous côtés. Il coucha en joue l'un d'eux et l'abattit…

— Prenons-le vivant !…

On l'enserrait. Mascaroni rejeta son fusil et s'arma de son poignard, en les regardant, calme et silencieux, avec le dédain de sa vie et de celle des autres. Soudain, il reçut par-derrière un violent coup de bâton sur le bras. Le poignard lui tomba des mains. Il fut saisi, garrotté.

Rosa, qui avait vu tout de suite le danger que courait son ami, et ne pouvant lui être d'aucun secours, prit la résolution d'aller au campement. Elle fit diligence. En se retournant, elle vit qu'ils emmenaient Mascaroni. Elle courut tant qu'elle put, le cœur tremblant.

Une sentinelle l'arrêta net

— Où vas-tu ?

Essoufflée, émue, les cheveux défaits, les joues palpitantes, elle put à peine dire :

— Mascaroni est arrêté !

Le bandit poussa un cri. On accourut.

— Mascaroni s'est laissé prendre !

— On le lui avait bien dit.

Tous étaient désolés, consternés. La nouvelle se répandit. Et l'on vit arriver Poli en coup de vent.

— Oui, oui, il est arrêté.

— Ah ! malheur !

Rosa dit à Poli :

— Ils étaient plusieurs. Il en a tué un. Mais que pouvait-il contre tous ?... Comme je courais pour vous avertir, j'ai vu qu'on l'avait pris et qu'ils l'entraînaient.

Elle se mit à pleurer. Poli paraissait impassible. Il regardait droit devant lui. On attendait sa décision. On le sentait frémir intérieurement. Soudain, s'adressant à Piconi :

— Il faut le délivrer ! Courez après les gendarmes. Ils suivent le grand sentier, certainement. Prenez par les traverses. Tombez sur eux à l'improviste...

Cinquante partirent. Rosa les suivit.

— Reste, lui dit Poli.

— Non, je veux aller avec eux...

— Eh bien ! va !...

Les bandits couraient presque à travers les broussailles, souples, agiles, impatients. Rosa s'essoufflait après eux. Elle avait abandonné son troupeau, sa chaumière. Elle courait, elle courait, griffée par les ronces, l'œil fiévreux maintenant. « Pauvre femme ! » disait Piconi en se retournant. Ils s'étaient engagés dans une vieille sente abandonnée, où poussaient buissons et ronces.

— Allons, allons ! criait Piconi, diligence, mes frères ! Dans une heure, nous tomberons sur eux à l'improviste. Cette sente, que je connais bien, débouche à un tournant du chemin qu'ils ont dû prendre en quittant le grand sentier. Nous arriverons avant eux.

Au tournant de la route, un homme se lamentait tout en pestant :

— Les misérables !... Les misérables !...

— Qui donc ? lui demanda Piconi.

— Les gendarmes !...

— Nous les cherchons.

— Vous ne les rattraperez pas. Ils ont pris mon cabriolet et ils sont partis à fond de train...

Piconi se mit à brandir son fusil. Il jeta ensuite son chapeau dans la poussière, le piétina en criant des jurons. Il fut pris d'une méfiance, tout à coup. Il dévisagea l'homme.

— Malheur, si tu me trompes !...

L'autre se redressa :

— Te tromper ? Et pourquoi ? Tu me juges bien mal. Attends-les donc !

— Et ton cabriolet ? demanda Piconi.

— Il faut que j'aille le chercher à Bastia. Quant au bandit qu'ils emmenaient, son affaire est claire. On va le guillotiner.

Rosa poussa un cri. Piconi la rassura :

— Ne te tourmente pas, petite. Nous le délivrerons... Viens, suis-nous.

— Non, dit-elle en essuyant ses larmes, je vais à Bastia.

— Qu'y feras-tu ?

— Rien. Je resterai à la porte de la prison.

— Quelle folie !

Il essaya de l'entraîner. Vainement.

— Revenons sur nos pas, mes amis, commanda Piconi.

Rosa continua son chemin. Une vision la harcelait : la guillotine. Un couteau tombait, tranchant une tête. Elle ne voyait rien, elle grelottait. La route était çà et là caillouteuse. Des ombrages la bordaient. À chaque passant elle demandait son chemin. « Vous n'avez qu'à continuer, lui disait-on, la ville est au bout. » Et elle continuait, ne voulant pas se sentir fatiguée.

Toujours, devant elle, la route s'allongeait. Elle avait faim. La nuit était claire et veloutée. En marchant elle regardait les étoiles. Pour dire sa prière, elle s'agenouilla sur une pierre. Elle resta longtemps ainsi, lasse et pleine de douleur. Quand elle se releva, la lune parut. Le chemin s'éclaira. Elle était moins seule. Elle écoutait l'eau qui coulait, les bruissements de l'ombre. Elle entendit des sonnailles, elle se hâta pour rejoindre la charrette. Les mules allaient lentement et le charretier somnolait.

— Hé! fit-elle.

Il se réveilla brusquement.

— Quoi?

Il aperçut la jeune fille.

— Que fais-tu à cette heure sur la route?

— Je vais à Bastia.

— Eh bien! monte.

Sur la charrette, elle fut prise soudain d'une fatigue pesante et elle s'endormit.

Elle dormait encore quand le charretier la secoua:

— Nous y sommes! As-tu des parents?

— Non.

— Dans quelle auberge descends-tu?

— Je ne descends nulle part. Je n'ai que ma robe et mon cœur. Je dormirai sur la terre, à la porte de la prison... Où est-elle?

— Qui es-tu?

— Une bergère. Mon nom est Rosa. Les gendarmes ont arrêté mon fiancé. On va le guillotiner, je veux mourir avec lui!...

Le charretier lui indiqua la rue qui montait, Puis il dit:

— La prison est au bout. Que Dieu te vienne en aide!

Il fit claquer son fouet.

Rosa s'engagea dans une rue étroite où, çà et là, tremblotaient des lumières, des lampions accrochés aux murs. Que les maisons étaient hautes! La bergère n'en avait jamais vu de telles et aussi nombreuses.

Quelqu'un venait.

— Suis-je encore loin de la prison? lui dit Rosa.

— La dernière maison, à droite.

Un lourd édifice, entouré de murs très hauts, se dressa soudain. Il était noir, très noir et silencieux comme les cimetières.

Autour d'elle, c'était l'immense inconnu. Elle s'assit non loin, sur un banc de pierre. Elle voulait mourir là. Mascaroni était perdu certainement. Oh! ne plus le revoir! Était-ce bien possible!

Le silence accablait la ville. La lune accentuait ses bosses, ses trous, ses bizarreries d'architecture, tout son suranné pittoresque, rocailleux. Elle écoutait le bruit de la mer. Nulle autre rumeur. Pas de lumière. Rien, personne. Elle était seule, seule, et son cœur se tordait comme une pauvre feuille dans la tempête. Parfois, la peur, une peur brusque la traversait, aiguë et glaciale. Là-bas, dans sa campagne sauvage, elle allait, la nuit, intrépide et sereine, à travers les ronces et les ombres des rocs et sous les arbres aux profondeurs ténébreuses, sans crainte des errants ni des maléfices. Ici, nul ne la connaissait. Nul ne lui tendrait la main. Elle se sentit pleine de haine soudain. Elle eut l'idée de mettre le feu à la ville. Elle voyait rouge.

Rosa s'était endormie.

— Late!... Late...

Ce cri montait aigu, monotone, dans l'aube grise.

Elle se réveilla. Elle sortait d'un lourd cauchemar. Elle ouvrait des yeux effarés, brumeux, et elle se sentait brisée.

— Late!... Late!

Une bergère portait sur sa tête une tinella de lait. Le lait frais du matin. Elle se balançait en marchant sous son fardeau.

— Late... En voulez-vous? dit-elle à Rosa.

— Je n'ai pas d'argent.

Elle eut pitié d'elle:

— Que faites-vous ici? Comme vous êtes pâle et triste!

Elle s'apitoyait.

— Moi, je suis bergère, dit Rosa; mais ma chaumière est bien loin d'ici.

Elle sanglotait presque.

— J'ai un chagrin mortel. On a emprisonné mon fiancé et, pour le suivre jusqu'à cette porte maudite, j'ai abandonné mes chèvres, mes brebis, mes vieux parents et mon chaume.

— Et qu'a-t-il fait?

— Rien... Il faisait partie de la bande de Poli...

— Ah!... je le plains... Buvez un peu de lait...

— Volontiers, j'ai faim, soif, et je suis morte de fatigue...

— Pauvre femme!

Elle regardait Rosa comme si elle hésitait à lui dire l'idée qui lui était venue. Elle se décida soudain:

— Mon patron est un juge influent. Je lui apporte du lait chaque matin. J'y vais maintenant. Venez. Vous lui parlerez de votre ami. Il est bon, il vous conseillera et s'intéressera à vous.

Rosa la suivit. Elles descendaient l'une derrière l'autre, dans une rue fort étroite et sinueuse. Un boucher égorgeait un mouton sur le seuil de sa boutique. Un prêtre, qui sortait, s'arrêta devant lui :

— Pas de nouvelles ce matin ? demanda-t-il.

— On a arrêté un bandit de la forêt d'Aïtone.

— Son affaire est claire, alors !

Rosa, qui passait, pâlit. Elle faillit tomber contre l'angle d'une maison. Ses pieds nus saignaient sur le pavé caillouteux. Des relents s'exhalaient des portes que l'on ouvrait. Dans le port, une balancelle, deux voiliers, des barques étaient amarrés au môle. L'eau miroitait, emprisonnée entre les vieilles maisons et cette pointe où se dressait une grosse lanterne. Un parfum de fruits écrasés persistait, malgré l'air marin et l'odeur des paniers remplis de poissons.

C'était un enchevêtrement de rues, les unes plus étroites que les autres, creusées comme des lits de torrents, tortueuses et sales, et si anciennes qu'elles gardaient des âges une gravité singulière.

La bergère s'arrêta devant une porte fermée. Elle souleva son heurtoir de fer forgé qui résonna comme si la porte eût été d'airain.

Une bonne vint ouvrir. Elle s'étonna de voir Rosa.

— C'est une amie, dit la bergère, elle a besoin de voir le juge. Est-il levé ?...

— Il se lève.

Elles longèrent d'abord un long corridor étroit, au bout duquel un escalier en bois craquait sous les pas.

Dans la cuisine, sur une table graisseuse, s'empilaient des assiettes sales. Les casseroles étaient poussiéreuses. Des torchons traînaient par terre.

— Je vais voir si mon patron est prêt, dit la bonne.

Son caraco était tout taché, et son tablier troué.

La bergère dit

— Il ne faut pas vous effrayer. C'est un brave homme.

La pauvre Rosa était toute transie et sa détresse était profonde.

Elles entendirent une grosse voix :

— Que me veut-elle ?

— C'est la voix du juge, dit la bergère.

— Est-il en colère ?

— Non, c'est son ton habituel.

Il parut.

— Ah ! te voilà, dit-il gaiement à sa bergère.

Sa calotte d'un bleu foncé, de travers, laissait pendre un gros gland doré ! Il avait une figure rose, des favoris blancs. Il bedonnait. Aussi ses bras paraissaient-ils un peu courts.

Derrière lui la bonne entra. Rosa sentait ses jambes se dérober sous elle. Le juge la regardait curieusement.

— C'est toi qui désires me parler, lui dit-il.

— Oui, monsieur le juge.

— Eh bien ! parle.

— Je suis une pauvre bergère. Ma chaumière est au-delà d'Aïtone. J'ai suivi, ici, le bandit Mascaroni que l'on a arrêté.

— Est-il ton frère ?

— Mon fiancé.

Le juge parut hésiter.

— Pourquoi t'es-tu fiancée à un bandit ?

Rosa baissa la tête.

— Tu ne le reverras plus ! On va faire un exemple.

Elle se mit à sangloter.

— Tu es jeune ; tu te consoleras.

Elle eut envie de crier éperdument et de secouer sa chevelure en signe de douleur et de deuil. Elle s'en alla...

Le jour éclatait. Les rues se remplissaient de monde. Elle allait, lasse, les yeux fixes, égarés. Elle errait. Elle se perdit. Elle demanda son chemin à un boutiquier qui la prit en pitié. Il la fit asseoir dans sa boutique.

— Veux-tu manger ?

— Non, merci…

— C'est la tristesse qui t'empêche de manger, car tu sembles bien triste… Qu'as-tu ?

Alors, en larmoyant, la pauvre Rosa s'épancha. Quand elle eut fini, le vieux dit :

— J'ai entendu parler de ce Mascaroni, un poète. Ici, on chante sa complainte sur les bandits. Son cas me paraît bien grave, en effet. Le juge a raison. Tu ne le reverras plus si Poli ne le sauve pas.

— Le sauver ? Et comment ?…

— À ta place, je me mettrais en route immédiatement pour rejoindre Poli le plus tôt possible et lui dire de se hâter, car la mort de Mascaroni est chose décidée.

Elle s'était levée, comme poussée par un ressort. Et elle se mit à courir par la ville, vers le chemin de la forêt.

XVI

le bourreau

Bien avant le crépuscule matinal, non loin de Bastia, deux maraîchers suivaient en silence un grand âne, chargé de deux longues corbeilles, pleines de légumes, posées de chaque côté. Ils allaient, lentement, vers la ville, en se retournant de temps à autre. L'âne s'arrêtait souvent : il y avait de l'herbe le long de la route. Les deux hommes se taisaient, énigmatiques. L'un était petit, l'autre de haute taille.

— C'est bien la route qu'il va prendre ? demanda ce dernier.

— Oui. Il est parti de Corte, hier, à la nuit tombante.

— Es-tu sûr qu'il n'est pas passé ?

— J'en suis sûr.

Il s'allongea soudain et, appliquant une oreille sur le chemin, il écouta.

— Rien, fit-il, en se relevant. Il doit être encore loin d'ici.

— À quoi bon marcher ? Reposons-nous.

Ils s'assirent au bord du chemin. Les astres paraissaient s'évanouir avec la nuit... Un souffle secouait les buissons. Un torrent coulait à deux pas. On respirait les feuillages, qui se penchaient sur l'eau, y trempaient, çà et là, éplorés. Le petit homme se leva, se mit à marcher, impatient.

— Il me semble qu'il tarde à venir.

L'âne allongea le cou, leva la tête, découvrit sa mâchoire et son braiment retentit comme une fanfare.

De nouveau le petit homme, l'oreille contre la poussière de la route, écouta... Cette fois, il se releva vivement.

— On vient.

Une demi-heure après, des pas de chevaux sonnaient derrière eux. Le plus grand se retourna.

— Ils sont deux. Attention !

Ils se garèrent.

— Eviva !

Les deux cavaliers répondirent à leur salut

— Eviva !

— Tiens ! s'écria le petit maraîcher, c'est toi Marochio ?

Ils arrêtèrent leurs montures, surpris. Des manteaux les enveloppaient, les encapuchonnaient.

— Qui es-tu ? demanda Marochio, en relevant son capuchon.

— Ne reconnais-tu pas Timeri ?

— Timeri… Mais où t'ai-je connu ?

— À Corte, dans la buvette de la vieille Stachi.

— C'est possible… Je puis t'avoir oublié… Où allez-vous ?

— À Bastia vendre nos légumes…

— Et toi ?

— À Bastia aussi, mais pour une besogne moins paisible.

— Et quelle besogne ?

— Tu ignores donc que l'on décapite le jeune Mascaroni, ce matin.

— Je l'ignorais. Et c'est toi qui le…

— C'est moi. J'ai une vengeance à prendre. L'un des bandits aux ordres de Poli, ce damné Partini, a tué, il y a deux ans, mon cousin. Mascaroni paie pour lui et pour la bande. Poli rira jaune…

À peine avait-il achevé que le petit maraîcher bondit, le prit par la jambe, et, tirant de toutes ses forces, il le démonta, le fit rouler par terre où l'autre cavalier le rejoignit. En un tournemain ils furent ligotés, bâillonnés.

— Eh bien ! reconnais-tu maintenant la force de Poli ? C'est toi qui ris jaune, mon brave guillotineur !

Et s'adressant à Piconi :

— Nous allons les jeter dans la broussaille. Si on les y découvre, on les délivrera, sinon ils y mourront !

Sitôt dit, sitôt fait. Les malheureux roulèrent parmi les ronces, en bas de la route, y disparurent comme au fond d'un gouffre.

— En route ! fit gaiement Poli, et faisons diligence.

Cette fois, l'indolence de l'âne fut secouée. Il se mit à trotter.

— Quelle leçon ! quelle leçon ! disait Poli en se frottant les mains.

— Pourvu que l'on délivre notre cher Mascaroni !

— Tu en doutes ? Il est vrai que tu passes ton temps à douter.

Ils entrèrent dans Bastia.

L'ombre crépusculaire maintenant s'alourdissait de nuages, qui fuyaient dans le ciel.

— Journée de pluie, sans doute !

La ville dormait encore. Pas un passant dans les rues où ils se hâtaient.

Les exécutions capitales se faisaient alors sur la place, en plein jour. Chaque fois qu'elle en avait l'occasion, la police, si souvent battue, prenait des revanches avec éclat.

Au milieu de la place la guillotine se dressait. Des aides, pendant la nuit, l'avaient montée, puis ils s'étaient endormis au pied de la machine.

Il y en avait quatre. Ils ronflaient en chœur.

Les deux bandits prirent à droite. Ils vendirent leurs légumes au marché comme des maraîchers de métier, puis abandonnèrent l'âne.

La ville se réveillait avec lenteur. Elle se peuplait peu à peu. Les volets poussés claquaient contre le mur. Les boutiques bâillaient sur leur seuil. On s'abordait en disant : « C'est pour ce matin. »

Poli et Piconi échangeaient des signes avec des gens qui semblaient sortir des murs.

Quelques femmes descendaient vers la marine portant des paniers vides.

— Toute la forêt est à Bastia, dit Piconi à Poli.

— Toute ! Si nous voulons, cette ville est à notre merci ; mais nous sommes ici pour délivrer Mascaroni. Je leur ai donné des ordres précis. Et puis je suis sûr qu'ils décupleront leurs forces pour sauver notre poète. Entrons dans cette buvette.

La salle sentait la poussière et l'immondice. Pour nettoyer les verres, le buvetier, encore somnolent, employait une serviette sale.

Ils s'étaient assis à une table. Ils burent. Piconi s'essuya la bouche avec sa manche.

— Ton vin est mauvais, dit-il.

Poli paya.

— Allons voir ce qui se passe.

La ville, de structure italienne, paraissait branlante. Gênes, Livourne, Naples, bien plus que Marseille et Toulon, y envoyaient leurs voiliers. Le port, étroit et malaisé, était presque inaccessible aux gros vaisseaux, la mer une fois démontée. Bastia était comme une succursale de Livourne. Pise y avait laissé des traces. L'élégance italienne y fleurissait encore. Ses meilleurs esprits revenaient de l'université pisane. Le docteur Santini enseignait avec talent la doctrine d'Aristote. Ses poètes se faisaient couronner à Florence.

Ce jour-là, la ville s'était levée allègre, malgré le ciel bas et noir, la mer menaçante et le souffle aigu venant des montagnes qui la dominent. Une cloche sonna ; une autre lui répondit ; puis une troisième. Et la ville se secoua toute. Les rues se remplissaient. On attendait. Les voix éclataient, puis soudain se faisaient sourdes. À des rumeurs brusques, à des allégresses étranges, succédait le silence. Les cloches ne sonnaient plus. Deux mouvements se produisaient : l'un vers la prison, l'autre vers la place. Le mouvement vers la prison, d'abord vague, s'amplifiait de plus en plus. Ceux qui le déterminaient, le guidaient, aux visages obscurs, étaient sans doute des spectateurs venus des campagnes, des environs ; ils semblaient plus pressés que les autres de voir la victime.

Cependant, dans sa cellule, où le jour, encore indécis, pénétrait par une petite fenêtre aux barreaux de fer rouillés, Mascaroni attendait en lisant son Pétrarque qu'on lui avait permis de garder.

— La ville doit être en fête, dit-il... Ma pauvre Rosa !... Si je pouvais la voir une dernière fois !... Elle est là-bas... Sait-elle que c'est mon dernier jour ?...

Une rumeur montait de la ville. Il se vit au milieu de la foule curieuse. Il irait à la mort avec sérénité, il en était sûr. Et, brusquement, l'angoisse le prit. Il pensait à ses parents qu'il n'avait plus revus. Il était leur unique enfant. Il voyait sa mère tout en noir, pliant et dépliant sur ses genoux les hardes qu'il avait laissées. Il l'entendait gémir, sangloter et crier, par moments, comme une bête qu'on égorge, pendant que son père, assis sur un escabeau, le dos contre le mur, fumait en silence avec un regard de vendetta. Il voyait leur humble maison, l'église, le clocher, la place où il avait joué tant de fois, les sentes où il avait tendu des pièges aux merles, aux perdrix, la vigne, le verger et la fontaine moussue. Il évoquait les moindres faits de son enfance. Rien, plus rien. Il touchait au néant. Il revit le lac de Creno et ses lourds oiseaux noirs...

Il reprit la lecture de Pétrarque.

Il entendit des pas.

— Les voici !

Il se leva d'un coup. Son cœur battit un peu plus vite. Une clé tourna. Deux gardiens entrèrent.

— Allons, lui dit l'un d'eux, l'heure est venue. Du courage !

— J'en ai.

Des gendarmes, des magistrats l'attendaient dans le corridor. Un prêtre l'entraîna dans une petite chapelle. Là il pria de toute son âme. Il montrait un visage paisible.

Quand il sortit, les gendarmes l'entourèrent. On lui lia les mains derrière le dos. Alors il leur dit :

— Hâtons-nous.

— Tu es bien pressé d'en finir.

On ouvrit la porte. Mascaroni parut sur le seuil. De la foule une clameur aussitôt s'éleva. Puis ce fut un silence brusque. En pleine lumière le bandit souriait. Il descendit d'un pas ferme les degrés.

Comme il s'avançait, il eut, en regardant la foule, un frisson de joie.

Et soudain un coup de sifflet retentit. Aussitôt, pareils à des forcenés, les campagnards se ruèrent sur les gendarmes, surpris par cette agression imprévue. Ils tombaient pêle-mêle. On s'enfuyait de tous les côtés. « Poli ! Poli ! » Le nom redoutable sonnait.

Les mains libres, armé d'un poignard, entouré de ses camarades, Mascaroni était sauvé. Plus de foule, plus de gendarmes.

Le colombo sonna.

— À la forêt !

La voix de Poli commandait. Des cris lui répondirent :

— À la forêt ! À la forêt !...

Tous se pressaient derrière leur chef. Ils furent bientôt hors de la ville. Ils s'en allaient à grands pas, sur la route, en chantant...

XVII
Poli délivre une orpheline séquestrée

Entre la ville de Vivario et la forêt de Vizzavona, parmi des montagnes chaotiques, aux cimes éternellement nei-geuses, et dont les flancs nus, ravinés par des torrents impé-tueux, évoquent les premiers cataclysmes, le voyageur, qui regarde par la vitre de son compartiment, aperçoit, sur un pic émergeant comme une énorme stalagmite, les murs couleur de fer rouillé d'une antique maison écroulée en grande partie. On est intrigué par cette vision de très vieille ruine si haut perchée, on en est hanté. On se demande qui vivait dans cette demeure, certainement seigneuriale en son temps. Que de touristes consultent en vain leur guide à son sujet ! Elle apparaît énigmatique et elle reste dans son mystère et sa solitude vertigineuse.

Cependant, le hasard me fit, un jour, découvrir dans une bibliothèque de famille, reléguée comme inutile en un coin, un vieux chroniqueur corse parcheminé, bien oublié aujourd'hui. Ce livre, tout vermoulu, exhalant la poussière des âges, m'intéressa dès les premières phrases, non par son style mais par sa saveur. Le style, curieux et pittoresque par endroits, était trop souvent vulgaire, avec des tournures naïves, maladroites comme les bâtons du premier cahier de l'enfant ; mais les faits, les détails, les histoires, les légendes, les opinions des uns et des autres, rapportés par le berger ou le seigneur, se mêlaient comme les ronces des maquis, exprimant avec originalité l'existence et le caractère des personnages d'un passé où la haine n'existait guère à côté du patriotisme inébranlable qui dressait, unis, les Corses contre les envahisseurs. On dit qu'il y a beaucoup d'inexactitudes dans ces pages où la vérité historique, puisée en partie aux veillées, sur les places, dans les monastères, est, par endroits, déformée, mais toujours avec un charme primitif. Que m'importe ! J'aime ces historiens que je me figure errant de chaumière en chaumière, de village en village, de château en château, comme les premiers aèdes, bravant le vent, la pluie et le soleil, tout à la joie d'écouter des récits, de les retenir, de les écrire ensuite, soit à l'ombre d'un rocher, d'un olivier, soit au coin du feu, à la lueur d'une torche ou d'une lampe à huile.

C'est dans ce chroniqueur que j'ai lu l'histoire de cette maison isolée sur son pic, que l'on ne peut regarder sans éprouver un vif sentiment de curiosité.

D'où venait cet être singulier? On ne l'a jamais su exactement. Il avait une escorte de gens aussi barbares que lui. On le nommait le comte Delle Stacci. Il était bâti comme un chêne. Ses compagnons l'entouraient et veillaient sur lui avec un regard aigu, une mine sombre, un courage tranchant.

Le comte apparaissait hanté d'une noire inquiétude. On le disait en proie à un remords qui s'acharnait en lui comme celui de Caïn. Quel avait été son crime? Le chroniqueur croit savoir, sans l'affirmer, que Delle Stacci avait d'abord vécu dans une région du sud de l'île, au milieu d'une végétation aussi grisante que sauvage, tourmentée sans cesse par les grands vents de la mer. Il décrit même son castel, roc émergeant d'autres rocs, sur une cime d'où l'on découvrait l'infini marin. Il y vivait comme dans une caverne. Ses jours et même ses nuits étaient pris par la chasse et les rapines. Avec ses hommes il faisait des incursions, aussi cruelles que celles des pirates africains, dans les villages et sur les domaines des autres. Il tombait à l'improviste sur des gens sans défense. Il avait un renom tellement sinistre que les Barbaresques eux-mêmes n'osaient pas débarquer dans ses parages.

Non loin de ce repaire, vivait saintement un ermite, vêtu de peaux de chèvre. C'était un être angélique. Sa grotte était ouverte aux gens et aux bêtes. Il avait de longs cheveux blonds et sa barbe tombait sur sa poitrine. Ses yeux étaient si lumineux et si doux qu'ils charmaient les plus sanguinaires. Il mangeait ce qu'on lui donnait dans les chaumières, mais il se contentait le plus souvent d'herbes et de fruits sauvages. Il avait une démarche rapide. On eût dit qu'il était poussé par une force céleste. Quand il parlait, on croyait entendre un cantique des anges. D'ailleurs, la croyance populaire voulait qu'il fût un ange venu du Ciel. Quand il allait par les sentiers vers des infortunes, les oiseaux, disait-on, l'accompagnaient en formant une couronne au-dessus de lui.

Le comte Delle Stacci évitait de le rencontrer. Il le détestait. L'existence du saint ermite était comme une flèche dans son flanc. Il en était torturé. Comment pouvait-on vivre de cette façon ! se disait-il. Lorsque, brusquement, il se trouvait en sa présence, il faisait un écart comme un cheval ombrageux ; mais il entendait les reproches de l'ermite qui l'exhortait à se repentir, à abandonner sa vie de vol et de sang, sous peine d'encourir les pires châtiments du Ciel.

Et la haine contre le saint le lancinait comme une douleur intolérable, nuit et jour. Il se réveillait dans les ténèbres de son antre en criant, s'imaginant, dans son cauchemar, que l'ermite s'était abattu sur lui.

Une fois, dans un village où le saint homme venait de visiter un malade, il survint avec ses gens, pillant tout. Comme il traînait par les cheveux une jeune fille qui s'obstinait à ne pas le suivre, l'ermite apparut soudain, le crucifix à la main, et le regarda fixement. Le bourreau lâcha sa victime en vociférant les pires menaces.

La nuit venue, Delle Stacci, pris d'une fièvre violente, fut en état de délire. Il se leva. Insensé, il courut vers la grotte de l'ermite, qui dormait, allongé sur la terre. Juste à ce moment, la lumière de la lune, pénétrant par un large trou de la pierre, lui faisait un nimbe. Mais, sans s'émouvoir, le forcené le frappa d'un coup de hache à la tête et s'enfuit.

On pleura longuement l'ermite dans le pays. Il y eut dans la nature un recueillement. Les bêtes se taisaient ; on n'entendait plus les mugissements des taureaux, ni les bêlements des chèvres, ni le chant des oiseaux. Seuls, les chiens de l'assassin, vers midi, et une fois le crépuscule tombé, se mettaient à hurler comme jamais ils ne l'avaient fait. Leurs hurlements exaspéraient Delle Stacci ; il avait beau les cravacher, ils fuyaient pour hurler plus loin de plus belle. À la fin il les tua un à un.

Cependant, les hurlements ne cessaient pas. Ils résonnaient surtout au fond de la nuit, où ils paraissaient plus déchirants. Le comte devint d'une tristesse telle qu'on le surprenait à gémir profondément. Il dépérissait. Rien ne pouvait le distraire. Il avait des visions d'horreur parmi lesquelles l'ermite, auréolé, resplendissait. Il errait éperdument ; et, soudain, en plein jour, il croyait voir des fantômes qui le suivaient, l'encerclaient, l'enserraient ; il se débattait alors dans le vide, il criait, tandis que des plaintes d'effraie lui répondaient.

Une vieille sorcière, très rusée, qui vivait, encapuchonnée de noir, dans une cabane, au milieu des armoises et des absinthes sauvages, lui conseilla de quitter le pays s'il ne voulait pas devenir fou ou être étranglé, la nuit, par des vampires.

Il s'enfuit donc avec ses gens, en emportant son or. Ils marchèrent nuit et jour, avec de longues haltes, loin des habitations, à travers les maquis, les bois, les forêts, franchirent des torrents, des rivières, ne trouvant nul endroit assez isolé pour y bâtir une maison. Après bien des semaines, ils arrivèrent dans la forêt de Vizzavona.

C'était déjà l'hiver. Les arbres grelottaient sous le vent glacial ; dans leurs profondeurs s'élevaient, par moments, comme des rumeurs de foules épouvantées. Les montagnes tout autour se succédaient, descendaient vers des vallées apparaissant sans fond; leurs sommets et leurs flancs étaient couverts de neige. Elle tombait, épaisse et tourbillonnante, elle tombait sans fin. Courbés, ils allaient à l'aventure.

Le hasard leur fut favorable. Au milieu d'une large clairière, où ils débouchèrent, à la tombée du soir, ils aperçurent une cabane d'où s'élevait une fumée; elle était donc habitée. Le comte Delle Stacci tira le loquet…

À la lueur du foyer, où flambaient de grosses bûches, il vit deux hommes accroupis près du feu: un vieillard et un jeune. Leurs longs cheveux qui tombaient sur les épaules étaient un signe de deuil. Ils se levèrent à la vue des étrangers et le vieux dit:

— Entrez, notre pauvre logis est à vous.

— Merci, nous en avons grand besoin. Nous venons de loin. La nuit est trop glaciale pour la passer sous les arbres.

Ils s'assirent autour du foyer, les uns par terre, les autres sur des escabeaux. Tous tendaient à la flamme leurs mains engourdies, en les frottant de temps à autre.

— Ah! le bon feu!

— Le bois ne nous manque pas autant que le pain… Les troncs qui s'écroulent de vieillesse sont nombreux dans cette forêt dont on ne connaît pas la fin.

— Est-elle si vaste?

— Quand on croit parvenir à ses limites, elle recommence un peu plus loin. Elle a des régions tout à fait inexplorées. Elle escalade des monts escarpés où le pied de l'homme ne peut tenir. Que de fois n'ai-je pas été obligé de revenir sur mes pas, lorsque j'avais des jambes qui pouvaient rivaliser avec les pattes des chèvres!

Le chien de la chaumière se mit à aboyer, dehors.

— Y a-t-il quelqu'un? demanda le comte.

— Non, notre chien ramène les chèvres que mon fils et moi allons traire. Ainsi, pour votre dîner, vous aurez du bon lait frais avec du biscuit d'orge.

— Merci, dit le comte, nous avons des provisions dans nos sacs.

Cependant le vieillard se demandait en lui-même quels étaient ces étrangers ; il était intrigué ; mais il se gardait bien d'interroger à ce sujet celui qui paraissait le chef. Il sortit pour traire les chèvres avec son fils qui portait une grande tinella. Ils ne tardèrent pas à revenir. Ils remplirent de lait des bituci (vases en terre) pour leurs hôtes qui burent avec avidité.

La nuit était tout à fait venue. On entendait crépiter les flammes du foyer ; dehors, le vent déferlait à travers la forêt ; et c'était comme le mugissement lointain d'une tempête en mer. Les uns après les autres, ils s'endormaient par terre, enveloppés de leurs manteaux. Seuls le comte et le vieillard veillaient.

— Vous dites, bon berger, que l'on peut trouver, ici, un endroit isolé, d'un accès difficile.

— Je vous l'indiquerai, demain, au lever du soleil... C'est un pic.

— On peut y élever une demeure.

— On le peut certainement. Une maison y serait imprenable, à l'abri de tout coup.

« Et le comte Delle Stacci, raconte le vieux chroniqueur en terminant, finit par bâtir, après bien des efforts, sur ce pic, une maison où, grâce à une épouse vertueuse et croyante, qui passait des heures sur son prie-Dieu, et qui lui donna plusieurs enfants, il se repentit avec tant de sincérité qu'il eut enfin la paix de l'âme et de l'esprit. »

À l'époque où régnait Poli, le dernier comte Delle Stacci, tout-puissant dans sa région, y commettait, comme son ancêtre, des turpitudes qui allaient souvent jusqu'au crime. Il était très habile. Il savait toujours se tirer d'embarras. Nul ne se servait de l'hypocrisie comme lui. Cruel, il apparaissait bon. Le jour, il était charitable ; la nuit, il volait. Quand il rencontrait un moine, il s'agenouillait pour baiser son crucifix ou la corde qui ceinturait sa robe. Mais il l'aurait poignardé dans le dos pour le dévaliser.

Il se croyait imprenable dans sa maison d'où il s'absentait, parfois, pour s'emparer du bien des autres. Ses gens le détestaient, mais le redoutaient. Dans le danger il était au premier rang.

Un jour, il enleva une jeune fille riche ; elle était orpheline. Il l'enferma dans sa demeure et s'empara de ses biens. Elle s'appelait Antonia ; elle avait constamment un stylet sous sa main et ne dormait que d'un œil. La mort plutôt que d'appartenir à un brigand !

Antonia n'ignorait pas les prouesses de Poli et sa nature chevaleresque. L'affaire du bourreau était connue dans la plus petite cabane. Aussi eut-elle l'idée d'avoir recours à lui pour être délivrée. Mais comment lui apprendre son malheur ?

Parmi les gens de Delle Stacci, elle avait remarqué un être mélancolique dont le regard aimait à s'attacher sur elle. Silencieux, il semblait écouter sans cesse un chant intérieur. Elle le fit parler. Ses paroles discrètes témoignèrent d'un dévouement que rien ne pouvait détourner d'elle. Il serait un messager sûr.

— Je suis prêt à tout pour vous, déclara-t-il simplement.

Le lendemain, comme la nuit était venue sans étoiles, couverte de nuages, il partit secrètement avec cette lettre pour Poli : « Je suis orpheline. Le comte Delle Stacci, cruel malfaiteur, m'a spoliée et me tient prisonnière. Il a pris mon bien, mais il n'aura pas mon honneur. Je fais appel à vous. Si vous ne venez pas à mon secours, je me tuerai. »

Aujourd'hui, Tatona est un petit village avec des tas de bois et une halte au bord de la voie. Il est entouré de pâturages, non loin de la forêt de Vizzavona. L'œil du voyageur se plaît à se poser sur ses maisons paisibles qui, pendant l'hiver, ploient souvent sous la neige tandis qu'elles dégagent, en été, une sérénité de l'antique Arcadie.

Au temps où se place ce récit, il n'y avait là qu'une grande baraque. C'était une auberge fréquentée par les charretiers, les bûcherons, les bergers, tous les passants de la route, et renommée pour son vin et sa bonne chère. On y servait les meilleures truites de la montagne et les plus succulentes fricassées de cabri. Avec son broccio on goûtait les délices de la forêt, et la saveur de son jambon était telle qu'on ne voulait pas en manger d'autre ensuite. On s'y arrêtait rien que pour faire un excellent repas, surtout quand le gibier abondait. Quelle fête devant un civet de lièvre, une brochette de merles ou une perdrix rôtie à la broche sur un feu de ronces et de sarments !

Le comte allait souvent dans cette auberge où l'on colportait toutes les nouvelles d'Ajaccio à Bastia. Il interrogeait ceux qui venaient de loin, et, pour délier les langues, il offrait à boire et à manger. Il aimait à faire bombance, surtout pendant la nuit.

Un soir, la compagnie était nombreuse autour des tables graisseuses. Delle Stacci trônait, loquace et joyeux, grâce à un vin couleur de rose, plein de velours et de feu. Çà et là, des torches répandaient une odeur de résine. Un grand feu flambait. Il y avait là des rouliers, des bûcherons, des bergers, velus, vigoureux. Les rouliers venaient d'Ajaccio, de Corte ou de Bastia.

L'un d'eux racontait l'affaire du bourreau.

À la fin, Delle Stacci s'écria :

— Ce Poli doit être intrépide ! Mais il faut bien que les gendarmes soient les derniers des couards pour ne pas venir à bout d'un homme... Pour ma part, je ne le craindrais pas !

Un bûcheron dit :

— Dieu me garde d'avoir maille à partir avec Poli !

Ce bûcheron était le plus courageux et le plus fort de la forêt.

— Bah ! tu es modeste !

Et Delle Stacci vida son verre.

À ce moment, on frappa. L'aubergiste ouvrit. Deux hommes entrèrent. Nul ne les connaissait. L'un d'eux portait une guitare.

— Tiens ! des chanteurs !

— Pour vous servir, dit le plus jeune.

Ils ôtèrent leurs pelone (gros manteaux en poil de chèvre), s'approchèrent du foyer...

— Le bon feu !

L'aîné se tourna vers l'aubergiste

— La forêt aiguise l'appétit... Donne-nous à manger... N'importe quoi !... Les chanteurs ne sont pas difficiles...

En attendant, le plus jeune accorda sa guitare. Les accords réjouirent le comte :

— Il y a bien longtemps que je n'ai entendu chanter. J'aime le chant. Ma maison est sombre. Mes gens sont mélancoliques et celle qu'ils gardent ne fait que se lamenter et crier jour et nuit... Allons! chantez, chantez, joyeux chanteurs, le comte Delle Stacci paie à boire et à manger.

— Le comte Delle Stacci!... Quel honneur pour nous de chanter en votre présence!... Votre nom nous est connu depuis bien longtemps... Vous êtes, si j'en crois la renommée, le seigneur le plus noble et le plus digne de l'île...

Delle Stacci était vaniteux; et le vin l'avait rempli de quiétude et de confiance. Il s'écria:

— Ces chanteurs sont gens fort bien élevés. Et je serais charmé de vivre plus longuement en leur compagnie... Ne sont-ils pas la poésie et l'harmonie? Restez parmi nous tant qu'il vous plaira. Je vous hébergerai chez moi, dès le lever du soleil. Vous serez bien payés et bien nourris. Je vous demande en retour de répandre vos chants dans ma maison, où l'on respire, en ce moment, un air de tombeau.

L'aîné répondit:

— Nous acceptons votre offre, puissant et généreux seigneur!

Et ils se mirent gaillardement à table.

Allons sur la pierre moussue
Contempler le bleu de la mer,
Sous le myrte à l'arôme amer,
Au bord de la source feuillue...

Ainsi chantait l'aîné des chanteurs que l'autre accompagnait avec sa guitare. C'était dans la grande salle de la demeure de Delle Stacci, qu'éclairaient sept flambeaux. La nuit était orageuse. Les abîmes grondaient. Le roulement du tonnerre, répété par l'écho des montagnes, semblait annoncer leur écroulement. Par moment, on entendait le long hurlement de la forêt tordue par la violence du vent...

>Le soleil monte dans les cieux,
>Saisissons l'heure fugitive !
>Entends le flot dire à la rive
>Un chant d'amour mystérieux.

La naïve chanson égayait les murs sévères. Le comte écoutait, accoudé à une table de chêne massif. Tout près, assise, Antonia, vêtue de noir, était immobile dans sa détresse tandis que les femmes qui la servaient, autour d'elle, ne perdaient pas un mot ni une note.

La vieille sérénade déroulait ses strophes. Les accords de la guitare sous des doigts souples en dégageaient le charme et la mélancolie. Lorsque le chanteur s'arrêta, Delle Stacci s'écria :

— Par ma foi ! je n'ai jamais entendu musique aussi mélodieuse... Tu dois avoir le gosier sec, brave chanteur !

Il tapa du pied trois fois sur le plancher...

— L'horrible nuit !

On eût dit que les montagnes s'écroulaient les unes sur les autres. La maison était ébranlée de fond en comble.

— Le fracas du dehors les rend-il sourds ?

Le comte s'impatienta. Il frappa plus fort encore du talon. Rien ! Rien !

— Ils se sont endormis !

Il se leva, furieux, courut à la porte ; mais elle était fermée en dehors.

Il eut beau la secouer de toutes ses forces, nul ne répondit.

Il s'affola

— Mais on nous a enfermés !... je les égorgerai !...

La fureur embrasait ses joues, ses yeux.

Il ouvrit une fenêtre, poussa violemment les volets contre le mur

— Holà ! Holà !…

Le vent s'engouffra, un sillon de feu zébra les ténèbres…

— Holà !

Il criait, la gorge étranglée. Un coup de tonnerre parut s'abattre sur le toit. Les deux femmes poussèrent un cri en s'agenouillant. Antonia demeurait impassible. Les deux chanteurs s'étaient levés ; l'aîné souriait. Le souffle de la nuit avait éteint quatre flambeaux…

Il ferma la fenêtre. Puis il dit lentement à Delle Stacci :

— Inutile de vous agiter. Aucun de vos gens ne vous répondra. Ils sont ligotés, bâillonnés, et mes hommes les gardent en bas…

Le comte avait reculé, convulsé, frémissant. On eût dit un sanglier acculé…

Le chanteur ajouta :

— Je suis Poli !

Antonia se dressa :

— Mon sauveur !

Mascaroni, près d'elle, n'avait plus sa guitare à la main, mais son stylet.

— Oui, je suis Poli. Nul brigand de grand chemin ne fut plus cruel ni plus voleur que toi… que de gens pillés et souvent tués par toi ! Ceux que tu as laissé vivre sont dans la misère. Lorsque tu n'assassines pas tu déshonores… N'est-il pas temps de te châtier ?

Soudain, Delle Stacci s'élança contre Poli qui, l'évitant, lui planta son poignard dans le dos.

Le lendemain, Antonia, escortée par Poli et ses hommes, regagnait sa demeure.

XVIII
l'infidèle

Madeleine est assise sur son seuil. Le soleil se lève. Elle respire à travers les oliviers le souffle de la mer. Un coq chante au fond du village. La maison embaume la violette qui est sa fleur préférée. Ses cheveux dans la lumière paraissent bleuâtres.

Madeleine pense à Gambini. Maintenant, à côté de lui, Poli n'est qu'une broussaille. Comment a-t-elle épousé ce bandit, à deux pas de la guillotine, comment s'est-elle à jamais liée à un homme avec lequel elle ne peut vivre ? La vanité la perdit. Elle voulut être la femme de celui que les foyers corses exaltaient.

Les nouvelles prouesses de Poli ne l'ont point touchée. Du sang, toujours du sang ! Sans cesse cette volonté de lutte meurtrière ! Sans cesse l'ombre, les griffes, le poignard, le mousquet, la tuerie.

Qu'il est doux d'entendre dans le silence chanter son âme, comme la bergeronnette parmi les sillons nouveaux. Ah ! que Madeleine se sent heureuse ! Cependant, elle sait que sa trahison découverte, c'est la mort pour elle et pour Gambini. Elle le sait ; mais elle sourit. Elle sourit dans le levant. Elle sourit, toute à l'ivresse du moment.

Hier, sous la lune, Gambini lui a dit : « Sans Poli tu serais ma femme. » Sa femme ! Poli mort, elle le deviendrait. Cette nuit d'automne frissonnait comme une aube printanière. « Oui, ma femme, tu serais ma femme. » Mais Poli est tellement redoutable ! Est-ce qu'un homme est redoutable entre les mains de la femme qu'il aime ? Ne fallait-il pas l'attirer dans une sûre embuscade ? Là, ce serait l'affaire de la police. Alors plus d'entraves à leur union. Pour la vie unis ! Et Madeleine rêve, rêve…

Non loin, la vieille Teresa file sa quenouille, assise sur un banc, à côté de sa porte. Elle se détache, toute noire, contre les vieilles pierres enfumées de la maison. Son visage est lui-même une vieille chose ridée. Ses yeux sont un drame du passé. Non loin, sur son seuil, le vieux Marcu, le chapeau relevé sur le front, un bâton noueux entre les jambes, vêtu de velours grossier, rapiécé, fume sa pipe de bruyère, et ses traits s'accordent aux rugosités du granit bistre. Tous deux regardent Madeleine. Voici que la vieille Santa passe, revenant de la fontaine, et portant sur sa tête une cruche qu'elle tient de ses deux mains.

Elle aussi regarde Madeleine.

— Elle semble bien heureuse, dit-elle à la vieille Térésa.

— En effet.

— Il y a de quoi. Son mari est le maître de la Corse entière depuis qu'il a délivré Mascaroni.

Le vieux Marcu se leva. Il passait pour sorcier à cause de ses habitudes de noctambule. La nuit, on le rencontrait dans les campagnes, où il errait comme une ombre. Quand il labourait, c'est à l'heure où la lune est claire comme un miroir qu'il se mettait à l'ouvrage. Vieux maintenant, Marcu, pris souvent de la nostalgie des nuits brillantes, vagabondait dans le village ou parmi les maquis. Et l'on disait qu'il pénétrait les secrets de l'Inconnu.

Mais il connaissait aussi les secrets des vivants.

L'Invisible hantait Marcu. Il dormait peu, car il avait le sommeil agité. Il se débattait souvent, les yeux clos, en prononçant des paroles rauques, inintelligibles. Il se débattait comme si on voulait le garrotter.

On racontait dans le village qu'une nuit, Marcu s'était réveillé. « Qu'ai-je! » dit-il. Il était allongé sur le côté gauche. Il se leva. Alors il vit de la lumière dans la seconde pièce. « Il y a du nouveau », pensa-t-il. Il s'habilla. Au foyer, un inconnu se chauffait. La nuit était glaciale. Et l'on entendait la grande rumeur de la mer en furie. Par moments, le vent du nord secouait la maison...

— Qui es-tu ? lui dit Marcu.

L'inconnu se retourna lentement

— On m'a envoyé vers toi.

— Qui ?

— Tu le sauras bientôt. Veux-tu me suivre ?

— Volontiers.

Ils sortirent. L'étranger allait devant et semblait vaciller, parfois, comme une flamme de chandelle au vent. « Il est bien singulier », se disait Marcu. À la fin, il lui cria :

— Où me mènes-tu ? Je veux savoir.

— Tu le sauras.

— Dis-le-moi tout de suite ou je m'arrête.

— Eh bien ! dans la chaumière du berger Manetti qui va mourir.

— Je l'ai vu, l'autre jour, il était bien portant.

Ce berger était l'ami de Marcu.

Le vent faisait rage. Les arbres avaient des gestes d'épileptiques à travers la tourmente. Devant eux, par moments, des ombres tourbillonnaient, puis s'évanouissaient. Ils descendaient vers la plaine, vers la mer. Des gémissements montaient des choses qui souffraient. Marcu était courageux et les ténèbres même en tumulte ne l'avaient jamais épouvanté, mais, là, derrière cet inconnu, il éprouvait une sensation d'effroi. Une volonté, cependant, le poussait. Il entendait nettement le bruit de ses pas qui faisaient parfois rouler des cailloux tandis que ceux de son compagnon étaient muets. Il avait l'air flou, comme impalpable.

— Hé ! cria Marcu, hé !...

L'autre se retourna : il était sans visage !

— Qu'as-tu fait de ta face ?

Elle apparut soudain dans une sorte d'éclair. « Je vais vers quelque piège terrible », murmura Marcu. Il essaya de revenir sur ses pas. En vain. Son guide semblait le tenir en laisse.

Là-bas, une lumière vacillait, et, parfois, paraissait s'éteindre. N'était-ce pas la chaumière du berger ? Cette nuit était tellement étrange et mouvementée qu'il ne pouvait s'orienter.

— Hé !… Hé !… criait-il, par moment…

Il regrettait son toit, son lit. Encore, s'il savait où il allait ! Chez le berger Manetti ? Était-ce bien sûr ? Il redoutait les esprits noirs. Il les connaissait bien.

Soudain on l'appela :

— Marcu… Marcu…

Il se retourna de tous côtés. Les voix étaient aiguës, sifflantes. « Marcu… Marcu… » Il sentait sur lui comme des frôlements de chauves-souris.

L'inconnu avait disparu. Marcu se trouvait au milieu de vieilles ruines. Des pans de murs étaient couverts de lierre. Il y avait un trou béant. Il était seul, seul. Un olivier, non loin, se penchait de travers. « Marcu… Marcu… » Les voix le harcelaient.

Une colère le saisit.

— Par Satan ! Que voulez-vous ?

On ricana. Il fut enveloppé, enserré. Il tournoya. Il tombait parfois. Son corps faisait floc ! On le relevait pour le lancer comme une balle. « Ha !… Ha !… Ha !… » Cris stridents, rires sourds, la fureur des feuillages, le vent, le grand bruit de la mer… « Ha ! ha ! ha ! »

À l'aube, le berger Manetti ramassa son ami Marcu, qui avait le délire, au pied des ruines. Pendant de longs jours, il

fut entre la vie et la mort. Le médecin qui le soignait disait :
« Il est perdu ! »

Quand Marcu put parler, il rassura les siens.

« Ce n'est pas pour cette fois. Ils m'ont bien meurtri...
Pourquoi ?... Je n'en sais rien. Bientôt, je pourrai me lever
et reprendre mon ouvrage. »

Et ce fut ainsi.

D'autres aventures de ce genre l'avaient rendu célèbre.

— Certainement qu'elle est satisfaite, la Corradini !
s'écria Marcu.

Ses yeux rusés entre les rides étaient ironiques.

— Cependant elle est bien seule. Poli vient rarement
ici.

— Seule... Seule... Une jeune femme aussi belle que la
Corradini, qui sent la violette et la menthe, n'est jamais
seule, si elle veut.

Teresa dressa l'oreille :

— Que veux-tu dire ?

— Oh ! peu de chose.

Et il se mit à siffler un lamento de bandit tandis qu'il
traçait des lignes avec son bâton sur le sable.

La vieille Santa, immobile et rêveuse sous sa cruche,
pensait : « Marcu sait quelque chose. » Teresa pensait aussi
cela, et elle ajoutait : « Et quelque chose de terrible, pour
qu'il se taise ! » Elle reprit sa quenouille, et, humectant ses
doigts de salive, elle faisait tourner le fuseau.

Santa s'en alla, en traînant un peu la jambe. Comme il
avait laissé éteindre sa pipe, Marcu battit le briquet pour la
rallumer.

Le lendemain, par une nuit claire, Marcu, dans les environs du village, chassait le hérisson, dont il était friand. Il
en avait trouvé un bien gros qu'il avait mis dans son sac.

Puis il s'était assis sur une pierre, près d'un buisson de lentisque.

Il vit descendre Madeleine. Comme elle passait près de lui, il l'appela... Elle voulut fuir; mais il dit:

— As-tu peur de moi?

— Je n'ai pas peur.

— Où vas-tu à cette heure-ci?

Elle hésita un peu.

— J'ai perdu ma chèvre...

Il sourit. Il avait vu la chèvre près de sa porte.

— Que faites-vous ici? demanda-t-elle.

— Je guette les hérissons. As-tu des nouvelles de Poli?

— Non.

— On dit que sa réputation a franchi la mer.

— C'est possible.

— Tu n'es pas enthousiaste.

— Moi?

— Oui, toi!

— Qui vous fait supposer?...

Il la regarda froidement. Puis, sur un ton sec, en se rapprochant:

— Où vas-tu?

— Ne vous l'ai-je pas dit?

— Mais ta chèvre est au village! Je l'ai vue, au crépuscule, comme tu lui donnais des feuillages à brouter.

— Êtes-vous mon juge?

— Peut-être!

— Prenez garde!

— C'est à toi de prendre garde! Me comprends-tu? J'ai des yeux, des oreilles. Et je sais m'en servir.

Elle recula.

— Que voulez-vous dire?

— Que tu es infidèle!

Elle se tenait droite dans la clarté lunaire et elle était très pâle.

— L'autre nuit, je t'ai vue avec Gambini. Ah! tu es bien l'étrangère, la fille du Lucquois. Une de notre race serait morte plutôt que de trahir Poli.

— Madeleine, retourne au village, lui dit Marcu.

Mais elle gardait une attitude dédaigneuse et frémissante.

Une voix s'éleva chaude et pressante.

Alors le regard de Madeleine étincela. Elle n'hésita plus.

Sans un mot, elle descendit vers celui qui l'appelait et disparut derrière les arbousiers.

Et la voix se tut.

XIX

le messager de l'Angleterre

Après les Cent-Jours, la Corse fut un peu l'île maudite. Sans ce lambeau de terre méditerranéenne, l'usurpateur n'eût pas existé!

La Restauration, ne pouvant l'anéantir, se détourna d'elle. Et elle vivait comme elle pouvait, et elle se lamentait, par moment, comme une pleureuse inconsolable, en songeant à l'Empereur qui se mourait sur un roc perdu.

L'Angleterre l'avait toujours convoitée. Maîtresse de la Corse, elle eût fait de l'Afrique un empire britannique. Dans l'île elle avait eu des partisans dont le chef était Pascal Paoli.

En 1768, au commencement de l'invasion française, le public anglais s'était ému. Un grand journal, l'Englishman, organe des libéraux, protégeait la Corse. Il y avait envoyé des correspondants. Leurs articles, très lus, très commentés, demandaient que l'île fût libre à cause des avantages qu'en retirerait le commerce anglais.

Cependant, à Londres, le gouvernement, bien qu'il fût harcelé par les journaux et l'opinion publique, faisait la sourde oreille. On disait que cette apparente indifférence provenait des intrigues du duc de Choiseul. D'aucuns prétendaient qu'il avait acheté quelques ministres anglais. Ce qui est certain, c'est que le ministère britannique laissait agir la France, en essayant de faire croire que la Corse ne pouvait offrir aucun avantage commercial, que ses rivages étaient inabordables. Mais le public s'entêtait, criant contre le gouvernement et le flétrissant.

« Il y a bientôt quarante ans, écrivait un journaliste, que ces braves insulaires se sont levés pour reconquérir leurs droits et leur liberté, et je ne crois pas exagérer en disant que la persévérance et le courage qu'ils ont déployés en cette occasion peuvent être comparés à ce qu'on connaît de plus grand dans l'histoire des anciens peuples. » (Essay, XII, p. 74.)

Un autre, aussi enthousiaste, s'écriait : « Si la France protège le despotisme, que l'Angleterre prenne la défense de la liberté. Les Français prêtent secours à des tyrans ; c'est aux Anglais à venir au secours des héros. Il est toujours plus glorieux de se prononcer pour les opprimés que pour les oppresseurs. La France envoie des soldats contre les Corses, que l'Angleterre expédie des marins à leur secours ! »

La Corse n'avait qu'un défenseur au sein du gouvernement, Lord Chatham, le père du fameux Pitt ! Lord Chatham se heurta à l'indifférence de ses collègues, occupés à raffermir en Irlande leur système d'arbitraire qu'ils songeaient à propager aussi en Amérique. Lord Chatham, las de ne pas être écouté, se retira.

On se cotisait à Londres pour envoyer de l'argent à Pascal Paoli. Il reçut en grande pompe deux Anglais. Ils lui apportaient deux cent mille francs ainsi que le testament d'un négociant de la cité, Trimmer, qui léguait toute sa fortune aux braves Insulaires combattant pour leur indépendance.

Plus tard, ils firent deux tentatives malheureuses : la première en 1796 ; la seconde, moins énergique, en 1814.

L'hostilité de la Restauration contre l'île de Napoléon n'échappa pas à l'Angleterre dont les convoitises endormies se réveillèrent. Elle savait pourtant qu'elle rencontrerait là-bas des résistances tenaces, d'autant plus acharnées qu'elles auraient à repousser les geôliers de Sainte-Hélène ! Aussi, malgré l'indifférence de la monarchie française, hésitait-elle à s'aventurer dans une lutte, qui pouvait être longue et périlleuse, contre un amas de rocs et de broussailles où les énergies s'allumaient comme des torches innombrables.

Le renom de Poli lui fit dresser l'oreille. À Londres, on s'entretenait avec admiration des exploits du bandit. Il serait un appui précieux. Et le gouvernement décida de lui envoyer un messager avec les propositions les plus flatteuses pour un chef de bande.

À Ajaccio, par un de ces matins clairs, où le ciel est plus bleu que la mer, Santo Maroni, paisible négociant, allait et venait, sur le quai, en s'arrêtant, par moment, pour explorer le large. Des pêcheurs fumaient leurs pipes ; des mousses lavaient leurs barques amarrées. Plusieurs gamins jouaient. Il y avait des promeneurs, aussi indolents les uns que les autres.

Aux fenêtres des hautes maisons jaunes, des linges séchaient, égouttant sur des pots de basilic ou d'œillet. La ville était couronnée d'oliviers. Au fond du golfe, hérissé de roseaux, apparaissaient des vignes et des jardins prospères. Quelques maisons de campagne surgissaient des ombrages capricieux. Les versants se couvraient de verdures impétueuses. En face s'étendait la plaine de Campodiloro, où le bétail semblait enlisé dans les herbes hautes, épaisses.

L'un des promeneurs dit à Santo Maroni :

— Il arrive ce matin ?

— Je pense. On ne sait jamais avec la mer.

À Ajaccio, Maroni représentait l'Angleterre, comme l'attestait un écusson, armé d'une hampe, plaqué contre son balcon. Une lettre lui avait annoncé l'arrivée prochaine d'un envoyé de son gouvernement. Et, depuis, il l'attendait chaque matin.

— Le voici, cria un pêcheur.

Tous se tournèrent vers le large.

Voiles déployées, un long bateau glissait sur la mer. Aussitôt, Maroni envoya un gamin chercher sa longue-vue. Il la braqua

— C'est bien le drapeau anglais.

On se passa la longue-vue.

— C'est une corvette.

— Vient-elle de Sainte-Hélène ? dit un promeneur en ricanant.

Ce fut alors une explosion d'injures à l'adresse des Anglais. Maroni s'écria :

— Je représente, ici, l'Angleterre, et je ne permettrai pas qu'on l'offense en ma présence.

— Tais-toi ! Et Napoléon qui fut ton camarade d'enfance !

— Elle le fait mourir, ton Angleterre maudite !

— Tu ferais mieux d'arracher l'écusson qui déshonore ta maison.

Maroni, devenu pâle, allait à pas saccadés, et se contentait de hausser les épaules.

Trois heures après, la corvette entra dans le port. Les oisifs de la ville étaient tous là.

— Le beau bâtiment !

— Combien de tonneaux ?

— Ça tient la mer.

— Peuh ! dit un pêcheur, je voudrais bien le voir par un jour de libeccio.

Santo Maroni dit à un batelier :

— Conduis-moi.

Et il sauta dans sa barque.

Quelques minutes après, Santo était reçu par le messager anglais.

La foule attendit en vain jusqu'au soir. La corvette semblait dormir dans le port où elle se mirait.

XX
l'entrevue

Midi. La forêt semblait morte, sans souffle. Les bandits s'allongeaient çà et là.

Au pied de son arbre, Poli causait avec Piconi et Mascaroni.

— Tu es pensif, dit-il à ce dernier. Je comprends, Rosa va se morfondre, aujourd'hui... Ne crains rien, l'entrevue ne sera pas longue.

— Qu'est-ce qu'il peut bien avoir à te dire ? demanda le bon Piconi.

— Beaucoup de choses sans doute, et non banales.

— Je ne suis pas tranquille.

— Et pourquoi ?

— C'est peut-être un piège.

— Quel piège ? Soupçonneux, va !

— Non, prudent. La police est tellement astucieuse !

— Tu as une bonne opinion d'elle. Qu'avons-nous à craindre, voyons ? Nous sommes entourés d'hommes armés jusqu'aux dents.

— Je sais bien, mais je sais qu'un coup, quand on ne s'y attend pas, est vite reçu...

— Eh bien, soit ! Je me tiendrai sur mes gardes pour te faire plaisir, car je considère tes craintes comme bien chimériques. Seulement, je te défends de prendre en présence de cet étranger une attitude de méfiance ou d'hostilité trop visible. Je serais obligé de me fâcher. Qu'en penses-tu, Mascaroni ?

— Je suis de ton avis. Notre brave Piconi a une mauvaise habitude, celle de voir des embûches partout.

— Bonne habitude, dit le géant. Je l'avoue, toute feuille m'inquiète. On ne saurait jamais être assez prudent.

— Mais la prudence comme tu la comprends est un aiguillon qui vous harcèle nuit et jour. Ça devient intolérable à la fin !

Piconi bourra sa pipe et battit le briquet pour l'allumer. Le colombo résonna.

— Le voici !

— Restez tous deux près de moi, dit Poli.

John Murray parut à l'autre bout de la clairière. Il était accompagné de sa femme, de Santo Maroni et des deux bandits que Poli avait envoyés au-devant d'eux. Ils s'arrêtèrent un moment. La femme poussait des petits cris d'admiration. Elle n'avait jamais vu des arbres aussi beaux !

Alors Poli s'avança, suivi de Piconi et de Mascaroni.

— Soyez le bienvenu. Ici, votre vie est sacrée.

John Murray, qui parlait italien, alla droit au but :

— La nation anglaise admire vos prouesses. Mon gouvernement désire entrer en relations avec vous. La France s'est détournée de votre pays qui vit misérablement. L'Angleterre veut le prendre sous sa protection. Avec elle, la Corse connaîtra bientôt la prospérité… Voulez-vous l'aider dans son entreprise ? Elle vous réserverait les honneurs les plus enviables.

Poli répondit :

— Avant de vous voir, j'avais deviné le but de votre visite. Votre gouvernement s'est complètement mépris. Il s'est dit qu'un bandit était facile à soudoyer. Mais quand ce bandit s'appelle Poli, c'est autre chose. Je hais l'Angleterre, l'ennemie et la geôlière de Napoléon ; elle a honteusement méconnu les lois de l'hospitalité. Sachez que la Corse est française et restera française. Ignorez-vous que les Celtes furent les premiers habitants de cette île et que Henri II, roi de France, fut aussi le nôtre ?

Il allait et venait devant le messager anglais stupéfait d'un tel langage, et qui ne pouvait s'empêcher d'admirer cet être broussailleux où étincelait la volonté du génie.

— Pas d'Anglais, ici, tant que je serai vivant ! En voulant vous livrer son pays, le général Paoli plaçait mal ses sympathies. Il vous connaissait peu. Il s'était laissé attendrir par vos manifestations amicales et votre générosité au moment où il était aux prises avec Gênes et la France… Présents fallacieux, offrandes intéressées ! Votre présence dans cette île serait un fléau. Vous détruiriez lentement la race corse. Vous finiriez par abêtir l'indigène que vous chasseriez ensuite, après l'avoir forcé à vous vendre son foyer et son champ…

Il s'animait, le geste tranchant et, s'arrêtant net, parfois, en face du messager qui l'écoutait bouche bée…

— C'est tout ce que j'avais à vous répondre. Quant aux honneurs, je me les décerne. Je n'ai pas besoin de biens. J'aime ma pauvreté.

L'Anglaise ouvrait de grands yeux. Elle était surprise et charmée.

— Piconi, apporte-nous l'outre… Et toi, Santo Maroni, toi un Ajaccien, comment as-tu pu croire que je pourrais céder aux sollicitations anglaises !

— Mais j'ignorais les intentions de monsieur !

Piconi revint avec une outre pleine de vin et des coupes en bois.

Et l'on but.

Poli accompagna le messager anglais jusqu'à la lisière :

— Adieu, monsieur, lui dit-il, faites bon voyage.

Il s'inclina devant l'Anglaise qui lui rendit son salut, en souriant.

Le bandit prit à part Santo Maroni :

— Tu as retenu mes paroles. Répète-les fidèlement. On ne manquera pas pour me nuire d'insinuer que j'ai comploté avec l'Angleterre.

Il se retourna : Piconi était derrière lui.

— Tu es incorrigible !

Ils s'en revinrent en silence.

XXI

le déclin

Le vieux Marcu était assis à l'ombre de sa maison. C'était le temps des moissons. Le village était presque désert. Un porc grognait, allongé au soleil. Des poules picoraient. Un coq lança son cocorico. L'espace était en feu. C'étaient, au loin, des infinis d'azur et de lumière.

Un homme parut, ployant sous une caisse. Il peinait, il ahanait. Son visage était rouge et ruisselait de sueur.

— Bancarotta !

Et sur une pierre il déposa lourdement sa caisse.

— Ouf !… Bancarotta !…

Son cri chantait dans le silence du village.

— Il n'y a que quelques femmes, les vieillards et les enfants, lui dit Marcu.

— Je vendrai bien un peu de fil… Bancarotta !

Il s'épongeait le front avec un grand mouchoir. Il était pieds nus.

Les femmes, parmi lesquelles la belle Madeleine, et les enfants accoururent. L'Italien avait ouvert sa caisse où il y avait des couteaux, du fil, des étoffes, des boutons, des bonbons.

— Au large, les enfants ! criait le colporteur, au large !

Il regardait Madeleine qui marchandait un foulard.

Elle apparaissait plus triomphante que jamais.

— Si je n'étais si pauvre, je vous en ferais cadeau, la belle, lui dit-il.

— Eh ! comme tu y vas ! lui cria Marcu ; si Poli t'entendait.

— Poli ?

— C'est sa femme !

Il appuya sur le mot avec intention.

— Bah ! Poli est perdu.

— Que dit-il ?

— Que dis-tu ? Explique-toi ?

Madeleine insista :

— Dis-nous la vérité.

— La vérité est qu'on a répandu partout le bruit que Poli a eu une entrevue avec un envoyé anglais pour vendre la Corse à l'Angleterre. Le pays est indigné !

— C'est faux ! protesta le vieux Marcu. Je connais bien Poli. Il hait les Anglais, il aime les Français. On le calomnie !

— Je vous rapporte ce que j'ai entendu par tout où j'ai passé. Livrer la Corse à la nation qui tient Napoléon prisonnier !… On le flétrit, on est prêt à seconder la police… Il est perdu, vous dis-je.

— Seigneur !… Seigneur !… faisait Madeleine.

Marcu haussa les épaules. Elle jouait la comédie. On entendait le marteau de Gambini battre le cuir. « Pan ! pan ! » Le marteau sonnait victorieusement.

On n'achetait plus rien. Le vieux Marcu était devenu mélancolique. Le colporteur mettait en ordre sa marchandise. Une vieille lui offrit une prise. Il l'aspira fortement. Madeleine restait là comme si elle voulait en apprendre davantage. Elle regardait à la dérobée le sorcier. Celui-ci sortit un petit sac en peau de chat, y prit une feuille de tabac séchée au soleil, et se mit à la mâcher avec plaisir. Les femmes, une à une, s'éloignaient. Le colporteur ferma sa caisse et s'assit dessus, en disant :

— Reposons-nous.

Alors Madeleine s'en alla. Marcu la vit entrer chez le cordonnier.

Le colporteur avait raison. La police, ayant connu la visite du messager anglais dans la forêt d'Aïtone, en profita pour calomnier Poli : elle faisait dire que le bandit se préparait à vendre la Corse à l'Angleterre. Peu à peu, l'opinion publique, savamment travaillée, se soulevait toute contre le bandit.

Partout, maintenant, il trouvait portes closes. Il recevait des lettres d'injures. Une résistance formidable, sourde, l'enserrait, étendant son réseau.

— C'est ça, le héros! Un traître! Nous avions bien mal placé notre enthousiasme. À mort! À mort! Il oublie Napoléon!

À Ajaccio, l'indignation était à son paroxysme. Et Santo Maroni se taisait.

Quand Poli eut connaissance de cette calomnie, il haussa les épaules.

— Ce n'est rien, disait-il, le pays découvrira bientôt les menées mensongères de la police, et ma popularité ne fera que croître.

Mais, à la fin, il lui fallut se défendre. Il fit crier partout que la police mentait, qu'il avait repoussé avec dédain les magnifiques propositions du gouvernement anglais. Ce fut en vain.

La police disait: « Comment voulez-vous qu'une grande nation comme l'Angleterre puisse s'abaisser jusqu'à solliciter l'appui d'un bandit? Ce qui est certain, c'est qu'il s'est vanté de sa puissance et que l'Angleterre a voulu s'en rendre compte, simplement... »

Cela parut plus exact, et la résistance devint de plus en plus serrée. On refusait les vivres aux bandits. Il fallut les prendre de force. Poli n'aurait pas redouté la présence de vingt mille gendarmes; mais s'il avait le pays contre lui, c'était fini. La police finirait par triompher. C'est alors que l'on forma le corps des voltigeurs. Ceux-ci furent recrutés parmi les Corses, les ennemis des bandits qui servaient sous les ordres de Poli, et même les anciens errants du maquis. Ils étaient vêtus de bleu avec des parements jaunes. Ils portaient un sifflet au bout d'une chaîne. Ce furent des adversaires redoutables.

Il y eut de nombreuses rencontres. Poli eut toujours le dessus, mais les voltigeurs croissaient tandis que le nombre des bandits diminuait. Plus de volontaires ! L'île se détournait du héros qu'elle considérait comme un traître.

Une nuit, Poli rassembla ses hommes. Il leur dit :

— La résistance n'est plus possible. Nous succomberions tous à la fin. Puis, il me répugne de me battre contre des Corses. Le pays a écouté les calomnies de la police.

Ils l'entourèrent tous. Il se dressait au milieu, sur un roc. Sa voix était parfois basse et dolente. On voyait étinceler ses yeux à la lumière des torches. Une haine atroce les embrasait. On entendait crépiter les flammes... Il reprit :

— Séparons-nous...

Alors ils crièrent :

— Non ! non !...

Il fit un geste bref, impérieux :

— Il le faut... La Sardaigne est à deux pas. Vous y serez en sûreté...

— Nous resterons, nous mourrons tous ensemble...

C'était une clameur.

Poli contenait son émotion. Il voulait paraître sans défaillance devant ces hommes terribles qu'il avait disciplinés par une volonté sans cesse aiguisée et tranchante comme une hache.

— Je veux être seul dans le maquis. Je continuerai la lutte que j'ai commencée tout seul ; et elle sera peut-être plus rude, plus sanglante, plus inexorable ! Seul, je serai plus à l'aise pour leur infliger des leçons dont on parlera longtemps dans les villages et dans les villes. J'ai soif de vengeance. Je réveillerai l'enthousiasme du pays. Je lui prouverai ma loyauté. Je vous rappellerai, vous reviendrez !...

Quelques-uns gémissaient. Mascaroni pensait :

« Je resterai avec lui. Je le suivrai bon gré mal gré. Piconi fera comme moi. »

La résolution de Poli était inébranlable, les bandits se dispersèrent.

Presque tous gagnèrent les rivages de la Sardaigne. Deux restèrent avec lui : Piconi et Mascaroni.

XXII
les trois

T'hè mocu !... T'hè mocu !...

Poli, qui descendait une sente, entre des broussailles, s'arrêta net. Cela voulait dire : « Ne va pas plus loin, les gendarmes te guettent. » Il connaissait bien ce cri familier aux braconniers et aux bandits. Il attendit, tapi. La nuit était profonde.

— Ami, fit une voix, comme un sifflement sortant du maquis.

— Avance et dis ton nom.

— Marcu

Le vieux sorcier surgit d'un buisson.

— Tu rôdes toujours.

Il lui tendit vivement la main.

— Toujours ma détestable habitude !

Ils écoutèrent pendant une seconde. On n'entendait que le bruissement du souffle de la nuit dans les feuilles, le gémissement de la mer au loin.

— Où allais-tu ?

— Voir Madeleine

— N'y va pas.

— Pourquoi ?

— Parce que les gendarmes gardent la maison.

— Combien sont-ils ?

— Nombreux... D'où viens-tu ?...

— De la forêt où je suis avec Mascaroni et Piconi.

— Vous êtes imprudents.

Ils étaient assis, l'un à côté de l'autre ; ils parlaient à voix basse. Ils ne voyaient que le ciel noir. Un chien de berger aboya. Poli avait tant de questions à poser au vieux Marcu ! Toutes se rapportaient à Madeleine. Mais il se taisait. Il était sombre, triste comme le sont les âmes primitives, sauvages, tristes avec une impétuosité brûlante, une fierté tenace. De telles tristesses, maintenant, stagnaient dans sa vie. Il éclatait, par moment. Il criait, il hurlait. C'était le fauve qu'on traque et qui entrevoit la fin. Comment, lui, Poli, que la Corse avait adoré, ne pouvait même plus voir celle qui était la suavité profonde de son existence !

— Marcu... Marcu... faisait-il par moment sur un ton lugubre.

Le vieux lui dit :

— Je sais que tu souffres. Dois-je te plaindre ? Non, tu m'en voudrais. Il n'est pas possible que ton destin soit fini. Il me semble que ta volonté n'a pas de borne. Je te crois invulnérable.

Ils remontèrent vers la forêt. Les ténèbres pesaient sur toutes les choses qui paraissaient les complices de cette nuit de plomb.

— Espère, espère encore...

Poli, qui brisait des branches de lentisque, eut un mouvement brusque de rage qui explose. Dans la nuit il tendit le poing.

— Mais je ne suis pas encore vaincu ! J'existe et mon nom est un épouvantail.

Parmi les chênes de la forêt la nuit semblait chanter. L'énigme nocturne enveloppait les choses confondues. Poli siffla. Une silhouette parut aussitôt.

— C'est Mascaroni.

Ils le rejoignirent.

— Et Piconi ?

— Il vient.

Le géant survint. Poli leur dit :

— La maison est cernée... Mais voyons, Marcu, comment vous êtes-vous trouvé sur mon chemin ? Madeleine, sans doute, vous avait averti.

— Non, je n'ai pas vu ta femme. Avant de quitter le village, pour errer comme d'habitude, j'avais remarqué le va-et-vient des gendarmes autour de la maison Corradini.

— Tu l'as échappé belle ! fit Piconi. Nous avons traversé presque toute la Corse au prix de mille ruses et de mille pièges, et nous serions venus nous faire prendre dans la souricière de la Chiaja ! Non, ce n'est pas raisonnable. Allons-nous en sur-le-champ !

— Et Madeleine ? dit Poli.

Le vieux Marcu fut sur le point de crier son indignité. Il se contint. Il prévit la colère terrible du bandit qui serait descendu au village pour se venger. Nulle puissance au monde ne l'eût retenu.

— Toujours ta femme ! s'écria le géant. Eh bien ! Madeleine attendra des jours meilleurs.

— Je ne pense pas comme toi.

Marcu dit :

— Piconi a raison. La forêt n'est pas sûre, et il est plus prudent, aujourd'hui, de ne se fier à personne.

Mascaroni approuva de la tête.

— Je connais, ajouta Marcu, sur les hauteurs escarpées d'Anelappa, des cavernes ignorées, où personne ne songera à vous chercher. Là, vous pourrez vivre en paix, vous faire oublier, au besoin, et attendre des temps plus favorables.

— Allons-y, dit le poète, ce sera notre Arcadie. Nous nous reposerons. Repos bien gagné !

— Soit ! fit Poli. Conduisez-nous, Marcu.

— À la bonne heure ! tu deviens raisonnable.

Ils suivaient le vieux sorcier. Le bruit lointain du golfe était comme une obsession et les espaces nocturnes en paraissaient hantés. Ils suivaient le vieux sorcier, en silence, attentifs, l'arme prête…

XXIII

en revenant du moulin

La caverne est profonde. On est là comme au fond d'un abîme. Des lentisques, des arbousiers en cachent l'entrée. Dans cette solitude, une voix s'élève, plaintive et continue, celle d'une source qui jaillit du roc. C'est à Analeppa, cime de rochers, de chêneaux, de chênes, de broussailles, cime presque inaccessible. La pierre y prend les formes les plus étranges. On dirait qu'elle y a été sculptée par des démoniaques. Les chèvres, elles-mêmes, hésitent à s'aventurer dans ce dédale de rocs et de feuillages.

Dans cette caverne perdue, les trois bandits vivent tranquillement.

Mascaroni étudie les poètes, les commente. Il s'est épris de Laurent le Magnifique, de ses poèmes. Il écrit des sonnets pour Rosa.

Piconi tend des pièges aux merles, aux perdrix, aux lièvres. Il allume le feu. Il fait la cuisine. Ils ont des écuelles. Un berger fidèle leur apporte du pain d'orge, du lait, du fromage et de temps à autre, des quartiers de mouton ou de chèvre.

Poli est triste. L'inaction lui est lourde. Il demeure allongé, à l'ombre d'un roc ou dans la caverne, enveloppé de son pelone, pendant des heures, sans dire un mot. Piconi ne trouble pas son silence. Mascaroni, dehors, examine les fleurettes, les feuilles, les herbes, passe des journées entières avec elles. Ils ne se trouvent réunis que le soir, autour du foyer. Poli songe à l'écroulement de ses grands projets. Il est là comme un débris. Voici des semaines qu'il n'a pas vu Madeleine. Elle ignore où il est. Chaque jour il dit :

« Je vais à la Chiaja. » Mais Piconi le surveille. « Tu te feras tuer. Le village n'est plus qu'une embuscade. Es-tu sûr de ses habitants ? La police, aujourd'hui, les a dans la main. Et le plus petit gamin te vendrait !... »

Poli, souvent, pousse des hurlements, en tournant dans la caverne : « Lâches ! Lâches !... » Il regrette maintenant ses bandits. Il aurait dû les garder jusqu'à la fin. Où sont-ils ? Quelques-uns errent encore dans le Niolo. Traqués par tous, ils se réfugient sur les plus hautes cimes ; mais ils finiront par succomber.

Un jour, il descendit jusqu'à la rivière. Il s'assit sur la berge, le fusil sur les jambes pendantes. Les saules pleureurs traînaient sur l'eau. Il faisait une journée très douce de juin. La rivière était basse, pleine de reflets. Sur l'autre bord des panicules se balançaient mollement.

Poli songeait. Qu'était-il dans la vie ? Une branche à la dérive. Plus rien. Mais pourquoi n'appellerait-il pas Madeleine ? « J'irai avec toi », avait-elle dit. Il n'y avait plus d'obstacles aujourd'hui. Il s'anima. Quelle allégresse en cette caverne ténébreuse ! Avec elle il supporterait la détresse de son sort, sa déchéance...

Il dressa l'oreille. Il se leva à demi. Dans la sente, qui longeait la rivière, entre les herbes, un homme poussait devant lui son âne qui portait deux sacs en peau de porc. Il le reconnut et son cœur se réjouit.

— Hé, Nardelli !... D'où viens-tu ?...

— Tiens, Poli ! Que disait le vieux Marcu ?

— Et que disait-il ?

— Que tu étais en Sardaigne.

— Marcu a de l'imagination. Non, je ne quitterai pas la Corse. Et comment va Madeleine ?

— À merveille.

— Croit-elle à mon départ ?

— Je ne sais pas.

— Je m'ennuie ! Et je n'ai plus d'énergie. Je reste dans ma caverne, jour et nuit. Mascaroni compose des poésies. Piconi s'occupe du ménage. Moi, je ne sais rien faire. Mes bras me pèsent.

Il se tut ; puis, brusquement, il se décida :

— Va voir Madeleine, dis-lui que je l'attends

Il indiqua du doigt les hauteurs d'Analeppa

— là-haut. J'ai confiance en toi. Ne bavarde pas.

— Je garderai le secret.

Poli remonta vers la caverne. En passant il appela Mascaroni qui rêvait étendu sur un rocher.

Nardelli s'engagea dans la plaine de Tavaria, en cheminant toujours le long de la rivière. Il était pensif...

Quelle rencontre !... On le croyait en Sardaigne et il se trouvait à deux pas de la Chiaja !...

Nardelli avait été le camarade d'enfance de Poli. Il avait fait partie de sa bande, contre celle de Gambini. Et Dieu sait s'il avait reçu, donné des coups ! Aussi n'avait-il jamais cessé d'admirer Poli et d'être hostile au cordonnier...

« Ce Gambini !... Ce Gambini... » disait-il entre ses dents.

L'âne s'était arrêté au bord de l'eau où l'herbe haute et grasse avait pris, semblait-il, toute sa fraîcheur à la rivière, imagée et d'une limpidité de ciel nu. L'âne est gourmand, comme on sait. Mais je ne sais plus quel berger contemplatif m'affirma, un jour que nous devisions à l'ombre d'un grand lentisque épais, que l'âne est une sorte de bohème, sensible aux couleurs de la nature, à l'haleine des feuillages, aux frissons de l'onde, aux légers souffles auxquels il livre ses longues oreilles avec volupté... Aussi la bête du bon Nardelli semblait-elle éprise, en ce moment, des reflets de l'eau courante, à moins qu'elle ne le fût de son image qui figurait, à travers les moires fugitives, un long museau et de plus longues oreilles velues, tendues comme des antennes...

Nardelli, qui restait pensif, s'était arrêté aussi et ne pensait pas à le bousculer... Lui aussi semblait regarder la rivière...

C'était le grand silence d'été, à l'heure où les bêtes somnolent, au sein des plus florissants pâturages, comme enivrées d'arômes vibrants, de bouffées de vent marin, de lumière violente.

La voix d'un pâtre réveilla Nardelli.

— Ho !... Ho !...

Il poussait dans la plaine un troupeau de brebis.

Ils se connaissaient.

— Tu t'en vas à la montagne...

— Comme tu vois... Ici, déjà, le ciel accable les bêtes... Elles maigrissent, elles gémissent. On dirait qu'elles évoquent le séjour frais des cimes...

Ce pâtre avait sa chaumière non loin de la Chiaja.

— Et tes chèvres ?

— Elles sont déjà dans la montagne où ma femme les garde.

Les brebis étaient loin. L'âne, lassé de sa rêverie, s'était mis en chemin...

Nardelli pensait à son secret. Il était fier, au fond, de savoir où Poli se cachait. Il brûlait de le faire connaître. Il faillit le dire au pâtre qui était l'ami du bandit.

« — Tu sais, Poli n'est pas en Sardaigne... »

Mais ce berger était bavard. Il aurait promis de garder le secret et puis il l'aurait dévoilé à n'importe qui, sans songer au mal qu'il pouvait faire.

Nardelli se tut. Il rattrapa l'âne, et le pâtre son troupeau.

Plus loin, le grand Stelli fauchait les foins, que son fils fanait ensuite. Il ahanait, penché sur sa faux qu'il maniait vigoureusement et qui ne pesait pas plus qu'un fétu de paille à son bras.

Le faucheur, avec un mouchoir à carreaux, essuya la sueur qui du front ruisselait dans sa barbe broussailleuse. Puis il but à la gourde...

— Que dit-on au moulin ? demanda-t-il à Nardelli...

— Rien... mais...

Ah ! qu'il est dur de garder pour soi un secret lorsque la langue vous démange ! Et quel secret !...

— Mais quoi ?

—... Mais il fait très chaud !

— Que dirais-tu si, au lieu de flâner derrière ton âne, tu étais obligé de couper les foins toute la journée, sous un ciel torride !

— La chaleur est plus légère aux travailleurs qu'aux fainéants...

Et Nardelli donna un coup de pied à sa bête, alléchée par les foins odorants.

Cette plaine n'était que tentations délicieuses pour un pauvre âne qui se contentait, la plupart du temps, de l'herbe et des ronces des sentiers. Ici, des champs de maïs tendres aux longues feuilles fraîches et veloutées, là des champs de haricots. Il lui était permis de respirer toute cette verdure, mais non d'y goûter.

Voici qu'à un endroit où les roseaux à peine balancés foisonnent, surgissant de la rivière, la vieille Nina toute noire, encapuchonnée comme si elle avait froid, apparut lugubre sur tout ce fond vert et frissonnant. Elle tenait sa chèvre en laisse ; elle en vivait.

— Rien de nouveau au village depuis hier matin ? demanda Nardelli.

— Rien...

Elle avait une pâleur de cire et des yeux aigus. Elle ajouta :

— Le meunier est-il toujours voleur ?

— Bah ! il faut bien qu'il vive...

Les roseaux bruissaient. Des arbustes en fleurs exhalaient leurs odeurs dans la chaleur enivrante. Par moment, toute la plaine ondoyait, puis elle demeurait immobile, comme accablée par le poids de l'espace... L'âne se mit à braire longuement.

Nardelli ouvrit la bouche. « Vous savez, vieille Nina... » Malheureux ! Qu'allait-il dire ? Il n'y avait pas de plus bavarde dans les environs que Nina. Lui confier un secret, c'était le crier sur la place publique...

Heureusement pour Nardelli qu'il ne rencontra plus personne. Quel supplice de ne pouvoir se vanter de savoir où Poli se tenait !

Le soir venait quand il entra au village. Déjà les femmes allaient à la fontaine. Elles y vont par bandes, portant leurs cruches à la mode antique et ne cessant de cancaner...

Madeleine n'était pas avec elles.

Nardelli déchargea son âne, le laissa aller où il voulait ; puis il se dirigea vers la maison de Corradini...

Madeleine, assise sur son seuil, cousait.

— Es-tu seule ? lui dit Nardelli à voix basse.

— Oui, quel mystère !

— C'est que... c'est que...

— Allons, décide-toi.

— Écoute, j'ai vu Poli...

Elle se leva d'un coup.

— Il m'a chargé de te dire où il était et qu'il t'attendait...

Il lui fit le récit de sa rencontre avec le bandit.

— Sois prudente. Ne dis rien à personne... à personne...

Il s'éloigna... Il s'arrêta net, il semblait hésiter... Brusquement il revint vers elle...

— Surtout à Gambini... La vie de ton mari est maintenant entre tes mains.

Elle était pâle, elle croisait ses mains sur son sein et elle regardait droit devant elle, immobile comme si cette nouvelle l'avait pétrifiée.

XXIV

la tragédie

Poli ne pouvait s'endormir. Roulé dans son manteau, les pieds au feu, son regard se perdait dans l'ombre. Mascaroni et Piconi dormaient comme des bienheureux. La source chantait sa cantilène. À la fin Poli se leva, fixa sa cartouchière bourrée de balles, de poudre et d'étoupe, qu'il ne quittait jamais. Il prit son fusil et sortit.

Entre les nuages, qui cheminaient indolemment, la lune avait de brèves apparitions. Le bandit regarda autour de lui, tendit l'oreille… Rien. Allait-elle venir ? Il se dissimula derrière un roc à l'abri du vent qui, parfois, bouleversait les feuillages. Un torrent roulait au loin son chant rocailleux.

Il crut percevoir des pas. Était-ce Madeleine ? Il avança la tête à peine. Il dominait le paysage jusqu'à la rivière. Les choses lui parurent hostiles. Le bandit avait l'oreille exercée ; elle pénétrait le silence le plus lointain, le plus obscur. On marchait, çà et là, parmi les myrtes, les cistes, les lentisques. On marchait en rampant presque.

Il fit jouer lentement les chiens de son fusil. Réveillerait-il ses compagnons ? Il craignit d'être vu, entendu. Comment les prévenir ? Il imitait à s'y méprendre le cri du renard pris au piège. Il écouta encore… Le vent agitait les branches, le torrent sonnait entre les pierres. Il demeurait inquiet. Nardelli avait-il jasé ? Le maquis sentait la police. Le bandit flairait des souffles. Il entendit un bruit de branches cassées. Non, ce n'était pas Madeleine ! Ceux qui montaient étaient nombreux et se cachaient. Et, soudain, comme un renard en détresse, il cria parmi les rocs. Une pierre roula. Alors Poli tira au jugé. Une plainte, aussitôt, déchira l'air. La balle avait porté.

— Garde-toi !

La voix du bandit s'éleva impérieusement. Il avertissait ses camarades. Il entendit Piconi qui disait :

— Qu'y a-t-il ? Où diable es-tu ?…

— Prends garde ! Ne te montre pas. Je m'en tirerai à moi tout seul.

Un coup partit. Le géant, encore ensommeillé, qui s'était dressé à l'entrée de la caverne, dépassant les arbustes, fut atteint au front et s'écroula dans les broussailles en criant : « À moi ! »

Poli vit aussitôt paraître des voltigeurs. À chaque coup, il abattait son homme. Ce fut une fusillade générale. Les balles s'aplatissaient sur les pierres. Les voltigeurs étaient prudents. Des nuages noirs passaient au ciel. Poli se rendit compte que son abri serait bientôt intenable. Derrière lui, une sente pour chèvres montait parmi les rocs. Il s'y glissa en déchargeant de temps à autre son fusil.

Il se trouva tout à coup. au bord d'un précipice dont l'ouverture avait deux mètres environ.

Il prit son élan, le fusil en bandoulière, et retomba sur ses pieds de l'autre côté, leste comme une chèvre, s'engagea dans une sorte de gorge étroite, entre des rochers qui formaient remparts ; parfois, il se courbait pour passer sous les lentisques entrelacés. Il parvint ainsi dans une grotte : elle était double. En face, un vieux chêne se dressait.

On ne pouvait le suivre du côté du précipice ; mais si l'on songeait à grimper sur l'arbre, il serait découvert. Il avait la gorge brûlante, il n'avait pas d'eau, pas de pain. Le silence le plus profond avait succédé aux coups de fusil. Et Mascaroni ? Tué sans doute comme Piconi. Une angoisse sombre, un moment, l'accabla. Il attendait le jour avec impatience.

L'aube parut avec cette légère brume, à peine bleue, qui annonce une belle journée. Des chiens de berger, au loin, se mirent à aboyer. Poli se pencha. À droite, la grotte dominait un petit vallon. Derrière et à gauche, c'était un chaos de rochers et de broussailles.

Comme le soleil se levait, le bandit vit paraître, dans le vallon, les voltigeurs prudents, prêts à faire feu. Toute une armée ! « Pauvres alouettes ! » pensa Poli. « Non, il vaut mieux que je me taise, je n'ai plus de pain… » Leur chef, qui avait l'air impérieux, explorait le paysage avec une longue-vue. Le bandit se tapit. Un long moment s'écoula. Soudain, il s'aperçut que le chêne remuait, comme sous un effort. Il n'y avait pas un souffle dans l'air. Quelqu'un montait donc sur l'arbre. « Imprudent ! » murmura-t-il. Un voltigeur parut entre deux branches, et, aussitôt, frappé au front par une balle, il tomba en poussant un cri, les bras écartés. Il y eut un sauve-qui-peut général.

— Prenez garde à vous ! s'écria Poli.

Maintenant, le vallon était vide. La journée fut longue. Le bandit mangea des herbes acidulées pour apaiser sa faim et sa soif.

Vers le soir, des coups de marteau résonnèrent sur sa tête. Poli, qui était allongé, se leva, appliqua l'oreille contre la pierre. Il ne se trompait pas : les voltigeurs minaient le rocher qui allait s'ouvrir, et s'écrouler sur lui. Non ! Il ne voulait pas mourir de cette horrible mort. Il périrait en se défendant, face à l'ennemi. Et, brusquement, la nuit venue, il bondit dans le vallon, s'adossa pendant une minute au tronc du chêne, puis il se mit à courir... Il se retourna vivement. Un voltigeur, en tremblant, le couchait en joue. Il le prévint rapidement. L'autre, frappé mortellement, tomba. Il était poursuivi... Devant lui, hélas ! une chaîne de granit barrait le chemin ; derrière, la meute grossissait. Il se jeta sur la gauche, dans un cercle de rocs. « Vous l'aurez voulu ! » s'écria-t-il.

La lune éclaira soudain les choses. Sa cartouchière était pleine encore. Mais ils étaient trop ! Et il n'avait pas assez de balles. Toutes les fois que son fusil partait, un voltigeur était atteint. « Approchez-vous, leur criait-il, approchez-vous ! » Il se dressait, dédaignant de s'abriter ; mais leur épouvante était telle qu'ils ne pouvaient viser. « Pour toi, Mascaroni !... Pour toi, Piconi !... » Et c'étaient des cris de douleur, des imprécations : « Malédiction sur toi, bandit d'enfer !... » Ils l'insultaient. On entendait son ricanement. Cependant quelqu'un se traînait, tout sanglant vers lui, les yeux aigus, la bouche crispée. C'était une de ses victimes.

— Écoute, écoute, monstre enragé, ta femme, pendant que tu nous tues, se laisse conter fleurette par le cordonnier. C'est elle qui nous a indiqué ta caverne.

— Tu mens ! Tu mens !

— Un mourant ne ment pas.

Alors le bandit se rappela les paroles du vieux Marcu : « Ne te fie à personne ! » Il savait, lui ! Tous savaient. Son déshonneur était public. Il se sentit faiblir. Un enfant l'eût tué maintenant. On tirait sur lui, mais sa pensée était ailleurs. Il ne doutait plus. Ah ! la misérable ! Ils pouvaient tirer, il ne se défendrait plus. Assez de sang ! Il acceptait la mort, maintenant que tout s'était écroulé.

Il s'agenouilla entre deux rocs et attendit la mort. Sur la droite, son ombre s'allongeait. On l'eût pris pour une apparition. Il ne bougeait point, immobile comme un menhir. Que se passe-t-il ? se demandaient les voltigeurs. Le bandit ne tirait plus. Il était toujours devant eux, à genoux, tout droit, les yeux fixes, le fusil menaçant. Son visage apparaissait diabolique dans le clair de lune. Une sourde stupeur les accablait. Ils déchargèrent leurs armes, mais ils n'osaient bouger...

Et quand le jour parut, Poli, planté là comme un défi éternel, semblait ricaner en les regardant.

— C'est à croire qu'il est invulnérable !

— Il est mort, dit le chef des voltigeurs.

— Mort ? Mais voyez son attitude… Il nous tend un piège sûrement.

Des corbeaux croassaient. Leur nuée noire tournait lentement au-dessus du vallon. Les voltigeurs grelottaient devant cet épouvantail humain.

Soudain un corbeau s'abattit sur la tête du bandit, qui s'écroula.

épilogue

La cloche tinte dans le mistral. C'est le soir. Les arbres font des gestes énigmatiques.

— Vas-tu aux vêpres ?

Madeleine lève la tête vers son père

— Non.

Assise sur son seuil, vêtue de noir, elle est pâle, et ses yeux sont mornes.

La cloche tinte, comme ballottée par le vent déchaîné sur la mer et dans la forêt. Madeleine est triste. Regrette-t-elle Poli ? N'aime-t-elle plus Gambini ? Elle est triste, très triste.

Les gens passent devant elle et la regardent sans rien dire. Ils vont aux vêpres, et le vent souffle de plus en plus fort.

La cloche s'est tue. Alors Madeleine, seule sur son seuil, seule dans le village, a envie de pleurer dans son isolement. Elle n'a plus d'appui. N'est-il pas mort ? Et s'il est mort, n'est-ce pas à cause d'elle ?

Elle avait su par Nardelli où Poli se cachait. Elle l'avait dit à Gambini, le soir même. Que s'était-il passé ? Quelques jours après, les trois bandits étaient tués. Nardelli avait crié à la trahison. Le village s'était détourné d'elle, on la méprisait. À la fontaine, quand elle paraissait, on se taisait subitement, et on la laissait seule. On l'injuriait même.

Un jour, une vieille lui dit :

— Pourquoi portes-tu le deuil ?

Elle haussa les épaules, mais tout son être frémit. Elle gémissait seule au foyer. Elle fuyait Gambini. Sans cesse elle voyait le bandit, à genoux, devant les gendarmes épouvantés. Elle savait les paroles qu'avait lancées à Poli le voltigeur mourant et comme, cessant aussitôt la lutte, celui-ci avait accepté la mort. Ah ! combien il l'avait aimée !

Elle se traînait le long des jours. Le souvenir de Poli se précisait dans une désolation qui la torturait.

Elle se disait : « Je suis vile. » Épouser maintenant Gambini, quelle honte ! Elle fléchissait sous le poids du dédain tenace et farouche du village. Elle ne pouvait s'empêcher de penser au bandit dont elle évoquait la force, la volonté, la générosité. Elle criait, parfois, dans la nuit ; elle criait seule, dans la plaine, parmi des roseaux ou sur le sable de la mer. Elle était comme égarée, par moment ; car c'était la soif sans l'espoir de la source. Il y avait des jours où elle errait, hantée, traquée par des Ombres.

— Bonsoir, Madeleine.

Elle ne l'avait pas entendu venir. C'était Gambini.

— Que veux-tu ?

— Pourquoi te détournes-tu de moi ?

Elle ne répondit pas.

— Réponds-moi. On dirait que tu me hais à présent. Qu'ai-je fait ?

Elle se dressa brusquement.

— Qu'as-tu fait ?... Qu'as-tu fait ?... Mais tu m'as brisée, anéantie, tu m'as jetée dans l'infamie !... J'ai été
faible ; mais tu fus cruel, haineux, traître !... Qu'as-tu
fait ?... Mais, à cause de toi, je suis la plus méprisable des
femmes, celle qui a trahi son foyer !

— Madeleine... Madeleine... calme-toi...

— Va-t'en !... Va-t'en !...

Il croisa les bras sur sa poitrine et la regarda froidement. Des chants montaient de l'église. Une vieille femme
sortit, courbée sur son bâton, encapuchonnée d'une jupe
noire que le vent faisait claquer. Alors, Madeleine se leva,
rentra et ferma la porte.

La lune émergeait des arbres de la forêt. Sa lumière
doubla les rocs, les ombrages isolés, les maisons. Le ciel
parut plus pur et les étoiles plus clignotantes. La voie lactée
fourmillait.

Madeleine descendait le sentier. Elle se hâtait. On l'eût
prise pour une insensée. Elle parlait, elle gesticulait, parfois.

Quelqu'un, accroupi derrière un myrte, se dressa.
C'était Marcu, le sorcier. Il riait en silence, le visage ridé
comme le tronc des chênes. « C'est la fin, murmura-t-il...
Mon rêve va se réaliser... Pauvre Madeleine !... Triste destin !... »

Elle courait presque, la poitrine haletante. Le mouchoir
noir qui lui couvrait la tête se dénoua. Impatientée, elle le
jeta. Il tomba sur un buisson, où il apparut comme un épouvantail.

Sur les bords de la rivière elle s'assit un moment, au
milieu des herbes qui, trop lourdes, se penchaient vers
l'eau. Ses pieds touchaient presque l'onde qui, tout près,
tourbillonnait. Elle regardait les remous qui semblaient la
fasciner. Un pâtre s'était noyé là. On n'avait pas retrouvé
son corps. On supposait que le courant l'avait emporté vers

la mer… Et sur la rivière, fleurie de lune, Madeleine se pencha, se pencha de plus en plus, fascinée…

Dans le village les gens vont de porte en porte, à pas lents. Une tragédie les hante. Les femmes, chaque soir, reviennent de la fontaine, à la file indienne, et se signent devant une grande croix moussue qui n'a plus qu'un bras. Gambini travaille à Sartène, maintenant. On voit souvent Marcu rentrer à l'aube. L'abbé Santi fait toujours sonner ses clés en allant à l'église et il aime à répéter : « Sur la terre, il y a plus d'iniquités que de fleurs. »

Le vieux Corradini, assis sur son seuil, seul, désormais seul, toujours tourné vers la rivière et la mer, pleure en silence. On n'a pas retrouvé le corps de Madeleine.

HENRI PIERHOME

Gallochio, bandit corse

(1929)

avant-propos

Connaissez-vous l'histoire du diable de Pise ?

On raconte qu'il y avait, dans la cathédrale de Pise, un caveau où l'on déposait les morts dans leur cercueil pour y passer la nuit qui précédait leur inhumation. Or, à une certaine époque, le bruit se répandait par la ville que, sur le coup de minuit, un grand bruit de chaînes se faisait entendre dans le sombre couloir conduisant au caveau, et l'on voyait brusquement surgir un être surnaturel, grimaçant, griffu et entouré de flammes, qui s'annonçait d'une voix caverneuse comme étant le diable, et qui sommait les personnes présentes de lui céder la place. Frappées de terreur, celles-ci fuyaient éperdument, sans même avoir la présence d'esprit d'asperger ce démon d'une eau bénite qui l'eût certainement volatilisé. Et, quand celles-ci se hasardaient à revenir, quelques heures plus tard, le diable avait disparu en emportant, pour des fins mystérieuses, mais indubitablement infernales, les bijoux, parures et ornements précieux dont la famille avait pieusement revêtu les cadavres.

Il se trouva qu'un brave homme, dont la femme était morte, manifesta l'intention de passer la nuit auprès du corps, dans ce caveau qui jouissait d'une si effroyable réputation. On tenta de l'en dissuader, mais l'homme, croyant résolu, s'obstinait à penser que Dieu est plus puissant que tous les diables, et qu'il n'avait aucune raison de lui refuser son aide en une telle occurrence. Au demeurant, il n'avait pas froid aux yeux, et portait à la ceinture une sorte de pistolet à tromblon qui eût fait réfléchir Belzébuth en personne. De guerre lasse, on le laissa faire à sa guise. L'homme s'assit près du cercueil, et, tous l'ayant quitté, il commença sa veillée funèbre.

Vers minuit, il entendit un grand bruit de chaînes, et vit apparaître une créature entourée de flammes, qui sautillait étrangement et hurlait d'une voix caverneuse :

— Fuis, malheureux ! je suis le diable.

L'homme ne s'émut pas le moins du monde.

— Si tu es vraiment le diable, répondit-il, je ne puis rien contre toi, et, dans ce cas, que la sainte volonté de Dieu soit faite. Mais, si tu n'es pas le diable, je te garantis bien que je vais t'y envoyer.

Là-dessus, il ajusta consciencieusement le prétendu démon, et lui envoya la charge de son tromblon dans la poitrine. Le diable fut tué sur le coup, et les gens accourus reconnurent que c'était simplement le sacristain de la cathédrale.

J'ai raconté cette histoire parce qu'elle me revient presque fatalement à l'esprit chaque fois que j'étudie impartialement et dans le détail la vie des bandits corses, qu'ils soient célèbres ou à peu près inconnus. Le plus souvent, ils sont comme ce diable de Pise, qui s'était établi une réputation de terreur essentiellement basée sur la pusillanimité et la puérile imagination de ses contemporains. S'il ne s'était pas trouvé, par aventure, un homme résolu à ne pas se laisser suggestionner, le sacristain n'en fût pas mort, et la satanique légende, confirmée par les faits et aggravée par l'imagination populaire, eût sans doute assuré à cet ingénieux détrousseur de cadavres une parfaite impunité et une aimable vieillesse.

Il y a eu, comme cela, des centaines de bandits corses, qui valant encore bien moins cher que ce sacristain, se sont vu conférer par la masse une auréole de toute-puissance extraordinaire et quasi surnaturelle, grâce à laquelle ils aggravaient impunément le nombre et la qualité de leurs crimes, finissant par croire eux-mêmes à la justice de leur cause, à leur infaillibilité, à leur courage, aux vertus qu'on leur prêtait, et accomplissant les actes les plus sanguinaires et les plus odieux avec la conviction que personne n'oserait les inquiéter, sauf, naturellement, des gendarmes lourdauds et brillamment costumés, donc faciles à éviter ou à abattre.

Il est frappant de constater, lorsqu'on pénètre ainsi dans l'histoire du banditisme, le vertigineux écart existant entre la légende créée autour d'un quelconque « roi du maquis » et la réalité des faits mis bout à bout qui permettent de reconstituer son véridique curriculum vitae. La légende leur prête un visage noblement farouche, une âme impavide mais équitable, un culte profond de la justice morale, des traits de générosité qui émeuvent les moins sensibles, des exemples de sévérité qui trouvent un écho vibrant dans les cœurs les plus enclins à la bienveillance. Le drame initial qui les a incités à fuir la société pour se réfugier au maquis devient, peu à peu, une de ces navrantes machinations du destin où le pauvre bandit, bafoué, maltraité ou dépouillé, a joué le rôle honorable du justicier sans peur et sans reproche. Il a tué pour défendre son honneur, car l'honneur est, en dernière analyse, la grande préoccupation, l'unique souci de sa vie...

La réalité est, hélas ! infiniment moins aimable, et trop souvent, reconnaissons-le, le bandit n'est qu'un vulgaire criminel.

Cette opinion est amplement confirmée par l'examen impartial de certaines « carrières » assez brillantes et qui ont été récemment interrompues d'une façon brutale, par les soins de la gendarmerie ou, plus vraisemblablement, de co-adjuteurs éventuels et anonymes de notre maréchaussée insulaire.

On a fait grand bruit autour de la mort de Romanetti ; certains écrivains lui consacrèrent des ouvrages ou des poèmes ; la foule lui fit de véritables funérailles ; la presse locale, moins enthousiaste, se contenta de quelques articles qui, pour n'être pas précisément élogieux, rappelaient sans malveillance la physionomie étrange de ce roi du maquis. Or, dépouillée de sa légende extrêmement factice, la figure de Romanetti est vraiment moins sympathique : ayant pris le maquis après un meurtre qu'aucune conscience humaine ne peut absoudre, ni même excuser, il n'y vivait en grand seigneur que par des moyens assez suspects. Il ne manquait certes ni de ruse ni de témérité. C'était un excellent tireur, toujours très entouré et très renseigné, capable parfois d'une générosité, volontiers ostentatoire. Il avait eu l'intelligence de comprendre que l'un des meilleurs moyens de s'assurer l'impunité était de soigner sa publicité : aussi recevait-il, très largement, des personnages politiques influents, des touristes titrés, des journalistes connus. Il jouait fort bien le rôle du roi en exil, sur la vie de qui veillent des partisans dévoués, prêts à défendre le maître au prix de leur vie. Il adorait les entrées théâtrales, les sorties mystérieuses ; sa grande trouvaille avait été d'imaginer, pendant qu'il régalait ses nobles convives, de faire surgir, tous les quarts d'heure, des hommes barbus et armés jusqu'aux dents, qui venaient lui dire d'une voix pénétrée : « Chef, tout est calme. Rien à signaler dans le secteur. » Alors, le chef les licenciait d'un geste large et offrait des rasades généreuses à ses hôtes émerveillés d'une telle organisation, et, aussi, d'une telle sérénité de la part d'un homme si visiblement traqué.

Cela ne l'empêcha nullement de commettre des exactions et des coups de force, et de se charger la conscience d'un certain nombre de cadavres. Présentée sans les romanesques enjolivures dont l'orna l'imagination populaire, l'histoire de Romanetti se résumerait, en somme, à un acte d'accusation particulièrement fourni, et qui ne saurait inspirer ni l'admiration ni la pitié des honnêtes gens.

De même, on a « détruit » récemment, en Corse, un bandit nommé Castelli, qui tenait le maquis depuis de très longues années, qui était, je crois, le doyen des contumaces réfugiés dans la brousse insulaire et qui fut incontestablement le plus sanguinaire et le moins intéressant des meurtriers. Il avait débuté par un crime qui lui avait valu cinq ans de prison. Ayant purgé sa peine, il était revenu au village avec la résolution de tuer celui qui avait, en toute sincérité, du reste, déposé contre lui. Prévenu de ces intentions homicides, ce brave villageois s'était barricadé seul chez lui ; Castelli se posta devant la maison, défendant à quiconque de ravitailler l'assiégé, qu'il avait de la sorte condamné à mourir de faim. La fille du malheureux ayant voulu pourtant apporter des vivres à son père, Castelli la blessa mortellement, et la pauvre enfant agonisa pendant deux jours sur la route, sans que personne fût autorisé à lui porter secours ; il fallut toute l'énergie d'un prêtre pour que la moribonde, enfin transportée au presbytère, y pût recevoir les derniers sacrements avant d'expirer.

Il est évident que rien ne peut excuser une pareille sauvagerie ; même en admettant le faux témoignage initial, et, encore une fois, ce n'était pas le cas ; même en admettant la légitimité d'une vengeance personnelle, le meurtre si cruellement perpétré de cette innocente jeune fille marque exactement le niveau moral du meurtrier, et suffit à en faire pour nous le plus répugnant et le plus méprisable des assassins. Imaginerait-on pourtant que, dans ce village de Corse où se déroula ce sombre drame, le bandit Castelli jouissait d'une indéniable considération, et était présenté par certains comme une sorte de type légendaire, un héros du maquis, un émule de ces sympathiques personnages dont Mérimée nous traça dans Colomba un si aimable portrait ! Que la crainte de terribles représailles ait souvent provoqué ces éloges dithyrambiques, il n'en faut point douter ; toutefois, ils étaient fréquemment sincères et désintéressés.

Est-ce à dire que tous les bandits corses doivent être considérés, purement et simplement, comme de vulgaires assassins qui, vivant dans un pays particulièrement touffu et difficile à explorer, auraient continué à exercer dans le maquis une industrie qui, partout ailleurs, leur eût valu le bagne et la guillotine ?

Non, il ne faut pas oublier que, parmi les centaines et les centaines de prétendus bandits d'« honneur » qui, depuis plus d'un siècle, infestèrent le maquis corse, il se trouva des hommes qui, par quelque côté, méritaient notre pitié ou notre intérêt. Un Bellacoscia, par exemple, est incontestablement un type remarquable, dont l'histoire véritable n'a pas besoin de recourir à la légende pour nous émouvoir et nous attendrir. Réfugié au maquis à la suite d'un drame passionnel, un de ces drames pour lesquels nos jurys de France ont tellement d'indulgence !

Bellacoscia y fut une manière de souverain, généreux et pacifique, un roi dont le royaume n'avait point de frontières pour ceux et celles qui s'adressaient à sa bonté, à son cœur et à sa bourse. Tireur merveilleux, sa balle ne manquait jamais le louis d'or qu'un touriste curieux plaçait à cinquante mètres contre le tronc d'un arbre. Fort heureusement, il n'exerçait pas sa virtuosité sur ses semblables : quand, dans les débuts surtout de son existence forestière, les gendarmes le serraient de trop près, il s'arrangeait pour leur céder la place, car il répugnait à verser le sang. Par la suite, il était devenu « tabou » même pour la maréchaussée ; des écrivains célèbres, des hommes d'État, de nobles touristes venaient lui faire visite, et il les recevait toujours avec une grande courtoisie et une aimable simplicité.

Gracié par le président de la République, alors qu'il était déjà fort âgé, il finit ses jours comme marguillier de son village, entouré de l'estime et du respect de ses concitoyens. C'est une figure sympathique et intéressante, et qui tranche singulièrement sur la grisaille du maquis.

Bellacoscia n'est pas unique en son genre. D'autres se signalèrent, sinon par mêmes traits, du moins par des actes de loyauté, ou de patriotisme, ou de bonté, qu'il est juste de porter à leur crédit, et en souvenir de quoi il leur sera beaucoup pardonné : un Théodore refusant de se laisser acheter par l'Angleterre qui lui offrait l'impunité et une fortune, et préférant rester pauvre en épousant la cause de la France, n'était certainement pas un homme inaccessible aux sentiments les plus désintéressés et les plus nobles.

On peut écrire aujourd'hui que le banditisme a presque totalement disparu en Corse, puisque l'on ne pourrait guère citer les noms de plus de quatre ou cinq contumaces tenant encore le maquis. Et, parmi ceux-là, il y en a au moins un ou deux qui sont parfaitement inoffensifs. On n'eût certes pu en dire autant il y a un siècle, au moment de cette fameuse guerre des contumaces qui avait transformé la Corse en une sorte de véritable champ clos, où les gendarmes, les voltigeurs et les bandits se livraient d'incessantes batailles rangées. À cette époque, le sang coulait en telle abondance que l'administration préfectorale, elle-même impuissante à maintenir l'ordre, s'était résignée à offrir des passeports aux bandits, pour qu'ils allassent se faire pendre ailleurs. Encore, avant d'en arriver là, la maréchaussée avait-elle subi de véritables hécatombes. Et il est certain que ces bandits étaient, pour la grande majorité, des gens de sac et de corde.

Pourtant, parmi ce ramassis de brigands sanguinaires, éperdus d'orgueil ou de vengeance, et dressés implacablement contre tout ce qui, de près ou de loin, représentait à leurs yeux l'ordre et l'autorité, quelques physionomies se détachent en traits particulièrement accusés, et méritent vraiment de retenir l'attention de l'historien. Ainsi, ce visage de Gallochio, de ce séminariste dont nous retraçons ici l'histoire d'après les documents les plus authentiques, les plus précis, les plus officiels, et qui, pareil à ces personnages des drames antiques, semble avoir constamment été le jouet de cette fatalité que les anciens appelaient la terrible Ananké. L'étude de ce caractère attire l'historien et déroute le psychologue jusqu'au bout, il reste effroyablement énigmatique. Il y a, en ce séminariste qu'on destinait à la carrière ecclésiastique, une volonté implacable, une volonté monstrueuse qui ne connaîtra aucun obstacle. Elle se double d'un sens absolu de l'équité, qui implique le respect scrupuleux de la parole donnée, de l'engagement pris, du serment proféré, respect tellement scrupuleux que la mort seule peut en châtier la défaillance.

Ce qu'il y a de frappant dans l'histoire de Gallochio, c'est que tous les meurtres qu'il commet sont la conséquence logique et inéluctable du meurtre initial, lequel était la conséquence logique et inéluctable du serment qu'il avait proféré. Il y a là un enchaînement de faits qui est un des plus solidement « enchaînés » qu'il nous ait été donné de constater. Et voilà pourtant que, brusquement, le dernier chaînon de la chaîne se trouve être d'un autre métal : la dernière expression de cette âme implacablement rigide est une pensée de générosité et d'oubli. Ainsi, l'énigme de la fin rejoint-elle l'énigme du début. Entre ces deux énigmes, il y a une vie étrange, mouvementée, farouchement sanguinaire et résolument probe. Gallochio est certainement un bandit d'honneur ; aussi offre-t-il, pour cela, un visage plus aimable à la postérité. Peut-Être pas, mais, à coup sûr, infiniment plus émouvant et plus pitoyable.

Il y en eut d'autres, encore, qui étaient partis pour occuper dans la vie des situations élevées, ou simplement honorables, et que des circonstances soudaines jetèrent au maquis. Tel avait été procureur de la République, qui alla un jour rejoindre ceux qu'il avait fait condamner au nom de la société ; tel avait été gendarme, qui finalement périt sous la balle d'un camarade de promotion. Il y a, dans cette longue histoire du banditisme en Corse, des cas d'espèce qui justifient vraiment l'intérêt de l'écrivain et du lecteur. Mais nous avons tenu à mettre ce dernier en garde contre une tendance exagérée à la généralisation.

Il est très malaisé, au surplus, de retracer exactement les agissements d'un homme vivant au maquis. Les drames les plus sanglants s'y déroulent souvent sans témoins ; les enquêtes menées par la gendarmerie restent sujettes à caution ; ceux qui pourraient parler préfèrent se taire la plupart du temps, et les langues ne se délient que longtemps après que la mort du principal intéressé a clos l'action judiciaire. En recoupant les interrogatoires de certains guides, les dépositions de certains témoins, les rapports de certains gendarmes, on arrive bien, sans doute, à rétablir la trame générale, à fixer des repères importants dans la vie d'un bandit. Pourtant, il plane toujours un certain mystère sur cette vérité historique ; il y a des lacunes que le narrateur ne peut combler sans risquer de trahir la réalité. C'est là qu'il doit se garder de faire appel à son imagination ; le mieux est encore, à notre sens, de laisser dans l'ombre ces périodes imprécises, et de ne rapporter alors que quelques faits authentiques, comme nous l'avons fait, par exemple, pour Gallochio pendant la guerre des contumaces. Ce sont les procédures criminelles qui nous ont servi de guide. Ainsi, le lecteur possède-t-il des documents qui peuvent lui permettre d'imaginer l'évolution morale ou sentimentale du personnage, bien que nous n'ayons pas toujours eu la faculté de le conduire par la main à travers les méandres d'une âme souvent insaisissable.

Avant de clore cette introduction, que le lecteur trouvera peut-être un peu longue, mais qui nous a paru constituer une préface indispensable à la compréhension exacte de ce qu'il est convenu d'appeler en bloc « le banditisme corse », nous voudrions faire remarquer que, la plupart du temps, ce banditisme se dévore lui-même. J'entends par là que le pire ennemi du bandit, c'est le bandit.

Si nous reprenons l'histoire de ces trois dernières années, nous constaterons que quatre bandits redoutables, à des titres différents, ont été abattus. L'un d'eux, Giovanelli, était inculpé de deux assassinats, dont l'un suivi d'un vol important ; il se proclamait innocent, mais n'en gardait pas moins le maquis, où on l'accusait même, à tort ou à raison, de faire de la « perception », euphémisme charmant pour indiquer qu'il prélevait par la menace de l'argent dans la bourse de ses contemporains. Il fut tué par un civil qui avait été l'objet de ses menaces.

Le second, Romanetti, tomba dans une embuscade à laquelle la gendarmerie affirme avoir seule participé. Mais l'autopsie révéla qu'il avait reçu deux charges de chevrotines, et il n'est pas d'usage, dans la gendarmerie, d'utiliser des fusils de chasse. Sans doute, était-il nécessaire, pour apaiser certains esprits, que Romanetti eût été officiellement détruit par la gendarmerie. Il reste toutefois à peu près démontré que son meurtrier était un civil, dont le nom a été murmuré avec une insistance assez gênante pour la maréchaussée. Le troisième, Perfettini, accusé d'assassinat et de vol à main armée, fut bien dégringolé par un gendarme, mais ce gendarme, venu des colonies, n'était pas en uniforme, et portait un hammerless. C'était même un cousin du bandit. On peut dire que Perfettini a été tué par un civil.

Le quatrième, Castelli, a reçu une balle dans le dos, en quittant une maison où il avait exigé qu'on lui donnât à manger. D'où est partie cette balle ? Pas d'un mousqueton de gendarmerie, à coup sûr.

Ce que nous en disons n'est nullement pour rabaisser le mérite de notre gendarmerie nationale, mais simplement pour indiquer que les résultats qu'elle obtient dans la chasse aux bandits sont relativement insignifiants. C'est une grande erreur que d'envoyer le gendarme. Souvent un brave père de famille, connaissant mal le maquis, et revêtu d'un uniforme qui permet de l'identifier à une grande distance à la poursuite du bandit, tireur adroit, marcheur infatigable, rusé et n'ignorant aucun sentier, ni aucune cachette. C'est encore pire quand la maréchaussée s'avise de mener une opération d'ensemble ; même si elle a recueilli des renseignements précis, même si elle espère surprendre le contumace, elle reste en état d'infériorité. Aussi est-il extrêmement rare qu'elle réussisse à mener à bien une opération de ce genre.

Il existe encore, à l'heure actuelle, quelques bandits qui hantent le maquis insulaire. Ils sont peu nombreux : trois ou quatre peut-être, et, parmi eux, il en est un on deux qui sont parfaitement inoffensifs. Pour les autres, ils ont quelques crimes sur la conscience, et ne doivent pas manquer d'ennemis. On apprendra, un jour ou l'autre, qu'on les a retrouvés au milieu d'un sentier, avec une balle dans le dos. Ainsi s'achèvera la longue et sanglante histoire du banditisme corse.

I

Quand Joseph Antomarchi eut terminé ses études au séminaire de Bastia, il regagna son village natal d'Ampriani, heureux de respirer librement l'air pur des larges horizons.

Il serait prêtre : son père, un brave homme un peu simple, sa mère surtout, pieuse et volontaire, en avaient ainsi décidé, et lui-même n'avait point fait obstacle à ces projets.

Avait-il la vocation ? C'est une question que personne ne s'était posée... Au demeurant, elle n'avait pas une importance extrême : il était l'aîné de la famille, son intelligence paraissait vive, sa mémoire était excellente. Par surcroît, il paraissait tranquille et même doux, assez réfractaire aux escapades, et vivant volontiers replié sur lui-même. Le vieux curé de Moïta, paroisse voisine et qui avait marié les parents, s'était pris d'affection pour ce petit Joseph, et avait conseillé à la mère de le pousser dans cette voie. La bonne femme s'était orgueilleusement rangée à cet avis ; le père avait dit simplement :

— Joseph est moins vigoureux que son frère François, bien qu'il soit de deux ans plus âgé… C'est donc François qui cultivera la terre.

— Et Joseph cultivera les âmes, avait conclu le vieux prêtre.

Il n'en faut souvent pas plus pour décider d'une carrière. Aussi bien, Joseph avait très honnêtement travaillé ; ses maîtres s'en montraient satisfaits. Et lui-même, s'il ne se sentait pas irrésistiblement attiré vers la prêtrise, avait du moins la foi, ou, plus exactement cette sorte de foi, faite de piété démonstrative, de croyances mystiques et de puériles superstitions, qui caractérise encore aujourd'hui les peuples latins de la Méditerranée.

Il atteignait sa vingtième année… C'était un jeune homme, aux traits réguliers, au visage pâle, où les yeux bruns et vifs se détachaient avec éclat ; il avait le front bas et bombé, le nez plutôt fort, les lèvres minces, le menton légèrement saillant. On ne pouvait point dire qu'il fût beau. Il était singulier et, au demeurant, sympathique, malgré sa pâleur un peu inquiétante et aussi sa voix, une voix étrange, à la fois perçante et enrouée, qui lui avait de longue date valu le surnom de « Gallochio » (petit coq). Pour le reste, il était de petite taille, bien proportionné, svelte, et il paraissait peu vigoureux. Il semble pourtant que, sur ce point, l'apparence était trompeuse et que, comme on le verra par la suite, il suppléât aux muscles par une farouche volonté.

Quand donc, en ce matin de juin 1820, Gallochio eut achevé de gravir le sentier abrupt et rocailleux qui le menait à l'entrée du village une dizaine de maisons, fermes modestes ou masures branlantes il s'arrêta un instant, épongea son front ruisselant de sueur et embrassa d'un coup d'œil l'horizon qui s'étendait devant lui.

Son avenir était là, désormais, entre ces montagnes sauvages et ce ciel céruléen, entre la terre et Dieu. Le parfum du maquis, qu'il humait avec délices, le pénétra comme un encens, et il sourit à ce paysage dont il avait mélancoliquement nourri la nostalgie entre les murs sombres du séminaire.

— Tout cela est à moi, murmura-t-il.

Alors, il reprit sa marche, et, quelques instants plus tard, il poussait la porte du logis paternel.

— Joseph ! mon fils !

La mère l'embrassait déjà, mêlant ses effusions de reproches balbutiés et de verbeuses explications :

— Tu aurais dû prévenir, mon Joseph !... Comme cette soutane t'habille bien !... Ton père et François ne sont pas encore rentrés des champs... Tu dois avoir faim : le pain est frais de ce matin...

— Je n'ai pas faim, ma mère, répondit Gallochio en souriant. Mais j'ai soif...

— L'eau est arrivée à l'instant de la source... Voici du vin de notre vigne... Je te trouve un peu pâle, Joseph. Tu as trop travaillé... Je pense que ton père et ton frère ne vont pas tarder... Alors, maintenant, te voilà presque prêtre...

— Presque, ma mère...

— Ici, tu sais, il n'y a rien de bien nouveau... Le vieux Toussaint est mort, il y a huit jours... Tu te souviens du vieux Toussaint, l'ancien sergent?.... Ton père a été un peu fatigué, mais cela va mieux. Il dit que la récolte sera bonne... Tu as maigri, Joseph... Mange quelque chose... Ici, l'air est si bon: tu vas vite engraisser, tu verras...

— Je me porte très bien, ma mère. Je n'ai pas envie d'engraisser...

Il écoutait ce verbiage, les yeux fixés vers la fenêtre ouverte, par laquelle on apercevait un rocher chevelu de pins et un coin de ciel indigo.

— Les voilà, cria la mère qui s'était penchée et, d'un coup d'œil, avait scruté le sentier... Ils marchent vite; ils doivent savoir que tu es arrivé. Je vais préparer le déjeuner...

Ils entrèrent, le père grisonnant et déjà voûté, le jeune frère solide, râblé, le regard franc et énergique. On s'embrassa; les effusions, entre hommes, sont toujours brèves; mais on sentait que François avait une grande tendresse pour son frère aîné, et qu'il admirait sa science et son intelligence. Car François était plutôt simple et n'avait appris qu'à grand-peine à former ses lettres.

— Alors, maintenant, tu nous restes, fit le père en enlevant sa gourde d'un geste lent... J'espère que tu vas prendre de bonnes vacances...

— Je l'espère, approuva Joseph.

— Tu ne trouveras pas beaucoup de lecture ici, plaisanta François.

— Je ne lirai pas... Je compte me distraire en travaillant la terre.

Mais les autres regimbèrent:

— Tu n'es pas assez fort...

— C'est un travail trop pénible…

— Promène-toi dans la campagne…

— Va à la chasse…

Gallochio haussa les épaules :

— Je puis faire cela, et travailler aussi la terre. Pas comme vous, sans doute. Mais je choisirai un enclos, et je le cultiverai à ma façon…

— Il a raison, dit François. Il y a l'enclos de Crocetta, qui est à deux pas et que nous avons laissé inculte…

— Oui, répondit Joseph. Je travaillerai à l'enclos de Crocetta. Un mauvais cultivateur « peut toujours arracher de mauvaises herbes ».

Et, longuement, il raconta le séminaire.

Deux mois avaient passé.

Maintenant, Gallochio avait complètement abandonné sa soutane de séminariste. Au début, il l'avait mise tous les jours ; puis, l'ayant déchirée en défrichant des ronces, il avait demandé à sa mère de lui confectionner un vêtement de velours. La soutane réparée, il l'avait revêtue, les dimanches et jours de fête, mais sans plaisir, comme à regret. Enfin, il l'avait rangée dans une malle, et sa mère n'avait pas osé lui poser une question qui lui brûlait les lèvres. Dans les villages, où les moindres gestes sont épiés, où les moindres propos sont colportés, il est difficile de garder un secret, comme il est difficile de cacher un mystère.

Et la brave femme avait vu, entendu, cru comprendre…

Bref, un matin, qu'il était rentré de meilleure heure, et que, assis près de la table, le visage appuyé sur sa main, il paraissait perdu dans ses pensées, elle s'arma de décision et lui dit :

— Joseph, est-ce que tu comptes vraiment être prêtre ?

Il leva vivement la tête et la regarda :

— Non, ma mère, répondit-il après une courte hésitation ; je ne compte plus être prêtre.

Elle attendit, frappée dans son ambition maternelle, une explication qui ne venait point. Alors, elle osa à nouveau :

— C'est vrai, ce qu'on dit à propos de Marie-Louise ?

— Qu'est-ce qu'on dit, à propos de Marie-Louise ?

Elle baissa la voix, moins par prudence que une sorte d'inexplicable pudeur :

— On dit que vous vous êtes rencontrés plusieurs fois, près de l'enclos... Que vous êtes remontés ensemble... Que vous vous courtisez, quoi... Alors j'ai pensé... Marie-Louise est une fille honnête, elle est bien apparentée... Si tu la compromets, tu seras obligé de l'épouser... Et tu sais bien qu'en te promenant avec elle, tu la compromets... bien que tu sois presque prêtre, n'est-ce pas ?

Il haussa les épaules, comme excédé :

— Je suis presque prêtre, murmura-t-il ; c'est une façon de parler... On l'est tout à fait, ou on ne l'est pas du tout. La vérité est que je ne le suis pas du tout...

— Oh ! Joseph, toi qui sors du séminaire...

Il lissa silencieusement ses cheveux, qu'il avait longs et drus comme une broussaille, tandis que sa mère le regardait avec une tendresse désolée. Elle répéta enfin :

— Toi qui sors du séminaire...

Il eut un geste las.

— Ma mère, dit-il doucement, on ne commence d'être prêtre que le jour où l'on est ordonné... Dieu ne voulait peut-être pas de moi, puisqu'il a mis cette jeune fille sur mon chemin. J'aime Marie-Louise, et Marie-Louise m'aime. Sa mère le sait...

— Rosella ? Naturellement, Rosella le sait. C'est elle qui a tout manigancé, certainement. Mais, mon fils, je la connais bien, va, Rosella : elle est intrigante et ambitieuse, elle ne cherche qu'à marier sa fille avec le meilleur parti qui lui tombera sous la main. Elle a jeté son dévolu sur toi parce que tu es intelligent et instruit, et qu'avec tes qualités, tu arriveras loin. Mais, mon fils...

— Écoutez-moi, ma mère : j'aime Marie-Louise, et Marie-Louise m'aime. Ce que dit ou désire Rosella m'importe peu. Je ne suis pas un beau parti, du reste... Nous ne sommes guère riches, et ma seule fortune est cette étole dont vous me voyiez déjà revêtu. Mais, si je l'épouse, je renonce à l'étole... Il ne me restera que nos quelques terrains, et le travail de mes bras pour vivre. Vous voyez bien que je suis un pauvre parti.

— Dans le village, tu es le meilleur parti. Je sais bien ce que je dis. Cette Rosella...

Le fils l'interrompit, la voix dure.

— Vous n'avez rien à dire contre Marie-Louise ?

— Contre Marie-Louise ? Non. C'est une belle fille ; elle a des qualités. Elle a aussi des défauts, comme tout le monde. Sa mère est ambitieuse ; elle l'est peut-être aussi. Cela le regarde. Tu lui as proposé le mariage ?

— Je ne lui ai pas proposé le mariage. Je lui ai dit que je l'aimais ; elle m'a répondu de même. Et, ce matin, sa mère est venue jusqu'à l'enclos où je travaillais, et elle m'a demandé ce que je comptais faire.

— Et tu as répondu ?...

— J'ai répondu textuellement ceci : « J'aime Marie-Louise, et je ferai ce que tout honnête homme ferait à ma place : je vous la demanderai en mariage. Mais je préviendrai d'abord mes parents, car il est juste que j'obtienne leur consentement, en même temps que le vôtre. »

La bonne femme était désorientée : elle voyait s'écrouler, en quelques minutes, un rêve qu'elle avait caressé pendant de longues années, écroulement d'autant plus cruel que le rêve était presque devenu une réalité, car, une réalité, ce n'est qu'un rêve qui se prolonge... Par ailleurs, son fils lui apparaissait brusquement sous un aspect nouveau et imprévu : sa douceur ferme se révélait plus catégorique qu'une volonté farouchement exprimée. Et puis, quels arguments pouvait-elle opposer à ce jeune homme, qui invoquait, à la fois, l'amour et la loyauté, et qui avait le droit, somme toute, de scruter sa conscience et son cœur avant que de s'engager dans le célibat perpétuel ? Enfin, et ici son instinct maternel s'éveillait douloureusement, elle n'ignorait point qu'après ces rencontres innocentes, mais connues et confirmées, la jeune fille était compromise ; et si Joseph ne l'épousait pas, les frères de Marie-Louise se feraient un devoir de venger cette impardonnable injure.

Tout cela soulevait en elle une tempête de sentiments contraires. Elle se cabrait devant ce coup du destin, cette embuscade de la fatalité. Son Joseph ne serait jamais prêtre, et, s'il n'épousait pas désormais cette jeune fille, on le lui tuerait certainement. Que pouvait-elle faire ? Il n'y avait qu'à s'incliner. Son âme fut submergée par une vague de résignation, de cette résignation atavique dont le flot sommeille au fond des consciences corses, au fond des consciences de tous les peuples qui ont beaucoup souffert.

— Eh bien ! soupira-t-elle, tu l'épouseras, mon fils, puisque tu l'aimes.

Marie-Louise Vincensini était, en effet, une fort jolie fille : son père, sans être riche, possédait des terrains assez vastes, qu'il cultivait avec l'aide de ses deux fils, Marc et Orso, respectivement âgés de dix-huit et de vingt ans, et qui étaient de bons travailleurs.

Leur maison était vaste : elle abritait, d'une façon permanente, l'oncle Giacobetti, frère de Rosella, et, pendant l'été, deux cousins germains de Marie-Louise, Jean Duriani et Étienne Muracciole, qui passaient l'hiver à Pietroso. Il y avait aussi depuis quelques jours les cousins Filippi, Joseph et Don Victor, venus de la commune d'Antisanti où un incendie avait détruit leur ferme, et qui attendaient, sans trop d'impatience, qu'elle se trouvât reconstruite. Tout cela faisait, comme on voit, une impressionnante famille, sur laquelle Rosella, la mère de Marie-Louise, exerçait le despotisme d'une intelligence verbeuse et prompte à l'intrigue.

Le père était un homme fort doux, qui parlait peu et, en revanche, écoutait volontiers. Marc et Orso, peu instruits, n'avaient pas pour Gallochio une tendresse particulière : s'ils reconnaissaient volontiers son intelligence et son instruction, ils méprisaient assez son apparence chétive et disaient entre eux que la prêtrise était, en effet, la seule carrière qui restât ouverte à cet avorton, dont les mains blanches étaient trop faibles pour manier la bêche et guider la charrue. Les cousins partageaient la même opinion ; quant à l'oncle Giacobetti, qui parlait avec l'autorité d'un ancien gendarme, il vivait plus volontiers dans le passé que dans l'avenir, et se contentait, lorsque sa sœur avait émis un avis, de l'approuver par quelques paroles énergiques.

Or il n'était pas douteux que Marie-Louise avait été attirée vers le jeune Antonmarchi par un sentiment où il entrait de la sympathie, de la curiosité, de la coquetterie, et qui était peut-être de l'amour. Elle avait seize ans, des yeux magnifiques, un visage de madone, un cœur neuf qui ne demandait qu'à battre ; il avait vingt ans, de la prestance, une sorte de grâce un peu timide sous laquelle elle avait deviné une volonté virile. Il était plus raffiné que les rustres qui l'entouraient, il venait de la ville, avec le prestige de l'étranger qui arrive de pays lointains et merveilleux, et il ne parlait pas comme les autres, il disait des phrases claires, parfois très douces, parfois étranges, où vibrait par instants le diapason d'une sourde passion.

Ainsi, s'étant rencontrés, ils s'étaient souri. Ils avaient renoué connaissance : le petit Gallochio avait grandi, pas beaucoup, mais il s'était mué en homme ; la fillette s'était épanouie, comme s'ouvre une fleur au souffle du printemps. Douceur profonde des souvenirs échangés entre deux êtres qui, jusque-là, s'étaient ignorés, et découvrent leurs âmes derrière le sourire de leurs vingt ans...

On s'était revu : Marie-Louise avait écouté avec plaisir des phrases qui éveillaient en elle une foule de sentiments confus et agréables. Car c'étaient, à n'en point douter, des phrases d'amour. Le mot n'y figurait pas : le séminariste en avait gardé la pudeur, car lui-même, n'osant le prononcer, s'était efforcé à vaincre en lui la passion qui levait comme une gerbe dans un terrain fertile. Mais le soleil finit toujours par percer les nuages : et ce soleil-là était chaud comme l'astre de Messidor.

Enfin, Gallochio avait renoncé à la lutte, il avait parlé.

— Marie-Louise, je t'aime de toute mon âme. Consentirais-tu à devenir ma femme ?

— Tes parents veulent que tu sois prêtre ; vas-tu désobéir à tes parents ?

— Je ne puis pas être prêtre avec un pareil feu dans le cœur. Mes parents comprendront cela, et ils me donneront leur consentement. Mais c'est le tien qui m'importe surtout. M'aimes-tu, Marie-Louise ?

— Je t'aime, Joseph...

— Tu veux que nous nous mariions ?

— Je veux bien être ta femme...

La joie avait éclairé son visage : il lui saisit les mains, les baisa dans un transport fougueux, puis, brusquement, il lui dit :

— Jurons-nous mutuellement d'être l'un à l'autre... et de n'être que l'un à l'autre.

Et, ayant entrouvert sa chemise, il en tira un scapulaire sur lequel était brodée grossièrement une image de la Vierge.

— Je le jure sur ce scapulaire, dit-il gravement. À toi.

Marie-Louise eut une seconde d'hésitation ; elle n'avait jamais vu à Gallochio cet air farouche et exalté. Mais, ainsi, il était plus beau que de coutume, son regard brillait d'un feu sombre, un afflux de sang avait coloré ses pommettes.

Elle sourit, tendit la main, et prononça le serment :

— Je te le jure sur ce scapulaire.

Son exaltation était brusquement tombée : il sourit aussi, replaça son scapulaire après l'avoir pieusement baisé, et lui dit tendrement :

— Alors, tu seras mienne...

Ces fiançailles furent accueillies, par les deux familles, sans joie, comme sans haine. Rosella exultait, moins peut-être d'avoir casé sa fille, que d'avoir réussi à bouleverser l'ambition d'une autre mère, de cette bonne Mme Antonmarchi qui avait rêvé la prêtrise pour son fils. Le père Vincensini ne disait rien ; il écoutait vaguement les discours de sa femme, que l'oncle Giacobetti ponctuait d'approbations énergiques. Mais les frères et les cousins gardaient une réserve à peine polie : ce Gallochio n'était pas des leurs. Il les surpassait par l'instruction, mais ils trouvaient répréhensible qu'il eût jeté son froc aux orties, et, entre eux, le traitaient presque de renégat.

— Je n'attends rien de bon d'un homme qui quitte la soutane pour travailler la terre, disait Marc en haussant les épaules.

Et Orso renchérissait :

— Il labourera avec un bréviaire et il ne poussera que des cailloux dans sa campagne.

Dans la famille d'Antonmarchi, la mère était attristée ; le père, plus simple, reconnaissait plus facilement qu'après tout, il avait consenti des sacrifices qui ne seraient pas inutiles et songeait que son fils pourrait entrer dans l'administration et devenir peut-être préfet. Seul, François était content, puisque son frère paraissait heureux.

C'est dans cet état d'esprit qu'on procéda à la cérémonie de l'abraccio, véritable fête de fiançailles qui groupe, autour des tables fleuries et surchargées de friandises, tous les parents et les amis des deux familles. À la chaleur des vins et à l'entrain des danses, il sembla que se dissipaient ces menus ressentiments et ces rancunes légères : tout le monde s'embrassa, et l'on fixa la date du mariage à deux mois. Il fut entendu qu'il se célébrerait dans les derniers jours de novembre, et que Rosella et sa fille descendraient sous peu à Bastia pour y acheter le drap et la toile nécessaires à l'achèvement du trousseau.

Gallochio rayonnait.

Quelques jours plus tard, il accompagnait sa fiancée et sa future belle-mère jusqu'à la route d'Aleria, d'où elles prendraient ensuite la diligence pour Bastia.

Puis il rentra au village, s'occupa de préparer et d'orner la chambre conjugale, rangea ses affaires avec soin, aligna

253

ses livres sur une étagère, enveloppa sa soutane dans un carré de toile et la plaça au fond d'une armoire.

Une immense aventure avait bouleversé sa vie, et cela lui paraissait bien ainsi. Il sourit en pensant qu'il avait failli être prêtre, et qu'il eût sans doute été un bon prêtre. Mais Dieu en avait autrement décidé. Il ne pensait pas que Dieu pût lui en vouloir de ne plus lui sacrifier son existence : il le remerciait sincèrement d'avoir mis Marie-Louise sur sa route, et d'avoir permis qu'elle l'aimât.

Oui, c'était bien ainsi. Et il attendit, impatient, le retour des deux femmes.

C'est dans une auberge d'Aleria que Rosella et sa fille rencontrèrent Santu Rinaldi, qui était le fils d'un avocat cortenais et qui, lui-même, se destinait à la magistrature. Ce jeune homme, qui était grand, élégant et de figure avenante, venait de Bonifacio où il avait passé ses vacances, et se rendait à Bastia pour y faire un achat de terrains. Son père comptait bâtir une villa sur le bord de la mer, et avait longtemps hésité entre Ajaccio et Bastia. Mais les communications entre cette dernière ville et Corte étaient plus faciles ; cette considération l'avait finalement emporté.

C'est ce que le jeune homme raconta aux deux femmes, que le hasard des auberges avait placées à sa table. Il était prévenant, correct, de manières distinguées. Il était évident, en outre, que Marie-Louise avait produit sur lui une impression profonde ; il s'informa poliment de leur résidence habituelle, s'occupa de leur menu bagage, prit place auprès d'elles dans la diligence.

Dans ces guimbardes, les voyages étaient longs, les relais fréquents. Santu Rinaldi sut distraire les deux femmes, leur parla longuement de Corte, de ses terrains, de sa maison. Il fut charmant. Il s'offrit à les piloter dans Bastia, que Rosella avait vaguement visitée deux fois, que Marie-Louise n'avait jamais vue. Il leur indiqua un hôtel convenable, où lui-même logeait, car il avait des goûts modestes, et s'institua en quelque sorte leur protecteur officiel.

Rosella avait passé, depuis le début de ce voyage, par des sentiments divers. Connaissant de réputation l'avocat Rinaldi, elle avait été très fière de recevoir les amabilités de son fils, qui la traitait comme une dame de condition, et non comme une paysanne, même aisée. Puis elle avait ressenti du dépit à la pensée que, s'ils s'étaient rencontrés plus tôt, il aurait pu en résulter une idylle entre ces deux jeunes gens, et sa fille, libre, eût pu devenir Mme Rinaldi, la femme d'un futur magistrat, la belle-fille d'un homme riche et respecté dans toute la Corse. Ces fiançailles avaient été vraiment trop précipitées ; il était maintenant trop tard pour reculer, pour changer le cours des événements.

Mais était-il vraiment trop tard ? Dès que cette pensée se fut emparée de son cerveau, si prompt aux intrigues et aux combinaisons, elle ne l'en chassa plus. Sans doute, les fiançailles étaient consommées, et, en Corse, une rupture de fiançailles est considérée comme une des plus cruelles offenses qu'on puisse infliger à une famille. Mais quoi ? Ce n'était pas ce petit Gallochio, frais émoulu du séminaire, qui oserait en demander raison à tant de vigoureux parents, et à un fiancé d'une telle condition physique et sociale. Le père Antonmarchi n'était pas belliqueux ; la mère accepterait volontiers une rupture qui lui rendrait son fils avec son ambition. Tout cela, en somme, pouvait très bien s'arranger.

Si bien que, dans la diligence, tandis que Marie-Louise se laissait aller au bercement monotone de la patache, Rosella soutint la conversation avec le jeune homme, et sut présenter la vérité à sa manière.

— Oui, dit-elle, nous avons fait le projet de marier notre fille. Mais, entre nous, je n'aime pas beaucoup son prétendant, et je soupçonne qu'il lui est indifférent.

— Mais alors, demanda le jeune homme, pourquoi la voulez-vous marier?

— Son père estime qu'il faut se marier de bonne heure. Le pauvre cher homme ne croit pas beaucoup à l'importance de l'amour dans le mariage. Moi, qui suis femme, je croirais plutôt qu'il n'y a que cela qui compte vraiment. Aussi, si cela ne dépend que de moi, cette union n'aura pas lieu. Mais je me confie à vous, un étranger, comme si nous étions de vieilles connaissances... Excusez-moi.

Santu Rinaldi se récria. Rosella lui recommanda de ne point rapporter ses propos à Marie-Louise, qui certainement exercerait du coup une pression sur sa mère pour empêcher le mariage. Il s'établit entre eux une sorte de complicité qui les comblait d'aise : elle, parce qu'elle voyait déjà en lui un gendre probable et inespéré ; lui, parce qu'il avait vingt ans, que Marie-Louise était jolie et que la sympathie de la mère lui faisait bien augurer des sentiments de la fille à son égard.

Après quelques jours d'une intimité presque continuelle, Santu avait fait de grands et faciles progrès dans le cœur de la mère et Marie-Louise le considérait avec sympathie : elle s'efforçait d'analyser le sentiment qui l'avait poussée vers Gallochio et s'étonnait que ce fût là de l'amour. Non ; elle avait cédé à des mobiles divers et confus : le désir de changer d'existence, de devenir maîtresse d'elle-même, une certaine attirance vers ce jeune homme étrange, une sorte de magnétisme physique, et aussi l'enchaînement des circonstances, l'intervention maternelle qui avait précipité les événements… Non, ce n'était pas là de l'amour.

Pourtant, elle n'envisageait point que cela fût réparable. Elle épouserait Gallochio : l'alternative ne se présentait pas à son esprit.

Elle éprouvait simplement obscurément le regret que son fiancé ne fût pas aussi beau, aussi distingué que ce Santu Rinaldi et de manières aussi agréables.

— Quel dommage, fit un jour Rosella, d'un air détaché, que tu sois fiancée à Gallochio. Je suis sûre que ce M. Rinaldi t'épouserait volontiers…

— Je le crois aussi, répondit la jeune fille.

— N'est-ce pas qu'il te plairait davantage que l'autre ?

— Qu'est-ce que cela fait, puisque je dois épouser Gallochio ?

— Sans doute. Mais, si tu ne devais pas épouser Gallochio… Suppose qu'il disparaisse, qu'il meure, ou… enfin, c'est une supposition : si tu ne devais pas l'épouser ?

— Évidemment, cela changerait les choses. M. Rinaldi est un homme charmant.

On parla d'autre chose. Mais Rosella avait son plan.

Quand, au bout de six jours, fut arrivée l'heure du départ, elle prit le jeune homme à part :

— Vous avez été infiniment aimable pour nous. Comment vous remercier ? Si j'osais… Nous ne sommes que de modestes propriétaires, mais vous nous combleriez de joie en venant passer une journée à Ampriani.

Le jeune homme sauta avec joie sur cette proposition :

— J'en serai ravi… Mais que dira le prétendant ? ajouta-t-il en souriant.

La mère haussa les épaules.

— Qu'importe le prétendant? C'est un petit séminariste insignifiant; s'il n'est pas content, j'en serai ravie... vous n'allez pas vous comparer à lui?

— Je voudrais bien être à sa place, soupira le jeune homme.

— Vous? s'écria Rosella, avec une confusion admirablement jouée. Vous souhaiteriez de vous allier à notre famille, honorable, certes, mais si modeste? Vous vous moquez de nous...

— Oh! madame, croyez bien que je suis sincère. J'ai pour votre fille l'admiration la plus profonde...

— Mais votre père ne consentirait jamais à une telle union...

— Mon père me laissera absolument libre de mon choix... Je ne redoute que le refus de votre fille...

Rosella sourit:

— Ma fille? Mais elle ne parle que de vous... Allons! je vois que j'ai trop parlé...

— Non, non, fit Rinaldi, transporté... Puis-je espérer, madame, que votre mari m'accordera la main de Marie-Louise, si je la lui demande?

Rosella parut hésiter quelques instants et réfléchir profondément.

— Écoutez, dit-elle enfin. Vous savez que je suis votre alliée: ne brusquons rien. Nous allons rentrer au village, et je me charge de... de tout arranger selon vos désirs, qui sont les miens, mon cher enfant, et, autant qu'une mère puisse scruter l'âme de sa fille, qui sont aussi ceux de Marie-Louise. D'ici une dizaine de jours, venez à Ampriani: vous demanderez à M. Vincensini la main de sa fille, et il vous l'accordera, ou j'y perdrai mon nom...

— Ah! madame, vous me remplissez de bonheur...

— Pas un mot à Marie-Louise ; laissez agir une mère… qui vous aime déjà comme son fils…

Gallochio fut surpris, lorsqu'il rejoignit, le lendemain, les deux femmes sur la route, de constater la froideur de Rosella et le peu d'élan de Marie-Louise. Celle-ci n'avait jamais été très expansive, et elle parlait fort peu. Mais la mère, d'ordinaire si prolixe et si démonstrative, ne disait mot. Elle coulait parfois vers le fiancé un regard bizarre comme si elle le jaugeait à la dérobée, et disait simplement pour expliquer son silence :

— Nous sommes bien fatiguées… la route est si longue… une si mauvaise route… Une piste plutôt qu'une route… Nous n'en pouvons plus…

Gallochio admit l'excuse : il s'étonnait pourtant qu'on ne lui donnât pas plus de détails sur les emplettes qu'on avait discutées avant le départ, et ce fut presque involontairement qu'il lança brusquement cette phrase :

— J'ai pensé qu'on pourrait peut-être avancer la date du mariage. Aux premiers jours de novembre, par exemple avant les neiges…

Rosella se récria :

— Tu n'y penses pas, Gallochio. Il y a le trousseau à confectionner. Ce sera déjà beau, si l'on termine à la fin novembre.

Le séminariste fut frappé par le ton hostile de cette réponse : il se souvenait que la mère, le soir des fiançailles, avait elle-même proposé la fin d'octobre pour le mariage. Il dit, en élevant légèrement la voix :

— Vous avez changé d'avis à Bastia ; vous êtes bien moins pressée qu'il y a huit jours, à ce que je vois.

— Nous avons fait nos achats en conséquence, puisque nous savions avoir deux mois devant nous. On ne marie pas une jeune fille avant que son trousseau ne soit prêt. Ne nous tracasse donc pas. Nous sommes rompues...

— On peut hâter la confection du trousseau, insista le fiancé.

— Et pourquoi? Il vaut mieux faire les choses lentement et convenablement. Pourquoi vouloir forcer le destin? Personne ne peut commander à demain...

— Je suis sûre que Marie-Louise sera de mon avis, suggéra le fiancé.

— Je ne sais pas, moi, fit Marie-Louise sans conviction. Je ferai ce qu'on voudra. Puisqu'on a fixé une date, il vaut peut-être mieux s'y tenir... Ce que ma mère décidera...

— C'est décidé, trancha Rosella, Il n'y a plus à y revenir.

Gallochio les quitta à leur porte, sur quelques mots brefs de congé.

Quelque chose d'obscur montait en lui. Ce n'était pas un soupçon: c'était comme une vague angoisse, inexplicable, tenace, lancinante et mystérieuse.

Il en aurait le cœur net.

Le lendemain, il guetta Marie-Louise, et, dès qu'il l'aperçut, il lui fit signe de venir le rejoindre à l'enclos. La jeune fille, souriante, un peu intimidée devant son visage grave, s'assit près de lui sur un banc de pierre et lui demanda s'il avait bien dormi.

— Je n'ai pas dormi, Marie-Louise, répondit sombrement Gallochio. J'ai réfléchi toute la nuit, les yeux ouverts dans les ténèbres, à l'attitude de ta mère à mon égard...

— Elle était si fatiguée...

— Et à la tienne aussi. Je pensais que tu m'aiderais à faire avancer la date du mariage.

— Mais pourquoi es-tu si pressé ?

— Si tu m'aimais comme je t'aime, tu ne me poserais certes pas cette question. Voyons, Marie-Louise, parle-moi avec franchise. N'as-tu rien remarqué, dans les paroles de ta mère, qui laisse supposer de sa part une arrière-pensée, une hésitation, une hostilité soudaine contre moi ?

La jeune fille hésita une seconde :

— Je ne sais pas, dit-elle enfin. Elle m'a simplement ré-pété, en rentrant, qu'il ne fallait pas trop se hâter, qu'on ne réfléchissait jamais trop avant de s'engager pour la vie.

Gallochio se leva brusquement :

— Tu vois bien, s'écria-t-il, que ta mère veut empêcher ce mariage. Mais pourquoi, pourquoi ? Elle-même m'a en-couragé à te demander... Je ne comprends pas... Mais toi, toi ?

— Tu exagères, Gallochio.

— Cela m'inquiète. Mais nous ne nous laisserons pas faire. Nous avons juré sur le scapulaire, n'est-ce pas, Marie-Louise ? Ni toi, ni moi ne sommes des parjures. Plutôt la mort... N'est-ce pas, ma fiancée ?

Elle eut peur de son exaltation ; elle-même avait remar-qué que sa mère, pendant le voyage de retour, avait fait de fréquentes allusions à ce mariage, en parlant même comme d'une éventualité, non plus comme d'une certitude, et cela l'avait surprise, mais non pas épouvantée ; elle avait simple-ment pensé que sa mère avait changé d'humeur, et que l'air de Bastia l'avait, comme elle-même, un peu grisée... Et voilà que son fiancé parlait de scapulaire, de parjure et de mort. Elle ne comprenait pas cette poussée inattendue d'an-goisse, de colère, de passion. Elle essaya de le rassurer :

— Voyons, Gallochio, pourquoi veux-tu que... Puisque tout est convenu, n'est-ce pas ?

Mais il répétait obstinément

— Tu as juré sur le scapulaire... Il ne faut pas que tu sois parjure... Ce serait un malheur terrible pour tous. Tu as juré sur le scapulaire...

À la fin, elle se révolta :

— Pourquoi crains-tu que je sois parjure ? Mon serment vaut le tien, Gallochio...

Mais il restait debout, la tête baissée, le regard sombre, le front têtu.

— Écoute, dit-il enfin d'une voix tremblante, j'ai trouvé la solution qui évitera, de la part de ta mère, toute entreprise contre notre bonheur. Laisse-moi t'enlever...

En Corse, lorsqu'un jeune homme veut arracher aux parents un consentement qu'il doute d'obtenir librement, il enlève la jeune fille consentante, l'emmène dans une maison amie, chez des gens honorables, à qui il la confie. Bien qu'il la respecte, elle est désormais compromise, et les parents s'inclinent devant le fait accompli.

— Mais, Gallochio, fit la jeune fille, pourquoi m'enlever, puisque nous avons fait l'abraccio et que la date a été fixée ?

— Pour empêcher une rétractation, que je redoute. Pas de ta part, ma chérie, mais de la part des tiens, qui ignorent ton serment sacré. Tu sais que tu n'as rien à redouter de moi ; je t'enlève ce soir, nous descendons à Aleria, dans la maison de mon père, où les jardiniers et leurs femmes te soigneront comme leur propre fille. Après cela, tu pourras rentrer chez les tiens jusqu'à la date du mariage ; mais ainsi je suis sûr que ta mère ne pourra plus changer d'avis.

Elle hésitait. Il insista avec force, avec frénésie. Elle redouta, si elle ne consentait point, des reproches quotidiens ou une algarade entre sa mère et son fiancé ; puisque ses parents avaient consenti au mariage, cet enlèvement ne s'expliquait pas, mais il revêtait un caractère bénin, presque insignifiant. À bout d'arguments, elle tomba d'accord avec lui, promit d'être le soir au rendez-vous, jura de ne rien révéler à personne.

Au fond, tout au fond d'elle-même, un sentiment obscur était né, et grandissait à mesure que cet homme parlait : elle avait peur. Elle décelait maintenant dans sa voix certaines intonations profondes qui la faisaient tressaillir malgré elle. Ce doux séminariste était capable d'avoir une volonté et de l'imposer. Il semblait également souffrir intensément. Et puis, elle avait juré sur le scapulaire…

Et le soir, à l'heure dite, ils partirent mystérieusement pour Aleria.

Deux jours plus tard, comme Gallochio, ayant confié Marie-Louise aux jardiniers de son père, rentrait à cheval à Ampriani, il vit venir à sa rencontre l'oncle Giacobetti, et le vieux curé de Moïta, dom Bernard, qui l'avait jadis fait entrer au séminaire.

Dès qu'il eut aperçu l'ancien séminariste, le bon prêtre, modérant du geste l'oncle Giacobetti, arrêta sa mule et se dirigea vers Gallochio, qui était lui-même descendu de sa monture. Il l'embrassa affectueusement.

— Ainsi, mon fils, lui dit-il, tu as enlevé cette jeune fille ? À quoi bon agir ainsi, puisqu'elle t'était promise ? Tu as plongé ses parents dans la douleur et dans la honte.

— Bon père, répondit le jeune homme d'une voix assez forte pour que l'oncle Giacobetti l'entendît, cette jeune fille est ma fiancée, mais elle m'a confirmé elle-même que sa

263

mère voulait retarder et peut-être annuler le mariage. Alors, j'ai enlevé Marie-Louise avec son consentement, afin que rien ne puisse nous séparer désormais...

À ces mots, l'oncle s'avança :

— Et nos engagements, s'écria-t-il, qu'en fais-tu donc ? Nous prends-tu pour des poules mouillées ?

— Il ne s'agit pas de vous, répliqua sèchement Gallochio. En cette matière, la ruse et la fourberie d'une femme peuvent facilement se jouer de la loyale stupidité des hommes. La mère de Marie-Louise cherchait des excuses pour retarder la cérémonie...

— Ce n'est pas vrai, dit Giacobetti. Rosella m'a affirmé elle-même qu'elle n'y comprenait rien, et tu devrais avoir honte de ta conduite. Comment ! voilà une mère qui revient de Bastia, où elle a acheté le trousseau de sa fille, qui coud toute la journée à s'arracher les yeux, et c'est ainsi que tu la traites, que tu nous traites tous ?

— J'ai voulu avoir une garantie...

— Tu pouvais venir nous la demander. Tu devrais savoir qu'un Giacobetti n'a qu'une parole...

— Mais ce n'est pas vous qui avez donné votre consentement, répliqua le fiancé avec assez de logique. J'ai pensé que le père Vincensini manquait de fermeté et que sa femme manquait de loyauté. Si je me suis trompé, tant mieux, il n'y a pas de honte à avoir, puisque je dois épouser Marie-Louise ; quant à la douleur, elle se conçoit mal : ma fiancée, respectée et honorée, est admirablement traitée...

— Écoute, mon fils, intervint le vieux curé, conciliant ; ce qui est accompli est accompli, et nul ne peut se vanter de défaire le passé, comme nul ne peut se vanter de commander l'avenir. Mais, à présent, rien peut t'empêcher de rendre cette jeune fille à sa famille. Errare humanum est, perseverare diabolicum...

Le bon prêtre employait volontiers le peu de latin qu'il savait. Gallochio esquissa un pâle sourire :

— Telle était mon intention, dit-il, et je ne rentrais au village que dans l'espoir d'avoir une explication avec la mère de Marie-Louise…

— La pauvre femme, est dans les transes, répondit l'oncle radouci. Quelles explications voudrais-tu obtenir d'une mère en larmes ? Mais je parle ici en son nom. Elle m'a affirmé elle même qu'elle ne comprenait rien à ton attitude, et je t'avoue que moi-même, je n'y comprends rien. Enfin, comme dit le curé, ce qui est accompli est accompli. Ramenons Marie-Louise à la maison, et que ce pénible incident soit oublié.

Et il ajouta, pour l'édification du prêtre :

— Avec ces femmes, qui parlent toujours à tort et à travers, et qui ne vivent que sur leurs nerfs, on ne sait jamais sur quel pied danser.

Le lendemain soir, Marie-Louise avait regagné le toit maternel.

Rosella s'était fait raconter par sa fille les détails de l'enlèvement. Gallochio l'avait traitée avec tendresse et respect. Elle ne pouvait rien lui reprocher, sauf d'apporter dans son amour pour elle une passion qui l'effrayait.

— Enfin, Marie-Louise, parle à ta mère en toute confiance ; aimes-tu vraiment cet homme ? Non, n'est-ce pas ? On ne peut pas aimer un homme qui vous fait peur ?

— C'est vrai ; je ne crois pas que je l'aime assez pour l'épouser, et pourtant…

— Écoute, tu es une jeune fille ; demain, tu seras une femme mariée. Il ne s'agit pas d'engager ta vie à la légère et de te livrer au caprice d'un homme qui fera probablement ton malheur. Cela peut s'arranger, mais il faudra m'écouter et m'obéir... C'est une idée de ta mère, qui t'aime et ne songer qu'à ton bien...

— Mais, maman, il est bien tard, peut être...

— Il n'est pas trop tard... Tu te souviens, n'est-ce pas, de ce beau jeune homme de Bastia?...

— M. Santu Rinaldi?

— Il te plaît, n'est-ce pas? C'est un magnifique parti. Eh bien! Il ne demande qu'à t'épouser.

Elle lui rapporta alors, en les enjolivant, les propos de Rinaldi, brossa rapidement, avec son imagination méridionale, un tableau enchanteur de la vie à Corte, dans le palais du célèbre avocat, et à Bastia, dans la villa qui s'élèverait bientôt au bord de la mer, sur la route ensoleillée du Cap. Elle parla de voitures, de domestiques, de massive argenterie et de meubles somptueux, sans oublier les toilettes à la mode de Paris.

La jeune fille écoutait, haletante, déjà séduite.

— Et il est si bien, si vigoureux, si fort, concluait Rosella; avec un tel mari, on ne craint personne... Et il t'aime, tu sais; il me l'a dit, respectueusement...

— Mais, maman, nous ne le reverrons peut-être jamais...

Elle sourit, triomphante

— Il arrive demain, annonça-t-elle. Mais laisse-moi d'abord prévenir tout le monde et, toi, ne sors pas; couche-toi de bonne heure. Après le repas, dès que tu te seras retirée, c'est moi qui parlerai. Promets seulement de m'obéir et aie confiance en l'amour de ta mère...

Marie-Louise promit... Les robes, les voitures, les châteaux lui avaient fait oublier l'humble scapulaire de la Sainte Vierge...

Rosella, ce soir-là, servit rapidement le café et l'eau-de-vie aux hommes, puis, profitant d'un silence relatif, elle brusqua l'attaque.

— Quelqu'un, dit-elle, demande la main de Marie-Louise. Ce n'est pas un avorton à demi fou comme Gallochio. C'est Santu Rinaldi, le fils du riche avocat Rinaldi, un homme que tout le monde connaît et respecte. Et ce Santu est grand, beau, fort et instruit : il va entrer dans la magistrature. C'est un parti magnifique pour Marie-Louise, il l'aime et elle l'aime. Moi, sa mère, je n'ai pas le droit de ne pas tenter l'impossible pour que ce mariage se réalise…

Elle avait lancé son paquet, d'une traite, tel qu'elle l'avait longuement préparé. Et, si elle avait escompté un effet de surprise, elle pouvait se vanter d'y avoir admirablement réussi : le père Vincensini la contemplait, bouche bée, sans un mot ; l'oncle Giacobetti, qui se versait de l'eau-de-vie, était resté en suspens, le carafon dans une main, un morceau de sucre dans l'autre. Seul Orso siffla admirativement, et résuma ainsi ses impressions :

— Après tout, au diable ce Gallochio…

La mère s'accrocha habilement à cette perche involontairement tendue :

— Oui, au diable le Gallochio, garnement qui avait notre parole, qui nous a infligé un impardonnable affront. Je ne suis qu'une femme, mais si j'avais été un homme, je ne l'aurais pas toléré. En tout cas, il s'agit du bonheur de ma fille ; c'est un trop grave sujet pour que nous n'examinions pas ensemble la situation…

— Mais comment sais-tu que Santu Rinaldi aime Marie-Louise et veut l'épouser? demanda enfin le père Vincensini qui avait rattrapé sa respiration.

Alors, elle raconta le voyage de Bastia, n'omit aucun détail, parla de l'invitation et de la visite du lendemain. Elle n'avait rien promis à ce jeune homme, mais elle avait prévu que les choses iraient mal avec Gallochio, et, aujourd'hui, elle se félicitait de sa prévoyance et de sa perspicacité. On pouvait encore refuser, sans doute, mais il fallait accepter.

Rosella se sentait approuvée par les jeunes gens, frères et cousins, qui, au fond, détestaient Gallochio. Mais le père Vincensini hochait gravement la tête, et l'oncle Giacobetti frappait nerveusement des doigts sur le rebord de la nappe.

Quand elle eut terminé, l'ancien gendarme prit la parole:

— Rosella, dit-il, tu m'as fait faire auprès de Gallochio une démarche que je croyais sincère. Je lui ai affirmé que tu n'entendais pas retarder son mariage...

— Il ne s'agit pas de retarder son mariage, répliqua Rosella, il s'agit de l'empêcher. D'ailleurs, ton consentement n'est nullement nécessaire, n'est-ce pas?

— Mais moi, intervint Vincensini, j'ai donné ma parole...

— Tu peux en parler! On en a fait grand cas, de ta parole! Il a agi exactement comme si tu ne l'avais pas donnée, en enlevant ta fille et en la compromettant indignement.

— Mais, reprit Giacobetti, puisqu'elle est compromise, ce Rinaldi ne voudra pas l'épouser...

— Vous n'êtes pas obligés de le lui raconter, répliqua Rosella. D'ailleurs, je me charge de cela, le cas échéant.

Les jeunes gens approuvaient; les vieux se regardaient, cherchant à s'encourager mutuellement, à s'inspirer des arguments qui ne leur venaient point. Enfin, Giacobetti dit:

— C'est bien grave... C'est grave et c'est dangereux.

— Oui, confirma le père, c'est dangereux.

Rosella éclata d'un rire strident:

— Vous n'avez pas peur de Gallochio, je suppose? Ce serait complet...

Les frères et les cousins lui firent écho. Vincensini mit son nez dans la tasse. Mais l'oncle précisa sa pensée:

— Ce n'est pas une lâcheté que de signaler un danger. Et, quand il est signalé, il y a deux méthodes à suivre, comme disait mon lieutenant, qui n'était pas un imbécile: ou bien on écarte le danger, ou bien on s'en écarte.

— Eh bien, fit Marc, on peut toujours l'écarter. Nous n'avons qu'à le remmener de force au séminaire.

— Et si on le faisait arrêter? insinua Rosella.

Giacobetti la regarda:

— Qu'a-t-il fait qui tombe sous le coup de la loi? demanda-t-il.

— Il a enlevé ma fille.

— Mais elle était consentante...

— Qu'est-ce qui le prouve? triompha Rosella.

Giacobetti resta muet: il ne s'attendait pas à cet argument.

— Oui, qu'est-ce qui le prouve? répétèrent les deux frères avec enthousiasme.

— Mais, répondit l'oncle, c'est elle-même qui a dit que... qu'elle l'avait suivi de son plein gré.

— Allons donc! Il l'avait terrorisée. Elle me l'a avoué aujourd'hui sous le sceau du secret. Cet homme lui a fait peur.

Giacobetti restait coi. Le père Vincensini tenta une diversion:

— L'avocat Rinaldi ne consentira pas à une mésalliance de son fils avec une pauvre paysanne. Il vaut mieux s'en tenir à ce qui a été décidé...

Mais il était désormais seul de son avis : Giacobetti avait passé dans l'autre camp.

— Puisqu'elle n'était pas consentante, dit l'oncle, les choses changent... C'est un rapt, délit prévu et sévèrement puni par la loi... En ce cas, il faut adresser une plainte au procureur du Roi, et les gendarmes ne tarderont pas à se saisir de lui, et à le mettre en lieu sûr...

Tous approuvèrent. La partie était gagnée. Cette nuit-là, Rosella fit des rêves d'or.

Le jeune Rinaldi était venu, avait été accueilli en hôte de choix, avait fait sa demande, et était reparti le soir même, l'âme en fête. Gallochio était descendu de bonne heure à l'enclos, y avait vainement attendu sa fiancée. Alors, il avait erré dans la campagne, son fusil à l'épaule, se donnant lui-même l'illusion qu'il chassait. Mais en réalité, il ne songeait pas au gibier. Il ne rentra chez lui qu'à la nuit et harassé, embrassa sa mère qui le gardait tristement, et se coucha sans souper.

Il ne sut rien de cette visite.

Le lendemain, il eut un accès de fièvre qui se prolongea pendant deux jours. Le troisième, quand il se leva, l'idée lui vint d'aller chercher un réconfort moral auprès du vieux curé de Moïta. Peut-être ce brave homme saurait-il lui prodiguer des paroles d'apaisement et de réconfort...

Tandis qu'il s'éloignait, sa mère vit, avec surprise, s'approcher des gendarmes.

L'un deux, un brigadier, frappa à la porte de la maison ; François, qui reclouait ses chaussures dans un coin de la salle, lui cria d'entrer.

— Nous cherchons Joseph Antomarchi, madame, dit le gendarme. C'est votre fils ?

— C'est mon fils, mais il est absent.

— Vous ne savez pas où il se trouve ?

— Non. Il est parti se promener dans la montagne. Mais pourquoi le cherchez-vous ?

— Il a été l'objet d'une plainte pour enlèvement de mineure.

— Comment est-ce possible ? s'écria la mère. La jeune fille l'a suivi son plein gré. Les parents le savent bien.

— Je l'ignore, ma bonne dame, fit brigadier. Tout ce que je sais, c'est que nous devions le prévenir de comparaître devant le magistrat, et de se disculper s'il le peut…

— Mais enfin, on ne va pas l'arrêter… balbutia la pauvre mère.

— On ne l'arrêtera pas, s'il se disculpe, répondit le gendarme. Mais, s'il ne se disculpe pas, l'affaire est grave… Enfin, nous reviendrons demain. Dites-lui de se tenir à la disposition de la justice.

Quand ils furent partis, François se tourna vers sa mère qui pleurait :

— Il est monté à Moïta, lui dit-il, je vais le prévenir.

Une heure plus tard, Gallochio rentra, en compagnie de son frère ; il se dirigea, seul, vers la maison des Vincensini, franchit le seuil de la porte entr'ouverte, et se trouva devant l'oncle Giacobetti.

Il était pâle, calme et résolu.

— J'ai été l'objet, dit-il, d'une plainte en enlèvement de mineure. Quel est l'auteur de cette plainte ?

— C'est moi, répondit l'ancien gendarme.

— Pourquoi m'avez-vous accusé, alors que vous me savez innocent ?

— Tu vas prétendre que tu n'as pas enlevé Marie-Louise ?

— Je l'ai enlevée avec son consentement. Ce n'est pas un crime prévu par la loi.

— Tu l'as enlevée sans son consentement, et tu es un misérable. Elle a tout avoué, tu l'as terrorisée...

Gallochio le contemplait avec effarement.

Cet homme était de mauvaise foi ou bien Rosella l'avait indignement trompé.

— Ne m'insultez pas sans preuve, dit-il. Je vous demande, sur mon honneur, de faire appeler ici Marie-Louise et de l'interroger devant moi. Elle dira la vérité. Si vous êtes un honnête homme, vous ne me refuserez pas cela.

— Soit, concéda l'ancien gendarme, attends-moi ici.

Il disparut, l'espace de quelques secondes, et revint avec la jeune fille.

— Marie-Louise, s'écria Gallochio, les larmes aux yeux, parle, dis la vérité. T'ai-je enlevée de force ?

Mais sa mère l'avait stylée. Elle se raidit, haussa les épaules :

— Je ne sais pas... Je ne sais plus, dit-elle. Toutes ces histoires m'affolent et me font perdre la tête...

Il la considéra, stupéfait.

— Tu sais bien que nous avons décidé de partir ensemble pour rendre le mariage inévitable.

— C'est toi qui m'as dit que je devais te suivre pour éviter le parjure et la mort. Ce sont tes propres paroles... Et puis, tout cela me rend malade... J'ai la tête en feu...

— Mais on m'accuse indignement... Marie-Louise, je t'ai simplement rappelé ton serment... ton serment sur le scapulaire...

— Oh! c'est terrible, de torturer une pauvre fille avec cette éternelle histoire, de serment et de scapulaire. Laisse-moi, va... Laisse-moi en paix.

Une lueur passa dans le regard sombre de Gallochio :

— Alors, ainsi, le serment, l'abraccio, l'enlèvement, tu as tout oublié ?

— Je n'ai rien oublié, hélas ! J'en souffre tellement...

— Tu en souffres ? Tu les regrettes. Tu veux reprendre ta parole ? Ah ! réfléchis, Marie-Louise, je te conseille de tenir tes engagements, si tu ne veux pas faire le malheur de deux familles.

— Je me moque de tes menaces, s'emporta la jeune fille. Je ne te dois rien. Mon serment était un serment de complaisance, pour te faire plaisir. Je me considère comme libre. D'ailleurs, je suis fiancée à quelqu'un d'autre.

— Malheureuse ! dit sourdement Gallochio, ce mariage ne se fera pas...

— Et qui l'en empêchera ? demanda l'oncle Giacobetti, qui trouvait que la scène avait déjà trop duré.

— Moi, répondit Gallochio. Réfléchissez encore...

— Toi, fit l'ancien gendarme. Tu n'es pas encore assez grand...

Gallochio le toisa, calme et sombre :

— Vous regretterez un jour ces paroles, dit-il enfin. Réfléchissez... ce mariage ne se fera pas.

Il tourna le dos et sortit sans hâte.

Quand la porte se fut refermée, l'oncle murmura :

— Cet enfant prend vraiment des airs de despote. Heureusement que les gendarmes le mettront à la raison.

Le lendemain, le brigadier revint, apportant un mandat de comparution. Mais Gallochio était parti à l'aube, après avoir raconté à sa mère et à François l'entrevue de la veille avec Marie-Louise et Giacobetti.

— C'est une trahison, conclut-il, mais ce mariage ne se fera pas...

— J'avais bien raison de penser que Rosella était une intrigante et une ambitieuse. Mais il faut te résigner, mon fils. Reprends le chemin que tu avais abandonné un instant et ne songe pas à d'inutiles vengeances... Dieu exige le pardon...

— Ma mère, ce mariage ne se fera pas. Ils veulent me faire arrêter pour un crime que je n'ai pas commis, et mon cœur s'est brisé quand j'ai entendu celle que j'aime m'accuser au mépris de toute vérité. Mais elle n'est pas coupable, on lui a monté la tête. Ce n'est pas elle qui paiera, ce sont les autres. On ne se venge pas contre les femmes...

— Mon fils, mon fils, sois calme et bon. À vingt ans, on connaît mal la vie. Il faut savoir souffrir et pardonner.

— Laissez, ma mère. Je ne veux pas, en attendant, tomber entre les mains des gendarmes. François, tu vas m'accompagner dans le maquis, puis tu reviendras. Et, s'il y a du nouveau, tu monteras me prévenir.

— Entendu, frère. Tu seras tenu au courant de tout. Prends ton fusil et ta gourde. Je t'apporterai de la poudre, des vivres...

— Embrassez-moi, ma mère, fit Gallochio, en lui tendant le front. Je reviendrai quand le danger sera écarté...

Ainsi, le brigadier trouva l'oiseau envolé.

— C'est sans doute, remarqua-t-il, qu'il se sentait coupable. Mais la faute après tout, n'était pas bien grave : il s'en serait tiré avec quelques mois de prison. Les jeunes gens d'aujourd'hui sont vraiment trop indisciplinés.

Ce gendarme n'était pas un méchant homme, mais il avait le culte de la discipline.

Et il s'en fut en hochant la tête.

Deux semaines s'étaient écoulées.

Dans le village paisible, on ne voyait plus Gallochio ; les gendarmes qui étaient venus pour l'arrêter avaient appris, de la bouche même des parents, que leur fils avait vraisemblablement gagné le maquis, et qu'il n'avait plus reparu.

Toutefois, la nuit, François quittait subrepticement la maison, et, par des sentiers courant sous les châtaigneraies touffues, gagnait au sein des rochers abrupts la retraite mystérieuse de son frère. Il lui apportait de la poudre, du vin, du pain, et aussi les nouvelles du village, que Gallochio accueillait avec une sorte d'indifférence farouche.

Cette nuit-là, Françoîs apportait de tristes informations :

— La publication des bans a eu lieu, frère, lui annonçat-il, le mariage est fixé au premier novembre.

— La Rosella s'est dépêchée, fit simplement Gallochio. Elle veut forcer le destin ; elle ne réussira qu'à hâter l'irréparable...

— Espères-tu encore épouser Marie-Louise ? demanda timidement François.

— Mon frère, je ne l'espère plus. Hélas !

— Mais que comptes-tu faire ?

Gallochio ne répondit pas directement ; il chantonna, à mi-voix, cette stance d'un vocero populaire :

> Nun hè ghiocu da Zitelli,
> Parlu chiaru, e ognun m'intendi ;

Alla larga, o runzinelli
Chi ba male la faccendi,
Chi li sposa, o Dea gravita,
E saziu di la so vita...

Ce n'est pas un jeu d'enfants,
Je parle clairement et que chacun m'entende.
Au large, misérable,
La chose va mal ;
Quiconque t'épouse, déesse chérie,
Est las de la vie !

— Tu as raison, Joseph, dit François : on nous a gravement offensés, et je vois que tu souffres injustement. Mais tu peux compter sur moi à la vie, à la mort.

— Je le sais, fratellucciu. Sois tranquille, la blessure d'amour restera saignante, mais la blessure d'honneur sera cicatrisée... Va, et dis à notre mère de ne pas se lamenter sur mon sort : la vie au grand air est excellente pour la santé...

Pendant ce temps, Rosella hâtait les préparatifs du mariage. Personne n'envisageait sérieusement comme un dangers les menaces de Gallochio : cet enfant n'était pas à craindre.

— Pour nous faire peur, disait Marc, il se promène avec un fusil sur l'épaule mais il doit mieux se servir d'un cierge que d'une escopette. Ce n'est pas au séminaire qu'on apprend le tir à la cible...

La fête s'achevait dans les chants et les danses.

Le mariage de Santu Rinaldi et de Marie-Louise avait été célébré en grande pompe, dans la petite église d'Ampriani coquettement parée pour la circonstance par les soins diligents du jeune curé, aidé des frères et des cousins de la fiancée.

Le défilé traditionnel, au sortir de l'église, s'était déroulé dans la grande rue du village. Les commères, de leurs fenêtres, avaient jeté sur les nouveaux époux le riz et le blé, en signe d'allégresse et de prospérité. Les ravins escarpés, les gorges profondes avaient prolongé les échos des salves joyeuses. Et, passant devant la maison, aux volets clos, du père Antonmarchi, les parents de la mariée, hautains et arrogants, avaient déchargé et rechargé leurs fusils d'une manière significative. Mais les volets ne s'étaient pas entrouverts. Nul signe de vie en cette demeure hermétiquement cadenassée : le père, souffrant, était couché. François avait rejoint son frère dans la montagne, pensant que son affectueuse présence lui serait peut-être utile, en ce triste jour Seule, la pauvre mère, immobilisée derrière les contrevents fermés, écoutait monter jusqu'à elle les rumeurs bruyantes du cortège.

Le père de Rinaldi, dont la santé laissait fort à désirer, n'avait pu assister au mariage. Le fils avait proposé, au dernier moment, de le remettre à une date ultérieure ; mais Rosella avait fait valoir que cela bouleverserait tous les préparatifs, et son avis avait prévalu.

Elle avait hâte d'en finir, de se trouver en présence du fait accompli. Elle avait redouté, surtout, un esclandre de Gallochio, à l'entrée ou à la sortie de l'église, des paroles désagréables qui eussent produit une mauvaise impression sur le jeune Rinaldi, provoqué des explications, peut-être même une rupture. Elle avait recommandé aux siens de faire bonne garde.

— Ce mariage ne se fera pas, avait menacé Gallochio.

Vaine menace... Le mariage s'était fait. Gallochio n'avait pas osé paraître. Et qu'eût-il pu tenter, en vérité ? Ce défroqué malingre n'aurait pas eu la présomption de s'attaquer à une dizaine d'hommes vigoureux, courageux et bien armés. Non... Gallochio était allé cacher dans le maquis sa douleur et sa colère ; le temps l'apaiserait, il était jeune : il se résignerait.

La soirée s'acheva dans une joie sans ombre. Les invités se retirèrent par groupes, après les vœux et les compliments d'usage, renouvelés et commentés sur des modes lyriques.

La nuit se gâtait ; un vent frais s'était levé. Des nuages échevelés couraient dans le ciel, précurseurs d'un orage. Les derniers amis, redoutant la pluie, se hâtèrent de regagner leurs pénates. Il ne resta plus bientôt, dans la vaste demeure que les époux et les parents, que gagnait la fatigue de cette heureuse mais pénible journée.

Rinaldi rayonnait de joie. Marie-Louise, ravissante dans sa robe d'épousée, se montrait souriante, sa confiance revenue. Elle avait redouté d'obscures catastrophes : la colère de Gallochio, le parjure, le scapulaire... Maintenant, elle s'amusait de ses craintes puériles. Dire qu'elle avait pris tout cela au sérieux...

— Mes enfants, fit Rosella, nous n'avons plus qu'à nous souhaiter une bonne nuit. Voici ma fille, Santu, que je remets entre vos mains ; voici votre femme... Rendez-la heureuse.

— Dieu le permette, répondit Santu en prenant la main de Marie-Louise.

Ils montèrent l'escalier de bois qui conduisait an premier étage, et pénétrèrent dans la chambre nuptiale où tout était préparé pour le départ du lendemain. Car le couple devait gagner Corte sans délai, un appartement ayant été installé pour eux dans la vaste maison de l'avocat.

Le vent soufflait avec rage.

— Le temps se gâte vraiment, fit Santu, en refermant la porte. J'espère que l'orage passera cette nuit et que nous aurons un beau voyage demain.

Il sourit à sa jeune femme, qui s'était assise dans un fauteuil.

— Je suis rompue, dit-elle, ce vent est affreux.

Des débris de gravier tambourinèrent aux vitres.

— C'est la tempête, Santu, s'écria Marie-Louise. Il faut fermer les volets. J'ai peur de l'orage…

Le jeune homme ouvrit la fenêtre, tendit les bras pour décrocher le volets.

Une lueur, un coup de feu déchirèrent la nuit. Santu Rinaldi s'effondra, foudroyé. Il avait reçu une balle entre les deux yeux.

II

Cette nuit d'orage s'achevait dans l'horreur.

Marie-Louise, à moitié folle, contemplait avec des yeux hagards le cadavre du malheureux Rinaldi qu'on avait transporté sur le lit. S'il y eut jamais une victime innocente, c'était bien ce pauvre jeune homme, qui avait tout ignoré du serment, de l'abraccio, de l'enlèvement, des menaces de Gallochio.

Rosella était terrorisée… « Ce mariage ne se fera pas », avait dit cet avorton… Et le mariage ne s'était pas fait. Ah ! l'insensée qui avait méconnu l'implacable volonté de ce misérable ! Il apparaissait brusquement sous un jour redoutable : ce n'était plus un enfant capricieux qui se résignerait, c'était un tigre dangereux dont il fallait sans retard rogner les griffes, si l'on ne voulait pas s'exposer à perdre la vie…

— Mère, dit Marc, il a gagné le maquis sitôt son coup fait. Mais, à l'aube, nous fouillerons tous les recoins et nous l'abattrons comme une bête malfaisante.

— Oui, approuva Orso, nous vengerons Marie-Louise.

Le père Vincensini se lamentait, d'une voix monotone, devant ce cadavre qu'il n'avait pas le courage de regarder :

— Pourquoi ne m'a-t-on pas écouté ? Ce qui était dit était dit : la parole avait été donnée… On n'a pas voulu m'entendre… Christ Saint ! pourquoi ne m'a-t-on pas écouté ?

Mais Rosella le rabroua sévèrement :

— Tu ne sais que geindre. Ne vois-tu pas que ce Gallochio est un fou furieux ? Si nous lui avions donné notre fille, il l'eût tuée comme il a tué ce malheureux Santu… Et qui sait ce qu'il médite encore ?…

— Assez de sang versé, murmura le vieillard… je n'ai pas été assez ferme… J'aurais dû exiger le respect de ma parole.

Mais Rosella haussa les épaules :

— Tu as raison, Marco, dit-elle à son fils aîné. Celui qui donne la mort a mérité la mort. Vous partirez à l'aube, et vous emmènerez Brusco, qui aura vite fait de le dénicher.

— Oui, mère, ajouta Orso. Il n'a du courage que la nuit, et contre un malheureux sans défense. Nous lui infligerons le châtiment qu'il mérite…

L'oncle Giacobetti n'avait pas pris part à la discussion : il hésita à donner un conseil. Finalement, il se décida :

— Gallochio a commis un crime ; c'est à la justice qu'il convient de le châtier. Les gendarmes s'en saisiront…

— Allons donc, s'écria Rosella. Si les gendarmes avaient pu s'en saisir, ils l'auraient déjà fait. Mais ils en sont bien incapables ; ils l'ont laissé courir librement le maquis, et voici le résultat… Il nous aura tous tués avant que les gendarmes aient franchi le ravin…

— Alors, insista Giacobetti, saisissez-vous de lui et livrez-le à la gendarmerie. Mais ne versez pas son sang…

— Ne versez pas son sang, reprit comme un écho le vieux Vincensini. Assez de sang versé… Pourquoi ne m'a-t-on écouté ?….

Ces paroles de sagesse n'ébranlèrent pas la décision farouche des deux frères.

À l'aube, la pluie s'était calmée. Marc et Orso, armés de leurs fusils et, précédés de leur chien Brusco, s'enfoncèrent dans le maquis avec une sombre résolution.

Sitôt sa vengeance accomplie, Gallochio avait regagné son repaire, où il avait ordonné à François de l'attendre. Car il ne voulait point que son frère fût mêlé à cette affaire.

Dès son retour, il lui raconta le drame : des graviers lancés contre les vitres, la silhouette du jeune homme se détachant dans le cadre lumineux de la fenêtre, la balle tirée en plein front…

— Tu as agi en toute justice, frère, approuva François. Tu as vengé l'offense infligée à notre famille. Maintenant, tiens-toi sur les gardes, et méfie-toi des gendarmes.

— Sois tranquille, dit Gallochio. Rentre à la maison, et, si jamais il y a du nouveau, préviens-moi.

François parti, Gallochio, qui était trempé, ranima le feu et se réchauffa. Il avait la satisfaction du devoir accompli ; sa promesse avait été tenue. Le mariage ne s'était pas fait.

Son cœur était déchiré : il aimait Marie-Louise, et Marie-Louise l'avait trahi. Mais la véritable instigatrice de cette trahison était Rosella. Tant pis pour elle : il lui avait donné une leçon qui porterait ses fruits, et la mettrait désormais à la raison. Il n'avait pas de haine contre elle, ni contre les autres, le père, l'oncle, les fils et les cousins. L'ambition les avait mal conseillés ; le danger était écarté. Peut-être sa fiancée n'était-elle pas perdue pour lui. Peut-être lui reviendrait-elle.

Il est vrai qu'il était sous le coup d'une exécution capitale ; mais elle et lui pourraient facilement s'échapper en Sardaigne, où l'extradition n'était pas accordée. La vie pour eux n'était pas achevée ; elle commençait à peine. Et, en attendant, Marie-Louise pouvait encore revêtir sa robe blanche : le mariage n'avait pas été consommé.

Au fil des heures, il bâtissait des projets d'avenir, renouvelant de temps à autre les flammes du foyer. Là-bas, vers l'Est, le ciel s'éclaira. Le jour allait poindre.

Gallochio se sentit brusquement affamé. Il dévora du pain et du fromage, but longuement à sa gourde.

Soudain, un caillou, détaché de la montagne, roula presque jusqu'à ses pieds. Il dressa brusquement la tête, reconnut le chien Brusco qui descendait le long des rochers, suivi, à une cinquantaine de mètres, par les deux frères Vincensini, le regard tendu, l'arme au bras.

Il se leva brusquement. Le chien aboya. Les hommes l'aperçurent.

— Que me voulez-vous ? cria Gallochio en armant son fusil. Passez votre chemin. Je n'ai rien contre vous.

— Mais nous avons quelque chose contre toi, répliqua Marco en le couchant en joue. Tire, Orso, et vise à la tête ; moi, je vise au cœur.

Les deux coups partirent presque ensemble. Mais Gallochio avait bondi derrière un rocher, et les balles sifflèrent à ses oreilles sans l'atteindre. Il visa à son tour, tira : Marco s'écroula comme une masse.

— Passe ton chemin, Orso, cria Gallochio. Vous êtes venus m'attaquer, mais il est encore temps pour toi de sauver ta vie.

— Misérable, répondit Orso en épaulant son arme. Voilà pour toi !

La balle déchira l'oreille de Gallochio. Il pressa à son tour la gâchette, et les détonations des deux fusils furent si rapprochées qu'elles se confondirent dans un même écho.

Orso ouvrit les bras, lâcha son arme, et roula jusqu'au bas du ravin.

— Que Dieu les reçoive en sa sainte paix ! murmura Gallochio en rechargeant son fusil. La Vierge m'est témoin que je ne souhaitais pas leur mort.

Il épongea le sang qui coulait de sa blessure superficielle.

— Un pouce à droite, songea-t-il, et c'en était fait de moi. Mais la Madone m'a protégé.

Cependant, le chien Brusco allait de l'un à l'autre sans comprendre. Ses maîtres étaient inertes ; la mort les avait frappés. Mais Gallochio était un ami, un familier de la maison. Il ne comprenait pas. Il flairait les cadavres et regardait le jeune homme avec des yeux interrogateurs.

— Allons, Brusco, viens ici, fit Gallochio en jetant son arme sur l'épaule.

Le chien s'approcha, caressa l'ami en poussant des gémissements plaintifs.

— Je t'ai rendu orphelin, mais tu es une bonne bête, et je t'adopte de grand cœur. — Ne te lamente pas. Tu. n'auras rien perdu au change.

Ce fut toute l'oraison funèbre des frères Vincensini.

La nouvelle de la mort des deux frères avait causé, dans le village, une véritable impression de terreur. On avait entendu des coups de feu, de très bonne heure. Les habitants, que le meurtre de Santu avait tenu éveillés fort tard dans la nuit, ignoraient la décision des deux frères ; ils avaient simplement pensé que des chasseurs matinaux faisaient une battue.

Les cousins Filippi, sitôt après le drame, étaient allés se reposer, et n'avaient rien entendu. Seule, Rosella, son mari et son frère avaient dans la maison perçu le bruit des détonations, et avaient tressailli.

— Ils ont fait justice, s'écria Rosella. Ils l'ont criblé de balles.

Les deux hommes ne dirent rien. Cette tuerie les accablait.

Pourtant la matinée s'avançait et les frères ne revenaient pas. Une secrète angoisse grandissait au cœur de la mère. Les cousins Filippi et quelques villageois décidèrent d'aller aux informations. Vers midi, ils ramenèrent, sur des brancards faits de branches de châtaigniers, les deux cadavres à la maison.

Trois morts en une seule nuit. L'horreur et la colère se partageaient les cœurs. Mais quel terrible châtiment pour cette mère qui n'était coupable, somme toute, que d'avoir ambitionné pour sa fille un riche parti et une union heureuse !

Rosella emplissait la tragique demeure de cris et de gémissements. Marie-Louise, si radieuse la veille dans ses voiles blancs, était pitoyable, et, de noir vêtue, recroquevillée sur elle-même au coin d'un canapé, paraissait une bête traquée qui demande grâce. Quel effroyable cyclone avait brusquement bouleversé sa vie ? Son mari tué, ses frères tués… Elle s'était parjurée, elle avait trahi son serment sur le scapulaire de la Vierge !

Mais la Vierge était bien incapable d'une telle cruauté : c'est Gallochio qui était entré dans sa vie et l'avait transformée en enfer. Elle-même serait sacrifiée à sa fureur sanguinaire. Sûrement, en tout cas, elle deviendrait folle, si elle ne l'était déjà. Non. Tout cela n'était pas vrai. Tout cela n'était pas possible. C'était un cauchemar. Elle allait se réveiller, retrouver les siens heureux et souriants… Hélas ! elle était bien éveillée, les yeux grands ouvert sur tout ce sang versé pour elle, à cause d'elle. Elle n'avait ni larmes, ni sanglots : statue rigide et glacée de l'épouvante.

On avait prévenu la justice. Les gendarmes arrivèrent le soir ; un officier procéda aux constatations légales, mena une enquête rapide, interrogea la mère de Gallochio, puis François.

La pauvre femme ne savait rien sinon qu'elle n'avait point vu son fils depuis plus d'un mois. François reconnut qu'il avait rencontré son frère au bas du sentier, quinze jours plus tôt, et qu'il lui avait donné la moitié de son pain. Mais il ignorait ce qu'il était devenu depuis, et même s'il était encore en vie.

Les gendarmes, qui étaient une demi-douzaine, organisèrent une vague battue, pour donner satisfaction aux parents éplorés et qui réclamaient justice. Mais les gendarmes ont des uniformes qu'on aperçoit de loin, et marchant volontiers groupés, font beaucoup de bruit à travers la montagne. Ils revinrent bredouilles comme chacun s'y attendait.

Rosella, qui n'était jamais à court d'imagination, avait cependant combiné un nouveau plan : il était possible de faire tomber Gallochio dans une embuscade.

— Il faudrait choisir un lieu assez écarté pour que l'assassin ose s'y aventurer, et là, les gendarmes s'en empareront, dit-elle à son mari et à son oncle. Sans quoi, il nous exterminera tous jusqu'au dernier.

— Mais comment l'attirer dans ce guet-apens ? demanda le vieux Vincensini, qui, depuis la mort de ses fils, se sentait tenu d'agir.

— Par François, son frère, qui sait certainement comment le joindre. Je verrai François, et je lui remettrai une lettre de Marie-Louise, fixant un rendez-vous à Gallochio, à l'endroit que nous aurons convenu. Toi, tu y conduiras les gendarmes, et ils n'auront qu'à le prendre ou à le tuer sur place

— Mais la lettre ?

— Je l'écrirai moi-même. Il ne connaît pas l'écriture de Marie-Louise...

On reconnut que ce plan était habile, qu'il avait les plus grandes chances de réussir. On tomba d'accord sur le lieu du prétendu rendez-vous, au Pozzo, à deux kilomètres environ du village, où l'on pouvait accéder par des sentiers couverts... Et Rosella rédigea le billet. Puis, elle manda François, qui se rendit à sa prière, et fut surpris de se trouver en présence d'une mère accablée, mais sans colère.

— François, lui dit-elle, le malheur a fondu sur nous comme l'aigle fond sur l'agnelet. Mais je suis la grande coupable, car c'est moi qui ai voulu empêcher Marie-Louise d'épouser l'homme à qui elle s'était promise...

Nous sommes terriblement punis. Je ne t'en veux pas : tu n'es pas responsable de tout cela...

— Que voulez-vous de moi ? demanda François.

— Marie-Louise m'a cruellement reproché d'avoir piétiné son amour pour Gallochio. Elle voudrait le voir en secret, et je n'ai pas le courage de m'opposer à ce rendez-vous. Si son père le savait, il le reprocherait peut-être ! Mais c'est ma fille, et elle a tant souffert dans son cœur par ma faute. Tu es un brave enfant. Si tu pouvais faire secrètement parvenir ce billet à ton frère, sois sûre qu'il en serait heureux...

— Je vais essayer, dit François en tendant la main.

Elle lui remit le billet, et l'exhorta à la discrétion.

— Méfie-toi, surtout, qu'on ne te suive pas. Les gendarmes ne partiront que demain, et ils doivent te surveiller. Et que personne ne sache rien... Va, François, tu es un brave enfant.

François était sans doute un brave enfant, mais il n'était pas si simple que cela. Si rusée qu'elle fût, Rosella ne lui avait pas complètement donné le change. Il la connaissait de longue date, et la savait peu incline à l'indulgence et au pardon.

Et puis, une chose l'intriguait : pourquoi Marie-Louise elle-même ne l'avait-elle pas chargé de cette mission ?

Il rentra chez lui, agité de sentiments divers. Où était la vérité ? Le billet n'était pas cacheté ; il était plié et refermé sur lui-même, à la manière de ces paquets de poudre que confectionnent les pharmaciens. Il l'ouvrit et le lut attentivement. Il ne comportait que quelques lignes, que voici :

« Gallochio, tu as brisé ma vie, mais non mon amour. Ma mère seule est coupable de tout ce qui est arrivé. Mais rien n'est irréparable entre nous. Je voudrais te revoir. Si tu m'aimes encore comme je t'aime, je t'attendrai au Pozzo, demain soir, à six heures. Celle qui reste malgré tout ta fiancée, Marie-Louise »

Chose étrange, François, qui n'était ni un psychologue, ni un logicien, fut éclairé par cette lettre. Les sentiments d'affection et de dévoilement qui le liaient à son frère lui rendaient inadmissible l'idée qu'une jeune fille pût écrire un pareil billet au meurtrier de ses deux frères et y accuser formellement sa mère, et aussi que la mère ait consenti à livrer cette condamnation d'elle-même, tracée par la main de sa fille, à l'assassin de ses fils. Il y avait là quelque chose de formidablement inconscient on de terriblement louche, un piège très vraisemblablement.

Mais Gallochio y pourrait tomber. N'avait-il pas gardé l'illusion que rien n'était irréparable entre Marie-Louise et lui ? Cette lettre suffirait à l'enthousiasmer, et il courrait au rendez-vous, c'est-à-dire à la mort.

François décida de la garder. De crainte de se trahir, il ne sortit pas, cette nuit-là, pour aller voir son frère. Mais, le lendemain matin, il guetta Rosella lorsqu'elle ouvrit sa fenêtre, et lui fit signe qu'il avait accompli la mission.

— A-t-il dit quelque chose ? demanda Rosella.

— Il faisait nuit, et il n'a pas voulu faire de la lumière, de crainte des gendarmes. Mais je lui ai raconté ce que vous m'aviez dit, et il m'a répondu qu'il irait au rendez-vous.

— Merci, François, fit Rosella, tandis qu'un éclair de joie passait dans ses yeux. J'espère que Gallochio sera satisfait…

La journée parut longue au jeune homme. Enfin, vers quatre heures, il prit son fusil, sortit par la porte du jardin, fit mine de descendre vers l'enclos, dans la direction opposée au Pozzo.

Une fois qu'il se trouva dans le ravin, à l'abri des regards, il bifurqua, s'engagea dans des sentiers de chèvres et eut bientôt gagné le Pozzo. Là, il avisa un châtaignier feuillu et facilement accessible ; il y grimpa et y fut bientôt assez confortablement installé.

Il faisait encore grand jour. François avait longuement médité sur la conduite à tenir. Si ce n'était pas un piège ; si, après tout, Marie-Louise venait seule an rendez-vous, il le verrait bien ; alors, il lui parlerait, et, si elle y consentait, la conduirait jusqu'à son frère. Sinon, il connaîtrait la machination et il aviserait.

Les minutes coulaient lentement. Enfin, la nuit commença de tomber.

Rien ne venait. À diverses reprises, il perçut des froissements de feuilles mortes, dont le bruit semblait se rapprocher lentement. Mais ce pouvaient être des animaux de nuit, quelque renard ou quelque sanglier en quête d'aventure. À un moment même, il entendit comme un murmure de voix, mais qui s'apaisa aussitôt.

La nuit était tombée complètement. Il ne distinguait rien. Il avait simplement l'impression que des présences invisibles attendaient, silencieusement, le moment de se révéler et d'agir.

Plus de deux heures s'écoulèrent ainsi. Enfin, brusquement, sur un coup de sifflet, tout s'anima : des formes sombres qui étaient tapies en cercle autour de la petite clairière, jaillirent de leurs buissons, et se groupèrent sans hâte au centre du Pozzo.

— Allume une torche. Étienne... commanda une voix.

Puis l'homme qui avait parlé ajouta à l'adresse d'une autre personne :

— Il nous a fait faux bond... Il est plus malin que vous, allez.

La lumière jaillit, projetant sur les arbres et sur les rochers de gigantesques ombres. Il y avait là dix gendarmes, le lieutenant et un homme vêtu d'un « pelone » et coiffé d'un béret. François le reconnut aussitôt : c'était Vincensini.

Ainsi, on avait voulu, en se servant de lui, attirer son frère dans un guet-apens odieux et le massacrer. Et l'on n'aurait de cesse qu'après l'avoir tué... Il bouillonnait de colère, se demandant s'il ne devait pas abattre sur-le-champ ce misérable Vincensini, trop lâche pour prendre le maquis et venger ouvertement ses morts. Mais il était dans une mauvaise position pour tirer ; puis on ferait sur lui un feu de salve, et ensuite, que deviendrait Gallochio, seul et livré à lui-même ?....

— Nous n'avons plus qu'à nous en aller, reprit l'officier. Inutile de coucher ici, n'est-ce pas ? Passe devant, Étienne, Tu nous éclaireras la route.

La petite troupe se mit en marche. Elle passa sous le châtaignier sans se douter qu'un homme les surveillait, son fusil en travers ses genoux, et taquinant de sa main droite le manche du stylet passé dans sa ceinture. Le père Vincensini, moins alerte, fermait la marche.

Quand ils furent à une petite distance, François descendit sans bruit de son perchoir, et se mit à les suivre. Une idée obscure avait jailli dans son cerveau : les branches qu'ils écrasaient en marchant, les cailloux qui roulaient, le cliquetis de leurs sabres couvraient le bruit de ses pas, et il avait remarqué que Vincensini, peu à peu, perdait du terrain. Il allongea ses enjambées. Bientôt il se trouva à trois mètres à peu près du bonhomme, arrière-garde solitaire et sans méfiance. Alors, il s'élança, le bras levé et lui plongea d'un coup son stylet dans le dos, jusqu'au manche.

Vincensini s'effondra sans un cri.

Les gendarmes continuèrent leur route ; ils parlaient bruyamment, heureux de regagner un abri hospitalier, et l'un d'eux fredonnait même une romance d'amour...

Quand François, quelques heures plus tard, eut raconté par le menu à son frère tout ce qui s'était passé, celui-ci lui tendit les bras et le serra contre lui.

— Je n'aurais pas pu verser le sang du père de celle que j'aime, dit-il ; le courage m'eût peut-être manqué. Mais sa lâcheté méritait la mort. Tu as agi en homme juste et en bon frère. Donne-moi ce billet. Il est de la main de Rosella et elle a signé sa propre accusation.

— Tu ne vas pas la... punir ?

— Mon frère, quoi qu'il advienne, je ne m'attaquerai jamais à une femme.

— Je t'approuve ; mais Rosella nous poursuivra de sa haine.

— Je n'en doute pas. Nous tâcherons de nous garder. Nous serons deux, désormais. L'un veillera pendant que l'autre dormira. Et puis, il y a Brusco, qui me quitte plus.

— S'il le faut, j'irai chercher des provisions à la maison.

— Non, il faut attendre le départ des gendarmes. Quand on aura découvert le corps de Vincensini, si ce n'est déjà fait, ils vont effectuer une battue sérieuse ; c'est le moment de nous tenir terrés.

Tous deux connaissaient admirablement tous les recoins de la montagne. Pendant trois jours, ils se dissimulèrent dans les rochers, montant une garde sévère. La battue prévue fut en effet exécutée ; les gendarmes n'avaient rien découvert, mais ils ne quittaient pas le village. Et les vivres manquaient aux deux bandits.

— Écoute, fit Gallochio, j'irai cette nuit à Moïta, et je demanderai à dom Bernard de me donner du pain, du fromage et du vin. Il ne me refusera pas cela. Les gendarmes nous guettent à Ampriani. Je suis sûr qu'il n'y en a pas un seul à Moïta.

En effet, la nuit venue, Gallochio parvint sans encombre jusqu'à la demeure du curé, qui, ayant ouvert sa porte et l'ayant reconnu, le fit entrer en toute hâte dans sa chambre.

— Quels terribles crimes tu as commis, mon pauvre fils ! lui dit-il, la voix brisée par l'émotion. Enfin ! Dieu les a permis pour ton malheur, et ce n'est point le moment des reproches. Tu viens frapper à ma porte, alors que je cherchais à te rencontrer. J'ai une mission à remplir auprès de toi.

— Je vous écoute, mon bon père… Mais je meurs de faim…

— Pardonne-moi, mon pauvre enfant. Voici la huche et le garde-manger. Sers-toi et apaise ta faim. Tu emporteras le reste en t'en allant…

— Merci, Don Bernard. Je vous aime et je vous vénère. Quelle est cette mission dont vous me parliez ?

— La mission d'apaisement qui convient à un prêtre. Assez de haines et de meurtres comme cela. Éprouves-tu le besoin de tuer ? L'Église dit « Homicide point ne seras… »

— Je ne tue pas par besoin, mon père, ni par plaisir. J'ai tué par justice.

— Soit, convint le prêtre. Mais ta soif de justice n'est-elle pas encore étanchée ?

— Elle est étanchée, dit Gallochio.

— Alors, pour la grâce de Dieu, fuyez ces lieux, disparaissez, ton frère et toi... Si vous demeurez ici, vous serez tués par les gendarmes, un jour ou l'autre...

— C'est probable, reconnut Gallochio. Mais qu'y pouvons-nous ?

— Vous pouvez partir... Je m'offre à vous procurer des passeports pour la Sardaigne...

— Qui donc vous a chargé de cette mission ?

— Rosella, mon fils. Elle vit dans la terreur de ton ombre... Aie pitié de ces malheureuses femmes...

— Dom Bernard, j'ai dit ceci : « Marie-Louise sera mienne ou elle ne sera à personne. »

— Eh bien, répliqua le curé, elle ne peut plus être tienne, mais elle ne sera à personne...

— Et qui me dit que, lorsque je serai en Sardaigne, elle n'épousera un godelureau de Corte ou de Bastia ? Si Rosella veut m'éloigner, ce n'est pas pour le plaisir de préserver ma précieuse existence. Elle veut trouver un mari pour sa fille...

— Hélas ! je pense qu'elle ne songe guère à cela. Mais, toi-même, veux-tu donc être tué ?

— La mort m'importe peu ; si elle me frappe demain, je mourrai content.

— Ainsi, tu refuses ma proposition ?

— Je la refuse.

— Songe à ton frère.

— Si mon frère veut l'accepter, qu'il en profite. Je la lui transmettrai... En ce qui me concerne, je la refuse.

— Mais alors, quelles sont tes intentions ? Que dois-je répondre à Rosella ?

— Vous lui répondrez ceci :

Di Maria Luisa Vainante infelice
Farà cose non più intesi

293

Farà ghjornu, sera e mani
Risunà stridi e campani.

L'amant malheureux de Marie-Louise
Fera des choses formidables
Il fera, jour et nuit
Retentir des cris et sonner les glas.

Ce fut un véritable conseil de guerre qui se tint chez Rosella, après que le vieux curé de Moïta eut rapporté la réponse de Gallochio à ses propositions.

— Mon impression, avait-il dit, est que ce malheureux égaré sera inexorable. Je ne pense pas qu'il s'attaque désormais à vous, si vous ne le cherchez point. Mais quiconque courtisera Marie-Louise sera implacablement condamné.

Le résultat négatif de cette mission avait atterré Rosella. Cette menace permanente et redoutable, suspendue sur la tête des siens, lui paraissait odieuse et intolérable. Elle eût renoncé à tirer vengeance des crimes de Gallochio, s'il avait consenti à disparaître ; mais, puisqu'il refusait de s'expatrier, il importait de prendre des mesures fermes et définitives pour s'en débarrasser.

L'aîné des trois frères Filippi, qui habitait à Antisanti, et qui s'était tenu, de par ses occupations, à l'écart des récents événements, fut aussitôt convoqué. Il prit part au conseil de famille, ainsi que ses deux frères, l'oncle Giacobetti et Marie-Louise, qui n'était plus que l'ombre d'elle-même.

Rosella exposa la nécessité de s'organiser et d'agir. Les cousins Filippi l'approuvèrent ; l'oncle Giacobetti ne se rangea pas à son avis.

— Nous avons méconnu ce Gallochio, dit-il à sa sœur. Tu l'as traité en enfant inoffensif, en avorton désarmé, alors que c'est un homme audacieux et d'une volonté terrible. C'est à la justice qu'il appartient de s'en emparer. Tenons-nous en aux voies légales.

— En ce qui me concerne, dit l'aîné des Filippi, je veux en même temps participer à la vengeance et rester dans la légalité. Je m'engagerai dans les voltigeurs corses...

Les voltigeurs corses étaient des volontaires, la plupart d'entre eux recrutés parmi d'anciens bandits, et qui, bien qu'ils eussent un uniforme, étaient autorisés à s'habiller en civil. Plus d'un voltigeur ne s'était enrôlé dans ce bataillon que pour assouvir une vengeance personnelle. Il faut reconnaître, du reste, qu'ils constituaient un corps d'élite, le seul qui contribua efficacement à la disparition du banditisme en Corse.

— Engage-toi dans les voltigeurs si tu veux, dit Joseph Filippi, qui était le gendre de Giacobetti. Nous, nous agirons par nous-mêmes.

— Laissez faire les gendarmes, laissez faire la justice, conseilla encore Giacobetti.

Il ne fut pas écouté.

— Soit, conclut-il. Moi, je vais retourner à ma propriété de Tallone. Si je puis vous être utile, vous me ferez prévenir et je viendrai. Mais, encore une fois, restez dans la légalité. Nous avons assez de morts à pleurer comme cela.

Marie-Louise, le regard fixe, n'avait pas desserré les dents.

Les gendarmes, après leurs recherches infructueuses, avaient regagné leurs brigades.

Ainsi François avait pu, à la faveur de la nuit, faire une apparition dans la maison familiale, où la mère attendait avec anxiété des nouvelles de ses enfants.

Le père Antonmarchi était au lit, gravement malade. Depuis quelques années, sa santé avait périclité ; mais les récents événements l'avaient particulièrement accablé.

François apprit, de la bouche de sa mère, que Rosella avait tenu un conseil de famille, et que les frères Filippi y avaient eu une attitude menaçante, dangereuse pour Gallochio... Dans les villages, les curiosités sont toujours éveillées, et tout transpire plus ou moins.

Lorsque François eut rejoint son frère au maquis, il lui raconta ce qu'il avait appris, ajoutant qu'il faudrait peut-être mieux prendre les devants, et mettre les Filippi hors d'état de nuire.

La vérité est qu'il répugnait à Gallochio de commettre de nouveaux crimes. Ils ne se justifiaient, à ses yeux, que s'il se trouvait brusquement placé en état de légitime défense.

— Je veux en avoir le cœur net, répondit-il à son frère. Dès demain, je ferai demander à Giacobetti quelle conduite il entend tenir à mon égard. Sa réponse dictera mon attitude à venir.

En effet, le lendemain, il se rendit à Tallone, où se trouvait la propriété de Giacobetti. Ce dernier n'était pas encore rentré d'Ampriani, mais son fils Marc, un jeune homme de seize ans, qui avait toujours manifesté de la sympathie à Gallochio, était seul dans l'enclos lorsque le bandit arriva, et il ne put, à sa vue, réprimer un mouvement de crainte.

— Sois rassuré, don Marc, fit l'ancien séminariste en jetant son fusil sur l'épaule, je ne viens pas en ennemi. Veux-tu me rendre un service ?

— Si je le peux, don Joseph, je te le rendrai volontiers, répondit Marc. De quoi s'agit-il ?

— Vois-tu, don Marc, nos chemins se sont brusquement divisés. Il y aujourd'hui des morts entre nous, mais ton père sait que je n'ai fait que défend mon bien, que les Vincensini ont manqué à la parole donnée, et qu'ils m'ont poursuivi de leur haine.

— Mon père m'a dit que l'homme qu tu as châtié en premier lieu n'était pas coupable...

— Il était coupable d'épouser un jeune fille qui s'était promise à moi par un serment sacré sur le scapulaire de la Vierge. J'ai fait justice. Si, après cela, on ne m'avait pas lâchement attaqué, je n'aurais plus versé le sang. N'importe, je veux savoir si ton père compte prendre fait et cause pour les Vincensini. Dois-je me considérer comme étant avec lui en état de guerre ?

— J'ignore ses intentions, don Joseph mais je lui ferai part de ta visite.

— Je le sais homme d'honneur, poursuivit Gallochio ; il ne me prendra pas en traître. Si donc il veut demeurer en dehors de la vendetta, il n'a qu'à en exprimer le désir. Si, au contraire, je dois me garder de lui, eh bien ! que la volonté de Dieu soit accomplie !

— J'espère, don Joseph, qu'il demeurera en dehors de la vendetta.

— Moi aussi, ami... Je repasserai dans deux jours : s'il décide de rester neutre, tu noueras un mouchoir blanc à la porte de l'enclos ; si je dois au contraire me garder de lui, tu y accrocheras un mouchoir noir... Adieu, don Marc, et que le Seigneur te protège...

Deux jours plus tard, Gallochio aperçut, à la porte de l'enclos, un linge blanc qui lui annonçait la neutralité de

Giacobelli. Il s'approcha alors, et le jeune Marc, rayonnant, courut à sa rencontre.

— Mon père ne prendra pas part à la vendetta, don Joseph, lui dit-il. Je suis heureux de te le confirmer...

— Je vois qu'il a choisi le parti le plus raisonnable. Tant mieux pour nous tous, Marc.

Puis, après quelques secondes de silence :

— Et les Filippi, demanda Gallochio, que comptent faire les Filippi ?

L'adolescent baissa la tête sans répondre.

— Ils veulent que le sang coule encore ? insista le bandit.

— Que Dieu te garde ! répondit simplement Marc en relevant le front.

Ils se regardèrent un instant, avec tristesse, sans mot dire.

Puis, l'ancien séminariste esquissa un geste d'adieu, et tourna brusquement le dos.

— Que Dieu te garde, Gallochio, répéta l'enfant en refermant la porte de l'enclos.

III

Comme, après cette conversation, Gallochio regagnait, songeur, la grotte qui lui servait d'abri, il aperçut son frère en compagnie d'un inconnu, vêtu en paysan, guêtré et armé d'un fusil. Sa carchera était bien garnie, un stylet était passé dans sa ceinture, et il portait une longue-vue en bandoulière. En un mot, une vraie silhouette de bandit.

— Voici justement mon frère, s'écria François en désignant Gallochio qui, instinctivement, avait ralenti le pas.

Et, s'adressant aussitôt à son aîné :

— C'est Toussaint Lucciardi, le guide des bandits de Corte, qui est chargé d'une mission auprès de toi…

— Je viens à vous, dit-il, de la part de Cecco Sarocchi, dont vous avez certainement entendu parler… comme il a entendu parler de vous. Depuis quelque temps, Sarrocchi et les bandits de la région qu'il a groupés autour de lui sont en butte à une guerre sans merci…

— De la part des gendarmes ?

— De la part des voltigeurs surtout. Les gendarmes ne sont guère redoutables, et s'il n'y avait qu'eux… Mais les voltigeurs surtout sont à craindre. Avec ceux-là, pas de répit. Aussi devons-nous chercher à nous unir et à nous entraider pour leur résister utilement… Voici une semaine que Sarocchi et ses compagnons sont réfugiés dans la montagne d'Antisanti, où nous est parvenu le bruit de vos exploits.

— Des exploits, interrompit Gallochio, c'est beaucoup dire. On m'a cherché, je me suis défendu…

Toussaint Lucciardi sourit.

— Vous vous êtes si bien défendu qu'on en parle avec enthousiasme dans tout le maquis, où je vous assure qu'il y a des connaisseurs. De toute façon, Cecco Sarocchi et ses compagnons ont pensé que vous seriez pour eux un auxiliaire précieux et que, de leur côté, ils pourraient vous être utiles, sinon nécessaires. N'accepteriez-vous pas de vous joindre à nous ?

Gallochio restait songeur. Devait-il en arriver à s'associer avec des malfaiteurs ? Certes, lui aussi était un hors-la-loi, mais il se considérait comme un banditu d'onore.

Il n'avait rien de commun avec des criminels de droit commun. N'était-ce point se déshonorer que de s'affilier à la bande de Cecco Sarocchi ?

Le guide ne se méprenait point sur les sentiments de Gallochio. Il lui mit la main sur l'épaule et lui dit gravement :

— Tu hésites, Gallochio, tu crains de te joindre à Sarocchi, qui t'apparaît sans doute comme un voleur et un véritable brigand. Mais sais-tu que Cecco Sarocchi n'est devenu bandit qu'après avoir été trahi et faussement accusé par une femme, et une femme qui n'avait même pas l'excuse de l'aimer... Lui aussi est un banditu d'onore, et il n'a jamais volé, sinon des gendarmes, ce qui ne compte pas... Ils nous traitent si volontiers de voleurs que c'est justice de les prendre au mot... Mais toi-même, Gallochio, imagines-tu que les procès-verbaux des gendarmes te représentent comme un bon séminariste rendu fou par la trahison d'une femme ? Allons donc ! Ils te représentent comme un malfaiteur de grand chemin, un voleur criminel que la cupidité seule a poussé au banditisme... Je les connais, va ! Il n'y a pas plus menteur qu'un gendarme...

— J'avoue, dit Gallochio, que j'éprouve quelque répugnance à m'associer à cette bande. Passe pour Sarocchi, dont le malheur initial, analogue au mien, me rend cet homme sympathique. Mais les autres...

— Il ne faut pas chicaner un bandit sur les vertus de ses amis, répliqua Lucciardi en haussant les épaules. À l'origine, ils ont été jetés au maquis pour avoir vengé leur honneur outragé. La vie du maquis est faite d'embûches et de privations. On est heureux d'y rencontrer un rude compagnon, dévoué, vigilant et loyal, même s'il n'a pas un respect absolu pour le bien d'autrui. Et tu sais bien que c'est l'exception.

François vint à la rescousse :

— Nous ne sommes que deux, et nous avons contre nous les gendarmes et les voltigeurs, sans compter peut-être les Filippi et Giacobetti.

— Les Filippi sûrement, dit Gallochio. Mais pas Giacobetti.

— N'importe, reprit François, suppose qu'ils surveillent étroitement Ampriani et Moïta... Nous serions alors obligés de mendier ou de voler pour nous procurer des vivres ou de la poudre...

— Votre frère a raison, appuya le guide. Nous avons plusieurs repaires, et de nombreux amis. Nous sommes organisés ; des guides et des espions font bonne garde, et permettent d'éviter les embûches ou les surprises des voltigeurs, qui sont astucieux et intrépides ; croyez-moi, Gallochio, écoutez les conseils de la raison.

— Accepte, Joseph, insista François.

— Soit, convint Gallochio. J'accepte.

— Bravo, fit le guide. En ce cas, je vais vous conduire auprès de Sarocchi.

À mesure que les trois hommes approchaient du quartier général de Sarocchi, Gallochio se rendait compte d'une surveillance, méthodique et admirablement organisée

La nuit était venue, mais l'on n'apercevait nulle part ni feux, ni lumière. Ils marchaient en file indienne, par des sentiers rocailleux et tourmentés, le guide en avant, François à l'arrière. À trois reprises, une ombre s'était dégagée des ténèbres, avait échangé un mot avec Lucciardi, et s'était renfoncée dans le noir. Un peu plus loin, un chien avait grogné. Mais, le guide ayant sifflé entre ses dents, le chien s'était tu aussitôt. Puis, on avait traversé une sorte de couloir, pareil à une entaille gigantesque faite au sein du roc, et là, pour la première fois, Gallochio avait vu des hommes autour d'un feu. Ils étaient trois, barbus, hirsutes et silencieux ; la flamme fuligineuse projetait leur ombre immense contre la paroi du rocher.

— Salut, amis, fit Lucciardi sans s'arrêter.

— Salut, répondirent-ils poliment.

— Ce sont des guides, expliqua brièvement Lucciardi. Nous y sommes bientôt.

On grimpa un raidillon, et on traversa une bande épaisse de maquis.

Le guide imita le cri de la malacella (la chouette). À quelques mètres, le même cri lui répondit. Alors, ils débouchèrent dans une petite clairière, et se trouvèrent devant une hutte faite de branchages et de terre battue. Un homme, son fusil sur les genoux, était assis sur une grosse pierre, au côté du seuil.

— C'est toi, Toussaint ? demanda-t-il.

— Oui, avec des amis.

— Entre.

Lucciardi poussa la porte, et ils pénétrèrent dans la hutte.

C'était une bien pauvre demeure, mais il y brillait un feu clair et vif. Près d'une table grossière où vacillait la flamme de deux chandelles, trois hommes mangeaient de bon appétit. À l'apparition des nouveaux venus, l'un d'eux se leva et dit :

— Que Joseph et François Antonmarchi soient les bienvenus parmi nous. Je suis Cecco Sarocchi, et voici Pascal et Jean-André Gambini.

Les mains se joignirent, énergiquement serrées par des hommes qu'un sort et des dangers communs rapprochaient étroitement.

Puis Sarocchi dit :

— La route a été longue. Asseyez-vous et partagez notre repas. Il est frugal, mais abondant.

Gallochio s'était, sur la foi des racontars, représenté Sarocchi comme une brute exaltée, sanguinaire et redoutable. Il était surpris de se trouver en présence d'un homme calme, cordial et presque soigné dans sa mise. Il avait le front haut, le regard assez beau et très droit, le nez aquilin. Une barbe noire, soyeuse et taillée en carré encadrait son visage au teint mat. Bien qu'il n'eût que vingt-sept ans, il paraissait avoir dépassé la trentaine.

L'impression que dégageait sa physionomie était de sang-froid, de franchise et de décision.

Quant aux deux Gambini, ils se ressemblaient : ils avaient la taille petite, le poil dru, le front bas et le nez camard.

Ils ne manquaient, au demeurant, ni de cordialité, ni de bonne humeur, ni surtout d'appétit.

— Mes amis, dit Sarocchi, quand tous furent installés autour de la table, il était temps que vous soyez des nôtres. Dans votre intérêt comme dans le nôtre, cette union est vraiment opportune. Les Filippi, Gallochio, t'ont donc déclaré la guerre ?

— Oui, Giacobetti m'a fait dire par son fils qu'il se tiendra à l'écart, mais les Filippi ne veulent rien savoir.

Lucciardi intervint :

— J'ai vu hier l'aîné des Filippi à Antisanti. C'est un camarade d'enfance ; les portes de nos maisons se font vis-à-vis. Il m'a annoncé qu'il allait s'engager dans les voltigeurs corses.

— Il y fera pauvre figure, remarqua Pascal Gambini. Il manque d'entraînement.

— C'est pourquoi je l'ai encouragé dans sa décision, poursuivit Lucciardi. Il a dû partir ce matin s'enrôler à Bastia. Celui-là n'est plus à craindre.

— Au moins pour le moment! dit François.

— Les deux autres n'ont qu'à rester tranquilles, ajouta Gallochio.

Mais Sarocchi ne croyait guère à l'indulgence:

— Quand quelqu'un vous a déclaré la vendetta, il ne s'agit pas d'attendre son bon plaisir. Il faut tuer, ou être tué. C'est un duel à mort, et par tous les moyens. Ils ont déjà cherché à t'attirer dans un guet-apens, Gallochio, et cela a coûté la vie à Vincensini. Mais, demain, ils réussiront peut-être... Veux-tu que nous prenions ta vengeance à notre compte?

— Je défends mon honneur moi-même, répondit Gallochio avec hauteur.

Sarocchi sourit:

— Je savais bien que tu répondrais cela, fit-il. Et tu le défends bien, par la Madone! Mais nous sommes tous assez menacés, et il importe de nous débarrasser an plus vite de ces deux oiseaux-là. Cela dégagera le terrain de ce côté, et nous pourrons ensuite agir ailleurs.

Gallochio convint qu'il avait raison.

— J'irai les attaquer demain, décida-t-il.

— Non, non, dit fermement Sarocchi. Nous allons les attirer dans un guets-apens. Sois tranquille, Gallochio, c'est toi qui agiras. Mais Lucciardi se chargera de te les amener et Pascal surveillera l'opération. En cette matière, pas de générosité: une trahison en appelle un autre. C'est de bonne guerre.

— Rien de plus juste, approuvèrent les autres.

— Laisse-nous combiner cela, Gallochio, fit Lucciardi. Ce sera du beau travail, utile et propre...

Gallochio accepta : les Filippi avaient déclaré une guerre sans merci ; ils en supporteraient les risques et les conséquences.

Ce jour-là, Joseph Filippi, accompagné d'un de ses petits parents, le jeune Simon, âgé de onze ans, était descendu à un pacage situé près d'Antisanti, et connu sous le nom de la Stretta. Toussaint Lucciardi, en passant devant sa maison, lui avait dit négligemment :

— N'as-tu pas perdu une vache, il y a quelque temps ?

— Oui, je t'ai dit qu'on me l'avait vraisemblablement volée...

— En passant par la Stretta, tout à l'heure, je crois l'avoir aperçue dans le pacage de Brandu. Elle portait la marque de tes bêtes, une croix rouge sur l'épaule. Mais, après tout, Brandu n'est peut-être pour rien, et d'ailleurs je puis me tromper.

— Non ; si c'est une croix rouge, tu ne te trompes pas...

— Pour cela, c'est bien une croix rouge... Enfin, je t'ai prévenu à tout hasard...

— Merci, Toussaint. J'irai la chercher tout à l'heure...

C'est ainsi qu'il était parti, sa carabine en bandoulière, en pestant contre Brandu, et le jeune Simon l'avait accompagné.

Comme ils arrivaient au pacage, Filippi s'arrêta, surpris : il n'y avait plus une seule bête dans l'enclos.

À ce moment précis, une détonation retentit ; il sentit un choc terrible dans la poitrine. Une balle l'avait traversé. Mais il ne tomba pas. Chancelant, il fit le geste de saisir sa carabine, la tête tournée vers le point d'où était parti le coup.

— Vaï! chè ùn hè più tempu! cria la voix de Gallochio, embusqué derrière un taillis.

Une seconde détonation claqua: Filippi s'effondra, la tête fracassée.

L'enfant, épouvanté, sans voix, restait cloué sur place. Mais, quand il vit Gallochio s'approcher du cadavre, il tenta de prendre la fuite; un autre homme lui barra le chemin: c'était Pascal Gambini.

— Arrête, petit, il ne te sera pas fait de mal si tu es sage. Mais nous avons besoin de toi.

Et il le retint par la main, tandis que Gallochio épinglait sur la poitrine de Filippi un billet ainsi conçu: « Chì la pace non vole, habia la guerra!... disse allor Panzacul, chi Tassa ha letto. » (Que celui qui ne veut pas de la paix ait la guerre, dit alors Panzacul qui a lu Le Tasse.)

Quand il eut achevé, il rechargea son fusil et rejoignit son compagnon et l'enfant, qui tremblait de terreur.

— N'aie pas peur, lui dit-il. Tu es innocent de tout cela, et nous ne massacrons pas les enfants.

Mais Gambini, en retenant le petit Simon, avait son idée:

— Nous ne te ferons pas de mal si tu es sage et obéissant, dit-il à son tour à l'enfant. Mais il faut que tu nous conduises à l'endroit où se trouve Victor Filippi.

— Il est descendu à Campo Faviggio, balbutia Simon. Il y a conduit les bêtes.

— C'est bien. Viens avec nous...

Campo Faviggio est sur le territoire d'Antisanti, mais sur l'autre versant de la colline, du côté opposé à la Stretta. Ce n'était pas sans raison que Lucciardi avait dirigé Joseph Filippi vers la Stretta: il savait que le pacage de leurs bêtes en était suffisamment éloigné pour que le bruit des coups de feu n'y pût être perçu.

Les deux hommes et l'enfant contournèrent la hauteur. Ils connaissaient les lieux aussi bien que l'enfant. Lorsqu'ils ne furent plus qu'à deux cents mètres de Campo Faviggio, Gambini et Gallochio se concertèrent à voix basse. Puis Gambini partit en avant en emmenant l'enfant, tandis que l'ancien séminariste, dissimulé par les hauts taillis, se dirigeait en biais vers la propriété, de façon à l'approcher par le côté.

Gambini avait continué de suivre le sentier touffu et abrité qui longeait l'autre extrémité de l'enclos. À ce moment, il aperçut par une trouée dans les ronces Victor Filippi qui, son fusil à la bretelle, semblait regarder attentivement du côté par où Gallochio devait s'approcher. Sans doute avait-il vu ou entendu quelque chose de suspect, car il se dressa sur la pointe des pieds et porta lentement la main à l'épaule, comme un chasseur qui s'apprête à lever du gibier.

— Appelle ton oncle, vite, ordonna Gambini à l'enfant. Il viendra te chercher.

— Ziu Victor ! Ziu Victor ! cria Simon de toutes ses forces.

Victor Filippi tourna vivement la tête, mais ne vit rien.

— Montre-toi et appelle ! fit Gambini, toujours dissimulé, en poussant l'enfant sur le haut rebord du talus.

— Ziu Victor ! Viens vite me chercher.

Comme Filippi, surpris, commençait de se diriger vers l'enfant, la silhouette de Gallochio, fusil en joue, se dressa derrière un buisson, à trente mètres de là, à l'endroit même qui avait attiré l'attention du cousin de Marie-Louise.

— Ziu Victor ! voulut crier l'enfant, prends gar...

Trop tard ! le coup était parti.

Filippi porta ses mains au ventre, et tomba à genoux.

— De la part de Gallochio ! ricana l'ancien séminariste.

— Gallochio… Gallochio… hoqueta le malheureux en jetant vers le ciel un regard éperdu.

Il s'allongea sur le sol, la tête en avant, eut quelques soubresauts, puis s'immobilisa.

— Tu peux rentrer chez toi, petit, dit Gambini à l'enfant qui sanglotait. Et, si tu veux apprendre à bien te servir d'un fusil, tu demanderas à tes parents de t'envoyer au séminaire…

Une vague de terreur avait submergé la région.

Ces deux meurtres accomplis avec une audace tranquille, à moins d'une heure d'intervalle, ne pouvaient rester impunis. Des ordres sévères, venus du préfet, avaient secoué gendarmes et voltigeurs. On se préparait à une lutte sans merci, dans l'un et l'autre camp.

— Nous devons prendre l'offensive et briser l'élan des gendarmes, disait Sarocchi à son état-major. Ils sont plus impressionnables que les voltigeurs. Pour cela, il nous faut les attaquer à coup sûr, et sur plusieurs points à la fois.

Par ses espions, en effet, la bande était admirablement renseignée sur les mouvements et même sur les intentions de la maréchaussée. Il n'était pas rare qu'on connût, vingt-quatre heures à l'avance, l'itinéraire de certaines battues, l'objectif de certains coups de main. Pour les voltigeurs, c'était plus difficile : ils opéraient par petits groupes, et à la manière des bandits. Et ils savaient garder un secret.

— J'apprends, dit un soir Sarocchi, que les gendarmes, au nombre de quatre, occuperont demain la maison de Daria Felici, proche la mienne, à Rusio. Une brigade, de six hommes et un brigadier, doit dans la matinée monter sur Antisanti et battre la partie nord de la forêt. Enfin, on m'assure que les villages d'Ampriani et de Moïta seront désormais très étroitement surveillés.

— Il était temps d'y penser, fit Gallochio.

— Nous pouvons, reprit Sarocchi, agir en deux endroits à la fois. Voici ce que je propose : François Antonmarchi, Pascal Gambini et le guide Bartoli surprendront les gendarmes à Rusio. Gallochio, Jean-André Gambini, Toussaint Lucciardi et moi, nous dresserons une embuscade dans la partie nord de la forêt. Arrighi et deux guides iront faire du bruit du côté d'Ampriani, sans se montrer, pour retenir les gendarmes de Moïta dans ces parages.

Le plan fut adopté.

Gallochio ne pouvait refuser son concours à Sarrochi : ils étaient désormais alliés.

Il se rendit donc avec ses compagnons dans la partie nord de la forêt. Pour y accéder, en venant d'Antisanti, il fallait nécessairement passer par une véritable trouée dans la futaie ; à cet endroit se dressait, sur un côté, un pan de mur à moitié écroulé, envahi par les ronces, dernier vestige d'une maison, ou plutôt d'une chaumière de charbonniers.

Les bandits ménagèrent dans cette ruine des créneaux rudimentaires et s'installèrent si adroitement dans le fouillis des mûriers sauvages et des lentisques qu'il était impossible de soupçonner leur présence.

Leur attente fut longue, Enfin, ils entendirent le bruit d'une cavalcade : bientôt, six gendarmes à cheval s'engagèrent dans la trouée, à la queue leu leu ; ils allaient au pas, sans méfiance, l'arme droite, la crosse posée sur le genou.

Au moment où ils défilaient devant le mur, les bandits tirèrent presque à bout portant. Trois gendarmes tombèrent. Les chevaux se cabrèrent, firent demi-tour ; les trois cavaliers qui n'avaient pas été touchés franchirent au galop la trouée où ils venaient de s'engager si malencontreusement, tandis que les bandits, quittant rapidement leur cachette, tiraient sur eux quelques balles inoffensives, car ils étaient déjà loin, et protégés par les troncs d'arbre.

Deux des gendarmes avaient été tués sur le coup ; le troisième était mortellement blessé ; Sarocchi l'acheva d'un coup de pistolet. Puis il permit au guide d'enlever leurs souliers.

— Il n'est pas juste que nous allions pieds nus, expliqua-t-il. Les morts ne marchent pas.

Mais on ne toucha pas à leur argent. L'opération avait pleinement réussi. Mais une terrible nouvelle attendait Gallochio au retour : son frère François avait été tué dans l'affaire de Rusio. Gambini était blessé.

Il expliqua que le chien de Daria Felici avait aboyé au moment où ils franchissaient une portion de terrain découvert, derrière la maison. Les gendarmes, qui se tenaient justement dans l'arrière-salle, étaient sortis en groupe et les avaient aperçus. François avait tiré aussitôt, mais trop vite. Gambini et Bartoli avaient fait feu à leur tour, et avaient abattu deux adversaires. Les survivants avaient pris la fuite, après avoir riposté et blessé Gambini au bras.

Tandis que les deux bandits, qui s'étaient dirigés vers les gendarmes atteints, les achevaient et les dépouillaient de leurs chaussures et de leurs papiers, ils ne s'aperçurent pas que François s'était élancé à la poursuite des fuyards. Ils attendirent un bon moment, mais cela devenait dangereux. Alors, il se mirent à couvert, de manière à surveiller les accès et, au bout d'une vingtaine de minutes, ils entendirent deux coups de feu assez lointains.

Ils se dirigèrent prudemment dans cette direction, et, à une distance d'environ six cents pas, ils découvrirent le cadavre de François.

Chose curieuse, il avait été frappé de deux balles dans le dos, apparemment en retournant vers Rusio et il avait été tiré « comme un lapin », car son fusil était encore chargé, et le chien baissé. Gambini estimait que François avait dû poursuivre les deux gendarmes très loin, car il s'était écoulé au moins quarante minutes entre la fusillade de Rusio et, les coups de feu qu'ils avaient entendus, mais ils lui avaient échappé par quelque moyen, et c'est lorsqu'il rejoignait ses compagnons que ces mêmes gendarmes, ou d'autres, qui l'attendaient au passage, l'avaient descendu.

— Gambini, demanda Gallochio, frappé de douleur, quelqu'un a dû trahir mon frère…

— Hélas, fit Pascal, j'en suis bien convaincu, mais ce quelqu'un n'est pas des nôtres…

C'est seulement une huitaine de jours plus tard que Gallochio crut pouvoir reconstituer, par les rapports de certains indicateurs, ce qui avait dû se passer.

On racontait que deux gendarmes, marchant très vite et qui paraissaient poursuivis — ils s'imaginaient, en effet, avoir les trois bandits à leurs trousses — avaient, à environ cinq cents mètres de Rusio, quitté brusquement le sentier, et s'étaient engagés dans le maquis.

Un vieux paysan, qui ramassait du bois un peu plus haut, avait aperçu, quelques secondes plus tard, un jeune homme qui, le fusil à la main, arrivait à cet endroit et, à vive allure, continuait de suivre le sentier qu'avaient quitté les gendarmes. Il devait être deux heures de l'après-midi. Le paysan quitta les lieux peu de temps après.

D'autre part, un berger de Moïta avait rapporté que, vers la même heure, se trouvant sur une hauteur de laquelle il surveillait son troupeau, à environ un quart de lieue d'Antisanti, il avait vu déboucher d'un fourré, deux cents pas plus loin, deux gendarmes qui paraissaient inquiets, et qui ne s'avancèrent sur la route qu'après avoir examiné attentivement les lieux. Ils étaient en contrebas, et n'aperçurent pas le berger. Ils s'arrêtèrent pourtant en voyant venir vers eux un homme âgé qui, tirant un âne, rentrait à Antisanti. Lorsque ce dernier fut à leur hauteur, une conversation s'engagea. Elle se prolongea pendant une dizaine de minutes, et le pâtre s'étonna que ce vieux paysan eût tant de choses à raconter aux gendarmes. Ils semblaient maintenant l'écouter avec attention. Enfin, le paysan attacha son âne à un arbuste, et s'engagea avec eux dans le fourré d'où ils avaient débouché. Quelques instants plus tard, le paysan avait reparu, seul et avait poursuivi sa route. Le berger avait, vers trois heures, entendu deux coups de feu, et il pensa que les gendarmes avaient dû rencontrer des bandits. Il fut pris de peur et emmena son troupeau à Moïta.

Enfin, Lucciardi rapporta que, ce même jour, l'oncle Giacobetti s'était rendu à Ampriani pour apporter des provisions à Rosella et à Marie-Louise, et qu'il était rentré avant la fin de l'après-midi.

Pour Gallochio, l'affaire était claire : les gendarmes avaient rencontré Giacobetti, et lui avaient narré leur aventure. Ce dernier avait dû leur faire honte de leur fuite, et leur conseiller de s'embusquer à l'endroit où ils avaient quitté le sentier, car leurs poursuivants avaient vraisemblablement continué leur route, mais ils retourneraient certainement à Rusio, pour regagner leur repaire. S'ils étaient en méfiance, les gendarmes resteraient cois ; sinon, ils les laisseraient passer et les canarderaient dans le dos.

Il ne pouvait, pour Gallochio, y avoir d'autre version : Giacobetti, en la parole de qui il avait eu confiance, l'avait trahi. S'il n'avait pas tué lui-même, il avait provoqué le meurtre…

Giacobetti paierait.

Dans la matinée du lendemain, Giacobetti quitta sa maison. Il était rentré la veille de Bastia, où son fils Marc s'était embarqué pour Marseille afin de s'engager. Giacobetti monta à sa propriété de Campo Ferrajo, à un kilomètre d'Antisanti.

Arrivé sur les lieux, il déposa son arquebuse et sa gourde dans un coin de la cabane où il rangeait ses charrues et ses outils, choisit une bêche et entreprit de défricher son carré inculte. À deux cents mètres de lui, dans la propriété voisine, un autre paysan, François-Xavier Giacobetti, qui n'était du reste pas son parent, lui fit bonjour de la main,

Comme la matinée s'avançait, le frère de Rosella interrompit son travail, et il se dirigeait vers la cabane pour y chercher sa gourde, lorsqu'il vit se dresser sur le talus la silhouette de Gallochio. Le bandit avait son fusil à la main, et regardait Giacobetti avec un air si implacablement résolu que ce dernier, effrayé, fit volte-face et se mit à courir.

— Voici pour les traîtres comme toi, lui cria Gallochio en pressant la détente.

La balle l'atteignit à la cuisse. Il continua de courir, tandis que l'autre paysan, Francois-Xavier, affolé, hurlait à distance :

— À l'assassin ! À l'assassin !

Mais Gallochio tira sa deuxième balle, posément : cette fois, le frère de Rosella s'écroula comme une masse.

— Oh! l'assassin! gémit François-Xavier en se couvrant le visage de se mains, et cloué sur place par l'épouvante.

Gallochio n'y prit pas garde; il rejoignit sa victime, lui déchargea son pistolet dans la tête, et, méprisant, murmura:

— C'est à ce lâche, frère, que tu dois la mort. Mais sois content: il ne trahira plus…

Alors, il rechargea froidement ses armes, puis se dirigea vers François-Xavier, qui le regardait venir, sans bouger, et tremblant de tous ses membres.

— Pourquoi me traites-tu d'assassin? lui demanda-t-il sévèrement. T'ai-je fait du mal?

— Non… non… balbutia le bonhomme.

— Fais tes affaires, je fais les miennes, conseilla-t-il sèchement en lui tournant le dos.

Pendant cette scène, un homme était resté immobile, debout sur une éminence, à quelque distance de là. C'était Pascal Gambini, qui avait assisté, sans un geste, à la tragique exécution.

Quand ce fut terminé, les deux bandits se rejoignirent et, sans un mot, s'enfoncèrent dans le maquis.

Comme ils rentraient à leur quartier général, Toussaint Lucciardi les rejoignit.

Il avait le visage sombre.

— J'ai vengé mon frère, lui dit sobrement Gallochio.

— C'est justice, approuva le guide.

Puis, au bout de quelques pas:

— Gallochio, fit-il, j'ai une mauvaise nouvelle à t'apprendre.

— Quoi donc? Marie-Louise?

— Ton père est mort la nuit dernière, Gallochio. Il s'est éteint doucement, sans souffrir.

Gallochio baissa la tête ; deux larmes roulèrent sur ses joues pâles et creuses.

Ainsi, Dieu le frappait encore. Il lui avait arraché Marie-Louise, il lui avait repris son frère, puis son père...

— Tu devais t'y attendre un peu, fit doucement Lucciardi. Il était malade depuis si longtemps. La mort est parfois une délivrance.

— La mort est toujours une délivrance, corrigea Pascal Gambini.

Gallochio soupira.

— Pauvre mère ! murmura-t-il... Elle n'a plus que moi, je n'ai plus qu'elle, et nous ne pouvons même nous revoir...

Et, convulsivement, il se prit à sangloter.

IV

Ayant abattu Giacobetti, Gallochio ne considérait point qu'il eût, par ce meurtre, vengé la mémoire de son frère. D'accord en cela avec Sarocchi et ses compagnons, il entendait désormais prendre l'offensive, et mener contre les gendarmes une guerre sans merci.

Il serait fastidieux pour le lecteur de suivre pas à pas l'ancien séminariste dans toutes ses aventures contre les agents de la force publique. En dix-huit mois, en effet, si l'on s'en rapporte aux statistiques criminelles de la Corse, trente et un gendarmes furent tués, et vingt et un furent blessés. À aucune période de l'histoire de la Corse une pareille proportion ne fut atteinte.

Et c'est Gallochio qui, pour une large part, fut le véritable organisateur de ces expéditions ; c'est lui qui dirigea ce qu'on a pu appeler, non sans raison, la guerre des contumaces.

De 1821 à 1823, on le voit partout, du nord au sud, excitant les bandits contre les défenseurs de l'ordre, menant avec une audace inouïe les attaques les plus périlleuses, intervenant, soit comme auteur principal, soit comme complice, dans les attentats les plus sanguinaires. Ceux-ci, se renouvelant de mois en mois, de semaine en semaine, de jour en jour même, frappaient de terreur les plus intrépides.

Ici, laissons la parole aux gendarmes : les procès-verbaux qu'ils ont rédigés, imparfaits dans la forme, sont singulièrement éloquents dans le fond. On ne les lit pas sans surprise, ni même sans horreur.

Voici d'abord en quels termes le gendarme Marc Azenian, de la brigade de Piedicorte, raconte, dans sa déposition devant le juge d'instruction, l'attentat que nous avons situé au chapitre précédent, et auquel participait Gallochio. Nous respectons scrupuleusement le style et l'orthographe :

Le 10 septembre 1821, à cinq heures du relevé, le brigadier Martin, les gendarmes Nicolaï, Mathieu et moi nous nous rendions à Antisanti. Arrivés à l'endroit dit Casamatta, et tandis que les autres gendarmes m'avaient devancé de quelque peu, j'entendis l'explosion de trois coups de fusil, tirés d'une muraille couverte de makis, où il me parut que l'on avait préparé d'avance un Lieu propre à l'embuscade, en pratiquant des trous à la muraille et formé des créneaux en élevant la dite muraille. Les coups ayant été tirés à bout portant, le brigadier Martin et les gendarmes Nicolaï et Mathieu en furent atteints et renversés par terre. Je me donnai précipitamment à la fuite sans avoir reconnu les assassins, quoique j'en aie vu deux qui me poursuivaient. Je retournai à Piedicorte et je priai des paysans, un certain Louis, fils de San Rocco, et un certain Michel, d'aller porter secours à mes camarades, dans le cas qu'ils eussent survécu à leurs blessures. Ces paysans, à leur retour, m'apprirent qu'ils avaient trouvé le brigadier et les gendarmes morts, et qu'ils avaient reconnu que les assassins, après les dits trois coups de fusil, avaient achevé le brigadier et le gendarme Mathieu en leur déchargeant deux pistolets à la tête.

Ils ajoutent qu'ils avaient dépouillé mes camarades de leurs cravates et de leurs souliers...

Le 19 septembre 1821, Sarocchi ayant appris que le maréchal des logis d'Arqué devait rentrer de Corte à Ponte-Novo, il l'attendit au col de San Quilico.

Lorsqu'il le vit arriver en compagnie des gendarmes Boursier et Silvestri, il l'abattit, de deux coups de fusil.

Dans sa déposition, consignée au greffe de Bastia, le gendarme Boursier affirme que, « quelques jours auparavant, le maréchal des logis d'Arq avait été avisé indirectement par Sarocchi qu'il tomberait sous ses coups, parce qu'il le poursuivait avec trop de zèle ».

Entre temps, vers le 15 septembre, Pascal Gambini avait appris qu'un certain Jacques Arrighi, qui servait d'espion et de guide aux gendarmes, se trouvait caché dans une cabane près de Corte.

Il décida de le détruire, et accompagné de Gallochio et d'un autre bandit, il se dirigea à la pointe du jour vers la hutte de ce malheureux. Celui-ci, les voyant venir, rentra en hâte dans sa cabane et se barricada. Gambini alors escalada le toit, pratiqua un trou dans le chaume et par cette ouverture, il abattit l'espion.

Encore Gallochio.

« Le 21 novembre 1821, dit dans son procès-verbal le maréchal des logis Heffener ayant appris que le nommé

Christophe Arrighi, dit Muchiolo, et autres, étaient dans la montagne de la Restonica, près de Corte, je m'y rendis avec quatre gendarmes. Nous étant mis en embuscade, le premier qui tomba fut le dit Muchiolo, auquel ayant crié d'arrêter, il fit feu contre nous, et, lui avant riposté, il fut mortellement blessé ; les autres bandits, après avoir tiré quelques coups de fusil, prirent la fuite.

« Alors nous transportâmes le blessé dans une grotte dite la Dragone, où nous l'interrogeâmes s'il n'était pas de ceux qui avaient assailli et assassiné le brigadier Martin et les gendarmes Nicolaï et Mathieu, sur la route de Piedicorte à Antisanti. Il nous répondit qu'il avait été du nombre des assaillants conduits par Joseph Antonmarchi, dit Gallochio, et qu'il en était de même aujourd'hui, mais que Gallochio nous a échappé ! »

Il résulte de l'information que, dans cette même nuit du 21 novembre, dès que les gendarmes et leur guide Mathieu Ferracci se tenaient dans la grotte aux côtés du mourant, Gallochio, Gambini et d'autres compagnons surgirent et firent feu sur les gendarmes. Un des gendarmes et le guide furent tués.

Le lendemain, les parents de Ferracci, voulant venger la mort de leur fils, tuent... Laurent Arrighi, le père de Christophe, vieillard septuagénaire et inoffensif, qu'ils avaient surpris dans sa vigne. Ils se rendent ensuite, chez Jean-Baptiste Gambini, frère des deux bandits, mais qui n'était nullement mêlé à leurs exploits. Ce dernier, les voyant venir, se sent en danger, et appelle en toute hâte des soldats, gendarmes ou voltigeurs, on ne sait, qui se mettent en mesure de défendre l'entrée de la maison. Les assaillants veulent pénétrer de force, les soldats tirent, et François Brandolacci, cousin de Mathieu Ferracci, est tué.

On voit, par ce rapide aperçu, comment la vendetta pouvait enchaîner une série de meurtres stupides, à cette triste époque...

Nous poursuivons, sous sa forme plus brève, cette éloquente et tragique énumération.

Le 15 décembre 1821, Gallochio et Sarocchi attaquent un détachement de gendarmerie près de la chapelle Saint Antoine, sur le chemin de Saliceto. Le gendarme Rivière est tué.

Le 9 mars 1822, Gallochio et Saroccchi apprennent que Lucciani Paul-Félix, de Carcheto avait donné des renseignements aux voltigeurs. Ils se rendent dans le village et tuent Lucciani. Quelques jours après, les voltigeurs abattent Toussaint Lucciardi, guide de Gallochio et de Sarocchi.

Le 11 mars 1822, les gendarmes Dumas, Berruyer et Pontet sont tués, sur la route de Polveroso à la Porta, par une bande où l'on repère la présence de Sarocchi et de Gallochio.

Le 17 mars 1822, aux environs de Corte, le lieutenant de gendarmerie Rossi est tué. Les gendarmes, sous les ordres du maréchal des logis Heffener, déjà cité, et accompagné de cinq grenadiers, poursuivent Gallochio et Sarocchi. Dans la poursuite, le gendarme Laferre est tué.

Le 20 novembre 1822, le gendarme à cheval Maréchal, allant de Caporalino à Corte, tombe dans une embuscade, et reçoit deux balles. Son cheval, qui n'a pas été touché, le ramène jusqu'à la gendarmerie de Caporalino, où le malheureux remet ses armes à ses camarades, et meurt.

Le 3 décembre 1822, le lieutenant Duchaylard et le gendarme Boussaire sont tués à Ponte-Novo, dans une rencontre avec la bande Sarocchi-Gallochio.

Le 27 décembre 1822, Sarocchi, Gallochio et Gambini décident d'aller attaquer la gendarmerie d'Antisanti. Le maréchal des logis Torre est tué dans la maison du maire. Celui-ci appelle courageusement les habitants aux armes, et se met lui-même à la poursuite des bandits. En effectuant leur retraite, les bandits tuent le gendarme Fiorella, et blessent le brigadier Maestracci et le gendarme Délaissement, ainsi que le maire.

Dans les premiers jours de 1823, le maréchal des logis Bastiani et ses gendarmes sont attaqués sur la route de Castifao, toujours par la même bande. Le maréchal des logis est tué...

Ainsi Gallochio pouvait-il impunément poursuivre son œuvre de vengeance contre la gendarmerie.

Un nombre considérable de braves serviteurs de l'ordre avaient tragiquement péri dans cette guerilla ininterrompue, tandis que les bandits restaient puissants et difficilement vulnérables. Ils avaient, il est vrai, éprouvé quelques pertes : Arrighi et le guide Lucciardi avaient été détruits, et, dans les dernières escarmouches, un des deux Gambini, Jean-André, avait succombé. Mais les chefs véritables de l'organisation restaient intangibles : Gallochio, Sarocchi, Pascal Gambini, d'autres compagnons, et toute une escorte de guides et d'indicateurs continuaient de défier victorieusement les agents de la force publique.

En vain avait-on accru les effectifs des bataillons de voltigeurs corses ; en vain la cour criminelle se montrait-elle inexorable pour les complices dont on parvenait à se saisir... Cette situation était sans issue.

Le préfet de la Corse résolut alors de traiter avec les contumaces. Ne pouvant les atteindre directement, les officiers de gendarmerie chargèrent soit des paysans, soit des prêtres, de prévenir les indicateurs des bandits, afin que ceux-ci leur envoyassent, sur la foi d'une trêve réciproque, des émissaires autorisés à parler en leur nom.

La plupart d'entre les contumaces refusèrent l'offre qui leur était faite.

Gallochio, qui, prévenu, avait chargé dom Bernard de le représenter, eut d'abord une longue entrevue avec le vieux prêtre, qui l'encourageait à s'expatrier.

— Mon fils, lui disait-il, pourquoi continuer cette vie de brigandage ? Ta vengeance est depuis longtemps accomplie. Marie-Louise et sa mère sont seules au monde. Et tu as sur la conscience assez de gendarmes pour payer le sang de ton frère, si exigeant soit-il. Crois-moi, exile-toi. Sans quoi, un de ces jours, tu tomberas à ton tour sous les balles de la maréchaussée, sinon entre les mains du bourreau ce qui serait encore pire...

— Mais où voulez-vous que j'aille ? répondait Gallochio. Que ferais-je moi-même ? Il me faut une vie active, j'ai du vif argent dans les veines...

— Écoute, lui proposa le bon curé, pourquoi n'irais-tu pas en Grèce... où l'on se bat pour la liberté ?

Et, à sa façon, dom Bernard lui raconta ce qu'il savait de cette guerre lointaine, lui décrivit, telles qu'il les imaginait, ces batailles dans les montagnes, luttes semblables à celles que menaient ici Gallochio et ses compagnons, mais où le hors-la-loi prendrait figure de héros combattant pour une cause juste et noble...

L'indépendance… C'est un mot qui trouve toujours son écho dans une âme corse, fût-elle l'âme du plus sanguinaire des bandits. Gallochio l'entendit : il en fut un moment transfiguré. Mais son front se rembrunit bientôt.

— Accepte, le pressa dom Bernard. C'est une chance unique, pour le salut de ton corps comme pour le salut de ton âme. Accepte…

— Soit, consentit enfin Gallochio, mais à une condition. Je ne veux pas partir sans avoir embrassé ma mère, et sans avoir rendu les derniers devoirs à mon père. On l'a enterré dans une sépulture provisoire, près de l'enclos de la Crocetta. J'entends faire célébrer un service funèbre solennel dans l'église d'Ampriani, et le faire inhumer comme il sied dans notre cimetière…

— C'est une louable pensée, approuva le vieux prêtre.

— Pour cela, je demande une trêve de quinze jours, pendant lesquels je m'engage sur l'honneur à ne plus commettre aucun attentat, à condition que le représentant de la gendarmerie s'engage également à respecter la trêve. Elle commencera du jour où je recevrai mon passeport. Est-ce dit ?

— C'est raisonnable, mon fils. Je transmettrai tes propositions.

Huit jours plus tard, Gallochio avait son passeport. La trêve avait été conclue.

Dans les derniers jours de juillet 1823, les curés du canton de Serra et des cantons voisins ne furent pas peu surpris de recevoir une invitation à assister au service funèbre d'Ange-Toussaint Antomnarchi, mort en 1821, service qui serait célébré en grande pompe, dans la petite église d'Ampriani, le dimanche suivant. L'invitation était pressante et presque comminatoire. Mais le père Antonmarchi avait été un fort brave homme, et sa mémoire méritait un hommage qu'on lui eût accordé volontiers, même si son fils avait eu meilleur caractère.

Aussi, au jour indiqué, des flots de montagnards se pressaient-ils dans la petite église d'Ampriani, toute tendue de noir, tandis que les prêtres, accourus de tous côtés, chantaient avec recueillement l'office des morts pour le repos du pauvre Ange-Toussaint. Pas un ne manquait à l'appel. Jamais on n'avait, de mémoire d'homme, assisté à une cérémonie plus grandiose et plus émouvante.

Quand tout fut terminé, Gallochio rentra chez lui, accompagné de dom Bernard. Et là, devant sa vieille maman qui pleurait doucement, heureuse de revoir son fils, et triste de le reperdre si vite, l'ancien séminariste se mit à genoux.

— Bénissez-moi, mon père, dit-il baissant le front.

— Absolvo te, murmura le prêtre en esquissant le signe de la croix. Relève-toi, Joseph, et prends la résolution de commencer une vie nouvelle.

— Vous m'avez indiqué la bonne voie, fit Gallochio en allant embrasser sa mère. J'ai beaucoup réfléchi à tout ce que vous m'avez dit sur la Grèce. Des hommes, qui étaient honorés chez eux, et qui vivaient en paix, sont allés donner leur vie pour une cause qui me paraissait belle. Et moi, dont la vie ne compte plus, j'ai failli hésiter. Je la donnerai volontiers, si Dieu le veut.

— Les desseins de la Providence sont impénétrables, dit le curé. Nul ne peut présumer de la volonté divine. En tout cas, voici qu'une route nouvelle s'ouvre devant tes pas. Tu n'as qu'à la suivre, mon fils, avec le désir ardent de racheter tout ce qui peut être racheté.

— Je ferai de mon mieux, dom Bernard.

— Ainsi soit-il…

Trois jours après, Gallochio s'embarquait à Bastia.

V

Les parents de Gallochio en avaient voulu faire un prêtre ; les circonstances en avaient fait un bandit. Peut-être, en réalité, sa véritable vocation était-elle la carrière militaire.

Il avait espéré arriver en Grèce en temps opportun pour prendre part aux luttes de l'indépendance. Mais, après ses succès de 1822, la Grèce était réduite à ses propres forces ; l'accord ne régnait guère entre ses défenseurs, et elle s'était engagée dans une voie qui devait certainement la mener bientôt à une guerre civile.

Les trois gouvernements locaux s'étaient constitués en 1821 dans Morée, dans la Grèce occidentale et dans la Grèce orientale, et qui subsistaient encore à côté du gouvernement central, avaient bien été supprimés par l'Assemblée nationale d'Astros. Mais la rivalité n'en régnait pas moins entre les partisans du régime civil (les primats) et les partisans du régime militaire (les palikares), entre les Rouméliens et les Moréliens, entre les amis du gouvernement central et ceux de Kolokotron de Kondouriotis, d'Odysseus, de Mavrocordato… Quand Gallochio débarqua Pirée, en août 1823, de la goélette Rose-Croix, il n'avait certainement aucune idée précise de la situation et aucune préférence quant aux divers chefs de partis.

Il venait pour se battre, et l'essentiel pour lui était de s'enrôler.

Cette occasion lui fut facilement offerte à Athènes : le gouvernement central recrutait des hommes pour combattre les chefs des partis révolutionnaires. Gallochio s'engagea pour trois ans dans les troupes régulières.

Il est impossible de le suivre pas à pas dans ses aventures militaires. Sur cette lointaine période de sa vie, les documents officiels sont inexistants, les rapports privés sont très rares. De fait, sur les débuts de Gallochio, jusqu'à la fin de 1824, le mystère reste absolu.

Mais, de décembre 1824 à mai 1825, voici une lueur de son existence. Il s'agit d'une lettre écrite par un certain Paoli Joachim, qui est né à Athènes en 1786, de parents originaires de Corte, et qui commande un bataillon de troupes régulières. Cette lettre, adressée à son frère Pierre-François, employé chez un armateur de Marseille, et qui, depuis, est passée dans les archives de la famille S... qui habite toujours Marseille, s'exprime textuellement ainsi :

« Il nous est venu, comme sous-lieutenant, un Corse de Bastia, nommé Joseph Gallochio, ou Gallotio, qui est étrange et audacieux. Nous avons parlé du pays, mais il ne parle pas beaucoup. Il a l'air doux et sombre. On me dit qu'il a commis (sic) des actions éclatantes et belles dans le régiment des Evzones où il était sergent. Mais il n'est ici que depuis le début de septembre, je ne le connais pas encore à l'œuvre. Il m'a produit bonne impression, meilleure que Pinelli (?) qui prend des licences (?)... »

Dans une autre lettre du même Paoli, datée de mai 1825, le ton change un peu :

« En moins de six mois, ce Gallochio m'a rattrapé ; il commande un bataillon. C'est de l'avancement bien rapide. Les Grecs le comparent à un lion, et il est en effet très téméraire ; on l'a surnommé « l'invulnérable » après l'affaire d'Hydra, où il aurait fait des hécatombes (sic). Il a surtout de la chance, plus que Pinelli, qui a succombé à sa maladie pernicieuse... »

Voici donc, en mai 1825, Gallochio capitaine ou commandant d'un bataillon de troupes régulières et opérant dans le Péloponnèse.

On ne retrouve trace de son séjour en Grèce que dans la collection de l'Eméra, qui figure à la Bibliothèque royale d'Athènes, dans son numéro du 16 janvier 1826, qui écrit ceci :

« S'il est vrai qu'un revirement diplomatique s'est produit chez les grandes puissances européennes en faveur de la Grèce, nous le devons peut-être moins à la justice de notre cause, si éclatante soit-elle, qu'à l'initiative de quelques hommes illustres dans les lettres ou la politique de leur pays, tels que le grand lord Byron, Chateaubriand, Lafayette ou le commodore Hamilton. Nous le devons aussi à tous ces dévouements spontanés qui groupèrent sous nos drapeaux des hommes libres et courageux venus de France, d'Angleterre, d'Italie, de Suisse, de Corse même. Il est même curieux de constater que cette petite île, où naquit Napoléon, nous a donné des volontaires nombreux et dévoués, et souvent d'une témérité légendaire. Témoin ce commandant Gallokio, surnommé l'Invulnérable, qui s'est couvert de gloire dans toutes les rencontres auxquelles il a pris part... »

On trouve enfin dans la correspondance du pasteur Spiridon Tricoll — celui-là même qui prononça à Missolonghi l'oraison funèbre de lord Byron — un passage qui semble ne pouvoir se rapporter qu'à Gallochio.

« Les Corses sont des soldats nés (born soldiers), et nous en voyons la preuve en ces occurrences que nous traversons. La carrière brillante de ce commandant corse rappelle, toutes proportions gardées, celle d'un autre Corse qui mit l'Angleterre à l'ouvrage. J'ai fait la connaissance de cet officier, qui se destinait d'abord à la carrière ecclésiastique. Il est peu communicatif, et assez inculte, autant que j'en ai pu juger. Je ne serais pas surpris qu'il ait eu une jeunesse orageuse, et même dramatique. D'aucuns prétendent même qu'il fût bandit, mais un bandit comme on en rencontre en Corse, et qui ne vole pas. Je ne le crois pas, du reste, car les imaginations sont fertiles au pays du divin Homère. Mais c'est, en tout cas, une étrange figure, ou il y a de la rudesse (roughness), de l'intelligence, et la marque indéfinissable et pourtant évidente d'une grande force de caractère. »

Quoi qu'il en soit, en 1826, au moment où il s'apprêtait à rentrer en Corse, Gallochio était officier supérieur, couvert de gloire, et peut-être riche. Il n'avait pas vingt-sept ans.

C'est par une lettre qu'il adressa au vieux prêtre dom Bernard qu'il fit connaître son intention de rentrer au pays.

« J'ai maintenant, écrivait-il en substance, une grande soif de repos et de calme, dans l'horizon familier de nos montagnes. Et les économies que j'ai réalisées depuis bientôt trois ans me permettent de vivre désormais à ma guise, c'est-à-dire en travaillant mes champs et en lisant de beaux et bons livres.

« Tous ceux qui ont voulu me nuire ont disparu. Un meurtre, même juste, en entraîne d'autres : j'ai tué, la première fois, pour défendre ma vie. Dieu me jugera, lui qui a placé sur mon chemin la cause et l'effet.

« Si j'avais pourtant quelque chose à racheter, j'ai conscience de l'avoir racheté. Mais je dois tout vous dire : je ne me sens pas l'âme d'un juste. Je garde un remords du passé. Quelque chose, en moi, s'élève obscurément, et me reproche le crime initial, non parce qu'il fut injuste dans son essence, mais parce que je soupçonne qu'il frappa un innocent. J'ai beaucoup réfléchi sur ces choses : je crois que cet homme ne savait pas, que personne ne lui avait révélé la vérité, qu'il ignorait serment, fiançailles et enlèvement. Mais ces pensées ne me sont venues que bien plus tard, car j'avais le droit de croire qu'on l'avait mis au courant de tout. N'ayant jamais menti, j'ai une tendance à ne jamais soupçonner le mensonge.

« Il ne reste donc rien de ce passé, si ce n'est Marie-Louise. J'ai appris par vous, il y a six mois, qu'elle et sa mère vivaient humblement dans la tristesse et l'abandon. Si elle veut me pardonner comme je lui ai pardonné, qu'elle sache que je n'ai jamais cessé de l'aimer, et que nous pouvons encore recommencer notre vie. Ainsi sera enfin réalisé le serment qu'elle a juré sur le scapulaire de la Vierge.

« Je compte m'embarquer dans quinze jours et, si les vents sont favorables, être à Bastia dans deux mois, c'est-à-dire au début d'octobre. Je viendrai alors à Ampriani, où j'embrasserai ma vieille maman, et où j'irai prier sur la tombe de mon père. À bientôt donc, et Dieu fasse que nous élevions une maison neuve sur les ruines du passé. Lui seul pourrait s'y opposer, car, pour ce qui est des hommes, tous ceux qui se croyaient le droit de me demander des comptes sont morts, et je reste le seul acteur vivant de la tragédie. »

En quoi Gallochio se trompait.

Il restait un homme dont le père avait été tué, et cet homme était le fils de Giacobetti, le jeune Marc, qui s'était embarqué à Bastia le matin même du jour où son père devait tomber sous les balles de Gallochio.

Marc Giacobetti, engagé pour cinq ans, n'avait appris le meurtre de son père que plusieurs semaines plus tard. Il en avait été atterré et indigné. Le témoignage du vieux paysan était formel : le meurtrier était Gallochio. N'avait-il pourtant pas été prévenu, par Marc lui-même, que son père garderait la neutralité ?

Était-il possible que son père eût rompu la trêve ? Pourtant, il avait été abattu alors que, désarmé, il cultivait son champ. Son sang criait vengeance.

Mais Marc était sous les armes. Le hasard des garnisons l'avait d'abord éloigné dans le Nord de la France, puis la guerre l'appela en Espagne.

En 1825, ayant eu les deux doigts de la main gauche emportés par une balle, il avait été renvoyé dans ses foyers, avec le grade de sergent et une modeste pension.

Là, il avait cherché à se renseigner. Mais que savait-on au juste, sur cette mort déjà lointaine, sinon que le vieux Giacobetti avait été tué aussitôt après la mort de François Antonmarchi ?

Le bon dom Bernard, questionné, avait simplement répondu :

— Tout cela est loin, mon fils. Gallochio n'a jamais failli à sa parole, et il y a là un point obscur qui nous échappe. À tort ou à raison, il a cru que son frère avait été trahi par le vieux Giacobetti. Mais pourquoi me demandes-tu cela ?

— Pour savoir, avait dit Marc. J'avais de l'affection pour Gallochio et je cherchais à expliquer son geste...

Le vieux prêtre avait rendu visite à Rosella et à Marie-Louise, et leur avait lu certains passages de la lettre annonçant le retour de Gallochio.

La jeune fille, d'une beauté tragique dans sa robe noire, était restée sombre et muette. Mais la mère avait éclaté :

— L'enfer n'a donc pas voulu de lui. Et il revient ici avec l'espoir que nous allons oublier cela, et nous embrasser par dessus les cadavres qui crient encore vengeance

Mais dom Bernard, levant les bras dans un geste de réprobation, lui imposa silence :

— Que venez-vous encore parler de vengeance, malheureuse ! Dieu me garde d'accabler le pécheur, mais descendez en vous-même, Rosella, et scrutez votre conscience. Vous avez favorisé ces fiançailles, et vous avez ensuite travaillé à les briser. Sans votre ambition maternelle, rien de tout cela ne serait arrivé.

— Dites que c'est moi qui ai tué le mari de ma fille et tous les miens, puisque vous y êtes.

— Je pleure avec vous sur tous le morts, répondit gravement le prêtre. Je réprouve la violence, je condamne le meurtre... « Homicide point ne seras », dit notre Sainte Mère l'Église. Mais, à l'origine de toutes ces horribles tueries, il y a quelque chose que Dieu réprouve également : « Faux témoignage ne diras ni mentiras aucunement ». Dans la balance du Seigneur, la cause pèsera sans doute autant que l'effet, au jour du jugement dernier.

Rosella haussa les épaules. Marie-Louise intervint sans passion :

— Le passé est le passé, dit-elle. Mais comment Gallochio et moi pourrions-nous désormais vivre ensemble, avec tant de morts entre nous ? Ils glaceraient nos baisers, si nous prétendions jamais vouloir échanger des baisers.

— Voilà qui est plus raisonnable, approuva le prêtre. Je comprends ce sentiment, bien que le pardon mutuel des offenses soit une vertu chrétienne. J'avais espéré que vous pourriez rebâtir quelque chose sur les ruines. Réfléchissez : la miséricorde de Dieu est infinie.

— C'est tout réfléchi, trancha Rosella, qui désapprouvait intérieurement la douceur de sa fille. Gallochio n'a qu'à passer son chemin. Nous n'avons rien à faire avec lui. Et, si Dieu est juste, il le fera crever comme un chien dans un fossé.

Dom Bernard se leva et, dans un soupir :

— Dieu vous jugera également, dit il, mais que sa volonté soit faite. Quand Gallochio reviendra, aux premiers jour d'octobre, je lui raconterai notre entrevue, et je sais qu'il passera son chemin.

La nouvelle du prochain retour de Gallochio s'était répandue dans le village.

Il avait de nombreuses sympathies. Son passé était chargé, mais n'avait-il pas été un banditu d'onore, c'est-à-dire, en Corse, un homme digne de toutes les indulgences, sinon de tous les éloges ? Et puis, ne revenait-il pas honoré et couvert de gloire ?

Marc Giacobetti, pourtant, s'interrogeait avec angoisse : personnellement, il répugnait à la fois à la vengeance et à la trahison. Gallochio devait des comptes à la justice de son pays. Marc n'entendait pas se substituer à elle ; il était incapable également de la prévenir pour qu'elle se saisît du coupable. Aussi bien s'en serait-elle saisie? Cette même justice, par l'entremise d'un préfet, lui avait ouvert les portes de la cage, alors qu'il n'était qu'un vulgaire contumace; maintenant qu'il s'en revenait glorieux, et résolu à vivre dans le calme, elle s'empresserait certainement de fermer les yeux et d'ignorer son existence.

Cette perplexité se fût résolue sans doute par l'indifférence finale, si Rosella n'avait un jour convoqué Marc, et ne lui avait véhémentement donné le rimbeccu, ce reproche qu'on adresse à quiconque n'a pas osé se venger d'un ennemi.

— Tu es là, inerte et sans volonté, lui avait-elle dit, tandis que l'assassin de ton père va venir nous éclabousser ici de sa morgue et de ses sarcasmes. Vas-tu supporter cela, Marc? Toléreras-tu qu'une femme te fasse honte de ta lâcheté?

Marc haussa les épaules:

— J'ai donné la preuve de mon courage devant l'ennemi. Si Gallochio a tué mon père, il y a quelque chose que j'ignore et que je dois d'abord éclaircir.

— Tais-toi! tu me fais pitié! Gallochio a tué ton père, il l'a abattu, comme une bête malfaisante, alors que le pauvre homme était innocent et sans défense. Depuis quand un fils s'arroge-t-il le droit de discuter le bien ou le malfondé du meurtre de son père? Il n'a que le devoir de le venger!

— Mais enfin, ma tante, c'est un crime que vous me conseillez. La justice...

— Malheureux enfant! La veille même de sa mort, ton pauvre père était ici, à cette même table. Et sais-tu ce qu'il me disait? Il me disait: « J'ai toujours été loyal vis-à-vis de

Gallochio et, s'il s'en prenait jamais à moi, il commettrait une félonie. Mais alors, c'est mon fils qui me vengera. »

— Il a dit cela ?... balbutia Marc.

— Il l'a dit textuellement. L'âme de mon pauvre frère rôde autour de nous et attend le geste qui la délivrera. Serais-tu un mauvais fils ?

— C'est bien, fit Marc en baissant la tête, mon père sera vengé...

Marie-Louise n'avait pas assisté à l'entretien. Elle était à l'église, où elle demandait à la Vierge de lui pardonner son parjure et de la guider dans la voie qu'elle suivrait désormais.

Lorsqu'elle rentra, après le départ de Marc, sa mère lui dit :

— L'heure de la vengeance approche.

Elle la regarda un instant sans comprendre.

— Le Gallochio, reprit Rosella, paiera enfin sa dette.

— Oh ! ma mère, s'écria la jeune fille, assez de toutes ces dettes et de toutes ces vengeances ! Assez ! Assez ! Ne serez-vous donc jamais rassasiée de sang ?

— C'est toi, ma fille, fit la mère stupéfaite, qui parles de la sorte ?

— Oui, c'est moi, c'est moi. Dom Bernard avait raison. Nous sommes entrées dans le drame le jour où est entrée dans ton esprit l'idée de me faire épouser un homme que je n'avais pas choisi. Voilà six ans que je suis veuve sans même avoir été femme, et que je porte le deuil de tous les miens. Et, maintenant qu'une sorte de calme sombre était descendu en moi, tu parles encore de vengeance et de meurtre. Assez par pitié... C'est horrible !

Elle eut une crise de sanglots convulsifs.

Rosella, debout près d'elle, la contemplait avec effroi :

333

Est-ce que ?... Non, ce n'était pas possible... L'amour ne survit pas à tant de drames... Un peu de nervosité, sans doute, pas autre chose...

Elle dit simplement :

— C'est bien, je ne t'en parlerai plus...

Le 7 octobre 1826, un homme, qui était descendu de la diligence à Aléria, se restaurait paisiblement à l'Albergo du Tavignano, puis demandait à l'aubergiste de lui louer un cheval pour se rendre à Moïta.

— Je vous le renverrai par un homme qui viendra avec un mulet chercher mes bagages, dit-il. Je vous les laisse en gage.

Ce voyageur portait un uniforme ; l'hôtelier n'eût pu dire quel était son grade, ni même à quelle armée il appartenait. Mais c'était à coup sûr un officier, à en juger par la coupe soignée du vêtement, les décorations qui constellaient sa poitrine, et une certaine autorité dans la voix et dans le geste.

— Je vais vous procurer un cheval, monsieur l'officier, s'empressa-t-il de dire. Vous pourrez le renvoyer après-demain. Vos bagages sont en sûreté ici.

Moins d'une demi-heure plus tard, Gallochio prenait le sentier qui, longeant l'étang de Diana, s'enfonce peu à peu dans la montagne, vers Tox et Moïta.

À quoi rêvait-il ?

Il retrouvait avec attendrissement des paysages familiers de sa jeunesse, l'air pur du pays natal et tant de souvenirs qui remontaient à sa mémoire, à la vue de ces lieux où il avait jadis vécu, ou plutôt commencé de vivre, le tragique roman d'amour de sa vie. La maison des jardiniers qui avait abrité Marie-Louise était tombée en ruines.

— Je la reconstruirai, songea-t-il en pressant le pas de son cheval.

Tout ce passé lui paraissait à la fois très loin et très près… Il franchit Arena, bifurqua à gauche sur le chemin qui, rocailleux et nu, escaladait les premières collines, et pénétra bientôt dans une sorte de maquis où le sentier, se rétrécissant, devenait plus ombreux et plus raide.

— C'est là, se souvint-il, que j'ai rencontré dom Bernard et Giacobetti, après l'enlèvement. Ah! pourquoi Giacobetti n'a-t-il pas tenu parole.

Il baissa la tête: quel cyclone avait bouleversé sa vie! Pourtant la haine avait abandonné son cœur et son esprit.

Il n'y avait plus en lui qu'une grande lassitude, une mélancolie indicible, quelque chose qui n'était peut-être pas un remords, mais qui était certainement un immense regret.

Soudain, son cheval dressa les oreilles, puis s'arrêta brusquement.

Gallochio avait vivement relevé le front: à dix mètres de lui, au milieu du chemin, un homme se tenait debout, le fusil armé sous le bras.

— C'est le fils de Giacobetti qui venge son père! cria Marc en épaulant rapidement et en pressant la détente.

Le coup partit.

Gallochio sentit un choc à la jambe, et le cheval, se cabrant, le désarçonna.

La chute dura une seconde; un monde de pensées traversèrent l'esprit de Gallochio: il avait oublié le fils Giacobetti. Il vengeait son père, c'était justice. Pourtant, d'un coup de pistolet — il avait une bonne arme à sa ceinture — il pouvait abattre Marc. Sa blessure à la jambe était certainement légère. Quant à son adversaire, il était mort d'avance : l'ancien bandit était sûr de son coup. Oui, mais il était donc damné, lui, il ne pourrait donc jamais, jamais se racheter ?

Tout cela passa dans son cerveau comme passe l'éclair dans une nuit d'orage. Il se releva, très calme, et, marchant lentement vers Marc :

— Tire, Marc, lui dit-il, c'est moi qui ai tué ton père.

— Défends-toi donc, cria Marc en épaulant de nouveau son fusil.

Mais il hésitait à faire feu. Cet homme qui avait été son ami, et qui s'avançait vers lui, la poitrine offerte, le bouleversait.

— Tire ! Marc, le sang de ton père crie vengeance !

Nerveusement, le jeune homme lâcha sa dernière balle, presque à bout portant. Gallochio roula à terre, tandis que son dolman s'étoilait d'une large tache de sang, au-dessus du cœur.

— Sois content, Marc, mon pauvre cher Marc, tu as fait justice.

— Ah ! Gallochio ! s'écria Marc en s'agenouillant à son côté, il le fallait !

— Il le fallait, il le fallait, approuva l'ancien bandit. N'aie pas de regrets, Marcuccio. C'est la terrible loi du sang. Il le fallait.

Sa main alla chercher le pistolet caché sous son dolman :

— Tiens, dit-il, tu garderas ceci en souvenir de moi.

— Tu étais armé, Gallochio, balbutia le jeune homme, et tu ne t'es pas défendu ?

— Non, j'ai versé assez de sang.

— Pour rien au monde je n'aurais voulu verser le tien, mon pauvre Marc.

— Mais dis-moi, dis-moi, pourquoi as-tu tué mon père ? Que t'avait-il fait ?

— Ton père ? Dégrafe mon col, Marc, je sens que j'étouffe. Ton père avait promis la neutralité. On m'a rapporté... qu'il avait conseillé aux gendarmes... de tendre une embuscade... où mon frère a péri... mais peut-être... était-il innocent... Dégrafe, Marcuccio, je manque d'air...

Le jeune homme, en larmes, entrouvrit la veste du malheureux : le scapulaire de la Vierge, rougi de sang, glissa le long du col et, retenu par son cordon vint se mêler aux décorations...

— Tu crois... tu crois qu'il n'était pas coupable, n'est-ce pas ? haleta Marc.

Gallochio ferma les yeux : une sérénité descendit sur son visage :

— Non, je crois qu'il n'était pas coupable, murmura-t-il.

Puis, au bout d'une seconde :

— Ôte-moi ce scapulaire, Marc. Je sens que je ne pourrai pas mourir, tant que ce scapulaire sera sur ma poitrine.

Quand Giacobetti eut enlevé le scapulaire, Gallochio lui dit encore :

— Marc, pardonne-moi comme je te pardonne... Veux-tu m'embrasser ?... Merci... Marie-Louise... Ma pauvre mère... Adieu...

Sa tête retomba sur le talus.

C'était fini.

En sanglotant, Marc lui ferma les yeux...

HENRI PIERHOME

la Vie des bandits Bellacoscia

(1931)

I

— Une chose est certaine, dit le vieux Cerati en remettant une bûche dans le foyer, ces Bonelli n'ont pas une bonne réputation. Nous avons beau être vaguement parents — cousins au sixième degré — ce qui est vrai est vrai. Il y a deux mois, en septembre dernier, nous sommes allés à Bocognano pour la foire, avec toi et ta sœur Jeanne : on nous en a dit pis que pendre ! Tu t'en souviens, Pierre-Toussaint ?

— Je m'en souviens, répondit Pierre-Toussaint, un jeune et solide laboureur de vingt-six ans dont le regard était droit et résolu. Il est vrai qu'il y a partout de méchantes langues... N'importe : le père Bonelli vit avec trois concubines, trois sœurs dont il n'a épousé aucune, et avec qui il a eu dix-sept enfants... Ce sont des mœurs de barbares...

— Et puis, reprit le père, si les enfants valaient quelque chose de bon, ce ne serait que demi-mal. Mais l'aîné, marié et père de quatre enfants, est détenu à la prison de Bastia pour assassinat. Une des filles, Françoise, qui a épousé un de ses cousins, est à la maison d'arrêt d'Ajaccio, inculpée de complicité dans un autre assassinat. Quant à Antoine, celui qui, paraît-il, prétendrait à la main de ta sœur Jeanne, c'est un réfractaire de la classe 1847, et, depuis un an, la gendarmerie cherche vainement à lui mettre la main au collet. Je le connais pour l'avoir rencontré quelquefois : beau garçon, mais mauvaise tête...

— Mais, père, interrompit Antoine-Marie Cerati, le frère aîné de Pierre-Toussaint, un jeune homme de vingt-huit ans, pacifique et quelque peu timoré, comment savez-vous que cet Antoine Bonelli prétend à la main de notre sœur ?

Le vieux Cerati hocha sa tête chenue, dont soixante hivers avaient blanchi l'épaisse toison sans la pouvoir clairsemer, et, tendant le bras, il caressa en souriant le visage charmant que sa fille Jeanne levait vers lui, un visage régulier de madone brune, où d'immenses yeux noirs s'éclairaient aux flammes du foyer :

— Eh ! eh ! murmura-t-il, c'est un beau parti que notre Jeanne : belle fille, jolie aisance campagnarde, bonne famille qui a des biens au soleil, et avec laquelle on ne peut qu'être honoré de s'allier...

— Mais pourtant, père, objecta Jeanne en rougissant, cet Antoine Bonelli habite Bocognano, et nous demeurons à Scanafaghiaccia. Il ne doit pas manquer de beaux partis à Bocognano, et je ne sais pas pourquoi il viendrait jeter son dévolu sur notre commune...

— Sans doute, sans doute, reprit le vieux Cerati. Mais ton oncle Jean-Baptiste, le curé desservant de Pastricciola, qui connaît et voit souvent des gens de Bocognano, m'a rapporté un propos qui aura été tenu par cet Antoine Bonelli, et qui me paraît assez inquiétant : « La seule jeune fille qui me plaise, aurait dit ce garçon, c'est Jeanne Cerati, de Scanafaghiaccia... Et, quand une fille nous plaît, nous savons bien nous faire aimer par elle. Nous sommes comme cela dans la famille, et ce n'est pas pour rien qu'on nous a surnommés les Bellacoscia »

— Je me demande où il a bien pu rencontrer Jeanne, en tout cas, questionna Pierre-Toussaint en quittant son escabeau et en allant moucher la mèche de la vieille lampe à huile, qui jetait dans la pièce des lueurs intermittentes. Elle ne le connaît même pas de vue, et nous non plus...

— Oui, répondit le père, mais nous sommes allés à Bocognano, il y a deux mois, et c'est certainement là-bas qu'il l'aura aperçue, bien qu'il ne se soit pas montré ce jour-là... Cela ne fait rien, petite, ajouta-t-il en se tournant vers Jeanne : tu n'épouseras que l'homme qui te plaira ! Donne-nous un peu de café, veux-tu ?

Cette conversation familiale se déroulait dans la vieille demeure de DominiqueAndré Cerati, propriétaire aisé de Scanafaghiaccia, le 3 novembre 1848. Il était près de huit heures, la soirée était pluvieuse et froide, et, par intervalles, de courtes rafales de vent secouaient fébrilement les volets clos des maisons.

Jeanne s'était levée, et venait de pénétrer dans la cuisine, où sa mère achevait de préparer le café, lorsque quelques coups précipités furent frappés à la porte.

— Qui donc peut venir à cette heure ? murmura le vieux Cerati. Ouvre donc, Pierre-Toussaint, ce sont peut-être des chasseurs attardés qui cherchent un abri.

Pierre-Toussaint ouvrit la porte, et deux hommes entrèrent en disant :

— Bonsoir à tous !

Ces deux hommes étaient armés et présentaient effectivement l'aspect de chasseurs ; ils étaient trempés et paraissaient avoir fourni une longe étape. L'un était d'un âge plutôt mûr, et d'apparence assez lourde : une barbe épaisse lui couvrait les joues, et faisait un contraste curieux avec son crâne chauve, car, en entrant, il avait ôté son chapeau, une sorte de bonnet de poil de chèvre, et le laissait dégoutter sur le plancher de la salle. L'autre, au contraire, était fort jeune — vingt-deux ans environ — et presque élégant : il portait un complet de velours marron et des guêtres bien ajustées. Sa taille, au-dessus de la moyenne, était bien prise, et le visage régulier, au nez droit, aux fines moustaches légèrement retroussées sur une bouche bien dessinée à la denture éclatante, respirait l'audace et la résolution. Le regard clair et ardent devait, à certains moments, se durcir étrangement : ce n'était peut-être pas le regard d'un don Juan, mais c'était à coup sûr le regard d'un homme d'action.

Il s'avança vers le foyer, et dit assez cordialement :

— Comment allez-vous, monsieur Cerati ?

À ce moment, son visage étant éclairé par la lueur vacillante de la lampe, le vieux Cerati le reconnut, et n'essaya point de dissimuler sa surprise :

— Mais c'est Antoine Bonelli, s'écria-t-il... Soyez les bienvenus, ton compagnon et toi, et venez vous asseoir près du feu. Vous êtes trempés, ma parole !...

— Ce n'est pas de refus, répondit Antoine Bonelli en s'installant sur un escabeau auprès du foyer, et en faisant signe à son compagnon de l'imiter. Non, vraiment, ce n'est pas de refus : il fait un temps épouvantable.

— Voici mon fils Antoine-Marie, l'aîné de la famille, poursuivit Cerati en le désignant de la main, et voici Pierre-Toussaint, son cadet... Vous êtes petits-parents, du reste, mais les circonstances n'avaient jamais permis encore...

— Cela me fait plaisir, dit Antoine Bonelli avec un sourire quelque peu contraint, mais sans qu'on pût discerner au juste s'il était content de les connaître, ou bien s'il se félicitait que les circonstances les aient tenus éloignés jusqu'à présent.

Un silence tomba.

La tradition voulait que l'hôte ne posât aucune question à quiconque frappait à sa porte. Le père Cerati attendait patiemment une explication qui ne venait point. De son côté, Antoine Bonelli et son compagnon, après avoir enlevé le fusil qu'ils portaient en bandoulière, l'avaient posé en travers de leurs genoux, au lieu de le ranger dans quelque coin de la pièce. Certes, on pouvait imaginer que les deux hommes entendaient ainsi faire sécher leurs armes ; mais enfin, il n'y avait aucune raison particulière pour ne pas les déposer près de l'âtre, et cette attitude bizarre créait une atmosphère de suspicion et de méfiance.

— Mais je manque à tous mes devoirs, s'exclama soudain le vieux Cerati. Je pense que vous n'avez pas dîné, certainement, et je vais faire préparer...

— Pas du tout, interrompit vivement Antoine Bonelli, pas du tout, nous avons fort bien dîné et nous n'accepterons pas une bouchée de pain...

— Allons, insista Cerati, vous boirez bien un peu de vin... Tenez, je suis sûr que vos gourdes sont vides... Pierre-Toussaint, prends les gourdes de ces messieurs et va les remplir à la cave.

Et tandis que Pierre-Toussaint, à qui son père avait fait du regard un signe éloquent, prenait les gourdes des deux étrangers, le vieillard poursuivait paisiblement :

— C'est un vin que je fabrique moi-même, et qui n'a pas son pareil pour vous réchauffer le cœur... Un bon feu de bûches pour vous sécher, un bon coup de vin pour vous remonter, et les chasseurs les plus harassés et les plus trempés ne demandent qu'à se remettre en campagne.

— Je n'en doute pas, fit Antoine Bonelli d'un air impénétrable. Nous nous remettrons bientôt en campagne...

Puis se tournant vers son compagnon, il ajouta simplement, avec un sourire ambigu :

— N'est-ce pas, Miniconi ?

Et Miniconi grogna une approbation, dans sa barbe...

Cependant, Pierre-Toussaint, en se rendant à la cave, était passé par la cuisine où se trouvaient sa mère et sa sœur, et les avait rapidement prévenues.

— Antoine Bonelli est ici, avec un autre type qui ne paye pas de mine, avait-il dit, et je crois bien qu'ils ont de mauvaises intentions. Vous viendrez nous servir le café, mère, et si l'on vous questionne au sujet de Jeanne, vous répondrez qu'elle a dû sortir et aller chez des amis... Quant à toi, ma sœur, monte te cacher au grenier... Je te garantis qu'ils n'iront pas t'y chercher.

Et, ayant rempli les gourdes, il revint dans la grande salle, où les deux étrangers continuaient de se chauffer près du feu.

— Ma mère va venir vous apporter du café chaud, annonça-t-il, après avoir adressé à son père un clin d'œil rassurant. La pluie s'est calmée, mais il fait bien froid, dehors. Allons, bon, on frappe à la porte... Décidément, c'est la soirée des visites...

Il souleva le loquet, et l'on vit entrer un personnage assez corpulent dont le visage réjoui et pacifique marquait une quarantaine d'années. Il portait en bandoulière un fusil de fabrication hollandaise dont il avait coutume de dire le plus grand bien, encore qu'il passât pour le plus piètre chasseur du canton.

— Hè ! mais c'est l'ami Santini, fit cordialement Pierre-Toussaint en refermant la porte. Quel bon vent, ou plutôt quel mistral vous amène ? Vous venez d'Arro ?

M. Santini, ancien maire d'Arro, était un riche propriétaire, que ses affaires amenaient parfois à Scanafaghiaccia, où il entretenait les meilleures relations avec le Cerati.

— Ma foi, dit-il, je suis dans le village depuis six heures. J'ai conclu un achat de terrain avec François Cerati, votre petit-parent, et cela m'a mené fort tard, car vous savez comme il discute : on lui arracherait plus facilement un œil qu'un liard. Alors, je suis venu vous demander l'hospitalité pour la nuit...

— Parfait, fit le vieux Cerati en lu serrant la main. Tu es toujours le bienvenu Tu prendras la même chambre que la dernière fois...

— Merci... Je vois que vous avez de étrangers ici ce soir, ajouta-t-il aimablement... J'aime la compagnie, moi... Vous êtes des environs, messieurs ?

— Nous sommes de Bocognano, répondit brièvement Antoine Bonelli.

— Belle commune, belle commune, approuva M. Santini.

Et, en parlant, il décrocha le fusil qu'il portait à la bretelle et chercha de l'œil un coin pour l'y déposer.

— Vous avez une belle arme, intervint Miniconi qui s'était levé. Passez-la moi...

Santini était toujours heureux qu'on lui fît compliment de son fusil. Il le tendit à Miniconi, qui l'examina en connaisseur, fit jouer les chiens, lissa de sa manche les canons damasquinés, et, finalement, le mit à l'épaule en disant placidement :

— J'avais justement besoin d'une arme de ce genre... Je la garderai donc en souvenir de vous...

L'ancien maire crut à une plaisanterie.

— Au moins, dit-il, donnez-moi la vôtre en échange.

— Vous n'avez pas besoin de fusil, vous, répliqua Miniconi d'un air rogue.

Et, se tournant vers le vieux Cerati :

— J'ai deux mots à vous dire, déclara-t-il. Venez avec moi dans le coin de la salle.

Jusque-là, et bien que le ton employé par Miniconi parût assez déplacé, on pouvait penser qu'il s'agissait d'une confidence, proposition d'achat d'un terrain ou demande d'un prêt, et le père Cerati ne fit point de difficulté pour suivre son interlocuteur dans l'embrasure d'une fenêtre, tandis que les autres personnages restaient discrètement groupés autour du foyer.

Mais Miniconi, qui ne se piquait sans doute pas de diplomatie, avait tiré de sa ceinture un stylet dont il montra la lame nue à son hôte, et il lui parla en ces termes :

— Nous sommes venus ici pour chercher votre fille Jeanne... Cela peut vous paraître extraordinaire, mais la chose est ainsi décidée, et bien décidée... Il vaut donc mieux nous la donner volontairement, car, de gré ou de force, il faudra bien qu'elle nous suive...

Le vieux Cerati éleva la voix :

— Je vous supplie d'avoir pitié de moi, dit-il. Comment voulez-vous qu'un père livre ainsi sa fille aux mains de deux hommes qui le menacent de la sorte ? Ce serait faire son désespoir ainsi que celui de sa famille. Je ne puis consentir à livrer ma fille à des gens qui se conduisent comme des malfaiteurs, et qui s'apprêtent à lui faire subir un sort odieux. Non, non...

À ces paroles, prononcées d'une voix assez forte pour qu'elles fussent entendues de tous, Antoine Bonelli se leva et alla Vers Cerati :

— Votre fille ne subira aucun outrage, affirma-t-il. Je l'aime et je veux l'enlever, mais c'est pour l'épouser... Je n'ai aucune mauvaise intention à son encontre, au contraire...

— S'il s'agit d'une demande en mariage, répondit le vieux Cerati qui voulait gagner du temps, que ne la présentez-vous vous-même, au lieu de me laisser menacer par un inconnu ? Vous voulez épouser ma fille ? C'est bien, je la consulterai et, dans une huitaine de jours, je vous donnerai une réponse définitive.

— Je veux l'épouser, reprit Bonelli, mais je ne lui demande pas son avis... Voilà pourquoi j'entends l'enlever ce soir même : une fois que je la tiendrai, elle sera bien obligée de consentir à devenir ma femme...

— Allons, pas de discussion, intervint Miniconi, où est-elle ?

Et, comme la mère de Jeanne pénétrait dans la pièce, apportant le café, il l'interpella :

— Où est votre fille ? Quand nous sommes entrés, elle était dans la maison, et personne n'est sorti... et pour cause ! Allons, parlez ! Elle est au grenier, n'est-ce pas ? Nous la trouverons bien...

Mais les deux frères Cerali s'étaient élancés : l'aîné s'était saisi d'une fourche, le cadet d'un fusil, et tous deux s'étaient campés devant la porte de la chambre qui conduisait à l'escalier du grenier.

— Nous vivants, dit Pierre-Toussaint, vous ne franchirez pas cette porte !

M. Santini, qui avait assisté sans mot dire à cette scène, essuya d'un revers de main la sueur qui perlait à son front blême, ouvrit la porte de sa chambre et s'y introduisit discrètement, car il n'aimait pas les algarades...

Il y eut un silence tragique pendant lequel Antoine Bonelli se rendit rapidement compte de la situation. Si le vieux Cerati était désarmé et facile à réduire à l'impuissance, les deux fils paraissaient résolus à vendre chèrement, leur vie... Certes, il était lui-même sûr de sa balle, et Miniconi tirait fort bien. On pouvait tenter l'affaire, mais, tout de même, on risquait gros : le temps d'appeler les trois hommes qu'ils avaient postés autour de la maison, de leur ouvrir la porte, et il pouvait être abattu comme un chien. Or, il ne se souciait nullement de voir Jeanne Cerati tomber entre les mains de ses compagnons, chenapans de sac et de corde. Et puis, s'il avait agi par la menace, il n'entendait pas recourir au meurtre.

Il leva donc le bras, et dit d'une voix tranquille :

— Je renonce à mon projet d'enlever votre fille par la force, car je ne veux pas que le sang soit versé inutilement. Je n'ai donc plus qu'à me retirer avec Miniconi. Toutefois, je vois bien que vous me traitez en ennemi, et rien ne me dit que, au moment où nous nous retirerons, nous ne recevrons pas une balle dans le dos...

— Je vous affirme, dit le père Cerati, que personne ne tirera sur vous...

— C'est possible, répliqua Antoine Bonelli, mais votre affirmation ne me suffit pas. Nous voulons bien nous en aller, mais à une condition : accompagnez-nous jusqu'au bout du village, de sorte que votre fils n'ait pas la tentation de faire feu sur nous...

Or, il se trouvait que le vieux bonhomme avait enlevé ses souliers, et qu'il portait simplement des chaussettes de laine. Il fit remarquer qu'il ne pouvait sortir en cet appareil.

— Qu'à cela ne tienne, répondit Bonelli, voici mes propres souliers, car, pour ma part, je ne crains pas de m'enrhumer...

Et, délaçant rapidement ses chaussures, il les tendit au père de Jeanne, tandis que les deux frères se demandaient anxieusement si ces étrangers allaient vraiment renoncer à l'enlèvement de leur sœur...

La demande d'Antoine Bonelli leur paraissait assez fondée, et, bien qu'ils n'eussent nullement l'intention de l'abattre par surprise, ils comprenaient fort bien qu'après une telle escarmouche, le prétendant évincé craignît pour sa vie. Par ailleurs, il paraissait préférable que l'affaire en restât là, et que ces deux étrangers s'en allassent sans effusion de sang. Le père, en somme, ne les accompagnait que pour couvrir leur retraite : simple concession qu'on pouvait leur consentir, et qui permettrait de prendre des mesures sérieuses en vue d'une nouvelle tentative d'enlèvement...

— Accompagnez-les, père, conseilla finalement l'aîné des Cerati. Notre parole aurait pu leur suffire, mais nous ne voulons pas envenimer l'affaire...

Alors, Bonelli et Miniconi prirent, chacun par un bras, le vieux Cerati, puis, ayant prié Toussaint d'ouvrir toute grande porte d'entrée, ils sortirent devant la maison.

Ce trio fut aussitôt rejoint par trois individus qui, évidemment, étaient des complices de Bonelli, et qu'il avait postés pour lui prêter main-forte, le cas échéant. Ces individus s'attendaient à escorter une jeune fille ; ils constatèrent que c'était un vieillard, mais ne marquèrent aucune surprise. Ils se placèrent devant Bonelli et Miniconi, de telle sorte qu'on n'aurait pu tirer sur le groupe sans atteindre le père Cerati. Et ils se mirent en marche dans la nuit.

Cependant, le vacarme ayant cessé dans la vaste pièce, où les bûches achevaient flamber, le paisible M. Santini rouvrit la porte de sa chambre, et interpella les deux frères qui se tenaient debout près du foyer rassurant leur mère et leur sœur accourues.

— Voilà des personnes bien désobligeantes, dit-il. Je vois, que, finalement, elles ont renoncé à leur projet...

— Oui, répondit la mère, mais ces bandits ont emmené mon pauvre mari, et j'ai bien peur qu'il ne lui arrive quelque malheur...

— S'ils n'avaient pris la précaution de m'enlever mon fusil, dit Santini avec une grande assurance, les choses se seraient passées autrement... J'espère du reste qu'ils me le rapporteront...

— Il serait temps que notre père revînt, remarqua Toussaint Cerati. Nous avons eu tort de le laisser partir avec ces malfaiteurs. J'aurais dû tirer sur ces misérables et les abattre comme des chiens !

— Eh, mon pauvre Toussaint, dit son frère, ils avaient, à eux deux trois fusils doubles, et tu n'avais que notre fusil à pierre, chargé à petits plombs... Nous ne pouvions guère faire autrement... Mais ils n'ont pas intérêt à faire du mal à notre père. Je ne crois vraiment pas qu'ils le maltraiteront.

Pourtant, les minutes, puis les heures passèrent sans que le vieux Cerati regagnât sa maison. Après l'inquiétude, l'angoisse commençait de régner dans la vieille demeure. À l'aube, la mère dépêcha un émissaire au village d'Azzana, pour y faire appel à un ami, Jean-Baptiste Marcangell, tandis que l'aîné des Cerati allait au hameau de Guigliazza pour prévenir Brandizzio, Gaffory et son neveu Dominique Gaffory.

Ces hommes, qui étaient de braves gens, courageux et dévoués, se mirent sans délai en route pour Scanafaghiaccia.

Quand ils y arrivèrent, le soir du 4 novembre, la situation était inchangée : le père Cerati n'avait pas reparu, il n'avait pas donné signe de vie.

Il fallait agir.

II

Quant au vieux Dominique-André Cerati, ayant quitté sa maison sous la solide escorte que l'on sait, il avait imaginé qu'on le relâcherait à quelques centaines de mètres du village, et qu'on le laisserait paisiblement rentrer chez lui. Mais lorsqu'il eut, timidement, formulé cet espoir, Miniconi laissa échapper un ricanement sinistre, et Bonelli lui dit, sans colère mais avec une grande fermeté :

— Je vous considère comme mon otage, monsieur Cerati. Nous vous renverrons chez vous lorsque votre fille Jeanne sera venue me rejoindre. Oh, tranquillisez-vous, vous serez traité avec tous les égards que vous méritez...

Et, comme le vieux bonhomme manifestait sa surprise d'une telle décision, son interlocuteur ajouta en souriant :

— Eh quoi ! prétendriez-vous que vous êtes en mauvaise compagnie ? Nous vous garderons comme la prunelle de nos yeux... Miniconi est un homme courageux et résolu, et voici nos amis, Tavera et Marcaggi, qui sont de gais lurons, le caractère un peu vif peut-être, mais le cœur excellent. Et notre cinquième compagnon, qui tient à garder l'anonymat, et qui nous quittera à l'aube, est un gentilhomme de fréquentation très agréable... En vérité, de quoi vous plaindriez-vous ?...

Dominique-André Cerati, bien qu'il n'appréciât que modérément les multiples qualités des compagnons qui lui étaient ainsi imposés, comprit que toute insistance serait inutile, et ne fit aucune objection de principe. Au demeurant, il préférait infiniment être la seule victime de cette aventure, et faisait des vœux pour que sa fille n'acceptât point de le délivrer au prix d'un pareil marché. Il baissa donc la tête, et poursuivit silencieusement la route, tandis que ses ravisseurs échangeaient par moments de brèves paroles sans intérêt.

Vers minuit, le groupe arriva à une cabane isolée, une de ces bergeries où, pendant l'été, les pâtres de la plaine mènent leurs troupeaux aux pâturages, et qu'ils abandonnent aux premières pluies de l'automne. Là, ils allumèrent un bon feu, tirèrent de leur musette du pain et du fromage, et s'adonnèrent à un repas frugal auquel ils avaient cordialement mais vainement convié leur prisonnier. Puis, Tavera s'étant posté en sentinelle au seuil de la maisonnette, ils ne tardèrent pas à s'endormir de ce sommeil profond que la légende affirme témérairement être l'apanage du juste.

À l'aube, le vieux Cerati, qui avait peu à peu cédé à la fatigue, fut brusquement réveillé par Bonelli, qui lui dit assez joyeusement :

— Vous voudriez bien faire la grasse matinée, paresseux ? Allons, debout, nous sommes prêts à partir...

Le bonhomme s'aperçut que le cinquième compagnon avait disparu pendant, la nuit, mais il ne posa point de question. Le temps était clair et frais, le soleil éclairait déjà les sommets élevés du Monte d'Oro. On se mit en marche par des sentiers qui tantôt s'enfonçaient sous les châtaigniers, tantôt semblaient se perdre dans la broussaille du maquis.

On s'arrêta quelques instants autour d'une source fraîche pour y casser la croûte, et, cette fois, le prisonnier accepta la modeste offrande de ses geôliers.

Enfin, vers midi, sur les flancs de la montagne, non loin de Bocognano, on parvint à une sorte de grotte où la petite troupe s'installa définitivement.

— Nous voici arrivés, dit Bonelli. Ce paysage ne vaut-il pas le plus ravissant des palais ?

C'était la région de Pentica, ce site magnifique qui, par la suite, devait recevoir la visite de tant d'hôtes illustres, avides de rencontrer les fameux bandits Bellacoscia...

Cependant, la gendarmerie de Vico avait été alertée.

Mais, à cette époque comme aujourd'hui, on ne pouvait guère compter sur la maréchaussée pour lutter efficacement contre les bandits, et son rôle se bornait généralement à des enquêtes qui donnaient presque toujours des résultats insignifiants. Aussi les amis dévoués que la famille Cerati avait aussitôt convoqués se réunirent-ils en un véritable conseil de guerre. Il y avait là, avec les fils, la fille et la femme du séquestré, Jean-Baptiste Marcangeli, homme de bon conseil, et les deux Gaffory, oncle et neveu, qui étaient énergiques et avaient toujours manifesté une grande attention aux Cerati, dont ils étaient du reste des parents assez rapprochés.

On ne possédait aucun renseignement précis sur la direction qu'avaient pu prendre les bandits, mais il paraissait certain, puisqu'il y avait un Bonelli dans l'affaire, qu'ils avaient dû se réfugier dans la montagne de Pentica, qui était le domaine où vivaient les membres de la famille Bellacoscia.

— Ces Bonelli, dit Marcangeli, se tiennent entre eux comme les doigts de la main. Je ne connais pas cet Antoine dont vous parlez, mais je connais un de ses frères, Antoine-Dominique Bonelli, qui a épousé une de mes petites parentes et qui, jusqu'à présent, n'a pas eu maille à partir avec la justice…

— Nous n'avons qu'à nous armer tous, proposa Toussaint Cerati, et aller les cerner clans la Pentica. S'il le faut, nous ferons appel à d'autres amis, et aussi à la gendarmerie.

Mais Marcangeli désapprouva ce plan.

— Vous n'y pensez pas, dit-il. Il ne faut pas se présenter devant ces gens-là en ennemis, car nous nous ferions exterminer sûrement et, par surcroît, nous risquerions de provoquer l'exécution de leur otage. Le mieux est d'y aller à deux ou trois en émissaires, et de leur présenter des arguments de bon sens.

Enfin, après une longue discussion, il fut convenu que Marcangeli et les deux frères Gaffory partiraient tous trois pour la montagne de Pentica et se rendraient à la bergerie de Paul Bonelli, à qui Marcangeli demanderait des renseignements, car il ne doutait point qu'il fût au courant de l'aventure.

Le lendemain matin, aux premières clartés du jour, ces émissaires quittèrent Scanafaghiaccia et, marchant à bonne allure, ils arrivèrent, dans l'après-midi, à la bergerie du père des Bonelli, Paul, le chef de la famille.

C'était une cabane faite de blocs de granit grossièrement taillés et recouverte de branchages et de chaume. Sur le devant de la maisonnette, la terre battue formait une sorte de petite place où deux pierres carrées faisaient office de bancs. Un arbre écorcé, dont les branches avaient été taillées à une courte distance du tronc, et qui, planté en terre, évoquait les bois d'un cerf gigantesque, servait de support à des ustensiles de cuisine. On y accrochait les peloni et aussi les gourdes, les musettes, les fusils… Par la porte basse, on pénétrait dans la pièce unique de la bergerie, une salle carrée, ne prenant jour que par la porte, et au milieu de laquelle était réservé l'emplacement du fucone, c'est-à-dire le foyer, dont la fumée s'échappait par une petite ouverture ménagée dans la sommaire toiture. Une triple rangée de planches fixées horizontalement le long du mur, tout autour de la pièce, servait à aligner les fromages salés, et, aussi, les brocci frais dans leurs paniers d'osier.

Quand les trois émissaires se présentèrent à la bergerie, Paul Bonelli était absent, et ils furent reçus par sa femme Claire, qui les pria d'entrer se chauffer, leur offrit du café, et partit aussitôt à la recherche de son mari. Celui-ci arriva quelques instants plus tard. C'était un homme d'une soixantaine d'années qui, physiquement, ressemblait fort à son fils Antoine : il était de haute taille et son visage maigre s'allongeait encore d'une barbe blanche et pointue qui lui conférait un aspect quelque peu machiavélique. Mais le regard adoucissait singulièrement cette impression première, et, bien qu'il eût une voix caverneuse, on sentait tout de suite que ce n'était pas un méchant homme.

Il salua aimablement ses visiteurs, et, pendant qu'ils lui narraient l'aventure de Scanafaghiaccia, il manifesta à diverses reprises sa surprise et sa stupéfaction.

— Je suis étonné, dit-il enfin, que mon fils Antoine se soit livré à cette escapade, qui pourrait avoir pour lui des conséquences si regrettables. S'il m'avait demandé conseil, je l'aurais dissuadé de commettre cette mauvaise action, mais j'ai tout ignoré de ce projet, et c'est vous qui m'apportez la première nouvelle de l'enlèvement de Cerati… Allez donc jusqu'à la cabane de mon fils Antoine-Dominique, peut-être pourra-t-il vous donner des renseignements utiles…

Les trois émissaires le remercièrent et, suivant le sentier qui leur avait été indiqué, arrivèrent peu après à la bergerie d'Antoine-Dominique, qui les accueillit non moins aimablement que son père, mais qui déclara n'en pas savoir davantage. Celui-là était un garçon d'apparence bonasse, et qui n'avait point mauvaise réputation : il rassura ses hôtes de son mieux et leur offrit l'hospitalité pour la nuit.

— À la première heure, demain matin, j'irai moi-même aux renseignements, et je reviendrai vous rendre compte de mes démarches. Je ne doute pas que je retrouverai mon frère, ses compagnons et votre ami. Peut-être leur ferons-nous entendre raison.

Il en fut ainsi décidé.

Cependant, dans la grotte de Pentica, le père Cerati coulait des journées lentes, mais non pas cruelles, car on ne le laissait souffrir ni de la faim, ni du froid. Mais on le gardait étroitement, encore qu'il ne manifestât aucune velléité de fuite. Le jeune prétendant lui rappelait souvent :

— Votre fille serait parfaitement heureuse avec moi, monsieur Cerati. Ce qui me surprend, c'est qu'elle ne soit pas encore venue prendre votre place…

Et il riait de toutes ses dents, qu'il avait fort blanches. Mais le vieux bonhomme haussait doucement les épaules :

— Ma fille ne viendra pas, répondait-il sans colère, et moi, j'ai soixante ans, la conscience tranquille, et une confiance absolue dans la justice de Dieu. Pour le reste, que je meure ici ou ailleurs, cela importe peu…

— Qui parle de vous faire mourir ? se récriait le jeune Bellacoscia. Nul n'oserait toucher à un cheveu de votre tête. Mais j'espère bien que votre fille réfléchira, et qu'elle se décidera à devenir ma femme...

Un jour — c'était le 10 novembre — Miniconi poussa un cri d'alarme.

— Voici du monde ! Prenez vos positions !

Puis, au bout de quelques minutes, il ajouta, car il avait la vue perçante :

— Ce sont trois étrangers, dont deux sont armés de fusils, et ton frère Antoine-Dominique les accompagne...

— C'est bien, commanda le jeune Bellacoscia. Quand ils seront à portée de voix, nous les coucherons en joue, et nous leur ordonnerons de déposer leurs armes.

En effet, cinq minutes ne s'étaient pas écoulées que les trois émissaires, précédés par leur guide bénévole, débouchèrent sur le terre-plein qui précédait la grotte, et se trouvèrent brusquement en présence de Miniconi, Marcaggi et Antoine Bellacoscia, dont les fusils étaient braqués et prêts à partir.

— Déposez vos fusils, cria Bellacoscia, ou nous faisons feu.

Dominique et Brandizzio Gaffory, qui seuls étaient armés, déposèrent aussitôt leurs fusils et, quelques secondes plus tard, ils étaient entourés par les quatre bandits qui, le stylet à la main, les surveillaient en attendant leurs explications.

— Nous ne venons pas en ennemis, dit aussitôt Marcangeli en s'adressant particulièrement à Antoine Bonelli. Vous avez enlevé notre parent et ami Dominique-André Cerati, et nous venons faire appel à votre cœur et à votre raison pour obtenir sa mise en liberté.

Bonelli répliqua froidement :

— Mon cœur ? J'aime Jeanne Cerati !… Ma raison ? Je suis le plus fort ! Qu'avez-vous à ajouter ?

— Je ne disconviens pas que vous soyez le plus fort, répondit Marcangeli avec une grande fermeté, mais cette jeune fille ne vous aime pas, et ce n'est pas ainsi que vous gagnerez son cœur…

— C'est mon affaire, dit brièvement Bonelli. En attendant, ordonna-t-il en désignant Marcangeli et Dominique Gaffory, emparez-vous de ces deux hommes et ligotez-les.

L'ordre fut exécuté en un tournemain, sans brutalité mais sans bienveillance.

— Quant à vous, poursuivit Antoine Bonelli en se tournant vers Brandizzio Gaffory, je vais vous charger d'une commission dont vous aurez intérêt à vous acquitter le plus vivement, possible… Remets-lui la lettre, Miniconi.

Miniconi tira de sa poche un pli déjà préparé, adressé à « monsieur le curé de Pastricciola » — le frère du séquestré — et dont le texte, pour être bref, n'en était pas moins explicite :

Monsieur le curé,

Dominique-André est en notre pouvoir. Nous lui rendrons sa liberté dès que vous nous aurez amené sa fille, votre nièce Jeanne.

Si vous ne vous arrangez pas pour qu'elle nous soit livrée dans trois jours, ce sera tant pis pour votre frère et pour vous. En attendant, Dominique-André Cerati sera bien traité et il ne lui sera fait aucun mal.

Antoine Bonelli, dit Bellacoscia

— Filez, dit Bonelli à Brandizzio Gaffory, et dites-vous bien que, si vous ne m'apportez pas une réponse dans ce délai, je vous couperai le cou !…

Tandis qu'il redescendait vers la bergerie avec Antoine-Dominique Bonelli, Brandizzio Gaffory ne put s'empêcher de faire à son compagnon des reproches sanglants :

— Comment ! lui dit-il. Nous vous avions fait confiance, et vous nous avez tendu un véritable traquenard ! Vous êtes rentré ce matin de bonne heure en nous affirmant que votre frère était prêt à parlementer avec nous, que nous serions écoutés avec courtoisie, et que nulle contrainte ne serait exercée contre nous, et voilà qu'on nous a désarmés, qu'on a ligoté mes compagnons, et qu'on m'a imposé une mission sous peine de mort. C'est une trahison !

Antoine-Dominique Bonelli baissa la tête :

— Je comprends votre colère, fit-il, mais vous m'accusez injustement. Ce n'est pas vous qui avez été trahis, mais moi-même. Je ne m'attendais pas à cette réception, et, quand j'ai vu comment tournaient les choses, je n'ai plus osé intervenir…

— Allons, allons, trêve de mensonges…

— Je vous jure que je ne mens pas…

Et, comme ils arrivaient à la bergerie d'Antoine-Dominique, celui-ci — qui redoutait peut-être aussi les reproches de sa femme, la parente de Marcangeli — lui dit brusquement :

— Pour vous prouver ma bonne foi, je vais retourner là-haut, et je vais parler avec mon frère. Je suis sûr que, lorsqu'il saura que vous me soupçonnez de trahison, il se montrera très touché et vous le témoignera de quelque façon…

Là-dessus, il rebroussa chemin, tandis que Brandizzio Gaffory s'asseyait au seuil de la bergerie. Une demi-heure plus tard, Antoine-Dominique revint, accompagné de Dominique Gaffory, et rapportant le fusil de Brandizzio.

— J'ai pu obtenir la libération de votre neveu, et la restitution des armes, annonça-t-il. Quant à Marcangeli, il est toujours prisonnier. Mais n'ayez pas d'inquiétude, il sera bien traité, et, de mon côté, j'insisterai de mon mieux auprès de mon frère pour qu'il renonce à son projet...

Le 12 novembre, vers les neuf heures du soir, on frappa à la porte de la maison Cerati, à Scanafaghiaccia.

— Ouvrez, les amis, c'est nous !

— C'est la voix de Marcangeli ! s'écria Pierre-Toussaint en se levant et en soulevant le loquet...

Il ouvrit la porte, et le vieux Cerati entra, soutenu par son ami Marcangeli.

— Oui, c'est votre père, mes enfants... On nous a relâchés... Mais je suis épuisé...

Et, à bâtons rompus, pendant qu'on s'empressait à leur donner du café chaud, en attendant un repas plus substantiel, les deux compagnons de captivité racontèrent ce qui s'était passé... Brandizzio Gaffory, le matin même de ce jour, avait rapporté à Antoine Bonelli la réponse du desservant de Pastricciola, le frère d'André Cerati. Ce brave curé, très crânement, s'était contenté d'écrire, sous la lettre comminatoire du jeune Bellacoscia, ces simples paroles chrétiennes : Je n'obéis qu'à Dieu. Que sa sainte volonté soit faite.

— En lisant cette réponse, poursuivit le vieux Cerati, Antoine Bonelli a serré les poings, et j'ai bien cru qu'il allait se livrer à quelque acte criminel... Pourtant, il alla s'asseoir devant la grotte, et resta là pendant près d'un quart d'heure, semblant réfléchir profondément... Et puis, il glissa la lettre dans son portefeuille, se leva et nous dit tranquillement : « Vous pouvez retourner chez vous tous les trois… Vous êtes libres. »

— Par exemple ! s'exclama Pierre-Toussaint, voilà qui est extraordinaire… Il menaçait de tuer tout le monde, et finalement, il semble abandonner la partie… Cela ne cacherait-il pas un piège ?

— Je ne crois pas, intervint Marcangeli… Du moins, je ne pense pas qu'il tentera un autre coup de force : il est possible, évidemment, qu'il fasse par la suite une demande régulière en mariage. Mais s'il avait eu de mauvaises intentions, il ne nous aurait pas relâchés, n'est-ce pas ?

— En somme, reprit le vieux Cerati, nous avons été très bien traités. Sauf la réclusion qu'il m'a imposée, je n'ai à me plaindre ni de lui, ni de ses compagnons… Et il a repris à Miniconi le fusil de Santini et nous l'a remis, en nous recommandant de le lui restituer… Brandizzio s'en est chargé, car il nous a quittés pour filer directement sur Guagno, d'où il se rendra ensuite à Arro… Allons, tout est bien qui finit bien ! Pourtant, il sera peut-être prudent d'accompagner Jeanne à Bastia, chez mes amis Viale, où elle sera en sécurité. Mais on verra cela demain… Je suis bien heureux, mes enfants…

Telle fut la première aventure d'Antoine Bonelli dit Bellacoscia.

Pour quelles raisons obscures ce jeune homme, qui devait plus tard donner les preuves d'une implacable résolution, avait-il ainsi révélé en cette affaire un tel manque de suite dans les idées ? À deux reprises, il avait cédé devant une volonté opposée à la sienne. Chez les Cerati, au moment d'enlever la jeune fille, il avait brusquement renoncé à la lutte ; à Pentica, devant la réponse du curé, il avait, malgré ses menaces de mort, libéré ses prisonniers... Ceux-ci pouvaient s'étonner d'une telle attitude, l'attribuer à un défaut de fermeté ou à la crainte de représailles... Et il était plausible d'en juger de la sorte...

Toutefois, il n'y avait sans doute là aucune pusillanimité, car cet homme ignorait certainement la peur et méprisait la mort. Mais il y avait une question sentimentale... Dans le fond de son caractère, Antoine Bonelli gardait toujours le sens de la justice, et, quand on ne lui avait point fait de mal, il répugnait à se montrer sanguinaire. Pour atteindre son but, il n'avait pas hésité à employer les plus terribles menaces, pensant que la crainte suffirait à courber les fronts. Mais son intention n'était point de les réaliser, et, comprenant qu'on ne céderait pas, il se fût reproché de commettre un crime inexcusable. Emporté par sa nature fougueuse, il était allé de l'avant, puis, devant l'irréparable, il avait laissé parler son cœur et pour cette fois du moins il avait hésité.

III

Le retour au bercail du père Cerati pas, plus que la libération de Marcangeli, n'avait mis un terme à à cette affaire, tout au moins du point de vue légal. Le juge chargé de l'instruction avait lancé un mandat de comparution, puis un mandat d'arrêt contre Antoine Bonelli et ses complices. Comme on le suppose bien, ils n'en avaient pas fait le moindre cas.

Alors, le parquet s'était fâché : il avait fait arrêter le père Bonelli, quatre de ses fils et deux de ses concubines. Vainement, du reste, car tous les témoins, à commencer par la victime elle-même, proclamaient leur innocence, et il avait bien fallu les relâcher.

Les brigades des régions avoisinantes, accompagnées de voltigeurs, avaient multiplié les démonstrations sensationnelles, pratiquant des perquisitions à Bocognano et organisant dans la montagne des battues à grand spectacle. Mais, pour une raison ou une autre, les gendarmes revenaient toujours bredouilles, et les gens du pays en faisaient des gorges chaudes. Tant il est vrai qu'en France comme ailleurs, celui qui rosse le guet a toujours les rieurs de son côté.

Toutefois, la famille Bonelli n'était pas très satisfaite de la tournure que les événements avaient prise. La détention préventive subie par le père et les frères les avaient incités à réfléchir sur le coup de tête d'Antoine, qui aurait bien pu, pensaient-ils, leur épargner tous ces ennuis.

— Car enfin, disait Antoine-Dominique au vieux Bonelli — en tirant de sa pipe de terre, bourrée d'herbe corse, de longues bouffées d'une âcre fumée — car enfin, puisqu'il aime, cette jeune fille, il aurait bien pu l'épouser sans se livrer à ces démonstrations violentes, et qui tombent sous le coup de la loi !... Eh ! mon Dieu, Antoine est un beau garçon, et bien apparenté : une demande en mariage faite dans les règles aurait été certainement bien accueillie. En tous cas, il aurait dû commencer par là, n'est-ce pas, quitte à se fâcher tout rouge si on ne l'avait pas agréé...

— De mon temps, approuva le Père Bellacoscia, on réglait ses affaires de cœur avec plus de simplicité... J'ai voulu épouser les trois sœurs : je les ai conduites chez moi, sans me soucier du maire ni du curé, et la gendarmerie n'a rien eu à y voir. Et maintenant, per Bacco ! je vis en bon patriarche, respecté de tous, et mes femmes et mes enfants s'entendent le mieux du monde...

— Pour cela, c'est bien vrai, fit Antoine Dominique avec conviction. En ce qui concerne Antoine, je suis sûr que rien ne serait arrivé s'il vous avait consulté...

— Ce qui est fait est fait. Mais quel que soit le tort qu'il ait pu faire, je suis pas homme à renier mon fils : j'ai trop le sentiment de la famille pour ne pas me solidariser avec lui, et, puisqu'il est dans une situation difficile, eh bien, notre devoir à tous est de l'assister.

— Je pense comme vous, Père, opina Antoine-Dominique, et nous le soutiendrons tous de notre mieux... Jacques, le plus jeune d'entre nous, l'a rejoint au maquis dès le lendemain de son affaire, et, si je n'avais pas moi-même des charges de famille...

— C'est bien ainsi, c'est bien ainsi, approuva Paul Bellacoscia, Antoine et Jacques sont de petits aigles, et j'ai idée que les gendarmes perdront leur alphabet à vouloir les attraper... Tu verras cela dans quelques années, quand je ne serai plus là, et tu diras : « Mon père ne se trompait pas... il connaissait bien ses enfants... »

Et le vieux Bonelli, lissant d'une main distraite sa barbiche blanche, souriait aux vertes frondaisons de la châtaigneraie...

Il était exact que, dès qu'il avait connu les poursuites engagées par le parquet après l'enlèvement du vieux Cerati, Bonelli avait rejoint son frère à la grotte de Pentica, et lui avait, dit simplement :

— Je crois bien que tu t'es mis une sale affaire sur les bras. Mais s'il y a des coups à recevoir et à donner, sois tranquille : je suis à tes côtés...

Sans prononcer une parole, Antoine lui avait longuement serré la main : le pacte était scellé. Nul plus que lui n'appréciait le caractère de Jacques : ce garçon de dix-neuf ans, bien découplé, d'une remarquable résistance physique, était un marcheur infatigable et un excellent tireur. Silencieux et même taciturne, il était d'une franchise et d'une loyauté absolues, et, son courage s'alliant à son adresse, il devenait l'allié le plus sûr et le plus précieux que pouvait souhaiter un contumax au maquis.

Au demeurant, l'existence des deux frères se déroulait, sous les ombrages de la Pentica, dans une relative quiétude. Environnés de parents et d'amis qui connaissaient leur retraite, ils étaient ravitaillés en pain, jambon, en vin, en fromage, en tabac, et, par la même occasion, ils étaient aussi au courant des mouvements de la maréchaussée, dont les expéditions n'étaient pas précisément entourées de mystères. Au surplus, leur chien Brusco aurait suffi, le cas échéant, à leur donner l'alarme, car il avait un flair merveilleux pour déceler le gendarme à une demi-lieue à la ronde : bien plus qu'il n'en faut pour prendre le large et gagner des hauteurs inaccessibles au commun des mortels, fût-il revêtu d'un uniforme...

De temps à autre, quand cette vie solitaire lui pesait, Antoine ne se faisait point faute de descendre jusqu'à Bocognano, où quelques maisons amies lui offraient une hospitalité provisoire, mais cordiale et sûre. Comme son frère, il était sobre et ne fréquentait pas les buvettes, mais il aimait assez la conversation, et affectionnait de se trouver parmi des gens instruits et cultivés. Bien qu'il fût illettré, en effet – à cette époque, les fils des bergers n'allaient guère à l'école – il regrettait de n'avoir pas appris à lire, malgré l'insistance du curé de la paroisse, qui aurait voulu lui enseigner à épeler l'Évangile et à servir la messe... Car il avait l'intelligence vive, une excellente mémoire et un goût prononcé pour la poésie, la déclamation et le beau langage.

En somme la vie au maquis ne lui était guère pénible et il eût été assez heureux, s'il n'avait gardé, au fond du cœur, un sentiment sincère pour Jeanne Cerati. Sentiment assez étrange en vérité et qu'il ne s'expliquait pas très bien lui-même. Physiquement, cette jeune fille lui plaisait beaucoup, mais il ne lui avait jamais adressé la parole. Il l'avait vue un jour à la foire de Bocognano, il s'était renseigné, et il avait résolu de l'enlever... L'affaire avait mal tourné et, à présent, il ne pouvait même plus songer à la demander régulièrement en mariage. Pourtant ne parvenant pas à l'oublier, il s'imaginait volontiers que tout n'était pas dit, que les choses pourraient s'arranger, d'une façon ou d'une autre, et que, le jour où il réussirait à l'approcher et à lui parler, il n'aurait pas grand'peine à la persuader de partager sa vie. De toutes façons, il y pensait beaucoup, avec une pointe de regret mais aussi sans amertume, considérant Jeanne comme une fiancée lointaine et espérant fermement que les circonstances en feraient bientôt son épouse ou sa concubine. Car, à cet égards, il n'avait point de principes bien établis.

Et les jours coulaient...

Les mois et les saisons avaient passé, depuis l'affaire de Scanafaghiaccia, et les gendarmes avaient mis un terme à leurs battues, et le magistrat avait clos l'instruction, et il semblait que cette histoire, déjà vieille, n'intéressât plus personne au monde.

Or, ce matin-là, nonchalamment étendus à quelques pas de leur bergerie de Pentica, Antoine et Jacques devisaient paisiblement. Les bruyères, les myrtes et les arbousiers — où les merles turbulents menaient grand tapage — leur faisaient un abri odoriférant contre la fraîche brise de mars, tandis que, surplombant la vallée, ils suivaient du regard, de cascade en cascade, les eaux impétueuses du torrent.

— Je me demande, dit Antoine, ce que devient cette affaire Cerati... On a beau affirmer que la justice est boiteuse, il n'y a guère qu'une trentaine de lieues, d'ici à Bastia, et le plus déshérité des bancals y serait déjà allé une dizaine de fois...

— À quoi bon te soucier de cela ? répliqua sagement son frère Jacques. Même si tu devais être acquitté — et je ne pense pas que tu nourrisses cette illusion — cela ne changerait rien à la situation présente. Tu es réfractaire, les gendarmes t'ont déjà pincé une fois, et ils n'ont certainement pas oublié la façon dont tu leur as glissé entre les pattes, à Bastia...

— Je me souviens, fit Antoine en riant de bon cœur... C'était en 1847... Je ne me méfiais pas, et, un beau jour, tandis que je me promenais paisiblement dans Bocognano, les pandores sont arrivés par derrière et m'ont passé les menottes : clic clac... Je n'en revenais pas : pense donc, j'avais complètement oublié que j'étais réfractaire !... Et ils m'ont conduit jusqu'à Bastia, de brigade en brigade... Mais quand je vis qu'ils entendaient m'enfermer au donjon, j'estimai que la plaisanterie avait assez duré et, brusquement, d'un croc-en-jambe à droite, d'une poussée à gauche, je me débarrassai de mes geôliers et pris à travers la ville une course éperdue... Les curieux, groupés immédiatement, riaient à gorge déployée ; ils gênaient les gendarmes et criaient à tue-tête : « Cours, Bellagamba, c'est le moment de justifier ton surnom !... » Et, de fait, je crois bien que je n'ai jamais couru aussi vite...

À ce moment, le chien Brusco, qui était assis près des deux frères, dressa les oreilles, poussa un grognement bref, puis donna de la voix :

— C'est bien, Brusco, la paix ! ordonna Antoine en mettant la main sur son fusil — tandis que Jacques s'avançait prudemment jusqu'au bord extrême du ravin, d'où il pouvait surveiller tous les alentours.

Mais déjà le chien, admirablement dressé, s'était recouché en fixant son maître de ses yeux vifs et dorés, et balayait de sa queue les menues brindilles qui jonchaient le sol.

— Ça va, dit Antoine, Brusco a reconnu une personne amie...

— En effet, annonça Jacques, j'aperçus notre sœur Agathe, au bas du sentier...

— Il doit y avoir du nouveau, frère... Allons la rejoindre...

Les deux solitaires se précipitèrent à la rencontre de l'enfant qui, mince et agile comme une chèvre, escaladait rapidement le chemin rocailleux menant à leur retraite.

— Tu es tout essoufflée, petite, fit Antoine en l'embrassant... Tu apportes des nouvelles.

— Oui, fit la jeune Agathe en leur tendant un chiffon de papier qui tremblait au bout de ses doigts maigres et bruns. Hier soir, l'huissier est arrivé avec les gendarmes, et il a demandé si Antoine était à la maison. Alors, comme on lui a répondu que tu n'y étais pas, l'huissier a placardé contre le mur ce papier que j'ai décollé ce matin et que je t'ai apporté... Notre père m'a dit que c'était le sonetto (on désigne ainsi l'arrêt de condamnation) et qu'il était utile que tu en prennes tout de suite connaissance...

— Merci, petite, dit Antoine en prenant le papier et en le tournant entre ses doigts. Seulement, je ne suis pas bien fort pour la lecture… Tiens, Jacques, toi qui es allé à l'école…

Mais Jacques n'en connaissait guère plus que son frère…

— Donne cela à Agathe, conseilla-t-il, c'est la plus savante de la famille…

Et, de fait, l'enfant lisait passablement : ainsi purent-ils dégager, de la lecture de ce document aux termes compliqués et barbares, que les nommés Bonelli Antoine, Tavera Joseph et Marcaggi Baptiste, domiciliés à Bocognano, accusés contumax, avaient été condamnés par la cour d'assises de Bastia aux travaux forcés à perpétuité et aux frais du procès envers l'état, en vertu des articles 341, 343, 344 du Code pénal.

Jacques siffla entre ses dents :

— Ils n'y sont pas allés de main morte, fit-il. Les travaux forcés à perpétuité ? Pourquoi pas la peine capitale, puisqu'ils y étaient ?

Mais Antoine haussa les épaules :

— Comme ils ne m'auront jamais vivant, dit-il, cela revient au même… C'est bien, ma petite Agathe : retourne à la maison, et dis à notre père que tu nous as trouvés en bonne santé, et que nous l'embrassons bien fort…

Lorsque leur jeune sœur eut disparu au détour du sentier, les deux frères remontèrent lentement jusqu'à leur retraite, et Antoine, s'étant assis sur un rocher au bord du ravin, se prit la tête entre les mains et s'abîma en une longue rêverie.

Au bout d'une demi-heure, Jacques, qui avait respecté le silence de son frère, se leva et lui mit affectueusement la main sur l'épaule:

— Ne te laisse pas attrister, Antoine... À quoi penses-tu?

Antoine leva les yeux, le regarda un instant en souriant et, pour toute réponse, il chantonna cette vieille berceuse corse:

> Quandu sareti grandoni
> Purtareti li vostr'armi
> Un vi farranu paura
> Bultisciorri ne'gendarmi
> E si vo'set'inzirmitu
> Sareti un fieru banditu
> Tutti li vostr'antinati
> Eran'omini famosi
> Erani lesti, gagliardi
> Sanguinari e curraghiosi...

> Quand vous serez un jeune homme
> Vous porterez vos armes
> Vous n'aurez peur ni des voltigeurs
> Ni des gendarmes
> Et, si vous êtes provoqué
> Vous serez un fier bandit
> Tous vos ancêtres
> Étaient des hommes fameux
> Ils étaient agiles, vigoureux
> Sanguinaires et courageux...

— Mais c'est la vieille berceuse que nous chantait notre mère, n'est-ce pas? demanda Jacques lorsque la dernière note, triste et plaintive, se fut perdue dans le bruit monotone des cascades.

— Tout juste, Jacques, répondit Antoine, et je crois bien que cette berceuse marque ma destinée...

— La mienne aussi alors, car j'ai lié mon sort au tien, et je n'ai qu'une parole.

— Sans doute, et je ne doute nullement de ton affection. Mais, lorsque tu es venu me rejoindre ici, tu ignorais le sort que me réserverait la justice : je n'étais, en somme, qu'un réfractaire, inculpé par ailleurs d'un crime qui, tout compte fait, se réduisait à fort peu de chose... Aujourd'hui, je suis un homme condamné aux travaux forcés à perpétuité... Cela change la question.

— En es-tu moins mon frère pour cela ? se récria Jacques.

— Non, certes, mais as-tu bien réfléchi ? Ce serait pour toi, que rien n'empêche encore de circuler librement et la tête haute, l'abandon définitif de toute vie familiale, et la pénible existence du maquis, toujours sur le qui-vive, toujours prêt à livrer bataille aux gendarmes et aux voltigeurs, et souvent obligé de demeurer pendant des jours et des nuits sous la neige et la pluie, sans autres compagnons que les renards et les mouftons... Cette existence sera désormais la mienne, car j'estime que la liberté est le plus précieux des biens. Mais rien ne t'oblige à la partager, et mon devoir est de t'inciter à regagner le foyer paternel...

— Frère, répliqua Jacques avec une grande fermeté, je ne sais qu'une chose : pour avoir simplement voulu enlever la jeune fille que tu aimais, te voilà condamné aux galères perpétuelles. C'est une infamie !... Eh ! quoi, est-ce donc la première fois que, chez nous, un jeune homme amoureux a recours à ces procédés ? Combien y en a-t-il qui ont employé la force pour conquérir leur femme, et combien y en a-t-il qui, ayant enlevé une jeune fille, vivent avec elle sans avoir procédé aux formalités légales ? Allons, allons, sais-tu ce que méritait ton affaire, et sévèrement jugée, encore : deux ans de prison, au maximum, à cause de tes antécédents...

— Il est vrai que je suis réfractaire, et cela a aggravé mon cas, naturellement...

— Non, vois-tu, Antoine, il y a, dans ce jugement, des dessous que nous ne connaissons pas, et que nous saurons bien découvrir un jour. En tout cas, une chose est certaine : mieux vaut mille fois tomber sous les balles des gendarmes que de passer une heure au bagne. Si c'est ton avis, c'est aussi le mien...

— Oui, Jacques, mais toi, tu n'es pas condamné au bagne...

— Et qu'importe ? Tu rappelais, tout à l'heure, la vieille nanna qui a bercé notre enfance... À mon tour, laisse-moi te rappeler les exploits de Zampaglino qui portait notre nom, qu'on avait mis, lui aussi, hors la loi, mais qui a fait trembler les autorités civiles et militaires, et qui a toujours résisté victorieusement aux expéditions dirigées contre lui. Eh bien, puisque la justice le veut, nous ferons comme Zampaglino. Nous sommes de sa race. Nous montrerons que c'est le même sang qui coule dans nos veines. Et je souhaite du plaisir à messieurs les gendarmes !...

Jamais le taciturne Jacques n'en avait dit si long en une seule fois. Il fallait vraiment qu'il eût atteint les bornes extrêmes de l'indignation. Antoine l'embrassa, puis, dominant la douce émotion qui l'étreignait, il s'écria en riant :

— Les gendarmes ? J'aime infiniment mieux être dans ma peau que dans la leur !

Et c'est ainsi que, pour la deuxième fois, fut scellé ce pacte de fraternité totale, qui devait, pendant quarante ans, unir de la façon la plus étroite les deux frères Antoine et Jacques Bellacoscia.

IV

Deux années s'étaient écoulées depuis l'enlèvement et la séquestration du vieux Cerati.

Pourtant, bien qu'Antoine Bellacoscia gardât le maquis, et malgré la terrible condamnation qui l'avait frappé, la quiétude n'était point revenue dans la maison de Scanafaghiaccia. C'est que, dans les premiers jours de janvier de l'an de grâce 1850, Jacques Bellacoscia... envoyé par son frère Antoine, était arrivé à l'enclos où le père Cerati remisait son cabriolet, et où il était justement occupé à réparer un brancard.

L'entrevue avait été courte, mais suffisamment explicite. Le jeune homme avait touché le bord de son chapeau, et avait dit sans élever la voix :

— Monsieur Cerati, je suis le frère d'Antoine Bonelli, et je viens vous prévenir, de sa part, qu'il attend toujours la venue de votre fille Jeanne à Pentica.

— Mais, balbutia Cerati, votre frère a été condamné à perpétuité... Il ne peut plus songer à épouser ma fille...

— Il songe encore à en faire sa femme, et très sérieusement... Prenez donc vos dispositions, car, si votre fille n'a pas rejoint mon frère à la belle saison, il est bien certain que les choses se gâteront...

— C'est bien, je... j'aviserai...

— Avisez tant que vous voudrez, mais prenez garde : maintenant, vous êtes prévenu...

Le vieux bonhomme était rentré chez lui, fort bouleversé, et avait réuni le conseil de famille, auquel s'était joint Marcangeli, qui, depuis quelque temps, venait tous les deux jours passer l'après-midi et la soirée à Scanafaghiaccia.

— Allons, se lamentait le vieillard en hochant tristement la tête, il sera dit que nous n'en finirons jamais, avec ce Bonelli de malheur… Maudit soit le jour où j'ai eu l'idée saugrenue d'emmener ma fille Jeanne à cette foire de Bocognano !… Je. croyais que ce bandit avait renoncé à son projet, et voilà maintenant que tout est à recommencer.

— Ne vous émotionnez pas pour si peu, père, fit Pierre-Toussaint en jetant sur son fusil, accroché au-dessus de la cheminée, un regard éloquent… Cette fois, nous sommes prévenus, et nous nous tiendrons sur nos gardes… Et puis, que diable, ce Bonelli n'est pas si terrible, et il n'a jamais tué personne, que je sache…

— En tous cas, ne vous y fiez pas, intervint Marcangeli. D'abord, Antoine n'est pas seul au maquis : il est avec son frère Jacques, et, si ce dernier n'a pas encore eu maille à partir avec la justice, c'est bien parce que personne n'a osé le dénoncer… Vous ne connaissez pas l'histoire du notaire ?

— Non… Quel notaire ?

Le notaire de Bocognano, bien sûr… Ce brave homme, il y a trois ans, avait eu la mauvaise idée de communiquer au maire des actes tendant à établir que tous les terrains de la Pentica sur lesquels les Bellacoscia se sont installés, à titre de propriétaires, sont en réalité des biens communaux… Les frères Bellacoscia avaient eu vent de la démarche, et ils envoyèrent une décharge de chevrotines dans les jambes du notaire, lui notifiant ainsi de quelle façon, le cas échéant, ils entendaient faire prévaloir leurs droits. Personne n'osa porter plainte, comme de juste… Mais Antoine et Jacques étaient certainement dans l'affaire…

— Vous voyez, dit le père Cerati, ce sont des gens capables de tout.

— Pour le moment, objecta PierreToussaint, Antoine est réfugié dans sa Pentica, et tellement surveillé de près par les gendarmes que, en réalité, il n'osera pas en sortir… S'il ne redoutait pas d'être pris, il serait venu lui-même, an lieu d'envoyer son frère, qui n'a rien à craindre des gendarmes. Voulez-vous que je vous dise ? Il tente de renouveler le coup de la menace, tout comme il y a deux ans. Mais cette fois, il trouvera à qui parler…

Comme un silence pesant était tombé — chacun paraissant s'absorber dans l'examen de cette situation imprévue — Marcangeli, après une assez longue réflexion, se décida brusquement à le rompre :

— Mon cher parent et ami, dit-il avec quelque solennité, permettez-moi de vous présenter une solution qui, en mettant le comble à mes vœux, écarterait définitivement les prétentions de cet Antoine Bonelli. J'ai l'honneur de vous demander la main de votre fille…

Certes — tout le monde l'avait bien compris — les fréquentes visites de Marcangeli à Scanafaghiaccia n'étaient pas uniquement, motivées par la sincère amitié qu'il portait aux Cerati. Jeanne, la première, s'était rendu compte du sentiment très tendre qu'elle inspirait à ce parent, et, si elle n'éprouvait pour ce quadragénaire aucun attrait physique, elle avait pour lui une réelle affection, car il était foncièrement bon et plein d'attentions pour elle. Pourtant, elle était loin de s'attendre à cette demande en mariage, et elle rougit violemment en baissant la tête.

De son côté, le père Cerati ne pouvait être que flatté d'une demande dont il avait déjà envisagé l'éventualité, car Marcangeli constituait, en somme, un excellent parti : propriétaire aisé, travailleur et sérieux, sain de corps et d'esprit, et d'un cœur excellent. L'écart d'âge n'avait qu'une importance secondaire, surtout à cette époque, où l'on voyait souvent un homme mûr épouser une jouvencelle de dix-huit printemps. Mais le brave Marcangeli ne s'illusionnait-il pas en imaginant que son mariage avec Jeanne écarterait définitivement les prétentions d'Antoine Bonelli ? C'est ce qu'il entreprit de lui exposer :

— Mon cher Jean-Baptiste, lui dit-il, je suis très sensible à cet honneur et, pour ce qui concerne Jeanne, je ne doute pas de son consentement... Toutefois, après la démarche comminatoire dont je viens d'être l'objet, n'estimez-vous pas que ces fiançailles revêtiront le caractère d'un acte d'hostilité contre les Bellacoscia ? Hier encore, l'annonce de ce mariage n'aurait pu froisser personne, puisque nous étions en droit de supposer qu'Antoine Bonelli avait définitivement renoncé, par la force même des choses, à ses projets antérieurs. Mais aujourd'hui, tout est changé : ma famille et moi, nous sommes directement menacés dans notre existence si Jeanne ne rejoint pas le Bonelli à Pentica, et cela à la belle saison, c'est-à-dire dans un délai maximum de quatre mois. Il n'est pas question, naturellement, que Jeanne obtempère à cet ordre, mais nous pouvons, d'ici là, prendre toutes dispositions utiles pour l'éloigner et, si cela est nécessaire, nous éloigner avec elle. Il serait encore préférable de quitter le pays...

Mais Marcangeli l'interrompit :

— Il ne faut tout de même pas exagérer la puissance des Bonelli, et se laisser mener comme un troupeau de moutons. Vous voudriez quitter le pays, à votre âge, et sans même savoir où aller, alors que nous sommes ici quelques hommes décidés à nous défendre et, s'il le faut, à attaquer ?

— C'est vrai, approuva Pierre-Toussaint, Jean-Baptiste a raison...

— Et puis, poursuivit Marcangeli, raisonnons un peu : les fiançailles se font, et la nouvelle en parvient aux oreilles des frères Bonelli... Que feront-ils ? Antoine se gardera bien de quitter la Pentica, car les gendarmes le cernent et ne le manqueraient pas. Ce n'est pas un garçon comme

Jacques qui nous en imposerait, n'est-ce pas ? Quant aux autres Bonelli, ils ont été assez furieux qu'on les ait compromis dans la dernière affaire et, cette fois-ci, ils se garderaient bien d'intervenir.

— C'est possible, dit le père, mais il serait plus sage d'attendre leur capture. Jusque-là, nous pourrions trouver des moyens dilatoires, laisser croire que la petite est gravement malade, par exemple, et que le docteur lui a prescrit de garder le lit.

— Oui, objecta Pierre-Toussaint, mais si on met un an ou deux à les capturer, Antoine Bonelli ne sera pas longtemps dupe de la supercherie, et alors... il faudra en découdre ! Autant régler la question une fois pour toutes, puisque de toute façon il faudra en arriver là.

— D'autant plus, appuya Marcangeli, que nous pouvons réduire la période des fiançailles et nous marier presque aussitôt après l'abraccio... Par exemple, les fiançailles se feraient le 15 mars, et le mariage aurait lieu le 8 avril. Jusqu'au 15 mars, secret absolu... Après, on verra bien... En tous cas, trois semaines plus tard, Jeanne sera ma femme, elle vivra sous ma protection et celle de ses frères et de quelques amis, voilà tout. Mon sentiment est qu'Antoine Bonelli, qui croyait tomber sur une vierge facile et sur des parents timorés, n'insistera pas quand il saura que la jeune fille est mariée et qu'elle est entourée de parents décidés à la défendre...

La discussion se prolongea fort avant dans la nuit, car, si Marcangeli, Pierre-Toussaint, sa sœur et sa mère étaient partisans de la thèse du mariage, le père Cerati et son fils aîné, moins énergiques ou moins imprudents, élevaient de nombreuses objections. Ces derniers se rallièrent finalement à la proposition de Marcangeli, et il fut convenu que les fiançailles officielles auraient lieu dans la deuxième semaine de mars.

Jusqu'à cette date, le secret le plus absolu serait gardé, et, si Jacques ou un autre émissaire de Bellacoscia revenait trouver le père Cerati et lui rappeler le rendez-vous comminatoire de Pentica, celui-ci n'aurait qu'à répondre : « Attendez les beaux, jours, et vous verrez... »

Si Antoine Bonelli avait dépêché son frère Jacques auprès du vieux Cerati, ce n'était pas seulement pour des raisons sentimentales. Qu'il aimât toujours Jeanne, cela ne faisait point de doute, mais il y avait un autre motif pour qu'il tînt tout particulièrement à l'avoir à Pentica.

Le vieux Bellacoscia, en effet, avait été atterré par l'arrêt de la cour d'assises, d'une si exceptionnelle et incompréhensible sévérité. Aussi avait-il fait le voyage de Bastia, à seule fin de consulter un avocat. L'homme de loi lui avait dit en substance que la cour était toujours très sévère pour les contumax, mais que, en somme, il ne s'agissait en l'espèce que d'une condamnation par défaut.

— Si votre fils Antoine, avait-il ajouté, faisait opposition à l'arrêt de défaut, et s'il pouvait prouver que la jeune fille partage sa vie après l'avoir suivi volontairement, l'affaire se terminerait certainement par un acquittement...

De retour à Pentica, le vieux Bellacoscia avait fait part de cette consultation à son fils Antoine et lui avait demandé si, vraiment, il ne voyait pas la possibilité d'arranger l'affaire par ce moyen.

— Si cette Jeanne Cerati, avait-il expliqué, pouvait de quelque façon être amenée à partager ton existence à la Pentica, tu la persuaderais sans peine de déclarer qu'elle y est venue de son propre gré, et la cour, devant cette déclaration et quelques témoignages bien choisis, n'aurait plus qu'à t'acquitter.

— Mais il faudrait alors que je me constitue prisonnier, et vous n'oubliez pas, père, que je suis réfractaire?

— Réfractaire, réfractaire, cela n'est pas bien grave, mon fils... Une fois acquitté pour l'affaire de l'enlèvement, tu t'arrangerais bien, si le cœur t'en dit, pour brûler encore une fois la politesse aux gendarmes.

— Ma foi, convint Antoine, je veux bien essayer... Seulement, cette fois, je ne permettrai pas qu'on se moque de moi : j'ai ménagé ces gens-là, et, devant le juge d'instruction, ils m'ont suffisamment chargé pour qu'on m'envoie aux galères, Je n'ai pas l'intention d'exercer contre eux des représailles, mais, s'ils veulent jouer au plus fin avec moi, ce sera tant pis pour eux...

C'est à la suite de cette conversation que Jacques avait été chargé d'aller prévenir le vieux Cerati, et nous avons vu qu'il s'était acquitté de sa mission.

Quelques jours plus tard, comme les deux frères étaient allés voir leur père à la bergerie, celui-ci leur communiqua la notification d'un jugement par défaut que le tribunal correctionnel d'Ajaccio venait de rendre contre eux. Le parquet, tout en saisissant le juge d'instruction de la séquestration avait retenu le délit de menaces contre Antoine et Jacques, ce dernier poursuivi comme complice. Après de multiples enquêtes de gendarmerie, et bien que les témoignages fussent rares et imprécis, on avait finalement condamné Antoine à deux ans de prison, et Jacques à quinze mois de la même peine...

Lorsqu'il eut connaissance de cette condamnation, Antoine haussa les épaules et dit philosophiquement :

— Bah, la grande mange la petite!... Quand on est condamné aux galères perpétuelles, deux ans de plus ou de moins...

Mais Jacques avait largement souri, et s'était frotté les paumes:

— Bravo... Jusqu'à présent je n'étais qu'un volontaire, et les gendarmes ne me prenaient pas au sérieux... Mais maintenant qu'un mandat d'arrêt a été décerné contre moi, me voici bien hors la loi. Tu diras ce que tu voudras, mais au maquis, on se sent beaucoup plus d'aisance dans les mouvements, lorsqu'on est un véritable bandit...

Les fiançailles de Jean-Baptiste Marcangeli et de Jeanne Cerati eurent lieu à la mi-mars, ainsi qu'il en avait été secrètement décidé. Ce fut une belle fête, à laquelle participèrent, selon la coutume, toutes les familles de Scanafaghiaccia. Les Gaffory, en armes, et l'ancien maire Santini, avec son fameux fusil hollandais, étaient venus assister à ces joyeuses agapes, qui se déroulèrent dans une allégresse de bon aloi. L'inquiétude du vieux Cerati s'était peu à peu atténuée et presque effacée: depuis deux mois, Antoine Bonelli n'avait point donné signe de vie. On avait appris la nouvelle condamnation prononcée par le tribunal correctionnel d'Ajaccio, et le bruit courait que la capture des Bellacoscia était chaque jour plus imminente. L'assurance de Marcangeli et de Pierre-Toussaint avait progressivement gagné le cœur du vieillard, et se fortifiait du fait que, autour de lui, il voyait se grouper, à l'occasion de cette fête, des amis nombreux et résolus. Aussi, lorsqu'on se sépara, au petit jour, était-il convaincu qu'ils avaient décidément adopté la meilleure solution...

Or, une semaine s'était à peine écoulée depuis la journée des fiançailles, et Marcangeli, dans sa propriété de Guigliazza, travaillait à remettre son pressoir en état, lorsqu'il vit s'encadrer dans la porte un jeune homme bien découplé, et qui portait un fusil et une gourde en bandoulière.

— Bonjour, monsieur Marcangeli, dit poliment le nouveau venu. Excusez-moi de vous déranger, mais je suis chargé de vous faire une commission.

À la vue de cet étranger, Marcangeli eut l'intuition que c'était un Bellacoscia, et, comme lui-même était désarmé, il pensa un instant qu'il était pris comme dans une souricière. Mais le jeune homme, devinant son inquiétude, le rassura aussitôt :

— Je ne viens pas en ennemi, lui dit-il. Je suis Jacques Bonelli, le frère d'Antoine, qui a appris vos fiançailles et qui en éprouve une grande surprise. Il s'étonne que vous, qui savez mieux que personne combien il tient à Jeanne Cerati, vous l'ayez demandée en mariage...

— Mais, répondit Marcangeli avec assez de logique, Jeanne Cerati a consenti à devenir ma femme, tandis qu'elle n'avait pas consenti à devenir celle de votre frère. Si cette jeune fille ne l'aime pas, il ne saurait m'en rendre responsable...

— Pour le moment, répliqua Jacques, je n'ai pas mission de discuter votre responsabilité. Mon rôle est plus simple : je suis chargé de vous dire que, si vous épousez cette jeune fille, Antoine considérera ce mariage comme une offense mortelle à son encontre.

— Eh bien ! répondit Marcangeli, il prendra les mesures qui lui paraîtront opportunes...

— N'en doutez pas, fit gravement Jacques. Toutefois — et je parle ici en mon nom personnel — il serait préférable que cette affaire se terminât à l'amiable. Pourquoi n'auriez-vous pas une explication très franche et très nette avec mon frère?

— Je ne vais tout de même pas aller me jeter dans la gueule du loup...

— Oh! s'écria Jacques avec une sincérité qui n'était point feinte, vous n'auriez rien à craindre tant que vous seriez son hôte... En tous cas, je me permets de vous donner un conseil désintéressé: retardez votre mariage, retardez-le le plus possible...

À ce moment, le pas d'un cheval résonna dans la cour de la maison: c'était Dominique Gaffory qui arrivait de Guagno. Il avait le fusil à l'épaule et la cartouchière bien garnie. Se sentant plus fort, Marcangeli éleva un peu la voix:

— Ma foi, dit-il, quand j'ai donné ma parole, je n'ai pas l'habitude de la reprendre.

Puis, se tournant vers Gaffory:

— Voici Jacques Bellacoscia qui vient de la part de son frère Antoine, me prévenir qu'il considérera mon mariage avec Jeanne Cerali comme une déclaration de guerre. Qu'en penses-tu, Dominique?

— Ce que j'en pense? dit Dominique en toisant Jacques, qui n'avait pas bronché, ce que j'en pense... J'en pense que tu n'as d'ordres à recevoir de personne... Devons-nous être soumis au bon plaisir des bandits de la Pentica?

Jacques le fixa quelques secondes de son regard perçant, et dit avec le plus grand calme:

— Vous venez de prononcer là quelques mots de trop, mais nous réglerons cette affaire plus tard; car, pour l'instant, ma mission est accomplie... Monsieur Marcangeli, je vous salue... N'oubliez pas mon conseil...

Et, faisant demi-tour, il s'éloigna d'un pas tranquille, sans même daigner se retourner.

Le gendarme Aliot, de la brigade de Scanafaghiaccia, était un homme de bon conseil, qui connaissait bien le pays, n'aimait pas les aventures et prêchait volontiers le calme. Il lui arrivait assez fréquemment de faire un brin de causette avec Marcangeli, et ce dernier ne manqua pas, dès le lendemain, de lui raconter son entrevue avec Jacques Bonelli.

Le brave pandore l'écouta avec une grande attention, se gratta pensivement la nuque, et, finalement, lui parla en ces termes :

— Vous auriez tort de vous entêter. À votre place, je n'hésiterais pas à renoncer à un mariage qui peut avoir des conséquences terribles. À quoi bon déclarer la guerre aux Bellacoscia, qui se montreront d'autant plus résolus qu'ils ne risquent désormais plus grand-chose : du bagne perpétuel à la peine capitale, l'écart est plutôt mince…

— Mais je suis trop avancé pour reculer. Les fiançailles ont été célébrées…

— Je sais, je sais, mais il n'est jamais trop tard pour bien faire… Tenez, je vais vous suggérer un moyen élégant de vous tirer de là : la sœur de Jeanne Cerati, Toussainte, est rentrée avant-hier de Bastia, où vous savez qu'elle séjournait depuis six mois chez des amis de la famille. Elle a dix-huit ans, elle est jolie, elle s'habille comme à la ville, elle ne demande probablement qu'à se marier… Épousez Toussainte, et laissez les Cerati se débrouiller avec les Bellacoscia

— Non, non, vous n'y pensez pas. Même si Jeanne n'était pas ma femme, mon devoir serait de prendre parti pour les Cerati contre les Bonelli... Je ne peux pas me déshonorer...

— Eh bien, alors, reprit le conciliant Aliot, puisque Jacques vous a conseillé de voir son frère Antoine, allez vous expliquer avec lui, demandez-lui ses raisons et donnez-lui les vôtres. De la discussion jaillit la lumière, que diable !

À la suite de cette conversation, Marcangeli réfléchit toute la nuit, et le lendemain matin, il montait à cheval et partait, sans armes, pour la montagne de Pentica. Quand il revint, le surlendemain, au soir, il alla trouver le gendarme et lui dit :

— J'ai vu Antoine Bonelli... J'ai même été surpris de l'approcher si facilement... Dès que je suis arrivé à l'entrée de la châtaigneraie, j'ai été rejoint par une petite fille qui m'a demandé ce que je cherchais, et qui, sur ma réponse, m'a conduit jusqu'à une cabane où les deux frères étaient tranquillement installés... Je pourrais y aller les yeux fermés, et même vous en tracer un plan très précis...

Mais le pacifique Aliot ne sembla attacher à cette offre aucune espèce d'intérêt, et Marcangeli poursuivit son récit :

— L'entrevue a été très calme, mais, à la vérité, Antoine m'a dit certaines choses qui ne m'ont pas fait plaisir... Il s'est flatté de m'avoir épargné, il y a deux ans, ainsi que le père Cerati et son frère le curé, et s'est plaint que, malgré cela, nous l'eussions chargé devant la cour d'assises. Il m'a expliqué que nous l'avions fait condamner aux galères, mais que, si Jeanne consentait à le rejoindre, il se constituerait, repasserait devant le jury et serait acquitté. Ce sont là des illusions.

— Mais finalement, vous êtes-vous mis d'accord ?

— Non... Je l'ai quitté en lui disant que j'allais encore réfléchir, mais ma décision est prise : le mariage se fera à la date convenue… Vous comprenez, j'ai causé avec les chefs de brigade de Bocognano, qui le surveillent de très près, son frère et lui. Ils m'ont affirmé que tous leurs mouvements sont étroitement suivis, que la Pentica est méthodiquement cernée, et que leur capture n'est plus qu'une question de jours ou de semaines. À la première imprudence, ils se feront pincer…

— Dieu vous entende, soupira Aliot, qui ne paraissait pas très convaincu par les assurances de ses collègues bocognanais. De toute façon, ne parlez pas de votre entrevue chez les Cerati : inutile de les inquiéter…

— Vous avez raison, approuva Marcangeli. Au surplus, maintenant, ma résolution est inébranlable : le mariage se fera…

Effectivement, le 8 avril 1850, Jean-Baptiste Marcangeli épousait Jeanne Cerati dans la petite église de Scanafaghiaccia.

Avril s'était écoulé, mai avait transformé le maquis en une cassolette de parfums, et le soleil déjà chaud de juin commençait à fondre la neige aux cimes escarpées du Monte d'Oro.

Les deux nouveaux époux vivaient dans la quiétude : bien qu'ils n'eussent pas été capturés, malgré les pronostics optimistes de la maréchaussée, les frères Bonelli n'avaient plus donné le moindre signe d'existence.

Dominique Gaffory, qui avait eu l'occasion de se rendre à Bocognano dans les derniers jours de mai, avait même essayé de se renseigner auprès de la gendarmerie et, aussi, en questionnant par-ci par-là des gens du village qu'il connaissait. Mais — chose étrange — dès qu'il prononçait le nom des Bellacoscia, toutes les bouches paraissaient cousues. Les plus bavards se bornaient à révéler que les deux frères devaient être quelque part dans la Pentica, à moins qu'ils ne fussent ailleurs ; ce qui n'était guère compromettant. À la fin, un peu énervé, Dominique Gaffory avait, le soir, dans une buvette, manifesté quelque étonnement d'une telle pusillanimité :

— En vérité, avait-il dit dans un cercle de consommateurs, on croirait que vous n'osez pas lever le petit doigt sans la permission des Bonelli !... Ils ne sont pourtant pas si terribles que cela, et leurs rodomontades, en tout cas, n'émeuvent pas les gens du Cruzzini. Mon opinion est qu'ils sont surtout très forts en paroles...

— Vous avez tort, fit remarquer quelqu'un, de vous exprimer ainsi sur leur compte, et vous ne parleriez peut-être pas ainsi s'ils étaient présents...

— Vous ne me connaissez pas, répliqua Dominique. Il n'y a pas trois mois, je ne me suis pas gêné pour dire à Jacques Bonelli que nous n'avions pas d'ordres à recevoir des Bellacoscia, et qu'est-ce que vous croyez qu'il a fait ? Il a trouvé une échappatoire, et a tourné le dos sans demander son reste...

Et, comme ses auditeurs hochaient la tête, il ajouta, pour vaincre leur incrédulité à peine déguisée :

— Oui, il s'est contenté de dire qu'on réglerait cela plus tard. C'est ce que disent tous les lâches, quand ils constatent qu'ils se sont trompés d'adresse. Et moi, vous voyez, je n'ai pas peur de dire ce que je pense...

Personne n'avait répliqué, mais, l'un après l'autre, les consommateurs s'étaient retirés, sous des prétextes polis, et Gaffory, sans doute un peu exalté par la boisson, était remonté à cheval et avait quitté le village, profitant du clair de lune pour regagner Guagno, où il avait affaire le lendemain.

Quelques jours plus tard, il avait pu dire à son ami Marcangeli :

— Les Bellacoscia ont essayé de jouer les croquemitaines, mais ils sont pris à leur propre piège, et restent terrés dans leur Pentica comme des renards dans leurs trous. Ils se garderont bien désormais de montrer le bout de l'oreille...

Or, le 12 juin, Marcangeli était dans son enclos et ramassait du foin, lorsque, d'une haie toute proche, deux coups de feu partirent, sans autre avertissement. Le malheureux tomba foudroyé : il avait reçu cinq grosses chevrotines, trois dans le ventre et deux dans le cœur.

Le soir du même jour, le cheval de Dominique Gaffory rentrait seul à sa maison d'Azzani. L'oncle Brandizzio, inquiet, partit aussitôt à la recherche de son neveu, escorté de quelques paysans. Il retrouva son cadavre sur le talus de la route, à une demi-lieue du village. Le malheureux avait reçu une balle dans la tête.

Ce double meurtre avait produit dans tout le pays une impression profonde. Aucun témoin de ces deux crimes, naturellement ; mais il ne faisait doute pour personne que Marcangeli avait été tué par Antoine Bonelli, et que Dominique Gaffory était la victime de Jacques. Les deux frères avaient-ils opéré ensemble ou séparément ? On l'ignorait, mais cela importait peu : ils étaient certainement les coupables.

La famille Cerati était dans un affolement que l'on conçoit sans peine. Jeanne Marcangeli, la jeune veuve, avait quitté le village en toute hâte, et s'était réfugiée à Quiliani, si bien que, lorsqu'un émissaire anonyme était venu la chercher, « de la part d'Antoine Bellacoscia », il n'avait trouvé que Toussainte et lui avait conseillé, « pour arranger les choses », de prendre la place de sa sœur et de rentrer avec lui à la Pentica. Soit qu'elle eût un esprit de sacrifice très développé, soit plutôt qu'elle fût particulièrement romanesque, Toussainte n'avait pas hésité à accepter cette combinaison, et elle était allée rejoindre les deux frères à la Pentica. Elle devait, du reste, en revenir trois mois plus tard, en alléguant que les bandits l'avaient trompée, qu'ils lui avaient promis de se constituer prisonniers et qu'ils s'étaient ensuite moqué d'elle... Il est plus vraisemblable de penser que, bien qu'elle fût jolie et enjouée — et peut-être même à cause de cela — les Bonelli l'avaient purement et simplement renvoyée chez elle, afin d'éviter certains bavardages regrettables...

De son côté, dans l'espoir d'obtenir la reddition d'Antoine et de Jacques, la gendarmerie avait arrêté le père Bellacoscia et son fils aîné Dominique.

Mais. devant le magistrat instructeur, le vieux Bonelli avait été très ferme et très catégorique :

— Le préfet et le général gouverneur, avait-il dit, sont venus me voir à diverses reprises pour me prier d'influencer mes fils, de faire pression sur eux afin qu'ils se constituent prisonniers. Mais ils me connaissent bien mal : je ne veux pas être le bourreau de mes enfants. Et j'ajouterai ceci : on a arrêté mon fils Dominique, qui est innocent. Eh ! bien, s'il est condamné, j'affirme qu'il y aura des malheurs. Tant pis pour ceux qui cherchent le chien qui dort, et gare aux témoins...

Là-dessus, faute d'éléments suffisants, on les avait relâchés. Mais le parquet s'était résolu à reprendre l'affaire du notaire de Bocognano, et à la joindre à celle du double assassinat.

L'arrêt de la cour d'assises ne devait être rendu, du reste, que le 17 mars 1855. Cet arrêt, d'une part, condamnait Antoine Bonelli à mort pour tentative d'assassinat sur la personne du notaire de Bocognano, et, d'autre part, condamnait Antoine et. Jacques Bonelli à mort, pour l'assassinat de Marcangeli. Quant à l'assassinat de Dominique Gaffory, l'affaire fut classée, les présomptions ayant été jugées insuffisantes pour inculper l'un ou l'autre frère.

V

Le lecteur sera peut-être surpris de constater que, dans un cas aussi grave que l'assassinat de Marcangeli, la justice eût mis près de cinq ans à rendre son arrêt. Marcangeli, en effet, avait été tué en juin 1850, et l'arrêt de la cour, portant condamnation des deux frères à la peine capitale, est daté de mars 1855. Mais il ne convient pas de s'en étonner outre mesure : s'il est vrai que la justice n'a jamais été très expéditive en France, il faut ajouter que, en de telles affaires, le parquet avait toutes les peines du monde à recueillir les éléments d'information qui lui étaient nécessaires pour justifier l'inculpation et soutenir l'accusation. Au lendemain d'un meurtre, quand la gendarmerie enquêtait, personne n'avait rien vu ni rien entendu. Lorsque, par extraordinaire, on découvrait quelques témoins à charge, il était rare qu'ils ne se dérobassent point de quelque façon : celui-ci avait cru voir, celui-là avait cru entendre, cet autre invoquait son inattention ou sa mauvaise mémoire… Et cela, naturellement, quand le drame s'était déroulé en des lieux habités… À plus forte raison quand il s'était produit dans un endroit isolé, en quelque enclos ou quelque jardin, sous le couvert des haies épaisses ou des arbres touffus… Et l'instruction se poursuivait lentement, pendant des mois et des années, s'alimentant de lettres anonymes, de fragiles enquêtes, de vagues perquisitions, ou encore des révélations in extremis de quelque moribond qui n'avait plus à redouter une balle vengeresse… À la réflexion, tout cela n'avait pas grande importance : que l'arrêt de la cour fût ou non prononcé, on conçoit que les gendarmes, lorsqu'ils se trouvaient en présence des bandits, ne s'avisaient point de leur faire les sommations réglementaires : ou bien ils tiraient aussitôt en s'efforçant de viser juste, ou bien ils fuyaient comme s'ils avaient eu le diable à leurs trousses. Mais, de fait ou de droit, les bandits n'en étaient pas moins considérés comme des condamnés à mort par la maréchaussée.

Antoine et Jacques Bonelli ne se souciaient guère de ces questions de forme. Depuis le premier jour, considérant que le maquis était désormais leur domaine, ils n'accordaient plus le moindre intérêt aux décisions de la justice ; ils savaient que, s'ils ne se gardaient point des gendarmes, les gendarmes les tueraient, à moins qu'ils ne fussent tués les premiers par les deux frères. Un point, c'est tout. Pour le reste, une condamnation capitale de plus ou de moins, cela avait vraiment bien peu d'importance.

Dans les premiers mois de l'année 1852, un jeune homme de condition aisée, nommé Dominique Miniconi, et qui habitait avec ses deux oncles à Bocognano, avait pris l'habitude de monter, presque tous les, soirs, jusqu'à la maison du vieux Bellacoscia, où il était du reste aimablement accueilli. Instruit, de conversation enjouée et de physique agréable, ce jeune homme ne s'offrait pas une telle promenade dans le but essentiel de saluer le père Bonelli et d'écouter ses anecdotes, dont il avait un répertoire assez varié. La vérité est que la sœur de Jacques, la jolie Isabelle, dont les prunelles d'un vert clair faisaient avec ses boucles brunes un contraste charmant, avait produit sur Dominique Miniconi une impression profonde, et que ce sentiment ne paraissait nullement déplaire à la jeune fille.

Après le café et l'eau-de-vie, le vieux Bellacoscia, souriant dans sa barbe, faisait mine de s'assoupir, les femmes tricotaient activement à la lueur vacillante des quinquets, les bûches flambaient en pétillant dans la haute cheminée. Et, dans un coin de la salle, Dominique et Isabelle bavardaient, celle-ci parlant de la forêt et celui-là de la ville, où il avait fait ses études, tous deux échangeant des banalités avec des inflexions tendres de la voix... Puis, vers dix heures, il prenait congé. La jeune fille l'accompagnait avec une lampe — que la brise éteignait parfois — jusqu'au sentier forestier, qui passait à une centaine de mètres de la maison, puis elle rentrait en chantant.

En tout pays, les idylles ne restent pas longtemps secrètes : la nouvelle de celle-ci fut vite colportée. Une voisine avait vu, ou avait cru vu voir à diverses reprises, les jeunes gens s'embrasser, et, d'un cœur attendri, elle en avait fait la confidence à quelques commères, ce qui revient à dire que tout le village en avait été rempli. On racontait couramment que les deux amoureux s'étaient promis l'un à l'autre, et qu'on assisterait bientôt à une belle noce, car il était bien évident que ce mariage avait l'assentiment des Bellacoscia.

Il est vrai que César et Antoine Mattei, les deux oncles de Dominique Miniconi, consultés à ce sujet par quelques curieux, avaient répondu, assez sèchement, que leur neveu ne leur avait fait part d'aucun projet de ce genre, et qu'ils n'avaient aucune relation avec la famille Bonelli. Mais du moment que ces enfants s'aimaient, n'est-ce pas, et surtout que la jeune fille était une Bellacoscia...

Pourtant, un matin de mai que Jacques était allé voir son père à la bergerie, le vieux bonhomme lui fit part de sa surprise et de son inquiétude :

— Depuis plus de trois semaines, lui dit-il, Dominique Miniconi a cessé brusquement ses visites, et je me demande ce que cela signifie... Tu sais qu'il venait ici presque tous les soirs ; il courtisait ta sœur Isabelle, qui a aussi du penchant pour lui, et, bien qu'il ne m'en ait jamais parlé, je comprenais bien qu'il voulait l'épouser... Et puis, plus rien...

— Mais l'a-t-il compromise, père ?

— C'est-à-dire qu'on les a vus ensemble. Isabelle m'a avoué qu'il lui avait parlé d'amour et qu'il l'avait plusieurs fois embrassée. Et tout le village est convaincu qu'ils se sont promis l'un à l'autre... Pour être compromise, elle est compromise...

— C'est bien, dit Jacques, je vais y mettre bon ordre...

Et, s'adressant à son beau-frère Martin, qui assistait à l'entretien, il lui recommanda d'aller voir ce jeune homme et de lui fixer un rendez-vous pour le soir même, à l'entrée du village.

En réalité, Dominique Miniconi avait eu avec ses oncles une sérieuse algarade. Mis au courant, par la voix publique, de l'idylle de leur neveu et de ses fréquentes visites à la Pentica, les deux oncles l'avaient sévèrement réprimandé, lui signifiant qu'ils ne consentiraient jamais à une telle mésalliance.

— Eh! quoi, lui avait dit l'oncle César, le plus âgé, le plus riche et le plus sévère des deux, tu n'imagines tout de même pas, étant donnés ton rang et ton instruction, que nous te laisserions épouser une jeune fille dont la famille jouit d'une si terrible réputation, dont deux frères ont été condamnés à la peine capitale et tiennent le maquis... Nous ne connaissons pas cette Isabelle, et nous n'avons rien à lui reprocher personnellement, mais elle est une Bellacoscia, et c'est tout dire... Te vois-tu, demain, l'allié de ces contumax qui ont du sang sur les mains, et dont tu deviendrais fatalement le complice ? Tu ne songes pas non plus, n'est-ce pas, à compromettre cette jeune fille et à ne pas l'épouser ? C'est alors qu'ils auraient toutes les raisons du monde à vouloir t'y contraindre, et qu'ils châtieraient sans scrupule toute résistance de ta part !... Non, non, il faut dès maintenant briser net.

— Mais, pourtant, j'aime cette jeune fille, oncle César...

— Tutt tutt !... Amourette de jeunesse !... autant en emporte la tramontane !... Tu oublieras vite, mon garçon... Au surplus, si tu retournes là-haut, c'est bien simple : nous ne te connaissons plus, nous te fermons la porte au nez et nous te laissons te débrouiller tout seul : tu iras garder les moutons dans la montagne, si cela t'amuse... C'est à prendre ou à laisser. Décide !...

Le jeune Dominique avait, pour ses oncles, beaucoup de respect et d'affection. Ils l'avaient élevé, il était leur unique héritier, et il savait aussi que César Manéi, bien que généreux et juste, était homme à jeter son neveu à la rue, sans autre forme de procès, du jour au lendemain. Au surplus, il lui fallait bien reconnaître qu'ils avaient raison, la gentille Isabelle eût-elle été parée de toutes les vertus, elle n'en restait pas moins la sœur de deux assassins, et un membre de la très honorable lignée des Manéi et des Miniconi ne pouvait sans scandale songer à s'allier à la tribu tarée des Bellacoscia. Il en convint loyalement et donna sa parole qu'il ne retournerait plus chez le vieux Bonelli. Parole qu'il tint scrupuleusement.

La visite de Martin, mandé par son beau-frère Jacques, le surprit assez désagréablement. Il ne manqua pas toutefois d'aller au rendez-vous qui lui était fixé, et il s'y trouva en présence d'Isabelle, qu'escortaient Jacques et Martin.

On le sait, Jacques ne s'embarrassait pas de longs discours. Il répondit brièvement au salut du jeune homme, et lui dit aussitôt :

— Le bruit court dans le village que tu vas épouser ma sœur. C'est parfait ! À quand le mariage ?

— Si ce bruit court, répondit Dominique, il n'est pas fondé… Du reste, puisque votre sœur est présente, vous n'avez qu'à l'interroger : à aucun moment, je ne lui ai promis le mariage, et je ne me suis jamais conduit avec elle de façon à lui laisser à penser que je voulais l'épouser… Parlez, Isabelle, et dites la vérité à votre frère…

— C'est exact, reconnut Isabelle… Vous ne m'avez jamais promis le mariage, et ce n'est pas moi qui prétendrais le contraire…

— Je venais souvent passer la soirée chez votre père, reprit Dominique et il m'était très agréable de causer avec Isabelle, pour qui j'ai beaucoup de sympathie. Mais, depuis quelque temps, j'ai été assez fatigué, et j'ai dû renoncer à ces visites…

Mais Jacques, qui entendait ne pas s'en laisser conter, prit le jeune homme à part et lui parla sans détours :

— Ma sœur est compromise, et il vous faut maintenant l'épouser. Tant mieux si elle vous plaît, et, si elle ne vous plaît pas, tant pis : je n'ai pas de temps à perdre en discussion avec vous… Alors, écoutez-moi bien: je fixe moi-même la date du mariage au 15 août. C'est compris?

— Mais pourtant…

— Prenez garde: il ne s'agit pas de plaisanter… Oui ou non, épouserez-vous ma sœur le 15 août, dernier délai?

Jacques était armé, et il avait la main sur le manche de son stylet; l'endroit était isolé et il faisait nuit noire. Le jeune homme fut pris de peur:

— Oui… le 15 août… c'est entendu… balbutia-t-il.

— Bien… Si tu avais dit non, je t'aurais poignardé sur-le-champ… Mais tu as promis, nous sommes donc d'accord… Seulement, attention, si tu manques à ta parole, je ne donnerais pas un liard de ta peau… Là-dessus, bonsoir…

Et, rejoignant sa sœur et son beau-frère, il s'éloigna rapidement dans la nuit.

Dominique Miniconi n'avait pas manqué de mettre ses oncles au courant de ce fait nouveau qui venait si brusquement embrouiller la situation.

— Voilà, avait dit l'oncle César, à quoi t'a mené ta conduite imprudente!… Il était naturel de penser que ces gens-là ne laisseraient pas passer un si beau prétexte pour te mettre le grappin dessus… Évidemment, du moment que tout le monde en a parlé dans le village, cette péronnelle est compromise… Compromise! ils n'ont que ce mot-là à la bouche! Elle se serait affichée avec n'importe quel charretier qu'ils n'en auraiennt même pas fait cas, mais le fils Miniconi, le neveu des Manéi, c'est une autre affaire, n'est-ce pas?… Ah! les gredins!… les misérables!…

L'oncle Antoine intervint doucement pour faire remarquer à son frère qu'il s'écartait de la question. Fallait-il céder ou résister?

— Céder? rugit l'oncle en brandissant sa canne comme une épée, céder? Jamais de la vie, par exemple!... D'abord, cet engagement a été arraché à Dominique par la menace, il n'a aucune valeur...

— Au point de vue juridique, non, convint l'oncle Antoine, mais au point de vue pratique, il en a une énorme...

— Tu ne me comprends pas, je veux dire que, en toute conscience, Dominique n'est pas tenu de respecter un engagement arraché par la force. Car j'aurais été le dernier à lui conseiller de transiger avec son honneur... Donc, la promesse n'étant pas valable, il n'a pas à céder. Voilà un point d'acquis...

— Tu as raison, César, approuva Antoine. Moralement ta thèse est inattaquable... Mais que va-t-il se passer?

— Il va se passer que Jacques Bonelli me tirera dessus dès qu'il me rencontrera, à dater du 16 août prochain, répondit Dominique qui, directement intéressé dans l'aventure, l'envisageait tout naturellement sous son jour le plus simple.

— Parfait!... C'est parfait!... fit l'oncle César en se frottant les mains... Voilà la meilleure solution...

— Vous appelez cela la meilleure solution? demanda le jeune homme en regardant son oncle d'un air effaré.

— Mais oui!... Jusqu'au 15 août, ou du moins jusqu'à la nuit du 14, tu te promènes dans le village, comme si de rien n'était... Pendant ce temps, je prends mes dispositions pour te faire filer discrètement à Ajaccio ou à Bastia, chez des amis, où tu seras bien caché et bien gardé... Après quoi, ma foi, ils viendront te chercher si le cœur leur en dit... Par la suite, on avisera, d'autant plus que, un jour ou l'autre, ces bandits finiront bien par tomber sous les balles des gendarmes...

Dominique ne pouvait que se rallier à la combinaison imaginée par son oncle. Comme il ne pouvait réellement songer ni à épouser Isabelle, ni à prendre le maquis pour détruire les frères Bonelli, il n'y avait d'autre solution pour lui qu'une fuite discrète et sagement préparée vers une retraite sûre où il attendrait paisiblement les événements.

À partir de ce jour, et pour éviter les questions embarrassantes, il circula fort peu dans le village, ne sortant généralement que le soir, après le dîner, avec ses oncles qui avaient coutume de faire les cent pas, en bavardant, tout le long de la route nationale qui traverse Bocognano.

Et le 15 août arriva. Mais, ce soir-là, on n'aperçut pas Dominique Miniconi... Le pauvre garçon était peut-être fatigué...

Parmi les nombreux amis qu'ils comptaient à Bocognano, les fières Manéi fréquentaient assez volontiers un rentier aimable et cultivé, M. Vizzavona, homme d'un certain âge, qui avait passablement voyagé, et qui, alerte et enjoué, avait le geste vif et l'allure jeune. Il venait de passer une partie de l'été sur le continent, et avait regagné Bocognano dans la journée du 30 août.

Le soir du 31 août, vers huit heures, les deux frère Manéi, ayant achevé leur dîner., sortirent de chez eux pour effectuer leur promenade habituelle... Les jours raccourcissaient rapidement, la nuit était déjà presque complètement tombée, et l'oncle César, toujours bougon, en manifestait son mécontentement, lorsqu'il aperçut M. Vizzavona qui venait à leur rencontre...

— Vous voici donc rentré. cher ami ? lui dit-il affectueusement. Et toujours en bonne santé, j'espère ? Eh bien, parlez-nous un peu de votre voyage...

M. Vizzavona, encadré par les deux frères, se mit, tout en marchant à petits pas. à narrer ses impressions, qui étaient généralement originales et marquées au coin d'une observation indulgente et spirituelle.

Comme ils arrivaient sur la place du village, où des platanes touffus encadrent une fontaine rustique, trois coups de feu retentirent.

Les deux frères furent atteints légèrement, mais le malheureux Vizzavona tomba mortellement blessé.

De nombreux témoins avaient assisté au drame, et s'étaient précipités pour porter secours aux victimes... Quelques minutes plus tard, la gendarmerie était sur les lieux et s'efforçait de recueillir d'utiles témoignages. Mais ce fut peine perdue.

Le pauvre Vizzavona, qui agonisait déjà, ne put que déclarer :

— Je ne connais pas mes meurtriers... Je ne soupçonne personne... Je n'ai pas d'ennemi. Personne n'avait intérêt à ma mort...

Quant aux frères Manéi, ils disaient évidemment la vérité en déclarant qu'ils n'avaient vu personne, et que, dans ces conditions, ils devaient se garder de toute suspicion émise à la légère. Mais, en réalité, ils avaient presque aussitôt compris ce qui s'était passé : les Bonelli, ignorant le départ clandestin de Dominique Miniconi, et supposant qu'il se tenait cloîtré dans sa demeure, avaient patiemment attendu, depuis trois soirs, que le jeune homme se décidât à sortir en compagnie de ses oncles, comme il en avait l'habitude avant le 15 août. Ce soir du 31 août, quand ils aperçurent, encadrée par les frères Manéi, la silhouette svelte et juvénile de M. Vizzavona, ils furent trompés par l'obscurité et, persuadés qu'ils avaient affaire à Dominique, ils tirèrent de façon à tuer le neveu et à blesser, mais sans gravité, les oncles qu'ils soupçonnaient de s'être opposés au mariage. Les Bellacoscia étaient, en effet, des tireurs de tout premier ordre : ils étaient sûrs de placer leur balle à l'endroit précis qu'ils avaient choisi et, quand ils blessaient légèrement, c'est qu'ils entendaient bien donner ainsi un avertissement salutaire… En l'espèce — et les frères Manéi l'avaient admirablement compris — cette égratignure signifiait : « Nous vous épargnons pour cette fois, mais vous ne soupçonnez personne, n'est-ce pas ? Tenez-vous le pour dit… »

Les Manéi gardèrent d'autant plus volontiers leur langue que, somme toute, leur neveu avait, au moins pour cette fois, miraculeusement échappé à la mort, et c'était pour eux l'essentiel. Quant aux autres témoins, ils furent d'une imprécision et d'une prudence extrêmes. Le plus explicite — et l'on verra que ses déclarations ne l'engageaient guère — fut un certain Jacques Padovani, dont voici la déposition :

« Je suis père de famille avec deux enfants en bas âge. Il faut que je travaille pour vivre et j'ai besoin pour cela de toute ma liberté. C'est vous dire que je ne puis m'expliquer dans le moment. Plus tard, si les contumax tombent, alors je parlerai. »

Pourtant, la culpabilité des deux frères Bellacoscia n'en fut pas moins établie, et surtout retenue… Par arrêt de la cour d'assises du 16 mars 1854, ils furent tous deux condamnés à la peine de mort.

VI

Cependant, les mois et les années passaient, et les bandits restaient insaisissables et invulnérables. La gendarmerie insistait toujours auprès du père Bellacoscia, espérant qu'il ferait pression sur ses fils : pourquoi ne se constituaient-ils pas prisonniers ? Tout le monde y gagnerait, car leurs procès seraient revisés et ils s'en tireraient avec peu de chose... Mais le vieux Bellacoscia ne se laissait pas émouvoir, ainsi qu'en témoigne cette lettre de service, écrite par le brigadier Lanfranchi à son commandant, à Ajaccio :

Bocognano, le 18 janvier 1855.

Mon commandant,

Hier j'ai parlé de nouveau avec le père Paul, à ce sujet, mais je n'ai pu rien obtenir. Ils sont décidés à tenir tête au gouvernement. On leur a assuré que la justice ne peut rien faire contre eux.

De son côté, le commandant du poste de Bocognano exprime nettement son opinion au préfet de la Corse : « Il faut arrêter les parents et les amis des bandits, sans quoi la justice n'arrivera jamais à les capturer... » Et c'est bien exact : tant que les bandits trouveront des alliés pour les renseigner, les ravitailler et les cacher, la maréchaussée restera bredouille... Mais, d'autre part, sur quels griefs arrêter les parents ? On l'a déjà fait, et on a dû les relâcher, et ils sont partis la tête haute, en laissant entendre qu'il ne faudrait pas s'amuser plus longtemps à ce petit jeu-là... Alors ?

Alors, il convient tout de même d'agir.

La cour d'assises a rendu des arrêts condamnant les frères Jacques et Antoine Bonelli à la peine capitale, il importe de faire exécuter les décisions de la justice. Le préfet lui-même est sollicité par des particuliers, qui s'étonnent de son inertie et lui demandent de prendre des mesures...

Donc, en mai 1855, la gendarmerie reçoit des ordres sévères : il faut capturer les deux bandits. On estime, en haut
lieu, que la maréchaussée s'est laissée peu à peu gagner par
une inertie regrettable, qu'il est intolérable que toutes les
forces militaires et civiles du département se laissent ba-
fouer parles frères Bonelli, qu'il est indispensable de recueillir des renseignements précis, organiser des battues, de
tendre des embuscades, en un mot de mener une offensive
inlassable et implacable...

Conformément à ces ordres impératifs, la brigade de
Pastricciola tend deux embuscades, le 19 juillet 1855 : la
première embuscade près de la bouche du Ciavone, la seconde en un lieu dit Gialichetta.

Les renseignements que la gendarmerie a pu se procurer sont précis : les frères Bellacoscia ont résolu de quitter le
territoire de la Pentica pour s'enfoncer dans le Cruzzini.
Comme l'étape doit être longue, ils ont l'intention de s'arrêter à la bergerie de leurs cousins Fontana, qui, de notoriété
publique, sont parmi leurs guides. Ils passeront donc fatalement, soit à l'arrivée, soit au départ, par les lieux où l'embuscade a été tendue.

Effectivement, vers huit heures du soir, les deux gendarmes postés à Gialichetta, sur une éminence qui leur permet de découvrir tous les environs, aperçoivent deux individus, armés de fusils, qui se dirigent, par un sentier inconnu, vers la bergerie des Fontana. Mais est-il bien certain
que ce soient les Bonelli ? Le crépuscule est proche, et puis
les deux pandores n'ont probablement jamais vu de près les
deux bandits... Que faire ? Les sommer d'abord de s'arrêter, évidemment...

Ainsi en décide le gendarme Paoli qui crie de toutes ses forces aux deux suspects, lesquels s'éloignaient sans avoir soupçonné l'embuscade :

— Halte !... Halte à la maréchaussée !

Les frères Bellacoscia — car c'était bien eux — se retournent comme un seul homme, et, bien que la distance soit grande, épaulent rapidement et font feu... Les gendarmes n'ont que le temps de se réfugier derrière des rochers, d'où ils ripostent sans succès, tandis que les bandits bifurquent rapidement vers un ravin fort escarpé et très étroit, qui doit les conduire vers le sommet de la montagne.

Les deux gendarmes se consultent : ils ont tiré huit coups de fusil sans atteindre les contumax, qui sont maintenant hors de portée. Courageusement, ils décident de les poursuivre, et s'engagent à leur tour dans le ravin, mais de gros blocs de rocher dévalent tout le long de la pente escarpée, et ils n'ont que le temps de se garer derrière le tronc d'un providentiel châtaignier... Cette avalanche de granit se poursuit pendant quelques minutes, et, quand elle prend fin, cela signifie que les deux fuyards ont atteint les hauteurs touffues où nul ne s'aviserait de les aller chercher...

En entendant les coups de feu, les gendarmes de l'autre embuscade étaient accourus. Mais il était bien trop tard.

Voici en quels termes, du reste, le chef de la brigade rend compte de cette opération :

« J'ai commandé le pas de course, et en peu de temps nous voilà arrivés sur le lieu du combat. Mais l'obscurité de la nuit commençait à prendre toutes ses forces, et nous fûmes obligés de nous replacer en embuscade pendant la nuit sur le sommet de la montagne entre Galica et Pentica où les bandits ont pu se réfugier. Le matin à la pointe du jour nous avons fait une recherche minutieuse dans cette montagne, toutes les recherches ont été infructueuses et nous sommes restés le jour du 20 jusqu'à cinq heures du soir. »

En réalité, qu'avaient fait les frères Bellacoscia ? Une fois arrivés au haut du ravin, sur une hauteur qui dominait « le lieu du combat », voyant que les gendarmes s'installaient dans le maquis pour y camper, ils étaient tranquillement redescendus par le même ravin, et avaient gagné la bergerie de leurs cousins Fontana, repassant exactement par le sentier où le gendarme Paoli leur avait fait sommation de s'arrêter, environ une heure plus tôt... Ainsi dormirent-ils paisiblement jusqu'à l'aube, tandis que les gendarmes les cherchaient sur les flancs touffus du Monte d'Oro.

À la suite de cette mésaventure, les gendarmes manifestèrent leur mécontentement et, dans d'innombrables rapports, se plaignirent de qu'on ne les autorisait pas à arrêter tout d'abord les receleurs, guides et indicateurs des bandits, toutes personnes qu'ils prétendaient connaître et qu'ils désignaient nommément.

Ils accusaient notamment les Maroselli, les Tavera, les Pinelli et même les Cerati.

L'accusation, en ce qui concerne cette dernière famille, était d'autant plus invraisemblable que les parents de Cerati ne cessaient de harceler le procureur impérial, lui demandant instamment de prendre toutes mesures pour provoquer enfin la capture ou la reddition de Jacques et Antoine Bonelli... De même, on verra plus loin que, pour les Pinelli, la gendarmerie ne réclamait leur arrestation que pour la frime. Quant aux autres familles, il est certain qu'elles prêtaient aux Bellacoscia leur appui moral et matériel : encore au-

rait-il fallu pouvoir en établir la preuve, et c'était justement
là que la justice se trouvait désarmée.

En attendant, la gendarmerie continuait de recevoir des
ordres en vue de poursuivre inlassablement la capture des
deux contumax.

Il fallait bien marcher... Le 10 septembre 1855, la brigade « constituant la force supplétive de la troisième compagnie », conformément aux instructions du lieutenant Vi-
vin, tendit une embuscade près de la bergerie dite Vico, qui
appartenait au père des Bellacoscia.

Un des gendarmes, le nommé Paoli, méditait mélancoliquement derrière un rocher où son brigadier l'avait posté
lorsqu'il crut percevoir, sur sa gauche, un faible bruit. Il
tourna la tête, et aperçut les deux frères Bellacoscia qui le
tenaient en joue. Désagréablement surpris, il fit un mouvement pour se mettre à l'abri en contournant le rocher à
quatre pattes, mais un coup de feu partit, et il reçut une balle
dans la cuisse... On n'avait pas voulu le tuer, mais c'était
un avertissement : comme Jean Valjean, les Bellacoscia faisaient parfois de la bonté à coups de fusil.

La brigade, alertée, se livra, un peu au hasard, à un tir
de mousqueterie. Mais déjà les deux bandits s'étaient éva-
nouis comme des ombres dans les profondeurs de la forêt.

Décidément, les gendarmes jouaient de malheur.

Toutefois, cette embuscade avait fait réfléchir les frères
Bellacoscia.

Déjà, au moment de l'affaire de la bergerie Fontana, ils
s'étaient demandé comment les gendarmes avaient pu si
bien être renseignés sur leurs déplacements, et avaient sus-
pecté un de leurs guides, un certain Denis Pinelli, dit

« Leone », dont le frère était instituteur à Pastricciola. Toutefois, ce n'avait été qu'un soupçon passager : d'autres personnes avaient été dans la confidence de leur voyage dans le Cruzzini, il n'y avait sans doute pas eu de trahison volontaire, il pouvait même s'agir, à la rigueur, d'une simple coïncidence...

Mais après l'affaire de la bergerie de Vico il n'y avait point de doute : quelqu'un les vendait régulièrement à la maréchaussée. S'ils n'avaient été sur leurs gardes, ce jour-là, c'en était fait d'eux : on les tirait comme des lapins ! Non, ce ne pouvait être une coïncidence : celui qui les trahissait connaissait trop bien leurs habitudes et leurs repaires. Il fallait aviser.

Un parent des Bellacoscia, le jeune berger Peppo, intelligent et dévoué, fut chargé de surveiller adroitement les agissements de Pinelli. Il le pista, et rapporta aux deux frères que leur guide s'était rendu à Pastricciola et à Bocognano, et qu'il y avait tenu des conversations avec les chefs de brigade. Cela suffisait à établir la trahison, mais Antoine tenait à le surprendre en flagrant délit, et à le châtier en la présence des gendarmes.

Aussi, dans la matinée du 22 janvier 1856, les deux frères, après avoir partagé leur déjeuner avec Denis Pinelli, lui demandèrent-ils d'aller faire pour eux quelques commissions urgentes à Pastricciola.

— Tu nous rendrais service, ajouta Antoine, car je me sens un peu fatigué, et j'ai décidé Jacques à venir passer avec moi quelques jours à Pentica, dans notre cabane de Taravacciole... Tu la connais bien : c'est encore là que nous serons le plus tranquilles...

— À la condition de ne pas y séjourner plus de quatre ou cinq jours, dit Jacques d'un air convaincu.

— Bah! nous pouvons bien y rester même une se-
maine... Il fait de la pluie et du brouillard, et le temps n'est
pas près de se remettre : il n'y a pas un gendarme qui parti-
rait en campagne par un temps pareil, et qui découvrirait
notre retraite par ces sentiers rocailleux où les chèvres
elles-mêmes ne se retrouveraient pas... Va, la nature se
chargera de nous garder et elle y suffirait... Alors, c'est entendu, nous comptons sur toi. Tâche de ne pas trop tarder
tout de même, car tu nous manquerais là-bas...

Pinelli était parti sans la moindre méfiance, ne se dou-
tant pas que le jeune Peppo l'avait précédé dans la commune de Pastricciola, et qu'il allait le suivre pas à pas à travers le village...

C'est ainsi que les frères apprirent que le premier soin
de Denis Pinelli, en arrivant à destination, avait été de se
rendre à la gendarmerie...

Vers huit heures du soir, le 24 janvier, les gendarmes de
la brigade de Pastricciola, conduits par Denis Pinelli et es-
cortés de deux autres paysans, se mirent en route dans la direction de la Pentica.

Aucun des civils n'était armé.

Pinelli lui-même avait prié le chef de brigade de lui garder son fusil à la gendarmerie, et, comme celui-ci s'en étonnait, il lui avait expliqué :

— Supposez que, par extraordinaire, les Bellacoscia me
rencontrent en votre compagnie. Si je suis sans armes, ils
supposeront simplement que vous m'avez arrêté, et ils
m'épargneront vraisemblablement tandis que si j'ai mon fusil, ils comprendront que je les ai trahis, et je suis sûr de
mon affaire...

Raisonnement qui aurait été très juste, si les Bellacoscia avaient encore conservé le moindre doute sur la loyauté de leur guide...

Vers cinq heures du matin, la petite troupe arriva au lieu-dit Taravacciole sur le canal de Pentica. Il faisait encore nuit, la brume était assez dense et il tombait une pluie fine et serrée. Pinelli, qui connaissait admirablement les lieux, conseilla de s'abriter dans une petite grotte où l'on attendrait le jour.

— La cabane des Bellacoscia est à environ deux cents mètres d'ici, expliqua-t-il. La nuit est trop épaisse pour que nous puissions maintenant prendre nos positions, il suffirait d'un faux pas ou d'une chute pour leur donner l'éveil, et ils nous échapperaient facilement à la faveur de l'obscurité. Attendons encore une heure... Après quoi, comme on commencera d'y voir clair, j'irai moi-même à la découverte. S'ils ont couché dehors, ils auront forcément allumé du feu, et nous en apercevrons la fumée. Mais, par ce temps, et comme ils n'ont aucune méfiance, ils sont certainement dans la cabane. Alors, je vous indiquerai les positions qu'il faut prendre et je m'arrangerai, en lançant une pierre, pour faire aboyer le chien Brusco. Dès qu'ils sortiront, vous n'aurez qu'à faire feu...

Ce plan était raisonnable, et il avait l'avantage, en somme, de n'exposer personne : les assiégeants seraient abrités. Si les frères sortaient, tir à la cible. S'ils ne sortaient pas, siège en règle sans se montrer, : ils finiraient bien par laisser voir leur nez, que diable !...

En attendant, on mangea un morceau de bon appétit. Bientôt, le ciel prit une teinte gris sale, le sommet des montagnes s'éclaira, et, dans la grotte où, par prudence, on n'avait point fait de lumière, on put distinguer les formes et les traits essentiels des visages. Le jour pointait...

Pinelli se leva, fit un geste qui commandait le silence le plus absolu, s'avança vers l'entrée de la grotte et, précautionneusement, il allongea la tête hors de l'anfractuosité qui formait l'ouverture de ce refuge naturel. Il aperçut Jacques Bonelli qui, à une centaine de mètres, se promenait tranquillement, la pipe aux lèvres.

— Maintenant, nous les avons... dit-il au gendarme.

Un coup de feu claqua, et Pinelli s'effondra, tué sur-le-champ. Deux balles lui avaient traversé la poitrine de part en part.

Les gendarmes, d'abord ahuris, se levèrent et se précipitèrent en hâte hors de la grotte : personne... Tout était silencieux... On n'entendait que le bruit monotone de la pluie tombant sur les feuilles des châtaigniers.

Ils ramenèrent le corps de Pinelli à Bocognano.

Il est certain que les Bonelli auraient pu, s'ils l'avaient désiré, tuer froidement les gendarmes au moment où ils se trouvaient dans la grotte, ou bien encore lorsqu'ils en sortaient pêle-mêle, affolés par le meurtre de Pinelli. Mais les Bellacoscia n'en voulaient nullement à la maréchaussée, qui faisait son devoir et qui, somme toute, avait bien raison de recueillir par tous les moyens le plus de renseignements possible.

Quant à la trahison de Pinelli, dont ils avaient acquis la preuve, elle se trouve confirmée par cette curieuse lettre que sa veuve adressait, quelque temps après le meurtre, au procureur impérial :

Patricciola, le 2 avril 1856

La nommée Pinelli Marie-Jeanne, de la commune de Pastricciola, vient vous exposer humblement :

Que son infortuné mari, Pinelli Denis, surnommé Leone, a été tué malheureusement à la tête de la force armée, par les bandits Bonelli, de Bocognano, le jour du 25 janvier 1856, au lieu-dit Pentica, en les poursuivant.

Que c'était depuis le mois de mars 1855 qu'il travaillait nuit et jour, en militaire, avec la force armée et sans elle, pour faire succomber les susdits.

Qu'enfin il est mort en bravant tout danger, pour la destruction de ces assassins, au lieu dit Pentica, territoire de Bocognano.

Que l'exposante étant restée avec quatre enfants tous au-dessous de dix ans et sans moyen de subsistance, elle sollicite votre appui pour obtenir quelque secours dans sa misère.

Qu'elle a recours de nouveau pour la deuxième fois pour obtenir celle faveur de votre bonté, et que pour vous assurer s'il est vrai que son malheureux mari a fait toutes les démarches en haut notées, pendant une longue et continue période de temps, pour opérer avec les gendarmes la destruction des susdits assassins, elle vous prie de vous en informer de nouveau auprès de M. Leccia, brigadier de ce poste, et de ses gendarmes.

En attendant, elle se dit de monsieur le Procureur la très humble servante.

Ne sachant pas signer, elle fait signer son nom par un de ses plus proches parents.

Pinelli Marie-Jeanne

Le procureur impérial fit-il quelque chose pour la veuve de cet excellent serviteur de l'ordre public ? On l'ignore.

Quoi qu'il en soit, par arrêt du 29 août 1857, reconnus coupables de tentative de meurtre sur les agents de la force publique, et de meurtre sur Pinelli Denis, les deux frères Bellacoscia étaient de nouveau condamnés à mort.

VII

Les années avaient passé…

Après toutes ces aventures, sanctionnées par tant de condamnations capitales, il semblait qu'une ère de quiétude se fût ouverte pour les deux frères Bellacoscia. Le terrible châtiment infligé au guide Pinelli avait fait réfléchir tous ceux qui auraient eu quelques velléités de trahir les bandits, et, quant aux gendarmes, désormais convaincus qu'ils avaient affaire à forte partie, et peu désireux de s'y frotter, ils se contentaient de rester tranquilles, en espérant qu'aucun ordre de leurs chefs ne viendrait troubler leur sérénité. Car l'activité des gendarmes est en proportion directe avec l'esprit combatif de leurs supérieurs : elle varie selon le tempérament ou l'humeur de leur colonel. Si c'est un officier qui soigne son avancement, ce ne sont que battues sur battues et embuscades sur embuscades ; mais si c'est un officier qui attend paisiblement sa retraite, la maréchaussée se livre plutôt aux joies du maniement d'armes dans l'intérieur des casernes. Et, comme les colonels de gendarmerie ne séjournent pas très longtemps en Corse, il s'ensuit que les bandits goûtent parfois des périodes de calme absolu, quittes ensuite à reprendre une existence agitée, si le nouveau colonel se révèle entreprenant et énergique.

Il faut croire que les frères Bellacoscia étaient tombés sur une série heureuse, puisque, depuis la dernière embuscade, menée par le guide Pinelli, une douzaine d'années s'était écoulée sans que l'historien consciencieux en puisse retrouver la moindre trace dans les archives judiciaires...

Ni Jacques, ni Antoine ne s'illusionnaient beaucoup sur la mansuétude des pouvoirs publics à leur égard. Ils savaient bien que, un jour ou l'autre, sous le premier prétexte venu, la chasse reprendrait, plus ardente que jamais. Aussi restaient-ils continuellement sur leurs gardes. Toutefois, un jour, Antoine avait brusquement dit à Jacques :

— Frère, depuis quinze ans que nous vivons au maquis, nous avons réalisé des économies sérieuses. Nous avons régulièrement encaissé les produits de nos vergers, de nos potagers et de nos bergeries, et nous ne dépensons presque rien pour nous, si bien que, en ce qui me concerne, je puis disposer de quelques milliers de francs, et je sais que tu es logé à la même enseigne. Alors, voici mon idée. Nous devrions faire bâtir une maison.

— Une maison, se récria Jacques en riant. Autant aller nous remettre tout de suite entre les mains des gendarmes !... Une maison ? Tu n'y penses pas... Bien de plus facile à cerner, tandis que le maquis lui, ne se cerne pas.

— Il y a maison et maison, répliqua Antoine. Celle que j'envisage serait une bâtisse solide, en pierre de taille, bien située, avec des meurtrières pour pouvoir même y soutenir un siège, le cas échéant. Du reste, nous ne l'habiterions pas régulièrement ; nous y logerions nos parents, et, à nous, elle servirait de quartier général.

— Les gendarmes y viendront fourrer leur nez à chaque instant.

— Les gendarmes se mêleront de leurs affaires... Voici d'ailleurs de longues années qu'ils nous laissent tranquilles, et cela peut durer longtemps encore. Pourquoi n'en profiterions-nous pas ? Je te l'avoue, je trouve assez navrant que l'on puisse dire, en parlant de nous : « Les Bellacoscia ont beau relever la tête, ils ne sont que des gueux, car ils ne possèdent que de misérables cabanes de pâtres... »

— Eh qu'a-t-on besoin d'un palais, quand on dort à la belle étoile ?

— Je ne dis pas, mais tout de même, nous devrions avoir une maison, une maison solide et confortable. Sans compter que nous ne faisons rien de notre argent, et que, si nous sommes tués demain, il n'en reviendra pas un sou à nos familles, on trouvera bien le moyen de tout nous rafler.

À force d'insister, Antoine avait fini par convaincre son frère, et tous deux avaient longuement étudié l'emplacement et le plan de leur maison. Bientôt, en plein cœur de la Pentica, à la place même des vieilles cabanes de planches qui leur appartenaient, s'était élevée leur nouvelle demeure : une solide bâtisse de granit, dotée de vingt-huit ouvertures diverses, dont une vingtaine étaient des créneaux et des meurtrières. En somme, une véritable petite citadelle au sein même de la grande forteresse naturelle de la Pentica...

Le brigadier Jean Giudici, chef de la brigade de Bocognano, était un brave gendarme qui pensait avoir un sens aigu de la stratégie. Au cours des tournée pacifiques que, pour les besoins du service, il était obligé d'effectuer dans la Pentica, il avait constaté que des maçons travaillaient activement à la construction de cette maisonnette, et avait appris qu'elle appartenait aux frères Bellacoscia. Il avait également remarqué qu'elle comportait des meurtrières, et ce détail lui avait permis de conclure que les bandits, une fois installés, y pourraient soutenir un long siège avec succès.

Il s'appuya sur ces judicieuses remarques pour rédiger, à l'adresse de son commandant à Ajaccio, un rapport circonstancié :

« Désormais sûrs de l'impunité, y disait-il, les bandits, fatigués de coucher dehors par les nuits froides, viendront se réfugier dans leur maison, où il sera facile de les cerner. Seulement, il faut faire cela dès le début, avant qu'ils ne se soient organisés en vue d'une opération de ce genre. Ils ne s'attendront pas à une intervention aussi rapide, ne seront approvisionnés ni en vivres ni en munitions, et, comme il n'y a qu'une porte, ils ne pourront sortir sans tomber sous le feu de nos mousquetons. »

Dans un deuxième rapport, il insistait auprès de son commandant pour avoir carte blanche, afin d'exécuter un plan qu'il avait ingénieusement élaboré. Finalement, son chef l'autorisa à tenter cette opération, et à en prendre la direction.

Le brigadier Giudici réunit donc ses subordonnés, au nombre de sept, et leur exposa la manœuvre qu'il avait conçue et qui, à la vérité, n'avait rien de génial :

— Nous nous rendrons, dans la nuit, au lieu dit Tasso, où s'élève la maisonnette des frères Bellacoscia. Je possède des renseignements qui me donnent à croire que les bandits y viennent coucher chaque nuit, bien que la maison ne soit pas complètement terminée, et que la porte d'entrée soit encore masquée avec des planches de châtaignier, ce qui revient à dire qu'elle est d'un accès relativement aisé, ne comportant ni verrou ni serrure. Mon plan consiste à agir par surprise, avant le lever du jour, et à laisser croire aux bandits qu'ils sont cernés par des forces importantes de gendarmerie. Pour cela, nous nous posterons deux par deux autour de la maison, en des endroits que je vous désignerai, et je crierai des ordres auxquels vous répondrez, comme si j'avais affaire à plusieurs brigades... N'oubliez pas que, si nous capturons ou détruisons les Bellacoscia — comme j'en ai la conviction — nous en tirerons une gloire éclatante et l'estime de nos chefs.

Après ces paroles bien senties, on se mit en route pour l'embuscade.

C'était le soir du 17 novembre 1869. La nuit était sombre, mais le ciel sans nuages, et la lune se lèverait après minuit et serait presque au zénith pour éclairer la scène.

Après avoir fait une longue halte sous les profondeurs de la châtaigneraie, la brigade arriva, vers cinq heures du matin, à une centaine de mètres de la maisonnette, et, suivant les instructions données, se précipita au pas de course en menant grand tapage. Deux hommes occupèrent chaque coin de la bâtisse, et le brigadier Giudici cria de sa plus forte voix:

— Brigade de Bocognano, appuyez à droite!... Brigade d'Ucciani, portez-vous sur la gauche!... La brigade de Vivario en réserve!... Gendarme Armand, allez rendre compte au capitaine que la brigade de Pastricciola a pris ses positions!...

— Bien, brigadier, répondit le gendarme Armand.

— Par ici avec vos hommes! cria à son tour le gendarme Muracciole...

Décidément, le stratagème était bien fait pour donner l'impression qu'une troupe armée considérable assiégeait la maison des bandits, mais le brave brigadier n'avait oublié qu'un point: c'est qu'il faisait clair de lune, et que les contumax les plus confiants ne dorment jamais que d'un œil. Aussi s'époumonait-il vraisemblablement en pure perte, car le parcours de cent mètres au pas de gymnastique avait dû donner l'éveil aux habitants de la mystérieuse maison.

Quoi qu'il en soit, une des trois planches qui masquaient la porte d'entrée fut discrètement déplacée, et un homme, dont la clarté lunaire ne permettait pas de distinguer les traits, passa sa tête par l'entrebâillement et embrassa la situation d'un coup d'œil.

— Que personne ne sorte ! hurla le brigadier. Celui qui sort est un homme mort !

La silhouette se résorba dans l'intérieur, et, quelques secondes plus tard, le canon d'un fusil s'allongea entre les deux planches, et un coup partit. La balle effleura le couvre-chef du brigadier, qui se jeta à terre en pressant la gâchette de son mousqueton. Mais déjà l'homme avait disparu...

À l'autre coin de la maison, les gendarmes Armand et Pinelli se demandaient déjà s'il n'était pas mort lorsque, du créneau situé au-dessus de leur tête et dont ils ne soupçonnaient pas l'existence, deux coups de feu partirent, trouant proprement le sommet de leurs bicornes. Ils se hâtèrent de changer de place, mais déjà le tir reprenait en un autre endroit, et chaque fois la balle passait ironiquement à quelques millimètres au-dessus de la tête d'un des assiégeants.

Soudain, une ombre masque la fenêtre : Giudici tire, mais l'ombre n'est plus là... De la porte d'entrée, à ras du sol, deux coups de feu sont partis, et deux balles sont venues s'écraser contre le rocher, juste au-dessus du crâne des gendarmes Grivotte et Alitti, qui ripostent dans le vide.

Et une voix sarcastique — c'est celle de Jacques Bellacoscia — lance aux gendarmes ce conseil doublé d'un juron :

— Sangue di a Madona, curaghju quissi di suttani (par le sang de la Madone, courage à ceux d'en bas).

Le brigadier riposte, mais avec moins de conviction :

— Curaghj'à li suprani !

Pour se mettre à l'abri des meurtrières, Giudici et Grivotte se sont placés de chaque côté de la porte, appuyés contre le mur et masqués en partie par les parois de l'escalier extérieur. Brusquement, une fenêtre s'ouvre, et une masse sombre saute à terre, où elle est agitée de soubresauts, comme un homme blessé qui ne pourrait se relever...

— Feu, feu ! crie Giudici en épaulant et en tirant.

Au même moment, un lourd manteau lui tombe sur la tête, et, tandis qu'il se débat pour s'en débarrasser, les planches de la porte tombent avec fracas, un homme franchit d'un bond les marches du perron, escalade d'un seul élan un rocher proche, et disparaît dans les hautes fougères.

— Qu'est-ce donc ?... Tirez, mais tirez donc ! ordonne le pauvre brigadier qui a enfin réussi à se dépêtrer de son pelone, son lourd manteau de laine.

Grivotte a tiré, mais au hasard, sans même avoir eu le temps d'épauler. Cependant, au-dessous de la fenêtre, la masse sombre ne s'agite plus : elle a été criblée de balles. Mais à présent qu'un peu de sang-froid leur est revenu, les gendarmes s'étonnent d'avoir pu prendre cela pour une forme humaine : c'est une sorte de paquet flasque, bizarrement renflé et, ficelé à une extrémité, et qui ressemble plutôt à une couverture roulée et mal dépliée...

On s'approche : c'est un pelone, mais il est plein de sang et contient, à l'intérieur, un objet assez volumineux. On coupe la corde, on ouvre le paquet : c'est un chat, un gros chat noir et blanc qui a été traversé de part en part d'une balle de mousqueton, et qui respire encore en gémissant plaintivement...

Le brigadier Giudici est atterré : jamais, depuis qu'il est dans la maréchaussée, un bandit ne s'est moqué de lui avec autant de désinvolture. Son plan stratégique, si « ingénieusement élaboré », a tourné à sa confusion. Pourtant, un seul des deux frères a fui par la porte, profitant de sa ruse de guerre, et peut-être même a-t-il été blessé par la balle de Grivotte, qui se targue d'être un tireur émérite. Et, dans la maison, l'autre Bellacoscia attend encore, certainement, l'occasion propice pour fuir à son tour.

Mais quel est ce fol espoir? Par l'ouverture désormais béante de la porte d'entrée, des cris de douleur parviennent jusqu'aux oreilles des gendarmes. Ils discernent des voix féminines qui, parmi les, pleurs, clament lamentablement:

— Il est mort!... Seigneur, ayez pitié de lui!... Il est mort!

Le brigadier se retourne vers ses, hommes:

— Le deuxième bandit a été tué par notre feu, leur dit-il. Pas de mort ici? Pas de blessé? Alors, donnons l'assaut.

Et il pénètre dans la maison suivi de sa troupe.

Mais il n'y a là que deux femmes et trois enfants en bas âge, qui sont les fils de Jacques. L'une des deux femmes, Nunzia Bonelli, sa belle-sœur, est évanouie, ou du moins réussit à donner cette impression. L'autre, Claire Bonelli — la concubine de Jacques — lui prodigue de vagues soins et pousse, en chœur avec ses enfants, les lamentations qui ont ému et illusionné les gendarmes.

— Où donc est-il, votre mort? demande sévèrement le brigadier. Est-ce que vous vous moquez de nous?

— Il est mort parce que vous avez tiré sur lui, répond Claire Bonelli en se martelant tragiquement la poitrine. Vous avez tiré sur lui quand il a franchi la porte, et je suis sûre qu'il se traîne maintenant, sanglant, sur les herbes du maquis! Pauvre de moi qui suis veuve avec mes orphelins!

— Mais vous ne savez pas du tout s'il a été atteint, s'écrie Giudici en haussant les épaules. Dites-nous plutôt, si son frère Antoine ne vient pas quelquefois coucher ici, et tâchez de me répondre la vérité, sans quoi je vous arrête illico.

Mais Claire redoubla ses cris de douleur et d'indignation:

— Arrêter une pauvre mère dont les enfants sont orphelins par votre faute. Et qui s'occupera d'eux? Non, Antoine ne vient pas coucher ici. Et puis, vous feriez mieux de vous occuper de cette malheureuse qui est évanouie, et peut-être morte de frayeur! Tuez-moi si vous voulez, mais ne me parlez plus, car je sens que je vais devenir folle!...

Le brigadier, que cette femme en pleurs et sa compagne évanouie impressionnaient désagréablement, se gratta la tête, puis fit brusquement volte-face:

— Perquisitionnons, ordonna-t-il.

On fouilla minutieusement tous les coins et recoins de la maisonnette; on trouva, dans un trou du mur, un sac renfermant quatre-vingt balles du calibre 28, sorte de grosses chevrotines. Et on les saisit comme pièces à conviction. Puis, le jour étant complètement venu, la petite troupe reprit sans entrain le chemin de Bocognano.

Un quart d'heure ne s'était pas écoulé depuis leur départ que Jacques Bellacoscia réapparaissait, souriant, et mordant à belles dents dans une queue de chèvre grillée.

— Eh bien, Dominique, cria-t-il à son neveu germain, un jeune boucher de dix-sept ans qui était venu aux nouvelles, crois-tu que les gendarmes en mangent, de la queue de chèvre grillée?

Puis il pénétra dans la maison, où régnait du reste la plus parfaite sérénité. Nunzia balayait la grande salle, et

Claire distribuait aux enfants des bols de café noir et des tranches de pain.

— Comment cela s'est-il passé ? demanda-t-il en posant son fusil.

— Comme tu l'avais prévu : ils sont entrés dans la maison en nous entendant pleurer, ils ont essayé de m'interroger et ils ont fait une perquisition qui a duré une demi-heure. Et puis ils sont partis...

— Ma foi, expliqua Jacques à Dominique, l'affaire a été chaude... Je les avais vus venir, et je savais bien qu'ils n'étaient que huit, mais enfin, j'étais bel et bien cerné... J'ai toujours dit à Antoine que ces terriers ne sont jamais sûrs ! Naturellement, j'aurais pu facilement les tuer tous, l'un après l'autre ; mais ils font leur métier, n'est-ce pas, et je ne peux pas les considérer comme des ennemis personnels ? Quand j'ai décidé de tenter ma sortie, j'ai pensé que, peut-être, un de ces maladroits pourrait me blesser, explorer le maquis et me capturer. Alors, j'avais recommandé à Claire de pleurer très fort, avec les enfants, de façon, à attirer les gendarmes dans la maison et à les éloigner du maquis... Heureusement, cela n'a pas été nécessaire. Je n'ai même pas senti le vent d'une balle...

— Mais vous savez, mon oncle, fit le jeune Dominique, que les gendarmes ont la conviction de vous avoir blessé ? Le brigadier a dit à l'un de ses hommes : « Vous l'avez tiré à sept mètres, et vous l'avez sûrement atteint dans le dos ».

— Il n'y a qu'à le leur laisser croire. Pour ces quelques jours, en tous cas, je vais prendre le large, et prévenir Antoine qu'il se tienne sur ses gardes. Il avait l'intention de venir passer quelques jours ici, mais je crois bien que ce n'est pas le moment...

L'instruction de cette affaire donna lieu, comme on le pense, à de longues enquêtes et à de minutieux interrogatoires.

Le brigadier et ses gendarmes, qui se sentaient assez ridicules d'avoir pris, dans leur affolement, un chat ficelé dans un manteau pour un bandit, et de l'avoir criblé de balles, ne soufflèrent mot du subterfuge. Giudici rédigea, à l'adresse du procureur impérial, un rapport dans lequel il faisait abondamment ressortir son intelligente initiative, l'attitude courageuse de ses subordonnés, et les dangers qu'ils coururent dans les péripéties de ce siège héroïque. Toutefois, il ne réussit jamais à expliquer clairement par quelles circonstances Jacques Bellacoscia, cerné dans une maison dotée d'une seule issue, avait pu échapper au feu de huit gendarmes armés.

À la suite de quoi Jacques Bellacoscia, inculpé de « tentative d'homicide volontaire sur les agents de la force publique dans l'exercice de leurs fonctions », fut condamné, par la cour d'assises de Bastia, à la peine de mort.

VIII

La déclaration de guerre franco-allemande, et surtout la chute de l'Empire avaient provoqué en Corse une grosse émotion. Au début de la campagne, on avait pensé, comme ailleurs, que la France était assurée de la victoire, que notre armée était prête et que les hostilités seraient rapidement terminées. L'enthousiasme avait été grand : dès les premiers revers, la déception fut cruelle. Après Sedan, alors que le gouvernement provisoire s'efforçait de sauver l'honneur et de recruter des armées en province, beaucoup de volontaires corses s'engagèrent pour aller défendre les couleurs nationales. Il y eut ainsi, de Bonifacio au cap Corse, un mouvement de patriotisme ardent qui marque bien l'amour et la fidélité que le petit peuple insulaire porte à la France.

Or, dans les premiers jours de septembre 1870, le préfet de la Corse, qui avait travaillé assez tard dans la soirée, allait se retirer dans son appartement, lorsque le concierge, ayant rapidement frappé à la porte de son bureau, entra vivement et balbutia quelques paroles incompréhensibles. Sa tenue sommaire et son air effaré frappèrent désagréablement le préfet, et ce haut fonctionnaire s'apprêtait à lui faire une observation sévère, lorsque deux silhouettes sombres s'encadrèrent dans le chambranle de la porte, et une voix bien timbrée dit courtoisement :

— Nous vous prions d'agréer nos respects, monsieur le Préfet. Excusez-nous de nous présenter à vous à cette heure tardive, mais il nous était impossible de venir plus tôt...

Là-dessus, les deux hommes pénétrèrent dans la pièce et s'avancèrent vers le bureau, tandis que le concierge disparaissait en refermant la porte derrière lui.

Encore qu'ils tinssent poliment leur chapeau à la main, l'aspect de ces inconnus n'était rien moins que rassurant : plutôt grands, barbus, ils étaient armés chacun d'un fusil à deux coups, et le manche d'un stylet brillait à leur ceinture. Le préfet se leva, et, instinctivement, jeta un regard vers les hautes portes-fenêtres qui donnent sur le parc, et qui étaient fermées : sans doute eût-il souhaité que cette ligne de retraite ne lui fût point coupée, car cette visite nocturne lui paraissait singulièrement inquiétante. Mais l'homme qui avait déjà pris la parole entreprit aussitôt d'apaiser sa crainte :

— Monsieur le préfet, dit-il, nous avons pour vous le plus grand respect, et notre démarche s'inspire des meilleures intentions. Nous voudrions lever un corps de francs-tireurs pour aller combattre les Allemands, et nous venons vous demander s'il vous serait possible de nous faciliter cette tâche…

— Mais, interrogea le préfet, légèrement rasséréné, voudriez-vous d'abord me dire qui vous êtes, messieurs ?

— Nous sommes les frères Antoine et Jacques Bonelli, dits Bellacoscia…

— Les Bellaco… les Bella… les… les bandits Bellacoscia ? balbutia le préfet en reperdant du coup toute son assurance recouvrée.

— Mais oui, monsieur le Préfet, les bandits Bellacoscia. Nous avons beau être des contumax, nous sommes de bons Français, et, puisque la France est menacée, nous entendons la défendre de notre mieux, N'est-ce pas naturel ?

— Je ne trouve pas. C'est-à-dire si, c'est très naturel… et c'est même très louable… Je… j'approuve le sentiment qui vous fait agir, mais vous devez bien comprendre… à quelles difficultés de tout ordre vous allez fatalement vous heurter ? Asseyez-vous, messieurs. Le cas est tellement imprévu… n'est-ce pas ? Ça bouleverse toutes les notions courantes de… de…

Antoine Bellacoscia eut pitié de lui.

— Évidemment, dit-il, le cas sort de l'ordinaire. Mais au fond, il est très simple : nous sommes deux bons tireurs, nous avons des parents, des guides, des amis courageux, habiles et infatigables, nous pouvons lever une merveilleuse compagnie de francs-tireurs. Au maquis, nous ne rendons aucun service, tandis que nous pouvons en rendre d'excellents sur le champ de bataille. C'est une occasion qu'il ne faut pas laisser échapper…

— Sans doute, sans doute, répliqua le préfet qui commençait à retrouver son équilibre. Toutefois, vous êtes des contumax, plusieurs fois condamnés à la peine capitale.

Mon devoir strict serait même de vous faire arrêter sur-le-champ...

Ici, les deux frères eurent un sourire d'une si fine ironie que le préfet se hâta d'ajouter :

— Si j'en avais les moyens, ce qui n'est évidemment pas le cas. Mais, régulièrement, vous devez des comptes à la justice, et il faudrait, avant toute chose, vous constituer prisonniers. Il n'est pas en mon pouvoir de modifier le Code pénal car je ne suis, somme toute, qu'un modeste agent d'exécution. Il est possible qu'une requête à M. le ministre de la Justice...

— Une requête ? interrompit Antoine. Mais vous n'y pensez pas, monsieur le Préfet !... La guerre serait terminée bien avant que le ministre ait donné sa réponse !... Non, non. Si nous sommes venus à vous, c'est justement pour simplifier les choses. En somme, nous demandons une trêve pour la durée des hostilités contre l'Allemagne. Nous nous engageons, au lendemain de la paix, si nous sommes encore vivants, à reprendre notre place au maquis, à moins que, vu notre bonne conduite, le gouvernement ne daigne nous gracier. Or, cette trêve dépend de vous... Il y a des précédents, pendant la guerre des contumax, des préfets de la Corse ont accordé des trêves aux bandits, et leur ont même proposé des passeports pour partir à l'étranger. Et nous, nous vous demandons cela pour défendre la France. Je ne crois pas que vous puissiez hésiter...

— Vous ne doutez pas, messieurs, expliqua le préfet, que mes prédécesseurs agissaient sur les ordres de leurs gouvernements, et que, si je prenais aujourd'hui une pareille initiative, je serais immédiatement désavoué par mon ministre, avec tous les inconvénients que cela comporte pour moi et surtout pour vous... Toutefois, je vais télégraphiquement rendre compte à Paris de votre démarche, et je m'engage même à l'appuyer favorablement. C'est le maximum de ce que je puis faire pour vous être agréable, et j'y risque ma propre situation...

Les frères Bellacoscia surent gré au préfet de sa bienveillance, et comprirent qu'ils n'en pourraient tirer davantage.

— Nous vous remercions donc, dit Antoine en se levant, et nous nous excusons, encore une fois, de vous avoir dérangé à une heure aussi indue. Mais vous comprenez maintenant pourquoi nous sommes venus de nuit...

— Au fait, interrompit le préfet — qui était maintenant tout à fait à son aise et qui commençait à trouver l'aventure originale — au fait, vous jouez là une bien dangereuse partie. Vous avez quitté votre maquis, vous êtes à Ajaccio, dans la préfecture, à deux pas de la gendarmerie... Qui vous dit qu'elle n'a pas été alertée, que vous n'avez pas été trahis ou dénoncés, et que, en sortant d'ici, vous n'allez pas tomber dans une embuscade de la maréchaussée ?

Antoine haussa les épaules :

— La préfecture de la Corse est certainement le dernier endroit où les gendarmes viendraient nous chercher, dit-il en souriant. Au surplus, nous avons pris toutes nos précautions : un de nos hommes surveille la gendarmerie, un autre est resté avec le concierge pour lui tenir compagnie. Nous sommes tranquilles...

— Mais supposez, insista le préfet, que sitôt après votre départ, je donne moi-même l'alarme et que j'alerte la force publique ?...

— Je sais bien que vous n'en ferez rien... Cela vous mettrait dans une posture plutôt ridicule, et sans vous procurer le moindre profit : nous aurions tué dix gendarmes avant qu'un seul ait eu le temps d'épauler son fusil. Et puis, un monsieur comme vous peut-il dénoncer deux hommes qui viennent lui demander la permission d'aller se battre pour la France ?...

— C'est juste, approuva le préfet en leur tendant la main. N'ayez donc nulle suspicion à mon sujet. Mais où devrai-je vous faire parvenir la réponse du ministre dès qu'elle me sera parvenue ?

— À la gendarmerie de Bocognano, répondit Antoine sans ironie. J'enverrai tous les jours quelqu'un voir s'il n'y a pas un pli pour moi...

Et, là-dessus, les deux frères prirent congé du préfet et s'en allèrent tranquillement, comme ils étaient venus...

Le représentant du gouvernement en Corse avait tenu sa promesse, et avait télégraphiquement rendu compte de l'extraordinaire démarche des deux frères Bellacoscia. Comme on pouvait s'y attendre, le ministre de l'Intérieur y avait répondu par une fin assez courroucée de non-recevoir.

« Il est inadmissible, concluait la dépêche ministérielle, que des contumax puissent émettre de pareilles prétentions. Les frères Bonelli devront, avant toute chose et sans aucune condition préalable, se constituer prisonniers entre les mains de la justice. Il sera ensuite statué sur leur sort par les voies que de droit, et ce n'est qu'après les décisions de justice que des mesures de clémence pourront éventuellement être envisagées en ce qui les concerne. »

Le préfet envoya une copie de la réponse ministérielle à la gendarmerie de Bocognano, à l'adresse d'Antoine et Jacques Bonelli, dits Bellacoscia. Et ceux-ci, en ayant pris connaissance, en éprouvèrent une grande déception, car ils estimaient que, vraiment, ils eussent pu rendre de grands services sur le champ de bataille.

— L'administration complique tout à plaisir, disait Jacques en tournant et retournant dans ses doigts le papier officiel. Nous n'éprouvons aucun plaisir à tirer sur les gendarmes qui sont si peu dangereux, et nous serions si heureux de descendre des Allemands, dont on ne sait comment se débarrasser... Crois-tu que le préfet ait bien expliqué la chose aux gens du gouvernement?

— Oui, oui, répondait Antoine, le préfet a bien expliqué, mais tu comprends que, à Paris, ils ne se rendent pas compte de notre situation. Ils imaginent peut-être que nous arrêtons les diligences et que nous rançonnons les voyageurs, comme les brigands de la Calabre. Ce qui les impressionne, ce sont nos condamnations à mort, alors que, en réalité, nous n'avons jamais fait que soutenir notre droit. Enfin, tant pis: nous aurons du moins essayé de servir notre pays...

— Mais nous ne le servirons pas, coupa Jacques qui était moins conciliant. Pourtant, la belle compagnie que nous aurions pu lever. Notre frère Martin, et mon neveu Dominique, et les cousins Fontana, et Jean-Toussaint de Rosaccia, et Marc-Antoine qui place au vol une balle dans la tête, d'un corbeau. Dans la vallée du Cruzzini et dans celle de la Gravona, nous en aurions trouvé au moins cent de cette valeur... Et voilà que ces imbéciles du gouvernement refusent!

— Enfin, nous n'y pouvons rien. Mais le pire, c'est qu'ils ne vont pas se contenter de nous avoir refusé cela. Ils vont certainement donner des ordres pour que les gendarmes se réveillent, et préparent plus d'embuscades... Ce n'est pas que cela nous inquiète: les pauvres pandores seront bien plus ennuyés que nous. Seulement, il va falloir encore se méfier et ruser avec eux et je t'avoue que j'aimerais beaucoup mieux fumer ma pipe en paix...

— Bah! Qui vivra verra…

Antoine ne se trompait pas lorsqu'il prédisait une recrudescence d'activité de la part de la maréchaussée. Il est vrai qu'il n'avait guère à s'en inquiéter, car il avait, à la gendarmerie même, depuis la dernière alerte de l'année précédente, un indicateur qui le tenait au courant de toutes les opérations projetées ou ordonnées. Et cet indicateur — qui était peut-être une indicatrice, car les Bellacoscia étaient de beaux garçons — était fort bien renseigné sur toutes ces affaires, ce qui laisse à penser qu'un gendarme au moins de la brigade de Bocognano faisait à sa compagne des confidences inconsidérées…

C'est ainsi que, dans les premiers jours de novembre, Antoine, qui se trouvait avec Jacques dans sa maison de la Pentica, fut prévenu qu'une opération de grande envergure serait dirigée le lendemain contre les deux frères.

Loin de chercher la bataille, les Bellacoscia la fuyaient toutes les fois que cela leur était possible, car, bien que la ruse leur permît généralement de s'en tirer indemnes, ils pouvaient être amenés, à un moment donné, à blesser ou même à tuer un gendarme trop menaçant, et ils répugnaient d'en arriver à cette extrémité. Aussi, dès qu'ils surent ce qui se préparait, ils emplirent leurs gourdes, bouclèrent leurs musettes, et, jetant leur fusil à l'épaule, ils s'enfoncèrent dans la montagne.

C'était pour eux une simple promenade : marcheurs infatigables, connaissant admirablement la topographie de toute la région, ils atteignaient sans peine des recoins inaccessibles à d'autres, où ils n'avaient qu'à attendre, assez confortablement installés, que les gendarmes bredouilles eussent regagné leurs cantonnements.

Ainsi firent-ils cette fois encore : ils se réfugièrent dans une sorte de grotte élevée où ils pouvaient faire du feu sans risquer de déceler leur présence, et où, au matin du troisième jour, le neveu de Jacques vint les prévenir que les gendarmes avaient effectivement cerné la maison, qu'ils l'avaient vainement fouillée et que, finalement, ils étaient rentrés dans leurs casernes.

— C'est parfait, dit-il, va dire à Claire que nous serons à la maison vers midi, et qu'elle nous prépare un bon déjeuner.

Une heure plus tard, les deux frères se mirent en route et, coupant à travers la forêt par des raccourcis qu'eux seuls connaissaient, ils arrivèrent bientôt à quelques trois cents mètres de leur maison. Soudain, comme ils longeaient un ravin à pic, et fort broussailleux, ils perçurent d'étranges gémissements, et s'arrêtèrent net :

— On dirait qu'il y a un homme blessé, par ici, fit Jacques. Je crains qu'il ne soit arrivé quelque chose à Dominique...

En disant ces mots, les deux frères se penchèrent au-dessus du ravin, et ils aperçurent, couché sur le flanc, et paraissant souffrir, un gendarme qui, par intervalles, se plaignait et demandait du secours. Le ravin n'était pas profond — trois mètres à peine de hauteur — mais il était à pic de tous côtés, si bien que le malheureux pandore qui, par surcroît, devait se ressentir de sa chute, se trouvait pris comme dans une trappe...

Quand il reconnut les deux frères, le pauvre homme crut que sa dernière heure était arrivée :

— Pour l'amour du ciel ! s'écria-t-il, épargnez-moi, je vous en supplie... Prenez mes armes, prenez mon argent et laissez-moi la vie sauve...

— Que vous est-il donc arrivé ? demanda Antoine, et depuis combien de temps êtes-vous dans ce trou ?

— Depuis hier matin vers cinq heures... Je me suis égaré en voulant suivre un sentier et, comme il faisait très noir, j'ai roulé au fond du ravin. Je me rends à vous, messieurs, mais ne me tuez pas !

— Mais vous êtes blessé ? insista Antoine...

— C'est-à-dire que je me suis foulé un poignet, et que je n'ai jamais pu trouver la force de remonter... Je souffre et je suis épuisé... Vous n'abattrez pas un homme sans défense...

— Mais nous ne vous voulons aucun mal, au contraire, dit Antoine en souriant. Je pense seulement au moyen de vous sortir de là. Attendez : prenez votre fusil par le canon, et tendez-le moi...

Plus mort que vif, le gendarme se leva, et, saisissant son arme par le canon, il en éleva la crosse aussi haut qu'il put, tandis que Antoine se mettait il plat ventre pour pouvoir l'empoigner.

— À présent, recommanda-t-il, ne lâchez pas le canon et essayez, en vous servant de vos pieds, de vous accrocher aux aspérités du rocher... Allons, courage !

Ce ne fut pas facile, mais, Antoine et Jacques ayant réussi à saisir le pauvre homme par les aisselles, ils le tirèrent finalement à eux et le remirent d'aplomb sur ses jambes.

— Vous étiez en bien mauvaise posture, dit Jacques, mais n'ayez crainte : notre maison est tout près d'ici, et vous allez pouvoir vous réconforter en même temps que nous...

Soutenu par ses deux sauveteurs, le rescapé se laissa conduire, ne sachant trop que penser, jusqu'à la maisonnette des Bellacoscia, où un excellent déjeuner attendait les deux frères... Ils le partagèrent cordialement avec leur hôte et personne, autour d'eux, ne laissa paraître la moindre surprise. Après quoi, on lui offrit une tasse de bon café, et une rasade d'eau-de-vie pour le réconforter.

Le gendarme se confondit en remerciements, mais sa reconnaissance ne connut plus de bornes lorsque Antoine lui eut dit en se levant:

— Maintenant, mon cher hôte, vous allez pouvoir rejoindre votre casernement. Emportez votre fusil, et ne soufflez mot de l'aventure: vous raconterez plutôt que vous avez été secouru par quelque brave paysan.

Le pandore avait du cœur: il rejoignit sa brigade, et, ayant raconté l'affaire à son chef, il lui remit sa démission:

— Je ne veux à aucun prix, lui dit-il, m'exposer à prendre part désormais à une expédition contre ceux qui m'ont si généreusement traité. Je serais un ingrat si j'agissais autrement...

Et rien ne put ébranler sa décision.

Au fond, ce n'était pas sans quelques raisons que Jacques et Antoine Bonelli ménageaient les gendarmes, et avaient même de la sympathie pour eux... Tous les Bellacoscia n'avaient pas rompu en brèche avec l'ordre social, et trois de leurs frères avaient choisi la voie stricte du devoir si extraordinaire que cela puisse paraître. Deux d'entre eux étaient maréchaux des logis de gendarmerie, et le troisième était brigadier dans la garde de Paris, devenue la garde républicaine depuis la chute de l'Empire.

Les gendarmes n'ignoraient généralement pas ces détails, et il arrivait souvent que, dans leurs tournées, se rencontrant avec les deux frères, tout le monde gardât son fusil à la bretelle : on se disait un petit bonjour, et on passait son chemin.

— Les gendarmes, affirmait volontiers Jacques, ne sont pas dangereux quand on les regarde bien en face... Mais si on leur tourne le dos, on est perdu...

Vers 1875, il se produisit même un cas assez curieux, et qui mérite d'être raconté, car il amusa beaucoup les deux frères.

Antoine, qui malgré ses déboires sentimentaux avec Jeanne Cerati, pratiquait volontiers des amours passagères au gré de ses randonnées, avait notamment eu d'une concubine provisoire une petite fille charmante qu'il avait confiée à son père, et qui avait grandi en sagesse et en beauté au sein de la Pentica... Elle allait atteindre la vingtième année lorsqu'un jour un beau lieutenant de gendarmerie arriva à Bocognano : il était jeune, plein d'ardeur, et s'était fait nommer expressément à ce poste pour combattre et abattre les Bellacoscia...

Et, comme il avait eu l'occasion, pour les nécessités de sa mission, de se rendre chez le vieux Bonelli afin d'y mener une enquête serrée, il tomba amoureux fou de la fille d'Antoine...

Si bien que, de prétexte en prétexte, il prenait presque tous les jours le sentier qui mène à la Pentica, et il lui arrivait même, lorsque la jeune fille allait voir son père dans le maquis, de l'accompagner jusqu'au croisement des sentiers, à l'endroit où elle s'engageait, alerte et souple comme une couleuvre, dans la mystérieuse profondeur des fourrés.

Le grand-père, auquel ce manège n'avait pas échappé, en prévint son fils Antoine et lui dit :

— Le lieutenant de gendarmerie aime ta fille Antoinette, et il ne pense pas plus à vous dresser des embuscades qu'à se couper le cou... Il est bien capable, un de ces jours, de lui proposer le mariage...

— Ma foi, répondit Antoine en souriant, s'il vient me demander sa main, il n'est pas dit que je la lui refuserai... Mais vous voyez, père, quel cas de conscience ce serait pour lui comme pour moi : pour que nous puissions désormais nous entendre, il faudrait qu'il renonce à être gendarme, ou que je renonce à être bandit... Cela me paraît difficile...

— C'est bien, dit le vieux Bonelli, je lui parlerai...

Effectivement, lorsque le lieutenant revint à la Pentica, le père Bellacoscia le prit à part et lui dit :

— Monsieur le lieutenant, je vois bien que vous aimez cette petite, et il est bien possible qu'elle vous le rende... Mais laissez-moi faire appel à la raison : vous vous êtes engagé là dans une situation sans issue. Elle est la fille d'Antoine Bellacoscia, et vous êtes l'officier chargé d'arrêter son père. Pour épouser cette enfant, il vous faudrait demander l'autorisation du ministre ou démissionner, et ce serait dommage, car vous êtes jeune et vous avez une belle carrière devant vous... D'autre part, si vous restez ici plus longtemps, vous ne pourriez continuer à la voir sans la compromettre, et cet amour contrarié vous ferait souffrir davantage encore. Quoi qu'il en soit, vous vous trouvez devant un dilemme : démissionner pour l'épouser, ou vous éloigner sans délai. À vous de réfléchir et de choisir...

Le lieutenant le remercia. Le lendemain, il avait sollicité un nouveau poste, et il repartit quelques jours après pour le continent.

IX

Peu à peu, au cours des années, la royauté rustique des frères Bellacoscia s'était affermie et affirmée. La légende — ce conte de fées à l'usage du peuple — avait tressé autour de leur front une étrange auréole... Ayant si longtemps échappé à toutes les embûches du destin, ils étaient devenus des sortes de demi-dieux invulnérables, des êtres d'une essence supérieure dont la renommée avait franchi les limites de la Corse pour aller émerveiller les âmes romanesques du continent.

Tout compte fait, le nombre des crimes qu'ils avaient sur la conscience n'était pas considérable... Qu'était-ce, en comparaison du bilan de Pascal Gambini ou de Gallocchio, qui avaient tous deux encouru dix-sept fois la peine capitale ? Qu'était-ce en comparaison de ce Carlotti qui, ayant pris le maquis à vingt-huit ans, était capturé un an après et reconnaissait avoir commis trente assassinats en moins de douze mois ? Et Théodore, qui s'était proclamé roi du maquis, et Massoni, cet ancien gendarme devenu bandit, n'avaient-ils pas commis infiniment plus de crimes que les Bellacoscia ?

Oui, certes, mais cela n'empêche qu'ils étaient des criminels. D'où vient donc cette glorieuse auréole dont la légende avait peu à peu paré le front des Bellacoscia ?

Voici : d'abord, pour eux, les lois de la vendetta, qu'elle fût directe ou indirecte, ne jouèrent jamais : apparemment du moins, les parents de leurs victimes ne prirent jamais les armes contre eux, et le père, les frères, les sœurs des Bellacoscia purent, pendant un demi-siècle, se promener tranquillement sans être l'objet du moindre attentat. Et qui donc, au surplus, aurait pu songer à établir ce qu'on appelle en Corse « la balance du sang » ? Les Bellacoscia étaient si nombreux que la lutte eût été vraiment par trop inégale.

Ensuite, comme ils aimaient à le proclamer eux-mêmes, les Bellacoscia « ont fait leurs affaires ». Entendez par là que, lorsqu'ils avaient vidé leurs propres querelles à coups de fusil, ils ne s'avisaient d'inquiéter personne.

Enfin, ils avaient bien compris que, pour vivre tranquilles, ils devaient laisser la tranquillité à leurs contemporains, ne pas s'imposer à eux, ne pas user de leur force pour les pressurer ou les compromettre, et même, le cas échéant, leur rendre ces petits services qui sont la menue monnaie de l'amitié.

Et c'est ainsi que, avec le consentement unanime, ils avaient transformé leur domaine de Pentica en une propriété réservée où il était entendu qu'ils demeuraient tabous. C'était un état dans l'état, une enclave dans le maquis insulaire où ils régnaient non pas en tyrans cruels et sanguinaires, mais en seigneurs puissants et généreux, et contre lesquels les forces civiles et militaires d'une grande nation n'avaient point prévalu.

Aussi s'étaient-ils arrangés pour passer dans cette merveilleuse Pentica une existence relativement large et confortable : à la place des vieilles cabanes de berger, trois maisons avaient été construites, en granit et en ciment. L'une était dévolue à Antoine-Dominique, l'aîné, qui, n'étant pas au ban de la société, pouvait, en cas d'alerte, continuer à surveiller les troupeaux, cultiver le verger, soigner le jardin. L'autre appartenait à Antoine, et le troisième — la première bâtie, avec ses vingt-huit créneaux et meurtrières – était la propriété de Jacques.

Si Jacques, de caractère assez taciturne, s'accommodait volontiers de la solitude, il n'en était point de même pour Antoine, beau parleur, et qui, malgré son défaut d'instruction première, avait une sorte d'éloquence naturelle et, aussi, le goût des récits aimables et des belles manières. Au surplus, les deux frères ne faisaient pas de politique, mais ils étaient apparentés à tout le canton, si bien que les politiciens avaient peu à peu pris l'habitude d'aller les voir et de les consulter sur leurs chances, sur l'opportunité de telle ou telle manœuvre électorale, sur les meilleurs arguments à employer en vue du succès... Un jour, un préfet de la Corse, à qui l'on avait raconté la visite nocturne des Bellacoscia et leur intention de lever un corps de francs-tireurs, fut séduit par l'anecdote et demanda à connaître ces étranges bandits... Il fut admirablement reçu, revint quelquefois, et ses successeurs l'imitèrent tout naturellement. Quand un nouveau préfet arrivait en Corse, celui qu'il venait remplacer ne manquait jamais de lui dire :

— Il y a aussi les bandits Bellacoscia, qui sont très gentils, très grands seigneurs, et qui vous recevront à bras ouverts... Si vous avez quelque hôte de marque, emmenez-le donc à la Pentica : il sera enchanté.

— Mais n'ont-ils pas tué quelques gendarmes ou quelques civils ?

— C'est bien possible... En tous cas, ce sont des célébrités du pays, ils sont charmants et, la dernière fois que j'y suis allé, Antoine m'a dit avec un geste de souverain : « Vous êtes ici chez vous, mon cher préfet, et vos amis sont nos amis. Vous pouvez nous amener qui vous voudrez... »

Quelques touristes, et notamment des journalistes, avaient déjà répandu, par la parole et par la plume, la légende des Bellacoscia. La Corse devenant à la mode, des miss anglaises, des grands-ducs, des écrivains ne manquaient jamais, en débarquant à Ajaccio, d'intriguer pour aller visiter les « bandits Bellacoscia ». Et ils ne le regrettaient point...

C'est dans la maison de Jacques que le repas était servi, et l'on y faisait bonne chère : le lait, la charcuterie, le vin et les fruits y étaient de qualité.

Et, après le café, avec quel orgueil Jacques montrait le beau fusil que lui avait donné un grand-duc, le chronomètre de la princesse de Saxe-Weimar, la longue-vue de la princesse de Mecklembourg, la pipe du baron Haussmann, mille souvenirs de touristes anglais et... anglaises. Et, surtout, le superbe couteau de chasse incrusté d'argent que lui avait offert Edmond About lorsque, en 1881, voulant se présenter aux élections législatives, il était venu faire un sondage en Corse et avait naturellement commencé sa tournée par une visite à la Pentica. Avec quel malicieux sourire, le bandit rappelait le spirituel avertissement du romancier lorsqu'il lui avait tendu un magnifique coutelas : « Surtout, mon cher Jacques, une petite recommandation. Si, par impossible, vous étiez obligé de vous en servir, ne le laissez pas dans la plaie. il y a mon nom dessus... »

Et Jacques ajoutait, en caressant amoureusement son beau fusil damasquiné :

— Comme si nous nous étions jamais servis d'un couteau.

Cependant, pour recevoir largement les hôtes de marque, il fallait faire des frais, et ces dépenses étaient lourdes à la bourse des Bellacoscia. Ils avaient bien les fruits de leurs vergers, les produits de leurs bergeries, les légumes de leurs jardins de Pentica. Mais il y a tant d'autres choses qu'il est nécessaire d'acheter, lorsqu'on convie de grands personnages à sa table... Alors, pour le surplus, ils s'étaient ingéniés à se créer des ressources en travaillant. Et voici comment : à l'époque où commencèrent les travaux du chemin de fer, dans cette région particulièrement accidentée, les entrepreneurs éprouvèrent de grandes difficultés ; les accidents, les événements fortuits se multipliaient. Tantôt, c'était un hangar plein d'outils qui était détruit par les flammes, tantôt c'était une escouade d'ouvriers qui abandonnait les chantiers, tantôt encore, c'était un ingénieur qui recevait une lettre de menaces, et qui préférait s'éloigner plutôt que de risquer un mauvais coup toujours possible.

Les frères Bellacoscia n'étaient nullement les instigateurs de ces faits regrettables, et nul ne songeait du reste à les leur attribuer : on savait fort bien qu'ils étaient d'une honnêteté scrupuleuse, et, par ailleurs, la gendarmerie avait acquis la conviction que ces menaces ou ces actes criminels provenaient d'ouvriers congédiés ou de paysans mécontents. Il faut dire aussi que les voituriers et les propriétaires de diligence voyaient d'un très mauvais œil l'avènement du chemin de fer, concurrence fatale devant amener à bref délai la suppression de leur gagne-pain...

Mais, si la gendarmerie avait de vagues indices, elle restait impuissante à ramener le bon ordre, et les entrepreneurs se désespéraient. Un jour qu'ils se plaignaient amèrement au maire de Bocognano, celui-ci, qui connaissait admirablement la mentalité de ses administrés, émit une idée originale, mais juste :

— Pourquoi, leur dit-il, ne vous adresseriez-vous pas aux Bellacoscia ?

— Aux Bellacoscia ? Les bandits ?

— Mais oui !... Proposez-leur de les nommer surveillants-chefs. Je suis convaincu que, dès qu'on les saura chargés de maintenir l'ordre chez vous, toutes vos contrariétés s'évanouiront comme un songe. Vous comprenez, ici, on n'a pas la crainte du gendarme, on sait qu'il est aussi facile à éviter qu'à abuser, on sait aussi que devant lui toutes les bouches se ferment automatiquement... Mais on a peur des bandits, qui sont rusés, invisibles, bien renseignés, et qui ont la main lourde quand on les chatouille dans leur amour-propre !... Croyez-moi, s'ils acceptent, c'est la meilleure solution.

Les entrepreneurs comprirent que le conseil était judicieux, et s'adressèrent aux deux frères Bellacoscia. Jacques déclina l'offre, en faisant valoir qu'il n'était pas nécessaire de se mettre à deux pour exercer une surveillance si simple, et que la place revenait à son frère Antoine. Celui-ci accepta la mission qu'on lui offrait, avec salaire de quatre cents francs par mois, qu'il partageait scrupuleusement avec son frère.

Aussi, pendant les dix années que durèrent les travaux, tout marcha-t-il à souhait : les chantiers de Bocognano, de Tavera, de Vizzavona devinrent des chantiers modèles. Jamais une plainte, jamais un conflit, et, surtout, jamais plus le moindre incendie dû à l'imprudence.

À ces quatre cents francs mensuels s'adjoignaient d'autres sources de revenus. En même temps qu'ils avaient la haute main sur les travaux du chemin de fer, les deux frères s'occupaient de l'exploitation des forêts domaniales et communales. Les jours de mise en adjudication des coupes de bois, on voyait arriver à Bocognano Antoine Bellacoscia flanqué d'un quelconque de ses neveux, qui lui servait de prête-nom. La gendarmerie s'éloignait discrètement, tandis que les entrepreneurs s'avançaient poliment vers le bandit et lui disaient :

— Quel lot désirez-vous avoir, ziu Antò ?

Ziu Antò lissait sa barbe noire où couraient déjà des fils d'argent, fixait son choix, et l'accord était conclu sur-le-champ. Pas de discussion : on ne contrariait jamais les Bellacoscia...

L'administration forestière, tout comme l'administration judiciaire, était au courant de ces faits.

« J'ai eu lieu d'apprendre, écrit, le 10 avril 1882, le juge de paix de Bocognano au procureur de la République, que Jacques Bellacoscia fait des apparitions quotidiennes dans la forêt d'Aramina, depuis qu'ont commencé l'abattage et le sciage des arbres de la coupe adjugée ; que les ouvriers italiens chargés de cette besogne ont été loués par lui ; qu'il leur fournit des provisions de bouche dont ils ont besoin ; qu'il a aussi loué des muletiers auxquels il fait enlever et transporter les planches au fur et à mesure qu'elles sont fabriquées. »

Oui, on était au courant, mais on ne bronchait pas...

Pourtant, une fois, un incident se produisit : l'entrepreneur d'un lot de chemin de fer, tout fraîchement débarqué du continent et qui avait besoin de bois, s'était porté adjudicataire d'une grande quantité d'arbres dont les Bellacoscia s'étaient réservé l'exploitation. Lorsque cet entrepreneur arriva à Tavera, plusieurs personnes ayant appris la chose vinrent le prévenir et lui annoncèrent qu'il aurait certainement des difficultés, s'il ne renonçait point à son projet.

— J'ai l'intention de soumissionner, et je soumissionnerai, parce que j'ai besoin de bois, répondit-il en haussant les épaules. Je ne me laisserai pas arrêter par des considérations aussi pusillanimes, et, si l'on m'attaque, je saurais bien me défendre!...

Une nuit qu'il dormait paisiblement, l'entrepreneur fut réveillé par quatre hommes armés qu'il ne connaissait pas, et parmi lesquels se trouvait Jacques Bellacoscia lui même:

— Je suis Jacques Bellacoscia, lui dit-il avec une grande politesse, et je viens vous prier de m'intéresser dans l'exploitation de la forêt. Si je suis accompagné de ces quelques amis, ce n'est nullement pour vous menacer, mais j'ai besoin d'une escorte pour me garder, car je suis contumax et exposé à défendre ma vie à tout instant...

Je suis un bandit, mais je tiens à gagner honnêtement ma vie, et je ne puis le faire que dans cette forêt, où je suis relativement à l'abri de toute poursuite. Je dois ajouter que tous ceux qui, avant vous, ont exploité cette forêt, m'y ont intéressé à un titre quelconque...

— Mais, répondit l'entrepreneur que cette politesse et cette loyauté avaient agréablement surpris, je ne suis pas le maître de cette affaire. J'ai des associés à qui je dois rendre compte de mes actes. Comment admettraient-ils que j'aie pu traiter avec un... avec une personne qui... qui est hors la loi?

— Qu'à cela ne tienne, fit Jacques en souriant. Votre objection est très juste, mais rien ne vous empêche de traiter avec mon fils, qui est un honnête garçon comme moi, et qui a l'avantage de ne pas être au ban de la société... Je tiens à préciser, de plus, que je ne vous demande pas un sacrifice d'argent sans contre-partie, mais que je viens vous proposer de rémunérer honnêtement un travail honnête. Les Bellacoscia n'ont jamais fait tort d'un sou à personne, tout le monde vous le dira dans le pays...

— Eh bien, convint l'entrepreneur, envoyez-moi votre fils, et nous nous entendrons sans difficultés...

Quelques jours plus tard, le fils aîné de Jacques alla trouver l'entrepreneur : il fut convenu qu'il fournirait des vivres à ses ouvriers, et qu'il transporterait avec ses mulets le bois débité dans la forêt, et cela à des prix très raisonnables. Ce dont il s'acquitta régulièrement.

— Jamais je n'ai eu une entreprise qui fonctionne aussi bien, disait le soumissionnaire en se frottant les mains. Décidément, ce pays est extraordinaire : les bandits y maintiennent l'ordre beaucoup plus efficacement que les gendarmes...

X

En somme, les jours coulaient paisiblement pour les deux frères...

Certes, il y avait bien eu quelques incidents avec la gendarmerie, quelques rencontres qui s'étaient terminées sans grand dommage, mais qui, au regard de la loi, constituaient des crimes et empêchaient les Bellacoscia de reprendre leur vie dans la société.

Pourtant, depuis de longues années, les deux frères s'étaient consciencieusement appliqués à ne pas tirer sur les gendarmes, et, de leur côté, les gendarmes avaient fait de leur mieux pour ne pas les rencontrer, ou tout au moins, pour ne pas les reconnaître... Si bien que la prescription trentenaire allait leur-être acquise, et qu'ils entrevoyaient déjà l'aube d'un matin glorieux où ils rentreraient tranquillement dans leur foyer « pour y vivre le reste de leur âge »...

C'est sur ces entrefaites qu'un procureur général, fraîchement débarqué en Corse, s'émut à la pensée que ces contumax allaient peut-être pouvoir échapper aux sanctions que la justice avait édictées contre eux, et décida qu'il importait d'agir vigoureusement et sans délai, afin que la prescription n'éteignît point les condamnations à mort qu'ils avaient encourues.

Mais que faire ? On ne pouvait guère compter sur la gendarmerie, qui s'était avérée impuissante pendant près d'un demi-siècle... La tête des bandits avait été mise à prix, mais vainement... On ne pouvait, comme dans le passé, avoir recours à des voltigeurs, ou tout au moins à des gendarmes en civil : les règlements, formels, exigent que le gendarme opère revêtu de son uniforme. Et même, on venait de doter la gendarmerie d'un casque au centre duquel était fixée une grenade d'or, ce qui avait fait dire à Antoine, avec son fin sourire : Quelle jolie cible !...

Le procureur général, désireux pourtant d'aboutir, se souvint que, dans le passé, les bandits avaient été pourchassés par la troupe. « La causa fù trattata è spedita more mililari » disent les vieilles chroniques. Sous le gouvernement de Paoli, tant admiré des Corses, n'y avait-il pas eu des juntes de guerre qui parcouraient l'île avec de forts détachements de troupes ? Le bandit était pris et exécuté sur place, et tout était dit... Et sous le Consulat et l'Empire, des colonnes mobiles de trois cents hommes ne faisaient-elles pas la chasse aux hors-la-loi, groupés par le danger et qui livraient parfois de véritables batailles ?

Voilà ce qu'il convenait de faire. Le procureur général se mit d'accord avec le général Couston, gouverneur de la Corse, et organisa une expédition de grand style contre les frères Bellacoscia : deux compagnies d'infanterie à effectifs complets, et plusieurs brigades de gendarmerie furent dirigées vers la région de la Pentica.

Un neveu des Bellacoscia, à l'occasion d'une exploitation forestière, s'était brouillé, avec ses oncles pour une question d'intérêt. Quand les troupes expéditionnaires arrivèrent dans la région — car cette manœuvre à grand spectacle avait été assez peu discrètement menée, et tout le monde savait à quoi s'en tenir sur cette belliqueuse concentration — ce neveu alla s'offrir comme indicateur à l'officier commandant la gendarmerie. On l'accueillit d'autant plus volontiers qu'il connaissait fort bien la région, et qu'on savait sa brouille avec ses oncles.

Jacques, mis au courant du fait, entra dans une grande colère.

— Être trahi par le sang de mon sang, dit-il, est la plus cruelle des offenses. J'ai envie d'aller le prendre moi-même au milieu des gendarmes, de le faire mettre à genoux et de lui expédier une balle dans la tête…

Mais Antoine, assagi par l'âge, haussa les épaules:

— Laisse le sang de ton sang tranquille. dit-il sans colère… Notre neveu est un imbécile qui veut se rendre intéressant, mais je suis sûr au fond de moi-même que, au moment opportun, il ne manquerait pas de jeter les gendarmes sur une autre piste, s'il nous voyait courir le moindre risque… Et puis, que peut-il contre nous ? Absolument rien. Même si ses ambitions sont mauvaises, il démontrera encore une fois qu'il est vaniteux, stupide et sans honneur… Les lions ne se soucient pas de l'âne qui brait!… Nous sommes prévenus, nos préparatifs sont faits, nous n'avons qu'à nous mettre en lieu sûr…

Jacques se rendit à ces paroles de sagesse, et les deux frères gravirent sans se hâter les sommets escarpés du

Monte d'Oro, s'installant sur des hauteurs où seuls les mouflons osaient s'aventurer de temps à autre.

Là, munis de bonnes longues-vues, ils passaient d'agréables journées à suivre d'un œil amusé et ironique les laborieuses évolutions des assiégeants : les brigades de gendarmerie faisaient des battues méthodiques, depuis les contreforts du Monte d'Oro jusqu'aux monts du Cruzzini.

— Tiens, s'écriait Antoine, le regard rivé à sa lorgnette, tiens, voici une brigade qui a dû tendre une embuscade entre Foce et Capparone, et qui revient bredouille. Buvons un coup à sa santé !…

— Mais regarde-moi ces pauvres lignards qui font la petite guerre dans les rochers, répliquait Jacques. Après tout, c'est moins dangereux pour eux que le Tonkin.

Rompus à cette existence de plein air, relativement bien installés et trouvant leur ravitaillement en des lieux convenus où ils ne risquaient pas d'être surpris, les deux frères eussent pu tenir là pendant des années. Une seule fois, Jacques étant descendu dans le maquis pour y rencontrer un paysan avec qui il avait affaire, des gendarmes, embusqués non loin de là, dirigèrent contre lui une salve d'ailleurs inoffensive. Jacques ne riposta pas et disparut dans les fourrés.

Au bout de trois mois, critiqués et ridiculisés dans tout le pays, les organisateurs de cette expédition se résignèrent à lever le siège. Ou avait dépensé beaucoup d'argent sans résultat, et la renommée des Bellacoscia cri avait acquis un lustre nouveau.

À Pentica, les visites affluaient.

C'est l'année suivante que le président Sadi Carnot vint en Corse.

À cette époque, la voie ferrée n'était pas encore terminée, et le cortège présidentiel dut s'arrêter à Bocognano pour traverser, en voiture, la Foce de Vizzavona.

Il y avait là, auprès du président de la République, un jeune député de la Corse, Emmanuel Arène, écrivain brillant et conteur spirituel, qui connaissait les frères Bellacoscia et qui narrait, avec sa verve habituelle, de piquantes anecdotes sur les deux bandits.

— Voila quarante ans qu'ils tiennent le maquis ; monsieur le président, et ce sont les rois du Palais-Vert... Vous leur devez une visite, entre souverains, n'est-ce pas ?...

— Mais ce sont des bandits ! répliquait le président Carnot sans grande conviction.

— Ce sont des bandits, mais ils ont des âmes d'enfants, d'enfants terribles, si vous voulez !... Enfin, ils sont charmants... Tenez, figurez-vous qu'un jour...

Et, là-dessus, Emmanuel Arène repartait de plus belle, avec son imagination méridionale, teintant la vérité de si riches couleurs que le président souriait, amusé et séduit, en murmurant pensivement les paroles d'Arène :

— Oui... En somme, ce sont des éléments d'ordre...

Puis, se décidant :

— Écoutez, mon cher député, une fois rentré à Paris, je m'occuperai d'eux.

Emmanuel Arène se garda d'insister, mais il avait préparé son petit coup de théâtre : comme le cortège présidentiel venait de s'arrêter à Corte pour une courte halte, le jeune député de la Corse s'absenta quelques instants, et revint en tenant par la main deux vieilles femmes vêtues de noir, et qui se jetèrent aux pieds de Sadi Carnot.

— Monsieur le président, dit-il, ce sont les sœurs des bandits Bellacoscia qui viennent implorer votre grâce. Je me permets de me joindre à elles pour proclamer que les frères Bellacoscia sont dignes de votre pardon.

Le chef de l'État, ému et embarrassé, pria les sœurs de se relever, et leur parla avec une grande douceur :

— Votre député pourra vous le confirmer, leur déclara-t-il, il n'est pas en mon pouvoir de gracier des contumax, et il importe, avant toute chose, qu'ils se soient livrés à la justice de leur pays. Mais j'ai entendu parler de vos frères, j'ai apprécie les amitiés ou les sympathies dont ils jouissent en Corse, je sais qu'ils sont dignes de ma grande bienveillance. Engagez-les donc de ma part à se rendre aux autorités, et dites-leur que, à ce moment-là seulement il me sera possible d'user de mon droit de grâce, ce que je ferai de grand cœur...

Puis, se tournant vers Arène, il lui murmura, avec une nuance de reproche dans la voix :

— Avec votre mise en scène, vous m'avez arraché une lourde promesse, mon cher député !... N'importe, je la tiendrai...

Quand les deux sœurs furent revenues à Bocognano, elles racontèrent leur entrevue aux Bellacoscia, et insistèrent logiquement, pour qu'ils acceptassent de s'en remettre à la parole présidentielle.

— Moi, fit Jacques, je n'ai chargé personne de négocier ma reddition. Toutes ces complications ne me conviennent pas Ce n'est pas que je mette en doute les promesses du président de la République, mais je veux rester mon maître, et ne pas abdiquer entre les mains de la justice.

Pourtant, Antoine, plus âgé, qui était las de la vie au maquis, essaya de le raisonner :

— Sans doute, mais nous sommes malgré tout sur le qui-vive continuel... Je t'avoue que cette existence m'est devenue pénible, et que je voudrais bien achever de vieillir dans une aimable quiétude.

Mais Jacques ne voulut rien entendre :

— Mon frère, répliqua-t-il, agis comme tu l'entendras. Tu es le maître de la décision quelle qu'elle soit, je n'en resterai pas moins ton frère affectueux et dévoué. Mais, avec ou sans toi, je resterai au maquis, car c'est là que j'ai toujours vécu, et c'est là que j'entends mourir.

— Soit, dit finalement Antoine. Pour ma part, je veux bien me constituer prisonnier, mais je veux que ce soit, en quelque sorte, avec les honneurs de la guerre. Puisque nos sœurs ont eu la promesse du président, elles iront voir de ma part le préfet de la Corse, et s'entendront avec lui pour que nous ayons une entrevue, au cours de laquelle nous fixerons les conditions de ma constitution...

À la suite de cette entrevue, le capitaine de gendarmerie Ordioni, qui avait arrêté et tué de nombreux bandits, fut chargé de recevoir la capitulation d'Antoine Bellacoscia. Il fut convenu que le bandit se présenterait, dans les premiers jours du mois de juillet 1892, sur le plateau de Vivario, entouré de ses parents et de ses amis, tandis que le capitaine serait escorté par deux brigades de gendarmerie. À une distance de deux cents mètres, le capitaine et le bandit s'avanceraient l'un vers l'autre, les gendarmes se disperseraient. et l'officier avec son prisonnier libre prendraient le train pour Bastia.

Effectivement, au jour fixé par Antoine pour la reddition, il vint en armes, entouré de nombreux parents et amis, sur le plateau de Vivario, où le capitaine Ordioni se trouvait déjà avec ses deux brigades, impeccablement alignées et l'arme au pied.

À la vue des gendarmes, et par un réflexe fort compréhensible, Antoine marqua une hésitation, et esquissa le geste de reprendre son fusil, qu'il avait déjà remis à son frère Jacques. Ce que voyant, le capitaine Ordioni déposa rapidement ses armes, et s'avança seul au-devant du vieux bandit, lui montrant ainsi qu'il n'avait à craindre aucune hostilité de la part de sa troupe. Alors Antoine Bellacoscia marcha à son tour à la rencontre de l'officier, et tous deux se serrèrent cordialement les mains.

Les gendarmes firent demi-tour et s'en allèrent dans une direction opposée, les parents se dispersèrent après avoir salué et poussé quelques hourras, tandis qu'Ordioni et Bellacoscia, devisant tranquillement, descendaient, vers la petite gare de Vivario pour y prendre le train de Bastia.

Un compartiment de première classe leur avait été réservé.

Quand le train se fut remis en marche, Bellacoscia caressa sa belle barbe blanche qui lui donnait l'aspect d'un patriarche, et dit avec humour :

— Je m'étais bien promis de monter un jour dans ce train, mais je n'aurais jamais pensé, que je ferai mon premier voyage avec un capitaine de gendarmerie... et en première classe. Mais il ne faut jurer de rien...

Ce fut, du reste, un beau et bon voyage. Le capitaine Ordioni était un compagnon de route plein de sollicitude et il conversait affectueusement avec son prisonnier bénévole, lui signalait les détails intéressants du paysage, et lui offrait complaisamment du tabac pour sa pipe. On aurait dit un jeune officier voyageant avec son père, quelque brave paysan de la Casinca ou du Niolo...

À la gare de Bastia, où une foule de curieux attendaient leur arrivée — ces nouvelles-là, en Corse, circulent de bouche à oreille plus rapidement que par le télégraphe — ils durent se réfugier dans le bureau du chef de gare, puis sortir par une porte dérobée pour éviter les ovations populaires. Mais, en ville, on les reconnut et on leur fit escorte jusqu'à l'hôtel, où deux chambres avaient été retenues. C'est là que, après un excellent dîner, ils passèrent la première nuit.

Le lendemain, le capitaine conduisit Bellacoscia chez le photographe, où cet artiste, infiniment honoré d'avoir les traits du célèbre bandit, prit pour le moins une demi-douzaine de clichés. Antoine s'y prêta avec une grande patience. Il avait pris l'habitude de poser devant les objectifs des amateurs et des professionnels.

Enfin, ainsi qu'il en avait été convenu, le capitaine accompagna le prisonnier bénévole jusqu'à la maison d'arrêt où il fut reçu avec tous les égards que l'on doit à un souverain en exil...

Cependant, tous les crimes d'Antoine Bellacoscia étaient prescrits.

On n'avait guère pu relever contre lui qu'un vague attentat contre les gendarmes, remontant au 9 janvier 1880, le seul qui fût retenu pénalement. Faute d'accusation, en conformité des dispositions de l'arrêt de la Chambre des mises en accusation du 3 mai 1880, voici en quels termes s'exprimait le procureur général, dans le dernier acte de la procédure qui devait viser Antoine Bellacoscia.

Dans la matinée du 9 janvier 1880, le brigadier de gendarmerie Usciati avait gagné à la tête de cinq personnes les hauteurs de Pentica, lieu de refuge des contumax, Jacques et Antoine Bonelli, dont ils avaient résolu d'entreprendre la capture. Quand ils furent parvenus à une certaine distance du hameau, ils aperçurent trois ou quatre personnes qui se tenaient dans la maison d'Antoine Bonelli. Voulant assurer le succès de son expédition, Usciati divisa aussitôt sa petite troupe en deux sections qui partirent chacune de son côté. Comme ils approchaient des habitations, les chiens de garde se mirent à aboyer et, bientôt, les frères Antoine et Jacques Bonelli apparurent armés de leurs fusils. Ce dernier ayant couché en joue le groupe commandé par Usciati, plusieurs coups de feu furent échangés entre les bandits et les agents de la force publique. On vit en même temps un des accusés tomber puis se relever et prendre la fuite avec son compagnon à travers le maquis, tandis que des femmes leur criaient : « Courage, Antoine ! Courage, Jacques ! » Un coup de feu fut aussi tiré sur le gendarme Ferrari pendant qu'il était séparé de ses camarades et une balle passa en sifflant au-dessus de sa tête. Lorsque la petite troupe se trouva de nouveau réunie, les recherches continuèrent, mais sans succès. On constata néanmoins des traces de sang sur le chemin parcouru par les frères Bonelli, et l'on découvrit caché derrière un rocher le nommé Bartoli Ours Toussaint qui était le berger des contumax et leur guide habituel. Celui-ci fut mis en état d'arrestation.

L'affaire, bien qu'elle eût entraîné une condamnation à mort par contumace, n'était pas grave, et Antoine Bellacoscia avait reçu l'assurance que son procès serait de pure forme. Le ministère public n'insisterait pas pour la condamnation et les jurés au surplus n'ignoraient pas à la suite de quelles circonstances, de quelles tractations s'était produite la constitution du vieux bandit.

Le président de la cour d'assises, au lendemain de l'incarcération d'Antoine, se conformant à la loi, s'était rendu à la maison d'arrêt de Bastia, et il avait procédé à l'interrogatoire de l'accusé. Cet interrogatoire, par sa brièveté, indique bien que le président ne se faisait aucune illusion sur l'issue du procès. Les magistrats étaient bien résolus à provoquer un verdict d'apaisement.

Au surplus, dans cette affaire, la seule qui ne fût pas atteinte par la prescription, n'est-ce pas la version du bandit qui était la vraie ? Le lecteur appréciera. Nous mettons sous ses yeux le procès-verbal dressé par le président des assises.

D. — Vous êtes accusé d'avoir, le 8 janvier 1880, au lieu dit Pentica, territoire de Bocognano, tenté de donner volontairement la mort au moyen de plusieurs coups de fusil au brigadier Usciati et aux gendarmes Issert, Banessa, Ferrari, Debonne et Finelli, agissant pour exécution des lois et des ordres de justice, tentative qui, manifestée par un commencement d'exécution, n'a manqué son effet que par des circonstances indépendantes de votre volonté. Qu'avez-vous à dire ?

R. – J'étais occupé à garder mes chèvres, ce jour-là, et je me disposais à rentrer dans mon logis pour prendre mon repas du matin lorsque tout à coup j'ai aperçu, à une distance de cent cinquante mètres environ un gendarme. Mon premier mouvement fut de prendre mon fusil. Dans ma maison se trouvait un certain nombre d'Italiens qui venaient parfois y loger, il y avait également d'autres ouvriers corses. Dès qu'ils virent que je cherchais mon fusil, plusieurs d'entre eux me dirent que cette arme avait été prise par Bartoli ; je me livrai alors immédiatement à la fuite et je pus entendre plusieurs détonations qui devaient être produites, selon moi, par les gendarmes. J'entendis même siffler les balles à mes oreilles mais, comme j'étais désarmé, je me gardai bien de m'arrêter pour faire feu sur les gendarmes et s'ils l'affirment je le dénie énergiquement. Je n'ai pas vu mon frère Jacques dans ce moment.

D. — Vous avez encouru plusieurs condamnations très graves, tout d'abord : à deux ans de prison pour menaces verbales de mort ; aux travaux forcés à perpétuité pour séquestration de personne, puis plus tard vous avez été condamné plusieurs fois à mort pour tentative de meurtre sur la gendarmerie ; pour tentative d'assassinat et pour assassinats, le savez-vous ?

R. — Je n'ai pas ignoré ces condamnations mais j'ai préféré ma liberté.

Le 25 juillet 1892, le jury ayant déclaré Antoine Bonelli non coupable, la cour ordonnait sa mise en liberté, s'il n'était pas retenu pour d'autres causes. Mais tandis que le vieux bandit, tout joyeux, retournait à la maison d'arrêt, pour assister aux formalités de la levée d'écrou, il se voyait notifier un arrêté du préfet qui, par mesure administrative, lui interdisait le séjour de la Corse.

— Soit, fit Bellacoscia en soupirant, je partirai donc pour le Continent.

Et, de fait, il s'embarqua pour Marseille, où beaucoup de ses compatriotes ne demandaient qu'à lui offrir l'hospitalité large et cordiale. Puis, comme son histoire avait été longuement racontée dans les journaux, et qu'il était devenu l'objet d'une curiosité permanente, on lui proposa de se rendre à Paris, en lui affirmant qu'il y gagnerait beaucoup d'argent. Effectivement, il partit pour la capitale, où un music-hall l'avait engagé pour y faire des exhibitions.

Il parut donc sur la scène, tandis qu'un bonimenteur racontait à sa façon la merveilleuse histoire du Roi du Maquis, du fameux bandit corse Bellacoscia, terreur de la maréchaussée, défenseur ardent de la veuve et de l'orphelin, hôte généreux et estimé des têtes couronnées et des plus hauts personnages de la politique et de la littérature. Mais, devant ce patriarche à barbe blanche, d'aspect timide et débonnaire, si gauche devant les feux de la rampe et tout désorienté d'être transformé en brigand d'opéra-comique, le public parisien éprouvait une sorte de désillusion, et il ne s'intéressait que bien vaguement à son invraisemblable légende.

Un jour même, un spectateur anonyme lui cria, du poulailler :

— Eh, grand-père, où as-tu acheté ta fausse barbe que j'y coure ?

Il ne sourcilla pas, mais il alla trouver le directeur, après la représentation, et lui dit qu'il renonçait à s'exhiber plus longtemps sur la scène...

— Ces choses-là ne sont pas faites pour moi, expliqua-t-il. Et je suis trop vieux : je ne prendrai jamais l'habitude de la scène...

Le directeur ne le retint pas. C'était un « numéro » qui ne faisait pas recette.

Alors, Antoine Bellacoscia erra dans Paris. Il ne manquait de rien, car il avait gagné quelque argent et on lui en envoyait de Bocognano, mais il s'ennuyait mortellement. Dans cette immense cohue, le roi du Palais-Vert n'était plus qu'un vieux bonhomme original et anonyme, perdu au milieu de la foule indifférente. Il goûtait l'amertume de vivre sous la protection tutélaire de la loi, lui qui, pendant un demi-siècle, avait mis tout son orgueil à la mépriser et à la défier. Et, dans les rues populeuses, entre les hautes façades des maisons sombres et serrées, il manquait d'air et de lumière, et il songeait irrésistiblement à la Corse...

Enfin, il n'y tint plus : il se fit rédiger et adressa au président de la République une supplique émouvante dans laquelle il évoquait les splendeurs de son île natale, les parfums de son maquis et la luminosité de son ciel, et affirmait que la vie de Marseille ou de Paris était pour lui la plus cruelle des condamnations.

Sa plainte déchirante fut entendue : le président de la République l'autorisa à rentrer en Corse...

Antoine Bellacoscia retourna à Bocognano.

Dans le village où tout le monde l'avait connu, il retrouva la considération et le respect que justifiaient tant d'aventures dramatiques ou glorieuses. Il était le héros qui, malgré un demi-siècle de rébellion ouverte contre les autorités civiles et militaires de la Corse, avait bénéficié d'une grâce présidentielle qui faisait de lui un citoyen libre et honoré.

D'autant plus que, avec l'âge, son caractère s'était sensiblement modifié : il était devenu pieux, et presque taciturne. Comme il fréquentait assidûment les offices, le curé lui demanda un jour s'il consentirait à être marguillier de la paroisse : il le remercia d'avoir songé à lui, et accepta avec empressement. Dès lors, il s'appliqua à remplir ses fonctions avec une édifiante application.

Tous les jours d'été, il s'en allait, d'un pas encore alerte, jusqu'à l'hôtel du Monte d'Oro, et là, assis à l'ombre, devant le seuil de la maison, il contemplait inlassablement le magnifique panorama de la montagne et de la forêt. Parfois, des touristes exubérants, revenant de leur excursion à travers la région, racontaient des anecdotes qu'ils avaient recueillies sur la vie des fameux bandits Bellacoscia et ne prêtaient nulle attention à ce vieillard attentifs et souriant, qui les écoutait sans jamais prendre part à la conversation.

Une fois seulement, comme un touriste s'était tournée vers lui et lui avait demandé :

— Que valaient-ils, au juste, ces Bellacoscia ?

— Je les ai bien connus, avait-il répondu, mais Dieu seul les jugera.

Et puis, un soir d'hiver, il s'alita et mourut en quelques jours, muni des derniers sacrements de l'Église.

On lui fit de belles funérailles…

XI

Le lecteur nous excusera, en suivant Antoine Bellacoscia jusqu'à sa mort, d'avoir dû interrompre provisoirement la biographie de son frère Jacques. Unis étroitement depuis près d'un demi-siècle, les deux frères, pour la première fois de leur vie, avaient pris des chemins différents. Il nous fallait choisir une des deux routes. Nous avons d'abord préféré la plus longue, car c'est Antoine qui mourut le plus tard.

Revenons donc à Jacques, qui n'avait point voulu quitter le maquis, soit parce qu'il prévoyait que la justice aurait pu retenir contre lui des crimes plus graves, soit parce qu'il avait l'intuition de la grande nostalgie dont devait souffrir son aîné, soit encore, tout simplement, parce que cette existence de plein air et d'indépendance lui convenait mieux que toute autre...

Après la reddition de son frère, il avait donc regagné seul sa Pentica bien-aimée, et les sites familiers où, pendant tant d'années, ils avaient vécu tous les deux côte à côte. Et il lui advint une aventure qui faillit mal tourner pour lui, et qui fut, du reste, la dernière de sa vie.

C'était en septembre 1894...

Depuis quelque temps, Jacques avait l'impression que certains gendarmes de la brigade de Bocognano redoublaient d'activité pour le surprendre. Car — et c'est bien naturel, en somme — si le président de la République avait permis à Antoine de rentrer en Corse et s'il était ainsi devenu « tabou » aux yeux de la gendarmerie, les militaires de ce corps d'élite n'avaient pas apprécié cette aimable mesure de clémence, et il régnait chez eux un état d'esprit qui n'était pas précisément inspiré par l'indulgence et le pardon des offenses. Tant qu'ils avaient été deux, on avait prudemment ménagé les bandits, d'autant plus qu'ils pouvaient beaucoup plus efficacement se garder... Mais du moment que l'un d'eux leur échappait définitivement, réduisant ainsi de moitié la puissance de l'autre, le moment était sans doute venu de frapper un grand coup : faire payer à Jacques les vieilles rancunes accumulées par la maréchaussée contre les deux frères, et rehausser le prestige de la gendarmerie nationale... Seulement, si diminué fût-il, le vieux Jacques paraissait encore redoutable, et les représentants de la force publique entendait bien ne pas l'aborder de front. Ils combinaient, évidemment, quelque trahison habilement tramée qui leur permettrait de capturer on d'abattre le contumax sans toutefois priver la patrie de serviteurs fidèles... Et les allées et venues suspectes de quelques gendarmes avaient mis Jacques en méfiance.

Pourtant, il était ainsi fait que, plus il se sentait menacé, plus il affectait une confiance allant parfois jusqu'à la témérité. Et, délaissant le maquis où il vivait en sécurité presque absolue, il descendait au village, et s'arrêtait même pour causer avec des amis jusque devant la gendarmerie en fumant tranquillement sa pipe... Mais son œil vif était, toujours prêt à saisir les moindres indices de danger...

Un soir de septembre 1891, donc, il était allé dîner chez une brave femme de Bocognano, qui tenait un restaurant à l'entrée du village. À peine était-il attablé, qu'on vint lui demander s'il voulait bien recevoir la visite de trois officiers de l'armée qui souhaitaient de le connaître et de le saluer. Il accepta courtoisement, reçut les visiteurs qui étaient effectivement des officiers, et s'entretint avec eux quelques minutes.

À peine avaient-ils pris congé que des coups violents furent frappés à la porte d'entrée... La femme regarda par la fenêtre, et reconnut deux gendarmes, les nommés Antoni et Toussaint de la brigade de Bocognano.

En les apercevant, la propriétaire du restaurant referma vivement la fenêtre et, se tournant vers Jacques, elle lui dit, affolée

— Ce sont les gendarmes...

— Combien sont-ils ?

— Deux...

Jacques réfléchit une seconde. et demanda avec un sourire :

— Antoni et Toussaint, n'est-ce pas ?

— Oui... Comment le savez-vous ?

Jacques haussa les épaules et ne répondit pas : c'étaient les deux gendarmes qu'on lui avait signalés comme se livrant à des manœuvres suspectes à son sujet et qu'il savait acharnés à sa perte. Il dit simplement en se levant :

— Fais-les entrer. Je vais passer dans la chambre voisine.

La femme alla ouvrir la porte :

— Vous pouvez entrer, messieurs, dit elle en s'effaçant.

— Si vous avez de « la contrebande » ce soir, déclara le gendarme Toussaint, nous aimons mieux ne pas vous gêner...

— Non, non, messieurs, il n'y a personne.

Les deux gendarmes entrèrent, s'attablèrent et se firent servir un café.

Comme ils sucraient paisiblement leur noir breuvage, Jacques parut brusquement, revolver au point, et ordonna :

— Pas un geste, ou je fais feu !...

Puis, en un tour de main, il rafla les armes des gendarmes médusés, et alla les déposer dans la pièce voisine. Après quoi, il revint, devant leur table et, enchanté du bon tour qu'il venait de leur jouer, il s'écria cordialement en se frottant les mains :

— Maintenant, causons, mangeons et buvons !...

Faisant contre mauvaise fortune bon cœur, les deux militaires, qui avaient déjà dîné, acceptèrent de manger une tranche de jambon et de boire une bonne bouteille pendant que Jacques se faisait servir son repas. Et, tout en dévorant d'un solide appétit, le vieux contumax vantait les charmes de la vie au maquis, et rappelait à ses convives les nombreuses visites dont son frère et lui avaient été si souvent honorés, et qui leur avaient permis de connaître nombre de personnages illustres.

— Le Président de la République aurait bien voulu me gracier aussi, ajoutait-il en souriant, car il sait bien que je ne suis pas un méchant homme, mais je me trouve suffisamment heureux de mon sort. Je suis bien avec tout le monde : je suis sûr que, si quelqu'un me voulait du mal, les gendarmes eux-mêmes seraient les premiers à me défendre...

Et malicieusement, il regardait du coin de l'œil ses deux compagnons, qui riaient d'un air niais et quelque peu embarrassé...

Vers dix heures, quelqu'un frappa à la porte, et la femme vint dire que c'était Théodore.

— Mon neveu Théodore ? Fais-le entrer, mais ne lui dis pas que je suis en compagnie... Voilà qui va le surprendre agréablement... Vous connaissez mon neveu Théodore, n'est-ce pas, messieurs les gendarmes ?

— Euh oui... en effet... nous devons certainement le connaître...

Ce Théodore était, le fils d'Antoine-Dominique, dit « Peccorone », et frère aîné des Bellacoscia. C'était un jeune homme d'environ vingt-cinq ans, grand et lourd, d'allure assez molle, et dont le regard était plutôt fuyant que timide. Il entra dans la salle et, à la vue de son oncle attablé avec les gendarmes, il eut une sorte de haut-le-corps et s'arrêta stupéfait.

— Assieds-toi avec nous, Théodore, et fais-toi donner un verre pour boire à ma santé... Tu connais ces messieurs, n'est-ce pas ?

Le jeune homme acquiesça vaguement et s'apercevant que les gendarmes n'avaient pas d'armes, il comprit ce qui avait dû se passer. Toutefois, il ne demanda aucune explication, et s'assit auprès de son oncle.

— C'est moi que tu cherchais ? interrogea Jacques au bout d'un instant.

— Non, non... répondit Théodore. Je passais par là... J'avais soif. J'ai vu de la lumière à travers les volets...

Le vieux bandit l'examina une seconde de son regard perçant, puis il dit sans insister autrement :

— Si tu avais soif, cela tombe bien. Nous sommes ici pour boire, justement...

Et il fit servir deux bouteilles de vin cacheté.

Tout en buvant, on parlait de choses et d'autres. Les pandores racontaient des histoires banales de caserne, Théodore paraissait préoccupé, et l'oncle évoquait avec complaisance de récentes aventures sentimentales...

À minuit, on fit une petite collation, et ce ne fut qu'à trois heures du matin que le bandit décida de lever la séance.

— Mes chers convives, dit-il aux gendarmes eu quittant la table, les routes ne sont pas très sûres, la nuit, et vous ne m'en voudrez pas si je vous demande de m'accompagner jusqu'au Busso.

Le Busso était un lieu situé à deux kilomètres du village. Il était évident que Jacques ne se souciait pas de laisser des gendarmes derrière lui. Ceux-ci le comprirent immédiatement, et s'inclinèrent de bonne grâce.

— Nous vous accompagnons, dit Toussaint. Nous sommes sûrs qu'en votre compagnie, nous n'avons rien à craindre des bandits...

Ils partirent donc tous les quatre, et, arrivés au Busso, Jacques prit congé des gendarmes et de son neveu.

— Théodore, lui cria-t-il en s'en allant, tu leur rendras leurs armes, n'est-ce pas ?

— Oui, mon oncle, ils les reprendront en passant...

— Alors... au revoir... et bonne chance !

À cette époque, Jacques avait comme guide ou, plus exactement peut-être, comme compagnon préféré, un Bocognanais d'une trentaine d'années, montagnard solide, tireur excellent, et, ce qui est fort appréciable, ami désintéressé et sûr. Ce brave garçon, Jean Marchetti, habitait une petite maison située dans le village même, non loin du sentier qui mène à la Pentica.

Or donc, en cette même nuit de septembre, vers les quatre heures du matin, Marchetti fut réveillé par le jeune Théodore, qui paraissait quelque peu essoufflé, et qui lui demanda de bien vouloir lui rendre un service.

— Voici, expliqua-t-il. J'ai vu mon oncle Jacques ce soir, j'ai même passé un long moment avec lui, et en me quittant, il m'a donné rendez-vous pour aujourd'hui à Vizzavona. J'avais promis d'y être, insista-t-il, mais je viens de me souvenir qu'il me faut absolument descendre à Ucciani, dans la matinée, pour régler une affaire importante et qui ne peut être ajournée...

— Qu'à cela ne tienne, dit Marchetti, je dois moi-même voir Jacques à Vizzavona, et je le préviendrai...

— Par la même occasion, poursuivit Théodore, vous m'obligeriez beaucoup en vous chargeant de lui apporter la gourde de son fils que je devais lui remettre...

— Entendu... Tu ne l'as pas prise avec toi ?

— Elle est à la maison, mais je puis aller la chercher tout de suite...

— Écoute : je voudrais dormir encore une heure ou deux. Il suffira que tu me l'apportes vers six heures, ce matin... Sois ponctuel, car je ne voudrais pas partir plus tard.

— À six heures, je serai ici avec la gourde... Et merci, hein ?...

À six heures, en effet, Théodore était devant la porte de Marchetti lorsque celui-ci sortit de sa maison.

— Voici la gourde, fit-il en la lui tendant. Elle est pleine du vin que mon oncle préfère... Il sera content...

— C'est parfait, dit Marchetti en mettant la gourde en bandoulière. Un kilo de plus ou de moins...

Et. son fusil à l'épaule et son bâton à la main, il partit dans la direction de Vizzavona.

Lorsque Marchetti arriva au col de Vizzavona, il aperçut un groupe de gendarmes près de l'hôtel du Monte-Doro. Sans s'en inquiéter autrement, il se garda toutefois de se montrer à eux, et, se tenant à l'abri des regards, il bifurqua à gauche et aborda par le flanc nord le mamelon qui surplombe le col, et au sommet duquel se dressent les ruines d'un antique château fort. C'était en cet endroit élevé et pittoresque qu'il avait rendez-vous avec Jacques, et qu'il le rencontra effectivement, en compagnie de son fils aîné, Marc-Antoine, un gars agile et robuste, à la figure avenante.

— Théodore ne pourra pas venir lui-même, dit Marchetti, il a dû partir pour Ucciani, mais il m'a prié d'apporter la gourde de Marc-Antoine...

Et, ce disant, il remit la gourde au jeune homme, qui la soupesa avec satisfaction en le remerciant, puis il poursuivit :

— Il y a des gendarmes devant l'hôtel du Monte-Doro...

— Je les ai vus, répondit Jacques qui ne se séparait jamais de sa longue-vue, et qui venait d'explorer consciencieusement les environs. Bah ! descendons par le sentier des pins. Si ces messieurs ont organisé une battue, nous le verrons bien.

Les trois hommes contournèrent le mamelon, échappant ainsi aux regards de la maréchaussée, et, ayant franchi près de trois kilomètres, arrivèrent au croisement du chemin qui mène à la maison forestière. Là, ils se reposèrent un instant et, comme ils avaient soif, ils vidèrent la gourde de Jacques Bellacoscia.

— Le vin de Théodore est meilleur, dit, Marc-Antoine, il vaut mieux le réserver pour la bonne bouche...

— Pendant que je reste ici avec mon fils, fit Jacques qui paraissait flairer un vague danger, tu devrais, Marchetti, prendre le raccourci et descendre jusqu'à la gare... Si messieurs les gendarmes ont préparé quelque chose, tu en trouveras certainement quelques-uns là-bas. Je n'ai jamais compris pourquoi, mais ils ont la manie de garder la station du chemin de fer. Ils ont peut-être peur que je ne m'échappe en prenant le train !... Pauvre de moi !

Une demi-heure plus tard, Marchetti était de retour :

— J'ai compté quinze gendarmes autour de la gare, annonça-t-il.

— Je m'en doutais, fit le vieux Bellacoscia sans s'émouvoir. Eh bien, c'est très simple, nous allons nous replier sur les bergeries...

Les trois hommes firent demi-tour, et, par des sentiers à peine tracés à travers la forêt, ils grimpèrent jusqu'aux bergeries situées au-dessus du col de Vizzavona.

— D'ici, dit Jacques, nous les verrons toujours venir...

Et, se tournant vers Marchetti

— Descends donc en éclaireur jusqu'à l'hôtel du Monte-Doro. En même temps, tu prendras là-bas quelques paquets de, cigarettes...

— Entendu... Mais auparavant, laissez-moi boire un coup...

Marc-Antoine passa sa gourde à Marchetti, qui avala une gorgée et la rejeta aussitôt.

— Pouah, ce vin est ignoble

— Fais goûter, dit Marc-Antoine.

Il but à son tour, et recracha l'âcre breuvage.

— C'est du vin tourné ! s'exclama Jacques en riant. La prochaine fois, tu diras à Théodore de le garder pour lui...

Cependant, Marchetti avait vidé le contenu de la gourde sur le sol :

— Il n'est pas seulement tourné, dit-il en l'examinant, il est décomposé... Ce Théodore n'en fait jamais d'autres... Je suis sûr qu'il se sera trompé de tonneau, ajouta-t-il plaisamment, et qu'il nous aura donné une rinçure de bouillie bordelaise. Allons, à tout à l'heure...

463

Marchetti se mit en route dans la direction de l'hôtel.

Il avait à peine franchi quatre cents mètres, qu'il se sentit par de nausées, puis de vomissements. Une sueur froide coulait le long de son visage, et il était tellement abattu qu'il dut s'étendre an pied d'un pin.

— C'est ce mauvais vin qui m'a probablement fait du mal, pensa-t-il. Heureusement que je n'en ai bu qu'une gorgée, et encore l'ai-je rejetée aussitôt!... C'est vraiment bizarre, ce vin décomposé...

Pourtant, au bout de quelques minutes, il se sentit mieux, et, faisant un effort sur lui-même, il reprit sa route jusqu'à l'hôtel, où Mme Budtz, la patronne, l'accueillit avec sa bonne grâce habituelle...

— Je viens chercher du tabac pour Jacques, madame Budtz... Les gendarmes ne sont plus ici?

— Ils viennent de partir pour faire une battue à travers la forêt. Mais prévenez Jacques qu'il y a environ quatre-vingts gendarmes qui fouillent la région, et dites-lui aussi que je voudrais bien le voir pour lui raconter quelque chose...

— C'est que... il ne serait guère prudent de sa part de venir jusqu'ici...

— Oui, je comprends, convint Madame Budtz. Au fait, je puis bien vous le dire, à vous : j'ai vu son neveu Théodore qui se dissimulait tout à l'heure derrière la maison, et qui causait avec un officier de gendarmerie...

— Vous... vous êtes sûre que c'était bien Théodore?

— Aussi sûre que je vous vois... Pensez donc! Il est repassé devant l'hôtel et, en m'apercevant, il m'a dit bonjour...

Pour Marchetti, l'affaire devenait claire, et pourtant cela lui paraissait si monstrueux qu'il doutait encore. Il demeura un moment pensif, et murmura simplement :

— Parfait, je dirai à Jacques qu'il se méfie... Puis-je avoir du tabac, madame Budtz?

La patronne lui remit gracieusement une ample provision de cigarettes, et le brave guide reprit tout songeur le chemin des bergeries.

En arrivant, il vit que Marc-Antoine était assis à terre, tout pâle, et que son père lui épongeait le front avec un linge mouillé.

— Toi aussi, s'écria-t-il, tu t'es senti mal?... Maintenant, j'ai tout compris. Voyez-vous, Jacques, c'est votre neveu Théodore qui a fait le coup, et c'est vous surtout qu'il voulait empoisonner... Il m'a raconté ce matin qu'il était obligé de partir pour Ucciani, et il est ici avec les gendarmes...

Le vieux Bellacoscia hocha la tête:

— Je me doutais bien de quelque chose, fit-il pensivement. Hier soir, il avait rendez-vous avec Antoni et Toussaint, et il a été tout surpris de me trouver avec eux. C'est après m'avoir quitté à trois heures, qu'il a manigancé ce coup-là avec les gendarmes... Et je ne lui avais donné aucun rendez-vous pour aujourd'hui, si bien que, lorsque tu m'as dit qu'il ne pourrait pas venir, je n'ai pas été autrement étonné. Oh! le coup était assez bien monté: nous vidions la gourde, nous roulions à terre en nous tordant dans d'affreuses coliques, nous crevions comme des rats empoisonnés, et messieurs les gendarmes n'avaient plus qu'à venir tirer sur nos cadavres et se glorifier de nous avoir détruits! Seulement, il a eu la main trop lourde pour le poison. Il a décomposé le vin, et c'est ce qui nous a sauvés... N'importe: en voilà un qui paiera cher sa trahison...

— Et ce qu'il y a de plus fort, s'exclama le fils de Jacques en se remettant sur pied, c'est qu'il s'est servi de ma gourde pour m'envoyer dans l'autre monde.

— Je suis bien tranquille, conclut Marchetti en serrant les dents, il y sera avant nous...

À ce moment, un des bergers interrompit vivement la conversation :

— Voici les gendarmes qui montent.

— Combien sont-ils ?

— Deux...

— Bien, dit Jacques. Vous autres, Marc-Antoine et Marchetti, promenez-vous tranquillement devant la bergerie, pendant que je vais me mettre en lieu sûr.

Les gendarmes montaient pacifiquement, l'arme à la bretelle, par un sentier assez difficile, et ils ne pouvaient apercevoir Jacques qui, l'arme au bras et attentif à leurs moindres mouvements, s'en allait à reculons vers la lisière du maquis, où il disparut juste au moment que les pandores débouchaient sur le plateau.

Les bergers, rassurés par le départ du bandit, se mirent poliment à la disposition des deux militaires :

— Vous désirez peut-être boire un peu de lait, messieurs ?

Les agents de la force publique jetèrent autour d'eux un regard circonspect, et l'un d'eux dit gauchement :

— Euh... vous êtes petitement logés, là dedans... Je n'ai jamais vu l'intérieur d'une bergerie, moi !... Ça doit être curieux.

Marchetti, qui était innocemment assis sur le seuil de la porte, devina leur dessein et les invita courtoisement à entrer. Ils passèrent leur tête par l'ouverture de la porte, firent mine de s'intéresser à l'aménagement de la pièce, constatèrent qu'elle était vide...

— L'autre bergerie, à côté, poursuivit gentiment Marchetti, est un peu plus petite, mais elle est plus chaude l'hiver. Voulez-vous la visiter ?

— Non, non, ce n'est pas la peine, nous nous sommes rendus compte…

— Peut-on vous offrir une bonne tasse de lait chaud ?

— Non, merci… Nous… nous étions venus comme ça, en nous promenant… Une autre fois, quand on repassera. Allons, au revoir…

— Au revoir, messieurs les gendarmes…

Ils n'étaient pas au bas du sentier que Jacques rentrait dans la bergerie, et déposait son fusil dans un coin en s'esclaffant doucement :

— Savez-vous ce qu'ils cherchent, mes enfants ? fit-il plaisamment. Ils cherchent le corps du bandit Jacques Bellacoscia. Ils sont tous au courant de la tentative de Théodore, on leur a raconté que le vieux contumax avait été empoisonné par son neveu, et qu'il n'y avait plus qu'à trouver l'endroit où le poison a produit son effet, et où gît cette maudite carcasse ! Alors, ils battent la forêt, pied par pied. Je leur souhaite bien du plaisir !

Au soir venu, les gendarmes rejoignirent leurs casernements. Ils étaient bredouilles, mais ils se consolaient en imaginant que, peut-être, le cadavre de Jacques Bellacoscia avait roulé au fond de quelque ravin broussailleux.

Jacques avait résolu de régler cette affaire avec son neveu et cela signifiait vraisemblablement que, à la première occasion, il lui enverrait une balle dans la tête. Mais Théodore, devant l'échec de sa tentative, avait flairé le danger, et il se tenait soigneusement terré. Son destin, du reste, devait être, si possible, encore plus tragique.

Il désirait épouser, en effet, une jeune fille de Bocognano, mais elle était très pauvre, et ses parents, pour consentir au mariage, exigeaient une somme de dix mille francs. C'était pour se procurer cette somme que Théodore avait trahi son oncle, et, l'affaire ayant échoué, il s'en était lamenté auprès de ses amis de la gendarmerie.

Or, il y avait à cette époque, dans la même région, un autre bandit, nommé Cappa, qui entretenait de bonnes relations avec Jacques Bellacoscia, mais qui vivait solitaire, ne rançonnant personne, et se tenant continuellement dans les profondeurs de la forêt, tout près de Vizzavona, Il était inoffensif, mais il n'en avait pas moins encouru, à ses débuts, deux ou trois condamnations capitales pour avoir réglé certaines affaires « d'honneur » sans le concours de la justice.

Quelques jours après l'affaire du poison, Théodore fit à Antoni et à Toussaint une visite nocturne, et leur proposa de leur livrer Cappa si on promettait de lui verser les dix mille francs dont il avait besoin pour son mariage.

— Une fois marié, ajoutait-il, je compte entrer dans la gendarmerie, et je serai des vôtres. Aidez-moi donc fraternellement en cette affaire.

Les gendarmes demandèrent à leurs chefs. On estima qu'il était opportun de compenser le récent échec par une victoire, et l'on promit la somme. Il fut entendu que Théodore conduirait la brigade à l'endroit où Cappa passait chaque matin et qu'il tirerait lui-même sur le bandit, mais que la maréchaussée prendrait la destruction à son compte, comme cela se produit au moins neuf fois sur dix...

Effectivement, au jour dit, l'embuscade fut tendue, aux abords d'un sentier, dans la forêt de Vizzavona. On vit bientôt se détacher, dans la brume matinale, la silhouette d'un homme qui cheminait en chantonnant. Deux coups de feu retentirent, et l'homme s'abattit, foudroyé. Théodore et un jeune gendarme avaient tiré.

On se précipita, et ce fut une terrible surprise : le mort n'était pas le bandit Cappa, mais un pauvre pèlerin italien qui s'en revenait vers Vizzavona, en transportant dans ses bras une petite madone de plâtre.

Alors, que firent les gendarmes ? Ils brûlèrent le cadavre, et télégraphièrent à Ajaccio qu'ils avaient détruit le bandit Cappa...

Et la macabre mystification aurait très bien pu entrer dans le domaine des vérités historiques... si le bandit Cappa lui-même, informé de la chose, n'avait alerté la presse et réclamé une enquête, afin qu'on découvrît l'identité du malheureux que les gendarmes avaient tué à sa place.

Scandale, enquête, et finalement triomphe de la vérité : Théodore et le gendarme qui avait fait feu furent arrêtés et déférés devant la cour d'assises. On ne sera peut-être pas surpris d'apprendre que les témoins à charge, venus de Bocognano et dûment stylés par le vieux Jacques, furent particulièrement accablants pour l'accusé. Le gendarme fut acquitté, mais le jury fut impitoyable pour Théodore Bonelli, et le condamna à la peine capitale.

Le neveu de Jacques Bellacoscia fut guillotiné sur la place publique de Bastia.

Pour une fois, la justice s'était chargée de venger le bandit...

XII

Avant de mettre le point final à cette véridique relation de la vie aventureuse des frères Bellacoscia, nous avons voulu, en biographe consciencieux, faire un pèlerinage jusqu'au décor dans lequel ils ont vécu. Et, accompagné d'un guide, Marietti, vieil ami de Jacques, sexagénaire à l'œil encore vif et au pied encore sûr, nous avons pris le chemin de la Pentica...

Depuis trente ans, nul changement dans ce site prestigieux. À travers une vallée sauvage, au milieu d'une végétation luxuriante, et à quelques centaines de mètres de Bocognano, le sentier serpente parmi un inextricable fouillis de fougères, de bruyères et d'arbousiers. À peine a-t-on quitté la grand-route qu'on a l'impression de l'immense solitude. Pas un chant d'oiseau, pas un cri de bête. Seule, la profonde mélancolie de la montagne...

Le chemin, péniblement tracé, devient plus rapide, plus dur, et s'encombre de pierres roulées par les eaux, alternant avec des blocs de granit détachés des sommets. Mais nos montures ont le pied sûr : elles longent, sans broncher, les précipices au fond desquels grondent d'obscurs torrents. Sur un long parcours, nous marchons à découvert : pas une touffe d'herbe, pas un repli de terrain qui puissent céler notre approche.

Tout à coup, au détour du sentier, des aboiements furieux se font entendre : ce sont les chiens d'une bergerie accrochée au flanc du coteau. Des blocs énormes, simulant une caverne préhistorique, surplombent une terrasse entourée de fils de fer barbelés.

— La première ligne de défense, Marietti ?

Notre guide sourit :

— Ma foi, monsieur, à la rigueur. Mais cela est assez récent : c'est un petit parent des Bellacoscia qui s'est installé ici, dans cette anfractuosité, il y a quelques années, et qui, à peu de frais, s'est créé un domaine dans cette vaste steppe. Du reste, il n'y a personne : il doit être au village.

Tandis que les échos de la montagne répercutent les hurlements des chiens — comme si, sentinelles vigilantes, ils voulaient encore prévenir les hôtes de la Pentica de l'approche des gendarmes ou des voltigeurs — nous poursuivons notre ascension le long d'un sentier soudain plus rude et plus ombreux : les arbousiers, les houx et les bruyères, dans leur splendide enchevêtrement, établissent tout le long du chemin un épais rideau de verdure. La nature elle-même semble avoir voulu dérober aux regards l'antre des deux bandits. À chaque pas, dans le fouillis du maquis dru et prodigieusement développé, il serait aisé de tendre une embuscade, et l'on a bien l'impression que deux hommes résolus y pourraient arrêter une colonne d'attaque...

Nous voici au sommet. D'une clairière, on aperçoit un point blanc, à quelque distance.

— C'est la maison de Jacques, dit Marietti en étendant le bras... Plus loin, la maison d'Antoine... Et, un peu plus haut, la maison d'Antoine-Dominique, dit « Peccorone », qui était l'aîné de la famille...

Et c'est, pour nous, une surprise, presqu'une déception...

Nous imaginions volontiers une sorte de bastion, établi sur un rocher escarpé, entouré de précipices abrupts, et voilà que le Palais-Vert nous apparaît dans un bas-fond, entouré de monts qui le dominent, véritable souricière dont l'encerclement paraît si facile...

Mais, à mesure que nous avançons, le choix de la position se révèle parfaitement judicieux. Il est vrai que les refuges de Jacques et d'Antoine se trouvent en contre-bas, mais ils sont situés sur un léger monticule que protège une profonde dépression de terrain, remplissant l'office des fossés d'un château fort. On y accède sans difficulté par l'ouest — à la condition d'avoir franchi sans encombre la route que nous venons de parcourir — mais, par l'est, un ravin à pic permet, en cas de surprise, de gagner le maquis et de s'enfoncer dans une de ces nombreuses grottes où certains ont voulu voir des galeries creusées par les Romains, à la recherche de filons aurifères. Dans l'ensemble, on dirait un navire immense, étalé sur un fond rocheux : à la poupe, la maison d'Antoine, à la proue, la maison de Jacques.

En arrivant, personne dans la demeure d'Antoine, dont les occupants doivent, ce jour-là, errer dans la montagne. Seuls, deux chiens de berger aboient interminablement, rivés à leurs chaînes solides...

Quant à la maison de Jacques, elle est abandonnée. Le toit s'est écroulé. Les arbres du verger sont encore feuillus mais on sent que personne ne s'en occupe, et qu'ils ne doivent plus donner de fruits.

Le guide s'arrête, et s'assoit sur un rocher moussu, près d'une source qui coule doucement avec un léger murmure :

— Vous voyez, dit-il, les pauvres demeures de Ziu Antò et de Ziu Giacomo ! Ce sont eux qui les ont construites, et elles ont fait leur temps... Elles n'étaient pas bien confortables, mais à la vérité ils ne faisaient guère qu'y passer. Le plus souvent, n'est-ce pas ? ils étaient en route, vers le Cruzzini, dans la montagne, en forêt, un peu partout...

D'un geste large, sa main désigne l'horizon, les bois touffus, les gorges profondes, les rochers abrupts... Ah ! comme on conçoit bien, devant ce paysage tourmenté, hostile, grandiose et mystérieux, comme on conçoit bien que ceux qui avaient la mission de s'attaquer aux Bellacoscia se sentissent pris d'une indéfinissable angoisse, tel le voyageur qui voyagerait, la nuit, dans une forêt hantée par des fauves !

— Oh oui ! reprend Marietti qui paraît avoir suivi notre pensée, ici, ils étaient relativement tranquilles. Il leur est pourtant arrivé d'être surpris... Tenez, voyez-vous ce coin ombragé du jardin, sur votre gauche ? C'est là que, un jour, Jacques était nonchalamment étendu, fumant sa pipe et suivant d'un œil distrait les gambades de ses chèvres. Tout à coup, son chien Moro jette un aboiement rageur : le signal est certain, les gendarmes ne sont pas loin. Jacques se dresse d'un bond, mais il n'a même pas le temps d'épauler — une balle bien ajustée lui traverse le poignet et brise la crosse de son fusil. Blessé, désarmé, qu'auriez-vous fait à sa place ?

Mais il avait plus d'un tour dans son sac, le vieux Jacques !... Il fait un grand geste, comme s'il était mortellement touché, et tombe au bord du ravin, où il se laisse glisser en roulant sur lui-même... Dieu sait si c'est broussailleux et touffu, là-dedans ! Vous pensez qu'il n'a pas perdu de temps et que, à l'abri de ces fourrés, il a vite gagné une retraite sûre... Les gendarmes l'ont longtemps cherché et puis ils ont renoncé...

— Et lui n'a pas tenté de retrouver le gendarme qui l'avait blessé ?...

— Pas du tout ! Il comprenait très bien que les gendarmes sont tenus de faire leur devoir. Un autre jour, un pandore lui tira dessus et le manqua. Jacques avait un des canons de son fusil chargé à chevrotines, et l'autre à petits plombs. Il envoya au gendarme la décharge de petits plombs, en lui disant : « Tiens, cela suffit pour te mettre hors d'état de nuire, mais ne recommence pas... » Tenez, un des frères Bellacoscia, qui était maréchal des logis de gendarmerie fut tué dans une attaque contre un hors-la-loi. Jacques dit simplement : « Je ne puis songer à venger, mon frère. Les gendarmes font leur devoir en attaquant les contumax, mais on ne saurait reprocher aux bandits de se défendre. » Et, de fait, il n'inquiéta pas le meurtrier...

— En somme, ils n'avaient guère d'ennemis personnels ?

Marietti se recueillit un instant :

— Non, fit-il, non... Et pourtant, Jacques fut trahi deux fois : une fois par son neveu Théodore — vous connaissez l'histoire — et une autre fois... on ne sait trop par qui...

— Encore une tentative d'empoisonnement ?

— Oui... il avait une maîtresse, à Pastricciola, et il était allé la voir, en compagnie de son guide. On dîna joyeusement, et on but force rasades. Enfin, on prit congé, et le guide sortit le premier ; mais à peine avait-il franchi la porte qu'il fut accueilli par une vive fusillade. À la lueur des coups de feu, il aperçut des gendarmes et des paysans qui cernaient la maison. Il rentra précipitamment et se laissa tomber sur une chaise, car il était blessé à la cuisse, d'une balle de mousqueton. « Fuyez, Jacques, dit-il, vous allez être pris. Ils sont au moins six ou sept... » Mais Jacques éteignit la lumière, ouvrit toute grande la porte, et avisa le brigadier adossé au chêne-vert qui ne le protégeait qu'à moitié. D'un coup de fusil à chevrotines, il lui laboura l'avant-bras et l'épaule. Le gradé riposta, mais la balle alla se loger dans la porte... Alors, profitant de l'émoi causé par la fusillade, Jacques, enveloppé de son pelone, se jeta hors de la maison et disparut dans la nuit...

— Mais, l'empoisonnement ?

— J'y arrive... Quand il fut dans le maquis, Jacques ressentit de vives douleurs d'entrailles, et, convaincu qu'il avait été empoisonné, il absorba le contre-poison qu'il portait toujours sur lui, et après une nuit de souffrances, il put regagner la Pentica. Quant au guide, il succomba dans la nuit, et notre conviction fut que la mort avait été provoquée par le poison plutôt que par sa blessure à la cuisse...

— Mais alors. c'était sa maîtresse qui l'avait trahi?

— On pourrait le croire mais je ne pense pas, et Jacques ne l'a pas pensé non plus. Elle ne buvait que de l'eau, n'est-ce pas, et quand Jacques venait la voir, elle lui donnait du vin cacheté dont elle tenait toujours quelques bouteilles en réserve, à la cave... Quelqu'un a très bien pu pénétrer dans la cave et substituer du vin truqué au vin cacheté... Du reste elle n'avait aucun intérêt à le trahir, et elle a été arrêtée et condamnée pour recel de malfaiteurs.

Marietti resta un long moment silencieux et pensif. Sans doute évoquait-il cette longue série d'aventures, sentimentales, romanesques ou tragiques, dont la trame constitue un des plus étranges romans-feuilletons du maquis.

— Mais enfin, dîmes-nous en interrompant sa méditation, on a raconté qu'il était mort empoisonné. Est-ce exact?

Le vieux paysan haussa les épaules:

— Mais non, monsieur, c'est une histoire inventée de toutes pièces. Il est mort, mon Dieu, d'une façon toute, naturelle. Et voici comment:

C'était au mois de janvier 1895... Jacques avait quitté la Pentica par un temps affreux: une véritable bourrasque de neige. Lorsqu'il arriva au fleuve, il constata que son niveau avait considérablement augmenté, et que le gué paraissait presque impossible à franchir. Mais le vieux Bellacoscia n'était pas un homme à se laisser facilement arrêter: il ôta ses vêtements, les roula et les assujettit au-dessus de sa tête, et entra dans l'eau, qui lui arriva presque aussitôt aux épaules. Nager jusqu'à l'autre rive? Avec ce courant terrible, il n'y fallait pas songer. Après plusieurs essais infructueux, Jacques regagna la terre ferme, et, s'étant rhabillé, il remonta la montagne et décida de changer d'itinéraire. Il se dirigea donc vers le Cruzzini, et arriva bientôt en un lieu qui s'appelle les piane, près du village de Frasseto. C'est là qu'habitait sa maîtresse...

— Quel âge avait-il donc ?

— Soixante-deux ans... Oh ! mais ce n'était pas un « Bellacoscia » pour rien !... Pourtant, en arrivant dans cette petite maison, il claquait des dents et avait une forte fièvre. Il se coucha aussitôt, puis une congestion pulmonaire ne tarda pas à se déclarer... Deux jours plus tard, comprenant qu'il était très sérieusement atteint, il manda ses enfants, qui vinrent sans délai le rejoindre et décidèrent de le transporter à Bocognano.

— C'était bien imprudent...

— Que faire d'autre ? Là, au moins, on pouvait peut-être le soigner utilement... Péniblement, il franchit à cheval le long trajet de Frasseto à Pentica, et de Pentica à Bocognano, où il arriva dans la nuit. Il était déjà presque moribond. On le fit accepter d'autorité dans une maison au lieu dit Figarella. On le coucha mais il n'y avait plus rien à faire : il mourut moins de deux heures plus tard... Alors, on l'enterra immédiatement dans le maquis, non loin de la maison où il avait rendu le dernier soupir...

— La nuit même de sa mort ? Pourquoi cette hâte ?

— On avait résolu de cacher sa fin, et on avait raison, vous allez comprendre pourquoi : il était bandit, c'était un contumax, et, mort ou vif, il appartenait à la justice, n'est-ce pas ? Cependant, des gens du village avaient aperçu son chien Moro qui errait dans la grande rue, et ils chuchotaient que Jacques était très malade, peut-être mourant. Les gendarmes eurent vent de la chose. firent une enquête, pressèrent de questions le propriétaire de la maison où Jacques avait passé sa dernière nuit. Ce brave homme dit la vérité et indiqua le lieu où le pauvre Bellacoscia était enterré. Comme il faisait déjà nuit, les gendarmes décidèrent de remettre au lendemain l'exhumation du corps. Seulement, après leur départ, le propriétaire, qui redoutait la colère des enfants, s'empressa de courir chez eux et les avisa des intentions de la maréchaussée.

— Et les enfants n'attendirent pas au lendemain, eux ?

— Naturellement !... Même mort, Jacques devait jouer un dernier tour aux gendarmes. Quand ils arrivèrent, le lendemain, armés de pelles et de pioches, à l'endroit où il avait été inhumé, ils trouvèrent une fosse vide. Ils interrogèrent bien les gens de la maison, mais ceux-ci, dûment stylés, répondirent qu'ils n'avaient rien vu ni rien entendu. Et du reste, c'était probablement la vérité, car ils avaient dû faire tout leur possible pour ne rien voir et ne rien entendre.

— Et... on ne sait pas où il a été transporté ?

— Exactement, non... Des personnes dignes de foi, et qui étaient bien placées pour être renseignées, m'ont raconté ceci : les enfants ont détourné le torrent, un peu en amont de Figarella, en un endroit propice, ombragé et solitaire à souhait. Ils ont creusé une fosse dans le lit même de la rivière, ils y ont descendu le corps, ils ont refermé la fosse et déposé, par-dessus, des dalles de granit. Et puis, ils ont rétabli le cours du torrent...

— Ainsi, il dormirait son dernier sommeil au sein même de ce maquis qu'il a tant aimé, bercé par le grondement du torrent qui roule ses eaux limpides au-dessus de sa tombe ? C'est sans doute ce qu'il pouvait souhaiter de plus heureux...

— Oui... Oh ! le secret a été bien gardé, mais c'est certainement cela... au milieu du torrent... dans le parfum pénétrant de la menthe et de la fougère... comme il avait vécu...

table des matières

Printed in France by Amazon
Brétigny-sur-Orge, FR

20307696R00270